Dietrich Beyrau

Intelligenz und Dissens

V&R

Dietrich Beyrau

Intelligenz und Dissens

Die russischen Bildungsschichten in der Sowjetunion 1917-1985

Vandenhoeck & Ruprecht
in Göttingen

Die Deutsche Bibliothek – CIP Einheitsaufnahme

Beyrau, Dietrich:
Intelligenz und Dissens: die russischen Bildungsschichten
in der Sowjetunion 1917-1985 / Dietrich Beyrau. –
Göttingen: Vandenhoeck und Ruprecht, 1993
ISBN 3-525-36231-5

Umschlagabbildung: Graphik von Oleg Zelkow.
(Art of Russia and the West)

Satz: Text & Form, Hannover
Druck und Bildung: Hubert & Co., Göttingen

Inhalt

Verzeichnis der Tabellen im Anhang

Vorwort

Das Projekt für die Geschichte der sowjetrussischen Intelligenz und des Dissens ist vor Beginn der Perestroika in Angriff genommen worden, zu einer Zeit, als die Krise des sowjetischen Systems nicht zu übersehen, ihr Ausgang aber kaum vorherzusagen war. Die Ereignisse haben sich seither überstürzt. Daher stellte sich die Frage, ob die Vorgänge selbst und – mehr noch – die sukzessive, sehr bruchstückhafte Freigabe von Archivalien es erlauben, ein Thema der Zeitgeschichte zu untersuchen, das eigentlich ein intensives Archivstudium voraussetzt. Bis 1990/91 war hieran nicht zu denken. In Zukunft dürften viele der Probleme, die Gegenstand der vorliegenden Studie sind, aufgrund neuer Dokumentationen und Monographien eine Revision zumindest der Details, v.a. von Entscheidungsabläufen und Ereignissen erfordern. Die bisher in der Sowjetunion erschienene Literatur hat schon viele Einzelheiten zutage gefördert, insbesondere wurden die repressiven Züge des sowjetischen Regimes erneut grell beleuchtet. Gleichwohl glaube ich davon ausgehen zu können, daß die mich interessierenden grundsätzlichen Probleme, hier v.a das Verhältnis zwischen dem totalen politischen Führungsanspruch und dem Spektrum von individuellen und gruppenspezifischen Verhaltensweisen, von Bedeutung bleiben werden.

Der Anstoß zur Arbeit ging vom Protest der Dissidenten aus. Er legte Dimensionen des Lebens in der Sowjetunion frei, die dazu veranlaßten, über den Dissens hinausgehend der Geschichte der gehobenen Bildungsberufe noch einmal nachzugehen und hierbei insbesondere den Aspekten des Zwangs und ihren Auswirkungen für das Verhalten besondere Aufmerksamkeit zu schenken.

Die Perestroika und der Zusammmenbruch der Sowjetunion selbst sind nicht Gegenstand der Studie. Ihre Darstellung hätte ganz andere Verfahrensweisen notwendig gemacht, und der Rahmen des Projekts wäre gesprengt worden. Wenn man will, mag man die Untersuchung mit dem Ziel lesen, die gegenwärtigen Turbulenzen und die Hilflosigkeit der politischen Klasse einschließlich weiter Teile der gehobenen Intelligenz zu verstehen. Aber die Jahrzehnte währende Existenz der UdSSR läßt sich nicht auf eine Vorgeschichte ihres Endes reduzieren. So verweigert sich die Monographie dem Reiz, Aktuelles aus dem Versagen und aus den Mängeln des untergegangenen Regimes abzuleiten.

Die Studie ist in der Forschungsstelle Osteuropa an der Universität Bremen begonnen und an der Universität in Frankfurt am Main abgeschlossen worden. Die organisatorische Mithilfe beim Aufbau der Forschungsstelle und der Wechsel nach Frankfurt haben viel Zeit absorbiert und den Abschluß des Projektes verzögert. Gleichwohl verdanke ich den Mitarbeitern in Bremen, die verschiedene Disziplinen vertraten, viele Anregungen. Hinzu kamen persönliche Kontakte mit Emigranten aus der UdSSR. Hat es der Historiker im Normalfall mit schriftlichen Dokumenten zu tun, so wurden sie in diesem Fall ergänzt durch Zuhören und Befragung, durch das mündliche Zeugnis von Opfern, die ihre Einstellungen und Handlungen mit der mehr oder minder erzwungenen Emigration bezahlen mußten. Die Arbeit der systematischen Interviews hat Frau Raissa Orlowa (†) übernommen, die zusammen mit Herrn Lew Kopelew die Entstehung der Forschungsstelle mit Sympathie und Ermunterung begleitet hat.

Zu Dank bin ich dem Senatsdirektor Reinhard Hoffmann beim Senator für Wissenschaft und Kunst in Bremen sowie Wolfgang Eichwede, dem Leiter der Forschungsstelle, verpflichtet. Der eine sicherte und förderte die äußeren Rahmenbedingungen, der andere die innere Arbeitsfähigkeit der neuen Einrichtung, beides Aufgaben, die nicht immer leicht zu realisieren waren. Sie schufen damit die Voraussetzungen, um das vorliegende Projekt in Angriff zu nehmen. Für viel Geduld und immer vorhandene Hilfsbereitschaft danke ich Frau Erika Rißmann-Eichwede, Bibliothekarin an der Forschungsstelle. In Frankfurt hat Herr Bernhard Chiari viel Zeit damit verbracht, das Manuskript gegenzulesen, und er hat mir den Kampf mit den Anmerkungen und dem Literaturverzeichnis erleichtert. Die Arbeit wäre nicht zustande gekommen ohne die direkte und indirekte Unterstützung aller Mitarbeiter sowohl der Forschungsstelle in Bremen als auch des Seminars für osteuropäische Geschichte in Frankfurt.

Zur Transkription russischer Worte und Namen: Im Text wurde die Duden-Umschrift, in den Anmerkungen die wissenschaftliche Transkription benutzt. Lediglich das russische »э« wurde nicht als »ė«, sondern als »e« transkribiert.

Frankfurt am Main, Juni 1992

Einleitung

Eine Geschichte der Intelligenz und des Dissens im sowjetischen Rußland zu schreiben, ist ein risikoreiches Unternehmen. Es wird etwas zum Gegenstand der Untersuchung gemacht, das sich einer eindeutigen Eingrenzung und Definition entzieht. In der russischen Geschichte blickt der Begriff Intelligenz inzwischen auf eine mehr als hundertjährige Tradition zurück. Er benennt eine Schicht, die der Gebildeten, und manchmal ein Milieu, dessen Mitglieder zwar über eine höhere Bildung verfügen, aber zugleich eines spezifischen ethisch und intellektuell begründeten Habitus bedürfen, um dieser Gruppe zugerechnet zu werden[1]. Nicht zufällig ist der Begriff seit den fünfziger Jahren auch außerhalb Rußlands in den sozialistischen Ländern Osteuropas in Mode gekommen[2], offenbar weil es mit dem Export des sowjetischen Systems Strukturangleichungen gegeben hat. In den auf Status und Hierarchie fixierten nachstalinschen Gesellschaften ist der Intelligenz ein Platz eingeräumt worden, der in mancher Beziehung ein funktionales Äquivalent zum Stand des untergegangenen Adels bildet. In den agrarisch geprägten Ländern Osteuropas war der Adel jenes Reservoir, aus welchem der Staat seine Beamten und Offiziere rekrutierte, in dem aber auch alle kulturellen und sozialen Strömungen Resonanz und Verbreitung fanden, welche die Politik bestimmten. Politik im weitesten Sinne hatte nur innerhalb dieses, sozial in sich heterogenen Standes stattgefunden. Die Masse der Bevölkerung, hier vor allem die Bauern, ließ scheinbar sprach- und artikulationslos alle Maßnahmen über sich ergehen und gab eigene Einstellungen bestenfalls in Formen direkter Aktion, der Arbeitsverweigerung, der »Zusammenrottung« oder gar in Aufständen zu erkennen. Trotz der Revolution, der Massenmobilisierung, der Industrialisierung und Modernisierung in der Sowjetunion und Osteuropa reproduzierte sich nach dem Ende der Turbulenzen der Stalinära wieder eine analoge, extrem statusorientierte Gesellschaftsstruktur: Die Masse der Bevölkerung, die Arbeiter, die Angestellten und Landwirte nahmen eine äußerst passive Haltung ein, während nur das Patent einer höheren Bildung – wie früher die Geburt in den Adel – die Chance zu bieten schien, an der Ausübung, Formulierung (oder Kritik) von Politik teilzunehmen. Polen mit seiner Tradition des Widerstandes und zivilen Ungehorsams war die Ausnahme, welche die Regel bestätigte, wenngleich auch hier den eher intellektuellen »Ethosgruppen«[3] eine bedeutende Rolle bei der Entlegitimierung des Regimes zufallen sollte. Parallelen und Strukturanalogien, die sich dem außenstehenden Beobachter aufdrängen, sollten allerdings nicht überstrapaziert werden. Sie mögen den Blick schärfen für die Eigenart russischer (und osteuropäischer) Entwicklungen, insbesondere für den Nimbus, welcher dem Begriff Intelligenz im östlichen Europa anhaftet.

Wie läßt sich nun die Geschichte der sowjetrussischen Intelligenz schreiben, ohne in all jene Fallen zu tappen, die der Gegenstand bereit hält? Statt den Hunderten von Definitionen eine weitere hinzuzufügen, sollen in der Einleitung jene Probleme skizziert werden, die in der vorliegenden Darstellung im Vordergrund stehen. Bis in die fünfziger Jahre hinein ist die Geschichte der Intelligenz in Rußland vielfach als Ideen- und Geistesgeschichte geschrieben worden, dies nicht zuletzt mit Bezug auf die ideellen Voraussetzungen der Revolution von 1917. Eine solche Herangehensweise schien insofern gerechtfertigt, als Angehörige der Intelligenz in den Führungsgremien der revolutionären Parteien auffällig präsent waren. Schon vor 1914 bildeten sie eine Gegenkultur zu den Normen der herrschenden Bürokratie und der Beamtennobilität. In der Öffentlichkeit hatten sie eine kulturelle Hegemonie erobert, der die Autokratie und der Adel nur noch wenig entgegenzusetzen wußten. Insbesondere das Verhalten der revolutionären Intelligenz läßt sich nur schwer aus – im engeren Sinne – sozialen und materiellen Interessen erklären, so daß die Fixierung der historischen Beschreibung auf Ideen und Doktrinen – ubi doctrina, ibi patria – durchaus nicht ohne Plausibilität war. Hinzu kam die extreme ideologische Legitimation und Selbstdarstellung des nachrevolutionären Regimes, die den Eindruck entstehen ließen, der Bolschewismus sei ausschließlich ideologisch fixiert. Aber will man den Begriff der Intelligenz nicht willkürlich auf deren radikalen und revolutionären Flügel beschränken, so ist unübersehbar, daß auch im russischen Kontext ebenso viele Gebildete anderen politischen und kulturellen Leitbildern folgten – und sie oft mit gleicher Inbrunst vertraten. Ein Spezifikum – keineswegs nur der russischen Bildungsschichten – war vielmehr ihre Ubiquität, d.h. fast alle politischen, sozialen und weltanschaulichen Positionen, die artikulierter Beweisführung bedurften, fanden unter der Intelligenz ihre Vordenker und Multiplikatoren. Eines ihrer wesentlichen Merkmale ist mithin nicht eine spezifische ideelle Position, sondern die Teilnahme an einem öffentlichen Diskurs, der systematischer Bildung bedarf und die Existenz von Medien und einer Öffentlichkeit voraussetzt. Erst eine solche Sphäre der zunehmend kommerzialisierten und industrialisierten Kommunikation schuf ihr ein Betätigungsfeld, in vielen Fällen bot sie auch Arbeitsplätze.

Die Geschichte der russischen Intelligenz ist daher auch als die Geschichte der Entstehung einer Öffentlichkeit und ihrer Medien geschrieben worden. Angesichts der bis Ende des 19. Jahrhunderts dominierenden Exklusivität von formaler Bildung erfaßte sie nur relativ schmale Schichten. Im Gegensatz zur intellektuellen Öffentlichkeit ist die Geschichte ihrer traditionellen Vorformen

– des Gerüchts und der mündlichen Kommunikation – bisher nur in Bruchstücken bekannt. Erste Ansätze mit Bezug auf die sich emanzipierenden Unterschichten finden sich in der Untersuchung der »Volksliteratur«, der seit Ende des 19. Jahrhunderts intensivierten Alphabetisierung und nicht zuletzt in derjenigen der modernen Kommunikationsformen, derer sich die Revolutionäre und ihr eher plebejischer Massenanhang in der Revolution von 1905 und 1917 bedienten[4]. Ihre Wirksamkeit sollte sich schließlich als so übermächtig erweisen, daß sie die bürgerlich-intellektuelle Öffentlichkeit fast mundtot machte.

Das Konzept der Intelligenz als Diskursgemeinschaft mag Anwendung finden nicht nur in frühindustriellen Gesellschaften mit ihren soziokulturell besonders herausgehobenen Bildungsschichten, sondern – mit allen Einschränkungen – auch in modernen Gesellschaften. Industrialisierung, Verstädterung und Bildungsexplosion haben seit den dreißiger Jahren auch das sowjetische Rußland erfaßt. Wie in anderen industriellen Gesellschaften auch reproduzierten sich über die soziale Herkunft, die Bildung, die Arbeit, die Interessen und über die intellektuellen Aufnahmekapazitäten sehr unterschiedliche Möglichkeiten und Fähigkeiten, an der zunehmenden Vielfalt öffentlicher Diskurse teilzunehmen, sie selektiv wahrzunehmen, sich ihnen zu verweigern oder sie schlicht nicht zur Kenntnis zu nehmen. In den sozialistischen Ländern wurden diese Unterschiede noch dadurch akzentuiert, daß das System öffentlicher Kommunikation gelenkt, die Medien in unterschiedlicher Weise zensiert und Informationsbarrieren errichtet wurden. Zudem behinderte man künstlich die Technik der Vervielfältigung durch einen minimalen Einsatz von Kopierern und ihre strenge Kontrolle. Information verwandelte sich auf diese Weise in ein Privileg, das den verschiedenen Statusgruppen in unterschiedlichem Umfang zugänglich war. Jeder Besuch in der Moskauer Leninbibliothek demonstrierte dem Benutzer, daß Lektüre ein Privileg war, das staatlich zugeteilt wurde. Denn mit dem zugewiesenen Leseraum war bereits festgelegt, welche Literatur benutzt werden durfte und welche nicht. Der öffentlichen Kommunikation, dem gedruckten Text konnte daher eine Bedeutung zufallen, die in spezifischer Weise Exklusivität konstituierte, weil ein Text nicht, nur schwer oder nur Eingeweihten erreichbar war. Das hohe Maß an Zentralisierung und Konzentration der Bildungs- und Forschungsstätten sowie der Medien schuf zusätzlich wieder eine – an den Rändern freilich offene – Diskursgemeinschaft, die mit der Stabilisierung des Regimes seit den fünfziger Jahren in Konkurrenz zur parteiamtlichen Öffentlichkeit trat. Sehr vereinfacht kann diese Konkurrenz als latente Auseinandersetzung zwischen Geist und Macht bezeichnet werden. Sie erhielt ihre besondere Dramatik nicht nur durch die Repressivität des Regimes und seine schier uferlose Kontrollsucht, sondern auch deshalb, weil das sozialistische System sich in ungleich stärkerem Maße als die Autokratie oder herkömmliche Diktaturen ideologisch legitimierte und damit nolens volens der öffentlichen Rede oder dem Text – und seiner Kontrolle – eine Bedeutung beimaß, die oft in keinem Verhältnis zu den Inhalten stand. Aus dieser Jahrzehnte währenden Konstellation gewann Intelligenz – im Sinne eines Trägers der gehobenen Bildung, aber auch als Vertreter einer nicht-standardisierten Meinung und ihrer öffentlichen Manifestation – erneut eine Leitbildfunktion. Der Begriff verband sich wieder – trotz anderer Inhalte als im 19. Jahrhundert – mit dem der Gesinnungsethik und Zivilcourage. Nicht zufällig war von einer Renaissance der Intelligenz die Rede, als ob sich die Geschichte des vorrevolutionären Rußlands wiederholen würde.

Die Definition von Intelligenz als Träger einer Diskursgemeinschaft birgt freilich die Gefahr in sich, in eine Geschichte der Ideen zurückzufallen. So sehr diese ihre Berechtigung haben mag, so bleibt sie doch insofern unbefriedigend, als sie bestenfalls einzelne Vordenker oder intellektuelle »Generalisten« zu erfassen vermag. Schon die Breitenwirkung von Ideen muß sie in der Regel außer acht lassen. Abgesehen davon lebt selbst die Mehrheit der Angehörigen von Bildungsberufen nicht nur von Ideen. Sie folgt vielmehr – wie die Mehrheit der übrigen Bevölkerung – materiellen und immateriellen Bedürfnissen, die gewissermaßen als Filter für die Durchsetzung von Ideen, Leitbildern und Normen fungieren. Dies gilt umso mehr, als mit der Industrialisierung nichtmanuelle und intellektuell anspruchsvolle Tätigkeiten von einer zunehmenden Anzahl von Erwerbstätigen ausgeübt werden. Daher hat sich das Schwergewicht von der Darstellung von Ideen und ihrer Träger zu einer Geschichte der Berufsgruppen und – unter dem Aspekt des sozialen Wandels – zu einer Geschichte der Entstehung und der Professionalisierung systematisch ausgeübter intellektueller Tätigkeiten verlagert.

Die Geschichte der intellektuellen Professionen im vor- und nachrevolutionären Rußland gewinnt ihre besondere Färbung vor dem Hintergrund ökonomischer und technologischer Rückständigkeit Rußlands und der Pionierrolle dieser Gruppen – besonders der Naturwissenschaftler, Techniker, Ingenieure, Agronomen etc. – in einer Gesellschaft, in der ein urbaner Mittelstand und ein etabliertes Bürgertum weitgehend fehlten. Als Trägern des Fortschritts und als Teil der sich entwickelnden »Technostruktur« beanspruchten die intellektuellen Berufsgruppen eine besondere Rolle, die sie – vor und nach 1917 – in einen latenten Dauerkonflikt mit der zarischen wie der bolschewistischen Führung verwickelte. So sehr beide Regime auf den technischen und ökonomischen Fortschritt fixiert waren, so sehr beharrten sie auf Formen politischer Herrschaft, die despotisch oder doch autoritär geprägt waren. Ökonomische, technische oder wissenschaftliche Leistung begründete in ihren Augen weder einen Führungs-, noch einen regulierten Anspruch auf Mitsprache. Bei der Untersuchung der verschiedenen Berufsgruppen stellt sich mithin die grundsätzliche Frage nach dem Verhältnis zwischen intellektuellen Mentalitäten und Berufserfahrungen, welche den programmatischen Zweifel, das Experiment, das sich beschleunigende Lernen, den Umgang mit nie abnehmenden unbekannten Variablen zur Basis haben und politischen Haltungen, welche Axiome und Gewißheiten verkünden. Gab es eine »naturwüchsige« Affinität der intellektuellen Berufstätigkeit zur bürgerlichen Gesellschaft mit ihren Werten von Glaubens- und Meinungspluralismus, von Rechtssicherheit und »Freiheit der Person«?[5] Diese Frage läßt sich, wie nicht nur die russische Entwicklung zeigt, apodiktisch nicht beantworten. Einerseits kann axiomatischer Autoritarismus offensichtlich auch intellektuellen oder wissenschaftlichen Einsichten und Folgerungen aus ihnen entspringen, andererseits sind Anti-Intellektualismus und Wissenschaftsfeindlichkeit mit ihren Ängsten vor unbequemen und ungewissen Einsichten kein Privileg von Diktaturen. Des weiteren ist zu beachten, daß die im 20. Jahrhundert zur Herrschaft gelangten Doktrinen ebenfalls intellektuellen Ursprungs sind, der Konflikt zwischen »Freiheit« des intellektuellen und wissenschaftlichen Denkens und axiomatischem Autoritarismus also auch eine Auseinandersetzung ist, die sich der Intellektualisierung des öffentlichen Lebens verdankt. Daß unter ideologisch begründeten Diktaturen der Konflikt schärfere Formen annehmen kann, als unter Bedingungen gesellschaftlichen Pluralismus, steht dabei nicht in Abrede.

Unterstellt man die Latenz eines solchen Spannungsverhältnisses, so interessieren hier in besonderem Maße die Formen der Auseinandersetzungen, die Artikulation der je spezifischen Interessen, in denen offen oder versteckt prinzipielle Fragen nach öffentlichen Werten und Normen, auch nach der Legitimation einzelner Wissenschafts- und Politikfelder oder der Herrschaft insgesamt aufgeworfen wurden. Um diesen Fragen nachzugehen, lassen sich verschiedene Untersuchungsstrategien vorstellen: Beschreibung von Biographien, die Analyse der Entwicklung oder Behinderung einzelner wissenschaftlicher Disziplinen, der Künste und Belletristik, die Untersuchung von Institutionen und Verbänden, die in besonderer Weise mit intellektueller Arbeit verbunden waren, oder von Zeitschriften, die zu Kristallisationszentren bestimmter Meinungen und Interessen wurden. Die vorliegende Darstellung stützt sich auf viele solcher Spezialmonographien und verfolgt einen kombinierten Ansatz. Seine Gefahr liegt zum einen in der Verführung zu vorschnellen Verallgemeinerungen, zum anderen in einem oft nur begrenzten Wissen über Spezialdisziplinen, deren Probleme unter sowjetischen Bedingungen oft nicht fachspezifisch sondern nur politisch diskutiert und manchmal entschieden wurden. Was hier aber vornehmlich interessiert, sind Verhaltensformen, Anpassungs- und Überlebensstrategien, die Durchsetzung professioneller Interessen und ihre politische Instrumentalisierung und nicht zuletzt Formen des Widerstandes, die das professionelle Interesse zur Geltung bringen wollten und transzendierten.

Dabei ist eine Entwicklung zu berücksichtigen, die zwar kein sowjetisches Spezifikum ist, aber in der UdSSR aus politischen Gründen doch besonders forciert wurde. Die meisten intellektuellen Tätigkeiten vollzogen sich im Rahmen mehr oder minder bürokratisierter Organisationen, die spätestens seit den dreißiger Jahren auch alle Sektoren von Wissenschaft, Technik und Kultur erfaßt hatten. Dieser Prozeß wurde selbst dort vorangetrieben, wo die intellektuelle Arbeit – wie z.B. die der Künstler, Literaten oder vielleicht auch der (theoretischen) Mathematiker – keine Großorganisation erfordert hätte. Angehörige der Bildungsberufe konnten daher auch immer zugleich zu Verwaltern, zu »Bürokraten« mit einer politischen Funktion im sowjetischen Sinne werden. Sie waren damit eingebunden in ein System von Abhängigkeiten und Verantwortlichkeiten, deren letzter Sinn die politische Lenkung und Kontrolle intellektuell-kreativer Tätigkeit war. Daher spielten sich viele Konflikte zwischen Politik und Beruf in der Profession selbst ab, ein Problem, das die Abgrenzung zwischen Verwaltern und Intelligenz nicht eben erleichtert.

Zudem verwischten sich mit der Bildungsexplosion seit den dreißiger Jahren die Grenzen dessen, was als Intelligenz definiert werden könnte, noch weiter. Ließ sich bis dahin als eines der wesentlichen Zugehörigkeitskriterien die Hochschul- oder Universitätsbildung ansehen, so entfiel dieses Kriterium in dem Maße, in dem ein Bildungspatent allgemeine Voraussetzung wurde, um in Führungspositionen aller Bereiche aufzusteigen. Gleichwohl wird man einen Betriebsdirektor oder einen Parteisekretär, selbst wenn er für ideologische Fragen zuständig war, kaum mit dem Attribut eines *intelligent* belegen, weil ihre Tätigkeit hauptsächlich organisatorischer Art war. Sie mag zwar sehr viel Intelligenz im Sinne von Kenntnissen, Fähigkeiten, Klugheit oder Findigkeit erfordert haben, ihr fehlte aber das intellektuelle Element, das sein Zentrum eher im Umgang mit geistigen Problemen mit oft nicht eindeutiger Zweckbestimmung hat. In diesem Sinne hat sich der Begriff der Intelligenz auf Gruppen wie Wissenschaftler – hier eher der »reinen« als der angewandten Forschungszweige –, auf Künstler und Literaten und auf die überhaupt nicht definierbare Gruppe von Generalisten (Sinnstifter, Vordenker, Kompilatoren und Multiplikatoren) konzentriert, die in der Öffentlichkeit – oft auch im Konflikt mit ihr – Grundsätze vertraten, die professionellen Interessen entsprungen sein mochten, diese aber in der Regel überschritten. Hier nähert sich der Intelligenzbegriff dem des westlichen Intellektuellen an, des zwar gebildeten, aber oft dilettierenden Generalisten, der für das Allgemeine zuständig ist.

Es ist schon oft über die »Unbegriffenheit« des Phänomens der Intelligenz geklagt worden[6]. Es wird auch durch eine philologische Untersuchung seiner Anwendung nicht faßlicher[7], und es teilt diese unglückliche Eigenschaft mit fast allen Definitionen, die soziale Gruppen in der Kombination mit Attitüden zu bestimmen suchen. Man denke an die Komplikationen mit dem Begriff des Intellektuellen[8] oder des sehr deutschen des Bildungsbürgertums[9]. Hinzukommt, daß die Bildungsschichten – wie andere Gruppen auch – mit der Industrialisierung einem grundlegenden Wandel unterworfen wurden, die Begriffe aber oft dieselben geblieben sind. (Ein Handwerker des ausgehenden 19. hat ebenfalls nicht mehr sehr viel gemeinsam mit einem des ausgehenden 20.Jahrhunderts.)

Wenn gleichwohl die russische Intelligenz in ihrem historischen Wandel zum Gegenstand der Untersuchung gemacht wird, so liegt der Grund hierfür in der zunächst naiven Beobachtung, daß es im russischen Fall diese Milieus, institutionell hauptsächlich verankert in den Akademien und Kultur-Verbänden (twortscheskie sojusy), waren, aus denen sich vernehmbarer Widerspruch zu den Grundwerten des Regimes artikulierte. Daher konzentriert sich die Frage nach den Ursachen auf die Untersuchung von Erfahrungen in der Biographie, im Beruf wie im Milieu von Gruppen und ihren Protagonisten und auf die Eigenart ihrer Handlungen, ebenso auf den Widerstand, auf den sie in der politischen Sphäre, aber auch in der Gesellschaft stießen. Damit liegt das Schwergewicht der Darstellung auf vergleichsweise kleinen Gruppen, denen im Westen zunächst mehr Aufmerksamkeit als in der UdSSR selbst geschenkt wurde. Diese Auseinandersetzungen geben, so hoffe ich, einen Einblick in die systemspezifischen Mechanismen von Politik, wie sie gegenüber Funktionseliten wirksam wurden. Sie vermitteln auch einen Einblick in die schleichende Entlegitimierung des Regimes, wie sie sich unspektakulär im urbanen Rußland vollzog. Man wird damit allein den Zusammenbruch des sowjetischen Sozialismus nicht erklären können, dazu bedürfte es der Untersuchung zahlreicher anderer Faktoren. Aber der Sozialismus in seiner sowjetischen Variante hatte die kulturelle Hegemonie schon lange verloren, – und dazu haben Minderheiten in der Intelligenz, als Dissidenten bezeichnet, maßgeblich beigetragen. Noch um 1985 schien jene Beschreibung zuzutreffen, die Wjatscheslaw Iwanow 1909 von der Intelligenz gab. Er bezeichnete als ihr Symbol jene Schlange, die sich unter dem Roß von Falconets Reiterstatue Peters des Großen windet: Halb zerstampft und zertreten, bedrohte sie dennoch Roß und Reiter[10].

I. Revolution und Vereisung

1. Vor dem Sturm

Historisch ist die russische Intelligenz aus der geadelten Dienstklasse hervorgegangen, die Peter der Große mit der Rangtabelle geschaffen hatte[1]. Sie sollte die Verleihung ständischer Privilegien an die Leistung im Staatsdienst knüpfen. Damit verbanden sich die ersten Anfänge eines säkularen Bildungswesens, das bis zur Mitte des 19. Jahrhunderts ganz auf die Aufzucht für den Staatsdienst ausgerichtet war. So war die Einrichtung der Akademie der Wissenschaften (AdW) im Jahre 1725 und der Universität von Moskau 1755 primär dafür gedacht, Wissen und Technik dem Staat zur Verfügung zu stellen. Angesichts der anfänglichen Bildungsfeindschaft im Adel blieben sie zunächst, vorwiegend mit Ausländern bestückt, »Mühlen ohne Wasser«[2]. Erst im letzten Drittel des 18. Jahrhunderts entstand, durch Kaiserin Katharina II. angestoßen, so etwas wie eine räsonnierende Gesellschaft, die in Salons und Zeitschriften die großen Probleme der Epoche nach Maßstäben reflektierte, die vor allem durch die deutsche und französische Aufklärung vorgegeben waren[3]. 1725 existierten in Rußland lediglich drei staatliche Druckereien; einen maßgeblichen Teil der benötigten Literatur ließ man unter strengen Zensurauflagen im Ausland drucken. 1782 wurden erstmals private Verlage zugelassen, 1793 gab es bereits knapp 40. Waren zu Anfang des 18. Jahrhunderts weniger als 30 Titel pro Jahr erschienen, so waren es in den neunziger Jahren bereits über 650. In den achtziger Jahren des achtzehnten Jahrhundert baute der Freimaurer Nikolai Nowikow – nach damaligen Maßstäben – geradezu ein Presseimperium auf[4].

Bildung war von Peter dem Großen wie von Katharina II., die sich um den Aufbau eines systematischen Schulsystems bemühte[5], vornehmlich in ihrem Nutzen für den Staatsdienst gesehen worden. Beide teilten einen Optimismus, der die Vermittlung von Wissen mit Aufklärung im weitesten Sinne des Wortes verbunden sah. Diese Einstellung wandelte sich mit der Französischen Revolution, mehr noch durch die Tatsache, daß die ohnehin schmalen Bildungsschichten im Freimaurertum eine Assoziationsform gefunden hatten, um sich sowohl nach oben, gegen die Autokratie, wie elitär nach unten, gegen die Masse der obskuren Dienstklasse, abzuschotten. Obwohl die Freimaurerlogen wenig politisch und eher gesellig und religiös-mystisch orientiert waren, blieben sie ein beunruhigender Faktor, entzogen sie sich doch durch ihre Geheimbündelei dem kontrollierenden Auge der Selbstherrschaft[6].

Mit den Dekabristen, die aus der Tradition der Freimaurerei hervorgegangen waren und 1825 den Sturz der Autokratie versuchten, sah sich die politische Führungsschicht zum ersten Mal einer jungen Gegenelite konfrontiert. Bei den Dekabristen handelte es sich im wesentlichen um jüngere Offiziere, aus Familien der eher wohlhabenden Dienstklasse stammend, die Wissensaneignung nicht nur als Sprungbrett für die Karriere ansahen. Vielmehr hatte hier die Bildung eine kognitive Dissonanz geschaffen. Die Offiziere litten unter jenem unvermittelten Nebeneinander, das sich aus der Aneignung von Bildung mit ihren »aufgeklärten« Normen und Werten und dem Leben in einem Milieu ergab, in dem der Stock und die Leibeigenschaft als Heiligtum galten[7]. Dabei waren sie wie ihre politischen Gegner nicht nur ihrem eigenen Milieu, sondern auch dem »Volk« in gleicher Weise entfremdet. N.I. Turgenew sprach vom Adel als einer »Race von Eroberern« und Aleksandr Gribojedow schien es, als ob Herren und Bauern »zwei verschiedenen Volkstämmen entstammen, deren Sitten und Gebräuche sich bisher noch nicht vermischt haben«[8]. Ein Ausweg aus diesem Dilemma lag für die aufgeklärten Bildungsschichten in der selbst auferlegten Pflicht, »mit Hilfe ihrer geistigen Fähigkeiten für die Privilegien zu zahlen, die ihnen die unteren Schichten durch schwere Arbeit verschaffen«[9].

Mit diesem Bekenntnis wurde ein Thema vorweggenommen, das die gleichermaßen von der Machtelite wie vom Volk »entfremdete« Intelligenz in der zweiten Hälfte des 19. Jahrhunderts bewegen sollte. Das seit Einrichtung der Bildungsanstalten sicher oft vergebliche Bemühen, dem Nachwuchs ein Ethos einzuflößen, das ganz auf den selbstlosen Dienst am Staat ausgerichtet war, wandte sich seit den Dekabristen vielfach gegen den Staat; denn dieser schien sich mehr dem Schutz der Privilegien der herrschenden Stände als der Wohlfahrt des Volkes zu widmen. An die Stelle oder neben das Leitbild vom selbstlosen Staatsdienst, das in der Praxis immer wieder korrumpiert wurde, trat ein Geist der Revolte, der nach Maßgabe wechselnder Doktrinen die bestehende Ordnung radikal verwarf. Die Empörung entzündete sich an der Autokratie, der Leibeigenschaft, später an der materiellen Not von Bauern, Handwerkern und Arbeitern, an Rußlands Rückständigkeit ebenso wie an seinen frühindustriellen Problemen – am wenigsten noch an der unmittelbaren Lage der Rebellen selbst. Sie rekrutierten sich zunächst überwiegend aus dem (Dienst-Adel, später in wachsenden Anteilen aus den weniger privilegierten Gruppen (Kaufleuten, Priestern, niederen Chargen und aus dem verarmten Adel), den steuerpflichtigen Ständen (Städtern, Bauern) und seit den siebziger Jahren auch aus den angehenden Bildungsschichten der nicht-russischen Völker, hier v.a. der Juden[10]. Die Revolte wurde nicht primär durch die soziale Herkunft, auch nicht durch die oft schwierige materielle Lage, als vielmehr durch die Wirkungsmacht von Ideen und Visionen bestimmt, denen die Gegenwart russischer Wirklichkeit – oft auch mit Blick auf Westeuropa – nie genügen konnte. Die Intelligenz, so schien es, war nicht Produzent von Ideen, sondern ihr Produkt[11]. Ihre – in Beziehung zur ständischen Gesellschaft – marginalisierten, unter dem Druck behördlichen Mißtrauens und polizeilicher Verfolgung zu einer Sub- und Gegenkultur zusammenwachsenden Gruppen konstituierten, was seit den sechziger Jahren als *Intelligenzija* bezeichnet werden sollte: ein scheinbar interesseloses Reflektieren und selbstloses Handeln im Namen des »Volkes«, der Unterdrückten oder gar der Menschheit[12]. Der unbehauste, asketische, konspirierende und verfolgte Student – dem familiären Milieu oft entfremdet, im öffentlichen Leben noch ohne Position – wurde zum Symbol und Prototypen des revoltierenden *intelligent* in einer Gesellschaft, die sich von der ständischen Ordnung zu lösen begann: »Der Student ist nicht länger ein Schüler, sondern wird allmählich zum Meister, zum Führer der Gesellschaft«, klagte bereits in den 1850er Jahren der Rechtsgelehrte B.N. Tschitscherin[13].

Die sehr frühe Wendung aktivistischer Minoritäten der (adligen) Bildungsschichten gegen die bestehende Ordnung hat im 19. Jahrhundert zu einem ständigen Wechselbad von repressiver bis obskuranter Bildungs- und Kulturpolitik und von Aufklärungs- und Bildungsoptimismus geführt. Die Phasen waren dadurch bestimmt, daß die Staatsführung einerseits auf Bildung als Teil der Verwaltungskunst und des technischen Wissens für Infrastrukturmaßnahmen und für die entstehende Industrie nicht verzichten konnte, aber andererseits die sozialen und politischen Folgen von Bildung fürchtete[14]. »Der Staat soll mit der Bildung nicht zu schnell voranschreiten. Andernfalls erhält das Volk so viel Wissen wie der Monarch, und dann will es seine Macht beschneiden«, dozierte Graf Benckendorff, der Chef der Geheimpolizei unter Nikolaus I. Man fürchtete die »Pugatschows mit Universitätsbildung« (de Maistre). Später sollte Lenin von seinen Gegnern als »Pugatschow mit Universitätsbildung« bezeichnet werden[15].

Die zeitweiligen Ängste, die mit der »Volksaufklärung« verbunden waren, haben auf die Dauer allerdings weder die Expansion der Lehranstalten noch die Ausweitung des sozialen Rekrutierungsreservoirs für Bürokratie und Militär[16] aufhalten können. Spätestens seit der Mitte des 19. Jahrhunderts erfaßte das (Hoch-)Schulwesen auch Jugendliche des verarmten Adels, des Klerus wie der steuerpflichtigen Stände. Obwohl ständische Kategorien seit der Mitte des 19. Jahrhunderts nur noch wenig über den sozialen Status einer Familie aussagen, so verweisen die statistischen Angaben über die ständische Zugehörigkeit der Oberschüler und Studenten vor 1914 auf die zunehmende soziale Diffusion von höherer Bildung. Die Zahl der Universitätsstudenten war von 3.600 (1855) auf fast 36.000 (1914), die der Studenten in (Fach-)Hochschulen und

Universitäten insgesamt auf über 100.000 (1912), der Oberschüler (Mädchen und Jungen) von 25.000 (1855) auf 475.000 (1913) gestiegen. Hatten Kinder von Adligen und Rangbeamten 1863 noch 73% der Oberschüler und 46% der Studenten (1878) gestellt, so war ihr Anteil 1914 auf 33 bzw. 36% gesunken, während nun 20% (1914) der Oberschüler und 13% (1913) der Studenten dem Bauernstand entstammten[17].

Mit der Expansion des Bildungswesens, dem sich seit den achtziger Jahren des 19. Jahrhunderts eine Gründungswelle von technischen Hoch- und Fachschulen anschloß, erlebte der Publikationsmarkt ebenfalls Erweiterungsschübe. In den urbanen Zentren entstand seit den neunziger Jahren eine Massenpresse. Die Auflage der Tagespresse stieg von 1 Mio. (1900) auf 3 Mio. (1914). Die Anzahl der jährlich herausgegebenen Buchtitel wuchs von 1.773 (1861) auf 32.300 (1914), die der Periodika von 500 (1891) auf über 3.000 (1914)[18].

Hatte man einst unter Nikolaus I. – besonders in der Zeit zwischen 1848 und 1855 – vom »Zensur-Terror« gesprochen, so war die Zensur spätestens seit 1905 rein physisch nicht mehr in der Lage, eine effektive Kontrolle des Publikationsmarktes auszuüben. Seit den neunziger Jahren stagnierte der Zensurapparat mit etwa 100 Personen. Er konzentrierte sich notgedrungen auf das revolutionäre Schrifttum[19]. In der ersten Hälfte des 19.Jahrhunderts machten die Enge des Publikationsmarktes und die geringe Anzahl des Bildungspublikums selbst rebellische Dichter wie Puschkin von der Schatulle des Kaisers abhängig, wenn es auch nicht gelang, »ihm die Feder zu führen«[20]. Seit der Jahrhundertwende hatten das Verlagswesen eine finanzielle Kraft und der Lesemarkt eine differenzierte Binnenstruktur entwickelt, die von der Autokratie durch die traditionellen Mittel der Verbotszensur nicht grundsätzlich behindert werden konnten. Der Markt erwies sich als stärker als die Selbstherrschaft.

Gleichwohl hatte die mangelnde Liberalität des Regimes den Literaten im weitesten Sinne des Wortes und den Schriftstellern im Besonderen den Nimbus einer moralischen Gegenelite verliehen. Voll Pathos hatte W. Belinski 1849 in der Zeit des Zensurterrors an Gogol geschrieben, daß das Volk, d.h. die schmalen lesenden Bildungsschichten, »in Rußlands Schriftstellern seine einzigen Führer, Verteidiger und Erretter aus der Finsternis der russischen Autokratie, Orthodoxie und des Nationalismus« erblickten[21]. Seit der Reformära unter Alexander II. gab die Presse, hier besonders die sog. dicken Zeitschriften, in den 1880er und 1890er Jahren mit Auflagen um die 15.000 Exemplaren[22], den Gebildeten aller politischen und ideologischen Richtungen eine öffentliche Tribüne zur Austragung der großen Kontroversen. »Nirgendwo auf der Welt hat die Presse eine solche riesige Bedeutung für das Wohl des Volkes wie in unserem Land. Bei uns gibt es bis heute für die öffentliche Meinung keinen anderen Zufluchtsort als die Presse; unsere Presse ist unser Parlament«[23].

Die Revolution von 1905 hatte insofern einen tiefen Einschnitt auch für die Intelligenz bedeutet, als sie die Epoche der Salons, der Bankette, der intellektuellen, v.a. studentischen Zirkel, und der »dicken Journale« als fast ausschließliche Medien intellektueller Kommunikation abschloß. Diese Periode, die sich etwa auf die Jahrzehnte zwischen 1830 und 1900 begrenzen läßt, war die Zeit der großen »philosophischen« Diskurse. Im Mittelpunkt standen zunächst das Verhältnis Rußlands zu Europa, später die Kontroversen um den Kapitalismus, wie es A. Walicki formuliert hat. Konnte Rußlands Rückständigkeit durch Adaption westlicher Technik und Industrie überwunden werden ohne die Übernahme kapitalistischer Ausbeutungsformen? Konnte die von den Slavophilen »entdeckte« russische Dorfgemeinschaft mit ihrer kollektiven Haftung und Feldumteilung als Ausdruck spezifisch russischer Vergemeinschaftungsform unbeschädigt und unter Umgehung des Kapitalismus in eine sozialistische Zukunft gerettet werden? Diese Diskurse wurden seit Mitte der fünfziger Jahre vor allem in den Kreisen der revolutionären und oppositionellen Intelligenz geführt, die ihre Hochburgen im studentischen Milieu besaß[24]. Es war von einem ethischen Voluntarismus beseelt, der sich gegen die Zwänge eines ökonomischen Determinismus stemmte: Da der Fortschritt der Menschheit auf dem Elend der Mehrheit beruhe, bleibe es die Aufgabe der »kritisch denkenden und ernst wollenden Persönlichkeiten« (Pjotr Lawrow)[25], d.h. der Intelligenz, zur Verminderung von Leid und Unterdrückung beizutragen. Hier wiederholte sich eine Aufgabenstellung, wie sie bereits bei den Dekabristen angedeutet war und die sich in einem ganz anderen ideologischen Kontext auch in Lenins Parteitheorie – die Partei als Avantgarde des Proletariats – wiederfinden läßt. Die revolutionäre Intelligenz wollte in gewisser Weise die politische Passivität des Bauerntums kompensieren, auf das sie bis in die neunziger Jahre als Befreiungsobjekt fixiert blieb. Erst seit dieser Zeit trat an die Stelle des Bauerntums das Proletatiat als revolutionäres Potential, auf das sich die neu entstehenden marxistischen Zirkel ebenso wie die Populisten konzentrierten. Aus den intellektuellen Auseinandersetzungen zwischen Marxisten und Populisten sind erstere als »Sieger« hervorgegangen, indem sie auf die Unvermeidlichkeit des Kapitalismus auch in Rußland verweisen konnten und den Kampf um seine Vermeidung für obsolet erklärten. Kapitalismus galt nun als Zivilisationsfortschritt[26]. Gleichwohl veranlaßte revolutionäre Ungeduld dazu, nach Wegen der »Abkürzung« des kapitalistischen Leidensweges zu suchen. Könnte das Proletariat die unentwickelte und zaudernde Bourgeoisie bei der Vollendung der bürgerlich-demokratischen Revolution ersetzen? Die Konzepte vom »Hinüberwachsen« der bürgerlich-demokratischen zur sozialistischen Revolution, von der »permanenten« Revolution waren Konstruktionen, die ähnlich wie der Terror der Narodnaja Wolja in den siebziger und achtziger und der (populistischen) Sozialrevolutionäre seit der Jahrhundertwende revolutionärer Ungeduld entsprangen. Im einen wie im anderen Fall begriff die agitierende und bombende Intelligenz ihre Handlungen nie als Aktionen, die dem eigenen Interesse dienten, sondern immer als solche, die im Namen der leidenden Bauernschaft oder des ausgebeuteten Proletariats vollzogen wurden. Die Bolschewiki sollten dieses Spiel auf die Spitze treiben, indem sie – als Siegelbewahrer des Sozialismus – schließlich vor wie nach 1917 das Proletariat selbst gewerkschaftlicher Borniertheit verdächtigten. Die Machtbesessenheit Lenins und der Bolschewiki steht mithin in einer Tradition intellektueller Arroganz, die – jakobinisch gewendet – ihre Prägung durch den petrinischen Zwangsstaat kaum verleugnen kann[27].

Die seit den achtziger Jahren anlaufende Kommerzialisierung der Landwirtschaft und die Industrialisierung verschafften nun auch Angehörigen der Bildungsschichten Betätigungsfelder außerhalb von Bürokratie und Militär. Dem Nachwuchs standen in wachsendem Umfang die städtischen und ländlichen Selbstverwaltungen, Industrie und Dienstleistungen, die Medien und seit 1905 die neu entstehenden oder expandierenden Verbände, Parteien, Genossenschaften und Gewerkschaften zur Verfügung. In Kunst und Kultur löste das junge Unternehmertum den Adel als Mäzenaten ab[28] Damit eröffnete sich auch die Möglichkeit, daß Rußland endlich jene dualistische Struktur überwinden könnte, die seit dem 18. Jahrhundert durch die Dichothomie zwischen (bäuerlichem) Volk und europäisch geprägten Oberschichten bestimmt war. Vor diesem Hintergrund schien es, als ob der Typus des Berufsrevolutionärs oder Berufsterroristen (auf sozialrevolutionärer Seite) immer stärker fossilen Charakter annehmen würde. Populismus und Marxismus blieben vermutlich die dominierenden Weltanschauungen, aber sie dürften vor allem in der professionellen Intelligenz weniger in ihrer radikal-revolutionären als vielmehr in sozialreformerischen Varianten dominant gewesen sein. Zudem traten organisierte liberal-demokratische Strömungen konkurrierend an ihre Seite.

Das steigende Gewicht der professionellen Intelligenz[29] sollte sich darin zeigen, daß sie – und nicht die revolutionären Untergrundparteien – die wichtigsten Anstöße zur Revolution von 1905 gab. Die sich rasch politisierenden Berufsverbände der Bildungsschichten bildeten zunächst den organisatorischen Kern der Bewegung von 1905. Sie schlossen sich im sog. Bund der Bünde zusammen, der mit einem fluktuierenden Bestand auf zwischen 35.000 und 100.000 Mitgliedern geschätzt wird[30]. Ihre Forderungen nach Demokratie, nach dem allgemeinen Wahlrecht, konstitutionellen Freiheiten und sozialen Reformen faßten die in sich heterogenen Bewegungen zusammen. Sie wurden zweifellos als jene Vorbedingungen verstanden, welche den Status der Bildungsberufe angehoben und ihnen ein größeres politisches Gewicht gegeben hätten. Professionelle Interessen und politische Forderungen schienen hier zur

Deckung zu kommen. Erst in der zweiten Phase der Revolution wurde der Bund der Bünde durch die Arbeitersowjets in den Industriezentren und durch den Bauernaufruhr auf dem Land in den Hintergrund gedrängt.

Wie den Verlautbarungen der Berufsverbände nach 1906 zu entnehmen ist, trat – sicher auch bedingt durch die Reaktion und die Repressionen – an die Stelle des politischen Kampfes vermehrt das Schlagwort von der Kulturarbeit. Die gleichwohl weiterhin anhaltende oppositionelle Grundstimmung in den Bildungsberufen erhielt aber einen anderen, weniger grundsätzlichen Charakter, eine Folge der Konzessionen des Regimes an die Zensusgesellschaft. Worum es in den Auseinandersetzungen mit dem Regime nun ging, war eher die Forderung nach Befreiung von der staatlichen Bevormundung, nach professioneller Autonomie, nach Anerkennung als Fachelite gegen einen immer als inkompetent empfundenen Staatsapparat. Denn er legitimierte sich nicht – wie die Bildungsschichten – durch Wissen, Leistung und »Fortschritt«. Behinderter Aufstieg im Staatsapparat selbst ebenso wie die mangelnde Respektierung fachlicher Kompetenz außerhalb der staatlichen Sphäre schufen vor wie nach 1905 ständige Konflikte, die nun nicht mehr vorwiegend revolutionär gelöst werden sollten[31].

Die Emanzipation der Bildungsberufe deutete auf die Entstehung einer Gegenelite, die durch Anerkennung ihres herausgehobenen Status mit dem alten Staatsapparat um die Führung der vermeintlich unaufgeklärten Bevölkerung konkurrierte. Die professionelle Intelligenz verband ihre berufliche Tätigkeit, die immer mehr sein wollte als Broterwerb, vor dem Hintergrund der allgemeinen Rückständigkeit mit Kulturarbeit und Aufklärung, d.h. einer paternalistischen Sozialtechnik. Der berufliche Einsatz auf dem Land und in den Vorstädten mit ihrem Kleingewerbe oder der Großindustrie war mit Alphabetisierung, »Aufklärung« und sozialer Fürsorge für die betroffene Bevölkerung verbunden. Die in der Pirogow-Gesellschaft organisierten Ärzte entwickelten umfassende Programme hygienischer Prophylaxe und Aufklärung auf dem Dorf und in den Städten[32]. Die Agronomen wollten die Arbeiten zur Melioration, Flurbereinigung und Agrarreform mit Programmen zur Belehrung der Bauern in der Landbautechnik wie beim Vertrieb der Agrarprodukte verbinden[33]. Das gesamte Genossenschaftwesen war verbunden mit »Kulturarbeit«. Auch die Ingenieure verstanden sich nicht nur als Techniker, sondern übernahmen angesichts der Pionierarbeit in oft wenig erschlossenen Gebieten die Rolle von Sozialtechnikern, weil mit dem Aufbau von Industrieanlagen begleitende Infrastrukturmaßnahmen in Angriff zu nehmen waren[34]. Frauenbildung war im akademischen Milieu Rußlands akzeptierter als in Deutschland[35]. Wissenschaftler (und ihre Mäzene) demonstrierten mit der Gründung der privaten Schanjawski-Universität und anderen hochschulpolitischen Aktivitäten das Ungenügen der amtlichen Bildungspolitik und ihre Unabhängigkeit vom Staat, der mit seinen Eingriffen (1911) in die Universitäten einmal mehr Studenten und Professoren drangsalierte[36].

In besonderer Weise konnte sich das Aufklärungspathos der Bildungsschichten in der Förderung der Alphabetisierung und populärer Lesestoffe ausleben. Um den Einfluß der allgemein als schädlich eingeschätzten, kommerziell vertriebenen Trivialliteratur zurückzudrängen, wurden einerseits erhebliche finanzielle Opfer gebracht, um »gute« Literatur in billigen Ausgaben unters lesende Volk zu bringen. Andererseits nahmen viele der in diesem Bereich engagierten intellektuellen Organisatoren für sich das Recht in Anspruch, die populäre Literatur nicht nur zu beeinflussen, sondern auch im Sinne des »richtigen« Geschmacks, des »echten« Fortschritts und der »wahren« Kultur zu lenken und zu zensieren. Trotz politischer Gegensätze stand hier die oppositionelle Intelligenz mit Staat und Kirche in einer Phalanx, wenn es um die Bevormundung populärer Lesebedürfnisse ging[37]. Die Bolschewiki sollten nach 1917 diese Tradition bildungsbürgerlicher Vorurteile ungebrochen fortführen.

Verleitete mithin der soziokulturelle Abstand zwischen Intelligenz und der übrigen Bevölkerung in der Politik zu Ersatzhandlungen im Namen des »Volkes«, so war das berufliche Engagement zumindest in der Programmatik, die nicht mit der Realität gleichzusetzen ist, in ein breites Konzept von paternalistischer Sozialtechnik eingebunden.

Obwohl diese Konzepte der *kulturniki* auch in den Berufsverbänden nicht unumstritten waren[38], zeichnete sich in ihnen doch wohl ein allgemeinerer Paradigmawechsel ab. Er wurde sichtbar insbesondere in der kulturellen Sphäre der hauptstädtischen Bildungselite. Symptomatisch hierfür war eine Broschüre unter dem Titel »Wechi« (Grenzmarken), z.T. von ehemaligen Marxisten verfaßt. Hier wurden massive Angriffe gegen die revolutionäre Tradition der Intelligenz vorgetragen: Im Namen der »Wahrheit« und der reinen Erkenntnis polemisierte sie gegen den verbreiteten Materialismus, gegen das Utilitarismusprinzip in Philosophie, Wissenschaft und Kunst und gegen eine politisierte Vulgärsoziologie. Dem Materialismus und den Sozialutopien setzte sie die Respektabilität von Religion und zweckfreier Moral entgegen; sie stellte die Borniertheit studentischer Zirkelkultur bloß, deren Druck auch die erwachsene Intelligenz immer wieder nachgebe. Dem Primat des sozialen Engagements und der politischen Obsession stellte sie den der »Kultur« entgegen, das hieß der Selbstkultivierung der Intelligenz. Die Bauernrevolution habe die Rohheit des Volkes demonstriert und den bisher vorherrschenden Mythos von seiner Unschuld zerstört. Die Intelligenz, die gegen die Barbarei des Volkes auch des staatlichen Schutzes bedürfe, müsse mit diesem zusammen und nicht gegen ihn für die Zivilisierung Rußlands arbeiten[39]. Die »Wechi«, 1909 auf dem Höhepunkt der politischen Reaktion erschienen, waren eine Provokation. Hier wurde gegen die bisher geheiligte Tradition der sich selbst im Kampf für das

Wohl des Volkes verzehrenden Intelligenz gestritten, und damit gegen die in dieser Attitüde verborgene Arroganz. Zugleich ließ sich das Pamphlet aber auch als Plädoyer für den Rechtsstaat lesen. Dieser erschien nicht nur von seiten der Autokratie und Bürokratie, sondern auch von seiten der Revolutionäre bedroht. Zuletzt war die Schrift ein Aufruf zu mehr Professionalität, die der revolutionären Intelligenz mit ihren veralteten Doktrinen nicht ganz zu Unrecht abgesprochen wurde. Der Sammelband läßt sich mithin als ein Symptom der Verbürgerlichung der Intelligenz deuten, auch wenn er in einer langen Tradition der Polemik zwischen religiös-konservativen und aufgeklärt-progressiven Strömungen stand.

Die Broschüre rief zwar einen Sturm der Empörung hervor[40], scheint aber dennoch maßgeblich für einen verbreiteten Paradigmawechsel gewesen zu sein, der selbst die revolutionären Ideologien, besonders den Marxismus, nicht unberührt ließ. Die Resonanz religiöser Zirkel in Petersburg und Moskau, des Symbolismus in der Dichtung, die Rezeption des Neukantianismus und der Anthroposophie in Philosophie und Dichtung deuten auf eine Zurückdrängung eher materialistischer Weltanschauungen in den geistigen Eliten[41]. Gegen diese Trends richtete sich Lenins »Materialismus und Empiriokritizismus« (1909). Diese Kampfschrift war eine wütende Abrechnung mit allen möglichen »idealistischen« Abweichungen, die scheinbar unaufhaltsam das kanonische Gebäude marxistischer Doktrinen, wie es von Plechanov festgezurrt worden war, zum Einsturz zu bringen drohte[42]. Dieses zu seiner Zeit unbedeutende Pamphlet scheint darauf hinzuweisen, daß die revolutionäre Intelligenz ihre geistige Führung zu verlieren drohte.

Diese Einbuße bedeutete keineswegs, daß der Typus des revolutionären *intelligent* und daß die Resonanz sozialrevolutionärer Ambitionen in den Bildungsschichten gänzlich verdrängt worden wären. Denn die Führungsgruppen der revolutionären Parteien rekrutierten sich in der Mehrheit nach wie vor aus den teils privilegierten, teils durch Bildung aufgestiegenen Schichten[43]. Freilich unterschieden sich die radikalen Berufspolitiker von den Angehörigen der professionellen Intelligenz durch ganz andere Lebensläufe. Sie waren gekennzeichnet durch den Abbruch des Studiums oder durch zerstörte bzw. behinderte Berufskarrieren, durch Gefängnis, Verbannung oder Emigration, auch durch eine relativ häufige Herkunft aus der Provinz oder (fremdnationalen) Peripherie. Nach der Revolution sollte – nicht nur in bezug auf die Literaten – von der Überwältigung der Hauptstädte durch die Provinz-Intelligenz die Rede sein[44].

Ihren politischen Erfolg verdankten die intellektuellen Revolutionäre weniger der eigenen Anstrengung, als vielmehr dem beispiellosen zivilisatorischen Zusammenbruch des Zarenreiches in Folge von Krieg, Revolution und Bürgerkrieg und der sie begleitenden Barbarisierung aller sozialen Beziehungen. Diese

Bedingungen revitalisierten und transformierten den überkommenen soziokulturellen Dualismus. Er ist nur unvollkommen in den zeitgenössischen Schlagworten vom Klassenkampf, von der demokratischen oder proletarischen Diktatur, der Plutokratie und schließlich dem Stadt-Land-Gegensatz der Maschinen und Wölfe eingefangen. Es war freilich nicht der traditionelle Dualismus zwischen (bäuerlichem) Volk und europäisch geprägten Oberschichten, sondern seine konfliktreiche Weiterentwicklung und Ausdifferenzierung. Vor 1914 und während des Krieges war die nicht privilegierte Bevölkerung vielfältigen Formen der Modernisierung unterworfen gewesen. Hier können nur Stichworte genannt werden: Migration und Urbanisierung, Industrialisierung und Kommerzialisierung in der Landwirtschaft, der vielgestaltige Kontakt mit der städtischen Kultur auch auf dem Lande[45] und nicht zuletzt die Mobilisierung für den Krieg und die traumatisierende Erfahrung seines Elends und Massensterbens[46]. Streiks in den Fabriken und Bauernaufstände waren auch schon vor 1914 Formen populärer Artikulation, die unübersehbar den Anspruch auf politische Mitsprache demonstriert hatten, ohne daß ihnen das alte Regime hinreichend entgegengekommen wäre. Im Falle der aktivistischen Arbeiterschaft reichte es nicht einmal zu einer »negativen Integration«[47]. Als das alte Regime und die ihm folgenden bürgerlichen und gemäßigt sozialistischen Kräfte so kläglich versagten, fanden die Bolschewiki und die (linken) Sozialrevolutionäre mit ihren Schlachtrufen gegen die Imperialisten, die privilegierten Schichten und gegen ihren Kriegspatriotismus, gegen die Herren und *burschui* (burgeois), denen auch die professionelle Intelligenz zugerechnet wurde, bei Soldaten, Arbeitern und auf dem Dorf eine beträchtliche Resonanz. Gegen Kriegstreiberei und Imperialismus, nicht zu Unrecht den alten Eliten und der Zensusgesellschaft zugeschrieben, wirkten sehr heterogene Bewegungen zusammen, die alle den Zusammenbruch der alten Strukturen bewirkten: die symbiotische Verschmelzung zwischen bolschewistischer Militanz und Arbeiteraktivismus, die Kriegsmüdigkeit der Soldaten, das durch die ökonomische Regression bedingte Wiederaufleben vorkommerzieller Traditionen auf dem Dorfe und die endlose Kette der Nationalitätenkonflikte. Sieht man in der Revolution von 1917 nicht nur die bolschewistische Machtergreifung, sondern diese als ein Ergebnis des Zusammenbruches und einer Volksrevolution, die sich in sozialistischen Visionen im weitesten Sinne wiedererkannte[48], so war ein Anknüpfen an die Konzeptionen bürgerlich-kapitalistischer Evolution ausgeschlossen. Populäre Vorstellungen von Gerechtigkeit, Gleichheit und staatlicher Autorität verschmolzen mit dem weltrevolutionären – intellektuellen – Impuls der Bolschewiki, die schließlich einer plebejischen Variante der Modernisierung den Weg bereiteten – und ihre Opfer wurden[49]. Vor diesem Hintergrund erschienen die Angehörigen der Bildungsberufe als Verlierer, hatten sie ihre eigenen Ambitionen doch ganz im Rahmen einer bürgerlichen Evolution vorgezeichnet gesehen.

2. Die Intelligenz in der Revolution

Revolution und Bürgerkrieg haben die Intelligenz tief verstört[1], da eine grundsätzliche politische, moralische und materielle Neuorientierung nötig wurde. Soweit den Verlautbarungen der Berufsverbände – von den *akademiki* bis zu den Lehrern – zu entnehmen ist, waren ihre Führungsgremien und wohl auch die Mehrheit ihrer Mitglieder Anhänger der Februar- und Gegner der Oktoberrevolution. In viel stärkerem Maße, als dies 1905/6 erfahren worden war, sahen sich nun viele Angehörige der Intelligenzberufe besonders dort, wo sie in unmittelbarem Kontakt mit dem »Volk«, d. h. vor allem mit den Soldaten und Arbeitern lebten, als Mitglieder der »herrschenden« Klassen mißtrauisch kontrolliert oder gar angegriffen. In der Armee und besonders in der Flotte zeigte sich dies in der Absetzung von Offizieren, manchmal auch in ihrer Ermordung. In Fabriken war das Herauskarren von Vorgesetzten und Ingenieuren und ihr Abladen in Gruben offenbar ein Racheakt für vermeintliche oder tatsächliche Demütigungen, denen die Arbeiter unter dem alten Regime unterworfen gewesen waren. Grundsätzlich zählte die Intelligenz, sofern sie sich nicht den Bolschewiki anschloß, zu den »burschui«[2]. Umgekehrt wurden der Oktoberumsturz und die Diktatur der Bolschewiki auf seiten der Bildungsschichten als »Pöbelherrschaft« und als Ausdruck destruktiver »Klasseninstinkte« gesehen[3].

Der in der Selbstwahrnehmung vieler Zeitgenossen aus den Bildungsschichten bestehende Kontrast zwischen antibolschewistischer Intelligenz und revolutionär gestimmter Bevölkerung bedarf sicher der Differenzierung. Der Anteil von Gebildeten unter den Bolschewiki Ende 1917 wird – bei einem offenbar sehr weit gefaßten Intelligenz-Begriff – unterschiedlich mit 5.000 bis zu 15.000 Personen angegeben[4]. Immerhin besaßen nach einer nicht ganz vollständigen Statistik von 1920/21 von ca. 200.000 Parteimitgliedern 13% der Männer und 28% der Frauen eine höhere und Hochschulbildung[5]. Der Anteil von Parteigenossen mit Universitätsstudium war allerdings sehr niedrig. Er dürfte etwa dem Bevölkerungsdurchschnitt entsprochen haben; in Moskau und seinem Umland (ujesd) waren dies von ca. 30.000 Parteimitgliedern 950 Personen (3,1%), in Petrograd von ca. 17.000 Parteimitgliedern 235 Personen (1,3%). Die Anteile bei der höheren Bildung lagen entsprechend bei 14,5% in Moskau und bei 14,8% in Petrograd[6]. Ein Jahr später, als die Partei einen stärkeren Anhang in der Provinz gewonnen hatte, reduzierte sich der Anteil von Parteimitgliedern mit Hochschulbildung in Moskau auf 2,4%, in Petrograd auf 0,7%[7]. Ihr im engeren Sinne intellektuelles Potential scheinen die Bolschewiki vor allem der Zeit vor 1917 verdankt zu haben. Die vielen administrativen Posten, welche die Partei nach 1917 zu vergeben hatte, zogen eher Angestellte und Aufsteiger aus den Unterschichten mit einem sehr unterschiedlichen

Bildungsgang an. Schon 1920 wird der Anteil der hauptamtlich in der Partei, Sowjetverwaltung und Armee tätigen Parteimitglieder mit über 60% angegeben[8]. Diese Relation deutet auf die rasche Bürokratisierung und osmotische Verbindung der Partei mit den »Apparaten«. Rechnet man die Anzahl der gebildeten Parteimitglieder um auf die Schicht der Gebildeten in Rußland, deren Umfang – je nach Definition des Begriffs – auf zwischen einer halben und einer Million geschätzt wird, so war es in der Tat eine kleine Minderheit, die in der bolschewistischen Partei aktiv war[9].

Die führenden Revolutionäre sahen in der professionellen Intelligenz »Lakaien des Kapitals«, denen es nichts schaden könne, »einige Wochen im Gefängnis zu sitzen«[10]. Trotz vielfach heftiger gegenseitiger Abneigung und politischer Gegnerschaft war der Umgang der neuen Herren mit diesen »Lakaien« vergleichsweise vorsichtig. Mit Rücksicht auf das möglichst reibungslose Funktionieren des Transportwesens, der Verwaltung, der Industrie – und nicht zuletzt der neu aufzubauenden Streitkräfte – waren zu Beginn des Bürgerkrieges Verhaftung, Geiselnahme oder gar Erschießung nur bei nachgewiesener Sabotage, konterrevolutionärer Aktivität oder Spekulation vorgesehen. Im Unterschied zur übrigen Bevölkerung sollten Fachleute aus der Intelligenz weder wegen ihrer bürgerlichen oder adligen Herkunft und ihrer politischen Ansichten, noch auf bloßen Verdacht hin verfolgt und zu Geiseln genommen werden[11]. Sie hatten, wie es Lenin formulierte, »aus Dienern des Kapitalismus zu Dienern der werktätigen Massen und ihrer Sowjetbeamten« zu werden[12]. Sie waren zwar »allseitig auszunutzen«, ihnen durfte aber »nicht das geringste politische Zugeständnis« gemacht werden[13].

Die Angehörigen der Intelligenz wurden im nachrevolutionären Sprachgebrauch zu »bürgerlichen Spezialisten« umdefiniert. In diesem Begriff kommt ein geradezu petrinisches Verständnis zum Ausdruck, das »Intelligenz« nur für eng begrenzte Ziele, letztlich für Staatszwecke, instrumentalisieren wollte, ohne ihr eine eigene Würde oder eine allgemeine soziale, politische und moralische Kompetenz zuzugestehen. Der Angehörige der Intelligenz als »kritisch denkende Persönlichkeit« sollte sich von nun an als »Spezialist« – boshaft gewendet – als Fachidiot begreifen, eine Zuschreibung, gegen die sich schon damals Protest erhob: Ein Spezialist, so mußte sich Lenin sagen lassen, »ist keine Maschine, die geschmiert und in Gang gesetzt wird. Ohne Inspiration, ohne inneres Feuer und ohne Kreativität gibt der Spezialist nichts, wie hoch er auch bezahlt werden mag«[14].

Obwohl es unter den Revolutionären, so insbesondere bei den sog. Linken Kommunisten, den Anarchisten und in der Arbeiteropposition massive Vorbehalte gegen den Einsatz der »kapitalistischen Mentoren« (N. Ossinski)[15] gab und in diesen Kreisen offenbar blutrünstige Parolen grassierten, dominierten in der Parteiführung, im Rat der Volkskommissare und insbesondere im Obersten

Volkswirtschaftsrat eher taktische Überlegungen. Entscheidend für den Umgang mit den Bildungsschichten war ihr strategischer Stellenwert für das Funktionieren von Wirtschaft, Verwaltung und Militär. Die rücksichtslose Nutzbarmachung des Potentials der Experten verlieh der bolschewistischen Praxis einen geradezu militärischen Zuschnitt. Als erste sahen sich viele ehemalige Offiziere – teils durch Zwang wie z. B. durch Geiselnahme ihrer Familienangehörigen, teils der Not gehorchend, teils freiwillig – dazu veranlaßt, beim Aufbau der neuen Armee mitzuwirken und an prominenter Stelle mitzukämpfen. Zu Beginn der zwanziger Jahre (1923) machte der Anteil ehemaliger Offiziere unter den Kommandeuren der Infanterie-Regimenter 82%, unter allen Korps- und Divisionskommandeuren 83% und selbst unter den Truppenbefehlshabern noch 54% aus. Unentbehrlich waren die sog. Militärspezialisten auch in den technischen Einheiten, in den Stäben und höheren militärischen Lehranstalten, die manchmal in toto vom alten Regime übernommen worden waren. Der Einsatz der alten Offiziere führte zu erheblichen Kontroversen und Spannungen in der Roten Arbeiter- und Bauernarmee. Sie konnten nur dadurch gemildert werden, daß »rote« Kommissare (Ende 1919 ca. 5.200 Personen), in der Regel Bolschewisten aus der Arbeiterschaft und aus den niederen Soldatenrängen, die ehemaligen Offiziere politisch zu kontrollieren hatten. Dabei wurde sorgfältig darauf geachtet, daß die Offiziere keinen politischen Einfluß auf die Soldaten nehmen konnten. Diese blieben allein der Indoktrination durch die Kommissare und Agitatoren ausgeliefert[16]. Das Muster der Roten Armee, die den Einsatz des »lebenden Inventars«[17] mit seiner politischen Kontrolle kombinierte, fand sein Gegenstück auch in den Betriebsverwaltungen. Hier war ein massiver Aufstieg von Arbeitern und ehemals niederen Chargen in die Werksleitungen zu beobachten. Dem »roten« Direktor wurde der Experte aus der alten Intelligenz an die Seite gestellt. Diese Maßnahme diente sowohl der Kontrolle wie dem Schutz der Ingenieure, die oft vor dem egalitären Furor aus der Arbeiterschaft bewahrt werden mußten[18].

Gleichwohl konnte zeitweilig das Mißtrauen in der Partei (und der Tscheka bzw. der OGPU) gegen Angehörige der Bildungsschichten hysterische Züge annehmen. Neben den schon seit 1918 üblichen willkürlichen Verhaftungen kam es 1921 und 1922 – z.T. wohl unter dem Eindruck des Aufstands von Kronstadt – zur Aburteilung, Erschießung und Ermordung von ganzen Gruppen. Diese Aktionen waren als Warnung an die Intelligenz gedacht. Hierher gehört das Vorgehen gegen Ingenieure der Hauptverwaltung für Brennstoffe (Glawtop), gegen Angehörige der Petrograder Universität und ihre Bekannten und nicht zuletzt gegen (inaktive) Offiziere. Obwohl all diese teils öffentlich, teils heimlich durchgeführten Maßnahmen propagandistisch als Beleg für die konterrevolutionären Neigungen der alten Intelligenz ausgeschlachtet wurden, waren die Beweise für tatsächliche Aktivitäten offenbar äußerst dürftig[19]. Gewissermaßen als Gegenbeispiel wurde der Fall des Ingenieurs W.W. Oldenborger, Mitarbeiter an den Moskauer Wasserwerken, aufgebaut. Er hatte Selbstmord begangen, weil er sich der ständigen Sabotagevorwürfe und Schikanen von seiten der Arbeiter- und Bauernkontrolle (RKI), von Parteiangehörigen u.a. ausgesetzt sah. Da es auch zur Ermordung von Ingenieuren im Ural und Donez-Becken gekommen war, diente der Prozeß gegen die Peiniger Oldenborgers als Warnung an übereifrige »Proletarier«, den Klassenhaß zu zügeln und die Intelligenz nicht – wie es Lunatscharski formulierte – einem »Katorga-Regime« zu unterwerfen[20].

Wie unter den übrigen Gruppen der professionellen Intelligenz besaßen die Bolschewiki auch unter Naturwissenschaftlern und Ingenieuren nur wenige Anhänger. Einige von ihnen spielten allerdings eine strategische Rolle als Verbindungsglieder zwischen den beiden »Milieus«, so u.a. N.P. Gorbunow, zuständig für Wissenschaft und Technik im Obersten Volkswirtschaftsrat und Vertrauter Lenins. Entscheidend für den Umgang miteinander dürften pragmatische Überlegungen und Überlebensstrategien auf beiden Seiten gewesen sein, die recht schnell zu enger, auch wehrwissenschaftlicher Kooperation führen konnten. So rechtfertigte der Chemiker W. N. Ipatjew, Zögling der alten Artillerie-Akademie und Fachmann für chemische Kriegführung, seine Mitgliedschaft im Präsidium des Obersten Volkswirtschaftsrates trotz seiner Ablehnung des politischen Programms der Bolschewiki damit, daß der Oktoberumsturz die Intelligenz vor einer Bartholomäusnacht gerettet habe, daß schließlich auch im alten Regime Experten im Solde der Regierung gestanden hätten, ohne Anhänger der Autokratie zu sein[21].

Bereits im Januar 1918 kam es zwischen dem Volkskommissariat für Bildung (NKPros) und der Akademie der Wissenschaften in Kooperation mit dem Obersten Volkswirtschaftsrat zu Vereinbarungen über die Fortführung und den Ausbau des 1915 gegründeten »Komitees zur Erforschung der natürlichen Produktivkräfte« (KEPS). Hier begegneten sich die Interessen der Politiker an der Anerkennung durch eine renommierte Institution mit den Wünschen der Wissenschaftler nach staatlicher Förderung, die im Zarenreich immer als ungenügend empfunden worden war[22]. Auf maßgebliche Initiative der im August 1918 gegründeten Abteilung für Wissenschaft und Technik (NTO) im Obersten Volkswirtschaftsrat wurden noch während des Bürgerkrieges über fünfzig wissenschaftlich-technische Institute eingerichtet, von denen einige später weltweites Ansehen erlangten[23]. Dies bedeutete die Einstellung vieler hundert Wissenschaftler und Techniker, die im Rahmen oder unter Aufsicht des Obersten Volkswirtschaftsrates und anderer sich rasch aufblähender Volkskommissariate arbeiteten oder wenigstens überleben konnten. Die Kommissariate hatten sich alle Expertenräte, wissenschaftliche Einrichtungen und Gremien zugelegt. So beschäftigte der Oberste Volkswirtschaftsrat u. a. 250 Professoren, 300 Ingenieure und 240 weitere Spezialisten mit höherer Qualifikation. 1919 sollen hier und in den Volkskommissariaten über 29.000 Wissenschaftler, Ingenieure, Techniker und andere Experten tätig gewesen sein. 1920 war ihre Anzahl auf 50.000 angeschwollen[24]. Unter den Bedingungen des Bürgerkrieges und Kriegskommunismus dürfte es sich hier zweifellos in erheblichem Umfang um fiktive Beschäftigungsverhältnisse gehandelt haben, die sowohl der 1918 eingeführten Arbeitspflicht genügten, d.h. die Zuteilung von Essensrationen sicherten, als auch erhebliches Sachwissen zur Verfügung stellten, und zudem die Fortführung wissenschaftlicher Arbeiten erlaubten[25]. Ähnlich dürfte sich z.T. der hohe Anteil ehemaliger Beamter in der gesamten Sowjetverwaltung erklären[26].

Sieht man von diesen durch die Not erzwungenen Überlebensstrategien ab, so gab es zwischen den Ambitionen der Bolschewiki und dem Berufsethos der naturwissenschaftlichen und technischen Intelligenz jenseits aller politischen Differenzen durchaus gemeinsame oder doch parallele Interessen. Proletarischer Technikkult, wie er sich – oft allerdings gegen die »bürgerlichen Spezialisten« – auslebte, technizistische Utopien, wie sie sich in A. Bogdanows utopischem Roman »Roter Stern« (1908) manifestierten, und eine mehr aufs Praktische bezogene Technikeuphorie konnten sich durchaus mit technokratischen Einstellungen von Wissenschaftlern und Ingenieuren und ihrem Ethos als Kulturträger überschneiden[27].

Der von Lenin seit 1919 protegierte »Staatsplan zur Elektrifizierung Rußlands« (GOELRO), 1920 verkündet, sollte dem verwüsteten Land eine politische Perspektive bieten: Die Elektrifizierung werde »die Einleitung zu der glücklichen Epoche, in der die Politik immer mehr in den Hintergrund« trete[28]. An der Ausarbeitung dieses ersten Staatsplans, der noch Teil der proletarischen Naturalwirtschaft sein sollte, waren mehr als 200, zumeist nicht-bolschewistische Fachleute unter Führung des kommunistischen Ingenieurs G. M. Krschischanowski beteiligt. Hier wurden erstmals planerische Vorhaben eingeübt, die auch auf Ingenieure, Ökonomen und Naturwissenschaftler eine beträchtliche Attraktion ausgeübt haben mögen. »Unsere Ideale und Ziele sind so grandios, daß die Menschen des Wissens durch die Größe unseres Massenschöpfertums gefesselt werden können (und tatsächlich gefesselt werden) ... Wir leisten dies sogar in größerem Umfang als die Kapitalisten im kapitalistischen System«, brüstete sich Dserschinski[29]. Gleichzeitig blieb aber auf bolschewistischer Seite das Mißtrauen, daß technokratische Doktrinen in Verbindung mit der herausgehobenen Position der »Monopolisten des Wissens« zu deren »saint-simonistischem Triumph über das Proletariat und dessen politische Avantgarde« führen könne[30]. Daher wurde der erst 1916 gegründete Allrussische Verband der Ingenieure (WSI), in dem v.a. Absolventen der renommierten Technischen Hochschulen Petersburgs und Moskaus organisiert waren, bereits 1919 aufgelöst. Zunächst wollte man auch diesen Personenkreis in Sektionen innerhalb der Gewerkschaften organisieren. Hier stießen die »Spezialisten« aber auf Ablehnung, so daß sie sich nach 1921 in der Allrussischen Assoziation der Ingenieure (WAI) wiedertrafen, in einem Zusammenschluß, der ohne völlig legalisiert zu werden, sein eigenes Organ herausgab und Tagungen veranstaltete[31].

Die Akademie der Wissenschaften war in der Augen der Bolschewiki eine »aristokratische« Institution. Unter ständischem Gesichtspunkt traf dies insofern zu, als die Mehrheit der 94 Wissenschaftler, die zwischen 1889 und 1914 den Titel eines *akademik* erhalten hatten, adliger Herkunft waren[32]. Im Unterschied zur Professorenschaft an den Universitäten war die Akademie der Wissenschaften vor 1914 weitgehend unpolitisch geblieben. Aber auch hier wurde die Februarrevolution begrüßt, die Oktoberrevolution hingegen abgelehnt. Ihr Sekretär S. F. Oldenburg erklärte in einem Vortrag im Dezember 1917: »Das russische Volk hielt dem großen Weltenkampf nicht stand. Die dunklen unaufgeklärten Massen ergaben sich einer betrügerischen Verführung leichtsinniger und verbrecherischer Versprechungen, und Rußland bewegte sich am Rande des Abgrunds«[33]. Gleichwohl kam es, wie ausgeführt, sehr schnell zu Vereinbarungen zwischen der Akademie der Wissenschaften und den Bolschewiki und zur Gründung neuer Forschungseinrichtungen. Die Akademie der Wissenschaften selbst wurde zunächst allerdings eher vernachlässigt, eine Folge der utilitaristischen Wissenschaftspolitik der neuen Führung, die an praktischer und angewandter ein größeres Interesse als an theoretischer Forschung zeigte. Von den 45 *akademiki* sind mindestens acht in den Jahren des Bürgerkrieges an den Folgen von Hunger und Kälte gestorben. Noch höher dürfte die Zahl der Opfer unter den Professoren an der Petrograder Universität gewesen sein. Hier flehte der Rektor seine Kollegen an, nicht zu sterben, es sei zu teuer, sie zu begraben[34]. Einige Wissenschaftler retteten sich durch Emigration oder durch die Flucht in »weißes« Gebiet[35]. Die Akademie litt während des Bürgerkrieges – wie alle wissenschaftlichen und pädagogischen Einrichtungen – an fehlenden Forschungs- und Druckkapazitäten, an fehlender Ausstattung der Labors, an der Isolierung vom Ausland, an Zensur und Willkür der Behörden und nicht zuletzt an den katastrophalen Lebensbedingungen besonders in Petrograd. Dennoch behauptete sie ihre Selbständigkeit und ihre Vertreter kämpften, soweit dies unter den Bedingungen des Bürgerkriegs überhaupt möglich war, um die Priorität der Grundlagenforschung, ohne sich dabei den staatlichen Wünschen nach Ausweitung angewandter Forschung zu verschließen.

Die Akademie blieb bis Ende der zwanziger Jahre als bürgerliche Institution ein Fremdkörper im bolschewistischen Rußland. Sie entzog sich dem ideologischen Ansprüchen der »wissenschaftlichen Weltsicht« des Marxismus-Leninismus. Dies geschah durch Förderung und Protektion *bürgerlicher* Geistes- und Sozialwissenschaften. Betont nicht-marxistische Werke wurden im Rahmen der Akademie der Wissenschaften publiziert, so eine Festschrift für den Historiker S.F. Platonow, eine »Methodologie der Geschichte« von A.S. Lappo-Danilewski, der 1918 an den Folgen des Hungers gestorben war. Im Rahmen einer Kommission für Wissenschaftsentwicklung wurde der *russische* Beitrag hervorgehoben[36].

Von den bis Ende der zwanziger Jahre kooptierten 26 Mitgliedern der Akademie der Wissenschaften war keines marxistischer Tendenzen verdächtig[37]. Allerdings gelang es nicht, außerhalb der Akademie der Wissenschaften vom Staat unabhängige Wissenschaftler-Verbände oder gar Forschungseinrichtungen nach dem Vorbild der Kaiser-Wilhelm-Gesellschaft in Deutschland oder der Royal Society in Großbritannien zu gründen, also Einrichtungen, die zwar vom Staat subsidiert wurden, dabei aber eine unabhängige Forschungspolitik hätten betreiben können. Dieses Defizit wurde dadurch ausgeglichen, daß – für den Bereich der Natur- und Ingenieurwissenschaften – zahlreiche, später z.T. prominente Institute errichtet wurden, die zwar finanziell vom Obersten Volkswirschaftsrat abhängig waren, deren Forschungspolitik aber weitgehend von den Wissenschaftlern selbst bestimmt wurde. Die so geschaffenen Arbeitsstätten bildeten auch einen Fluchtort für jene Wissenschaftler, die angesichts der Politisierung der Universitäten keine ausreichenden Forschungsmöglichkeiten mehr fanden und sich auf diese Weise dem zunehmenden ideologischen Druck entziehen konnten[38].

Die Universitäten, 1905 Zentren des revolutionären Aufbruchs, waren 1917 fast durchweg antibolschewistisch. Der Lehrkörper und die Studentenschaft der Universität Kasan hatten sich geschlossen der Tschechischen Legion und den »Weißen« angeschlossen. Auch unter den Professoren und Studenten der hauptstädtischen Hochschulen ließen sich die Anhänger der Partei Lenins an den Fingern abzählen[39]. Zu den wenigen Ausnahmen gehörten der Biologe K.A. Timirjasew und der Astronom P.K. Sternberg. Die Erfahrungen des Bürgerkrieges hatten die feindselige Stimmung gegen das sowjetische Regime eher noch gesteigert[40]. »Wie traurig und schrecklich war es für uns, die Erbauer des neuen Rußlands, in den Hörsaal zu gehen und jungen Gesichtern zu begegnen, indifferent, stumpf, reserviert, feindselig, bereit, jeden Augenblick böse Grimassen zu schneiden, und zu fühlen, wie das junge Rußland gegen uns ist. Als ob wir keine Wurzeln besäßen«, erinnerte sich 1924 der Volkskommissar für Bildung A.W. Lunatscharski[41].

In der bolschewistischen Politik verband sich der Affekt gegen die Universitäten als »Diplomfabriken« mit dem Wunsch, sie für bisher bildungsferne Schichten zu öffnen. Dieses in der Intelligenz unumstrittene Ziel wurde aber in der Hand der Bolschewiki zur Brechstange, mit deren Hilfe die 1917 endlich erworbene Autonomie der Universitäten wieder ausgehebelt werden sollte. Einen solchen Effekt erhoffte man sich durch die Wahl von Professoren sowie durch weitgehende Mitbestimmungsrechte der Studenten. Der Versuch scheiterte im ersten Anlauf, weil er dazu genutzt wurde, Bolschewisten vom Lehrkörper fernzuhalten. Gegen Ende 1918 wurde daher in Moskau die Juristische Fakultät aufgelöst, und in der neu geschaffenen Sozialwissenschaftlichen Fakultät besetzte man etwa die Hälfte der Dozentenstellen mit Parteianhängern. Dabei sorgte Lenin persönlich dafür, daß nicht etwa Menschewiki wie der Ökonom W.G. Groman, der Publizist N.N. Suchanow oder gar der Parteiaktivist Ju.O. Martow in Professorenstellen nachrückten[42]. Seit dem Sommer 1918 waren den Hochschulen sog. Arbeiter- und Bauernfakultäten angegliedert worden. In ihnen sollten Studenten aus den Unterschichten, vor allem aber »klassenbewußte« Jugendliche an das Studium herangeführt werden. Daher konnten 1920 in einer Kombination von staatlichem Durchgriff und Mobilisierung von unten die Universtäten allmählich gefügig gemacht werden. Dies führte 1921 und 1922 zu Professorenstreiks an mehreren Universitäten und Technischen Hochschulen (Petrograd, Moskau, Kasan), so daß sich die Partei zu gewissen Kompromissen bereit fand, die vor allem den Naturwissenschaftlern zugute kamen[43]. Bei den Geistes- und Sozialwissenschaftlern scheinen sich die Positionen eher verhärtet zu haben. In Petrograd wie in Moskau vollzog sich offenbar in diesem Milieu wie bei maßgeblichen Teilen der Literaten, die weder der sog. Mitläufer-Literatur noch den entstehenden kommunistischen Literaturzirkeln angehörten, ein Paradigma-Wechsel, der 1909 von den Wechi-Autoren angestoßen worden war. Der emigrierte Soziologe Pitirim Sorokin beschreibt diesen Wandel in Zusammenhang mit den massiven antibolschewistischen Stimmungen, die 1921 in der Bevölkerung Petrograds im allgemeinen und unter den Intellektuellen im besonderen zum Ausbruch kamen: »Intellektuelle und Studenten, früher im hohem Maße atheistisch, wurden nun religiös. Die Professoren Losski, Grews, Karsawin u. a. begannen, in Kirchen zu predigen, eine Sache, von der man früher nie gehört hatte. Die traditionelle Ideologie der Intelligenzija, materialistisch, sozialistisch und revolutionär, schien in der Feuersbrunst der Revolution und in ihrem experimentum crucis aufgezehrt und eine neue und ganz andere Ideologie geboren zu sein«[44]. Zeugnis dieser »neuen Ideologie« war der noch in Rußland zusammengestellte Sammelband »De profundis«, der bewußt die Tradition der »Wechi« weiterführte, ebenso der im Ausland erscheinende Sammelband »Das Reich des Antichrist«, in dem u.a. D. Mereschkowski und Sinaida Gippius ihre Erfahrungen und Reflexionen über »das Böse« vorlegten[45]. Hierher gehört auch die von dem Philosophen Nikolai Berdjajew in Moskau initiierte »Freie Akademie für geistige Kultur« (1918-1922), in der Vorträge und Diskussionen über religiöse und philosophische Themen in Anwesenheit von Vertretern der Tscheka veranstaltet wurden[46]. Auch in Petrograd hatten sich – nicht zuletzt dank der Protektion Gorkis – während des Bürgerkrieges und im Übergang zur Neuen Ökonomischen Politik intellektuelle Zirkel in den sog. Häusern der Literaten, der Wissenschaftler und Künstler zusammengefunden. Ihre Publikationen waren zwar nicht anti-bolschewistisch, aber in ihnen manifestierte sich eine Unabhängigkeit des Denkens, die in der Partei und nicht zuletzt bei Lenin Anstoß erregte[47].

Der Verdacht, daß sich diese Kreise trotz ihrer Katakomben-Existenz zu antibolschewistischen Kristallisationskernen auswachsen könnten, veranlaßte offenbar das Vorgehen gegen Petrograder Angehörige der Intelligenz, wie die Glawtop-Ingenieure, Professorenfamilien und Dichter wie Gumiljow. Im Unterschied zu Ingenieuren und Wissenschaftlern, mit denen die Bolschewiki trotz aller Einschüchterung und gelegentlicher Repression eine Ebene der Kooperation suchten, hielt nicht nur Lenin die »alten bürgerlichen Gelehrten« (der Sozial- und Geisteswissenschaften) für »notorische Verderber« der Jugend, die nur »bürgerliches Gerümpel« vermittelten[48]. Sie waren daher entbehrlich. Die Politik der Partei erklärte mit wünschenswerter Offenheit A.S. Bubnow, der spätere Volkskommissar für Bildung: »Wenn Prof. Kiesewetter (Historiker) durch seine reaktionären Vorlesungen schadet, dann jagen wir ihn ins Ausland. Aber wenn der bekannte Physiologe Pawlow in der Einleitung zu seinen Vorlesungen die Kommunisten beschimpft, dürfen wir ihn nicht verjagen, denn zugleich leistet er enorme Arbeit, außerordenliche nützlich auch für uns. Wir müssen so verfahren, daß Pawlow das Notwendige und Nützliche für den Sowjetstaat leistet, und die negativen Seiten müssen wir auf unterschiedliche Weise unterbinden«[49]. In diesem Sinne wurde im Herbst 1922, vermutlich auf ausdrückliche Weisung Lenins, verfahren[50]. Mehrere hundert Gelehrte, Philosophen und Literaten wies man aus, u.a. die Philosophen und Theologen S. Frank, N. Losski, S. Bulgakow, G. Fjodotow, die Wirtschaftswissenschaftler A. Peschechonow, B. Bruzkus und S. Prokopowitsch, den Literaturwissenschaftler Ju. Eichenwald, die Historiker A. Kiesewetter, S. Melgunow u.v.a. Die Angaben über die zu dieser Zeit zwangsemigrierten Angehörigen der Kulturintelligenz schwanken zwischen 150 und 300 Personen[51].

Die Ausweisung der Gelehrten war begleitet vom Verbot einiger bisher tolerierter »bürgerlicher« Zeitschriften und Verbände. Dies bedeutete zwar nicht das Ende, aber eine weitere Begrenzung der publizistischen Vielfalt. Seither konnte sich in der Öffentlichkeit nur noch als nicht-kommunistische Geistesströmung das sog.«smenowechowstvo« artikulieren. Den Namen erhielt diese Bewegung nach einem 1921 in Prag erschienenen Sammelband »Smena wech« (Versetzen der Grenzpfähle). Er wurde von Emigranten herausgegeben, die – wie die Autoren von »De profundis« – an die »Wechi« von 1909 anknüpften, aber für eine Anerkennung des bolschewistischen Regimes und für die Einstellung des politischen und bewaffneten Kampfes plädierten. Der geistige Kopf dieser Bewegung, der in Charbin lebende Emigrant und ehemalige Konstitutionelle Demokrat Nikolai Ustrjalow, erkannte in den Bolschewiki die Erneuerer und Fortsetzer russischer Staatlichkeit und russischer Macht. »Rußland mußte verschwinden, sich in der Weite auflösen, um aus der Weite wiederzuerstehen«[52]. Die Bolschewiki galten zugleich als Träger des rebellischen Volksgeistes und als dessen Überwinder. In dem Maß, in dem sie ihre Macht behaupteten und ausbauten, werde sie ihr Instinkt dazu zwingen, ihre utopischen Konzeptionen aufzugeben und sich den Realitäten zu beugen. Die Revolution werde sich, so seine Formulierung »evolutionieren«[53]. Der Internationalismus der Sowjetrepublik werde sich als Instrument nationaler russischer Politik erweisen, denn – so ein Mitautor der »Smena wech« – der Internationalismus »ist seinem Geiste nach national, er entspricht der Universalität der russischen Natur«[54]. Mit der Einführung der Neuen Ökonomischen Politik habe das revolutionäre Rußland seinen Thermidor bereits hinter sich, auch wenn zu diesem Zweck kein Robespierre geköpft zu werden brauche, da sich die Revolutionäre selbst gewandelt hätten. Gemeinsam war den Autoren der »Smena wech« die Ablehnung von Aufruhr und Anarchie, die Kritik am Kapitalismus und – wohl entscheidender – die Fixierung auf den starken Staat und ein oft überbordender russischer Nationalismus, der sich an den unermeßlichen Leiden des Bürgerkrieges, an der Tragödie der Intelligenz, am Pathos der Versöhnung wie an der brutalen Großartigkeit der neuen »Volksmacht« weidete. Implizit übernahmen sie von den Wechi-Autoren die Kritik am politischen Maximalismus der revolutionären Intelligenz. Sie fanden sich mit ihrer »dienenden« Rolle ab. »Dienen« hieß in diesem Zusammenhang wieder das Anknüpfen an die Kulturträger-Funktion der Bildungsschichten in einem barbarisierten Land: die Bildungsträger als die Mandarine, die auch einem Dschingis Chan dienen, um die Eroberer (und das Volk) allmählich zu zivilisieren[55]. Dabei wurde nicht nur das politische Monopol der Partei anerkannt, sondern es war vielfach die Bereitschaft zu erkennen, auf jene allgemeine Kompetenz zu verzichten, welche ein zentrales Element von Intelligenz gebildet hatte. Unter diesen Bedingungen konnte eine Brücke zu den Bolschewiki geschlagen werden[56].

Diejenigen Emigranten, welche die Grenzen zwischen sich und den Bolschewiki neu absteckten, unterschieden sich von anderen Gruppierungen des konservativen Lagers nicht primär in der Analyse und in den Kategorien, die sie zur Beschreibung der Revolution als Katastrophe verwendeten. Auch andere Zirkel, die an ihrer völligen Ablehnung des bolschewistischen Regimes festhielten, wie die Autoren des noch in Rußland zusammengestellten Sammelbandes »De profundis« oder D. Mereschkowski und S. Gippius mit ihrem exaltierten Zeugnis über »Das Reich des Antichrist« operierten mit Begriffen in der historischen Tradition der Slavophilen, der Mythen Dostojewskis und W.

Solowjows. Während die Autoren der »Smena wech« in gewisser Weise »realpolitisch« argumentierten, bewegten sich ihre Kontrahenten zwischen apokalyptischen Visionen und messianischen Hoffnungen, die eine Versöhnung mit den Realitäten Sowjetrußlands ausschlossen. In »De profundis« und im »Antichrist« beschworen sie die perverse Kombination zwischen den »kulturfeindlichen«, »tierischen« Instinkten des Volkes, dem »bösen Tier« und dem verderbten Nihilismus der revolutionären Intelligenz, dem ihnen gemeinsamen »asiatischen« Haß auf den Rechtsstaat und die Freiheit. Der Bolschewismus mit seinem Versprechen einer »lichten Zukunft« sei eine »teuflische Versuchung«, deren Wirkungsmacht im Verlust der Religion gesucht wurde. Denn der der Revolution zugrunde liegende »soziale Animismus« wie das »geistige Landstreichertum« in der Intelligenz seien Folgen der für Rußland besonders katastrophalen Säkularisierung und des Untergangs der »Symphonie« (sobornost) des Heiligen Rußlands seit Peter I., des Verlusts des von Solowjow theoretisch hergestellten »Gottmenschentums« (bogotschelowetschestwo). An seine Stelle seien atheistische Militanz (bogobortschestwo)[57] und »Teufelsmenschentum« mit seinem destruktiven Chiliasmus getreten. Für Mereschkowski waren die Bolschewiki geradezu »Söhne des Teufels«: »Sie lügen von der befreienden Revolution, nennen aber die Freiheit ein ›Vorurteil der Bourgeoisie‹ ... Jeder Unterdrücker wußte, daß er Böses tat. Die Bolschewisten wissen das nicht«[58]. In dieser Sicht erschienen die Ereignisse seit 1917 als Sündenfall und als Prüfung, an deren Ende die religiöse Wiedergeburt, eine »Alleinheit« (wsejedinstwo) stehen müsse, in der Person, Kultur, Religion und Staat eine neue »Symphonie« bilden werden[59]. Die mystisch-apokalyptische Deutung der Revolution und des Bürgerkrieges war kein Monopol der Autoren von »De profundis«. Sie läßt sich mit anderen Metaphern und unter anderen politischen Vorzeichen bei Literaten verschiedenster Orientierung wiederfinden[60].

Es ist nicht ohne Ironie, daß die maßgeblichen Ideologen der »Smena wech« zumeist auf konterrevolutionärer Seite gestanden hatten und ihre neuen Einsichten in der Emigration gewannen, während die Autoren von »De profundis« bis zu ihrer Flucht bzw. ihrer Ausweisung im Jahre 1922 in Sowjetrußland überlebt hatten. Im Unterschied zu deren Publikation konnten die Zeitschriften der »Smena wech« – hier v.a. die in Berlin vom März 1922 bis Juni 1924 verlegte »Nakanune« (Am Vorabend) – auch in Rußland vertrieben werden. Dort erschien seit 1923 bis Anfang 1926 die zuerst in Petrograd, dann in Moskau von I. Leschnew herausgegebene Zeitschrift »Nowaja Rossija« (Neues Rußland). 1925 beging sie mit einem Aufgebot großer Namen aus Kultur und Wissenschaft ihr dreijähriges Jubiläum, das Gelegenheit dazu bot, den Opfergang der Intelligenz und die Größe Rußlands zu zelebrieren. Im spöttischen Bericht der »Wetschernaja Moskwa« (Moskauer Abend) las sich der Auftritt Leschnews folgendermaßen: »Wir (die Intelligenz) tranken die Schale bis zur bitteren Neige aus«. Gefrorene Kartoffeln etc. – fügte der Kommentator hinzu. Aber »vor uns liegen großartige Perspektiven. Wir sind nicht nur den Weg zu Ende gegangen, wir haben auch neue Wege angelegt«. Die »mechanische Vereinigung« der Menschheit solle durch eine »organische« abgelöst werden. Rußland übernehme hierbei die Funktion eines »Nervensystems«, ja die der »Weltintelligenz«. »Aber wer wird Rußland in diese ruhmreiche Zukunft führen? … Die Kommunisten oder wir, die Mitläufer? … Sie und wir!«[61].

»Nakanune« und »(Nowaja) Rossija« hielten Kontakt zu den sowjetischen Behörden und sahen ihre Aufgabe u. a. darin, Emigranten zur Rückkehr zu veranlassen. Im Lande selbst lieferten sie der oft mit schlechten Gewissen und unter Vorbehalten kooperierenden Intelligenz Argumentationshilfe, um die Zusammenarbeit mit dem Regime zu rechtfertigen. Die Einführung und der rasche Erfolg der Neuen Ökonomischen Politik schienen viele Prognosen der Protagonisten der »Smena wech« zu bestätigen, da die Bolschewiki nun »vernünftig« geworden waren. Zudem boten ihre Zeitschriften zahlreichen prominenten sog. Mitläufer-Literaten wie B. Pilnjak, M. Bulgakow, Ju. Olescha, I. Babel oder M. Soschtschenko die Gelegenheit zur Publikation ihrer Werke im In- und Ausland.

Das »smenowechowstwo« als Geisteshaltung und Legitimationsideologie scheint unter der technischen Intelligenz verbreitet gewesen zu sein, wie eine kleine Umfrage unter Ingenieuren vermuten läßt[62]. In der Partei erkannte man rasch ihre nützliche Funktion. Zwar gab es in der Frage seiner öffenlichen Manifestation Differenzen – Leschnew wurde 1922 mit seiner Zeitschrift von Sinowjew aus Leningrad nach Moskau und 1926 für drei Jahre ins Ausland vertrieben[63] –, aber schon Lenin hatte es im März 1922 als »Ideologie der Umwandlung der Bourgeoisie«[64] bezeichnet. Stalin ging in seiner grobschlächtigen, instinktgeleiteten Interpretation noch weiter: Das »smenowechowstwo« sei »die Ideologie der neuen wachsenden Bourgeoisie, die mit dem Kulakentum und der angestellten Intelligenz zusammenrückt … Nach ihrer Meinung soll sich die Kommunistische Partei verwandeln, die neue Bourgeoisie sich konsolidieren, und zwar unmerklich für uns, und wir, die Bolschewiki sollen danach die Schwelle zur demokratischen Republik und des weiteren auch diese Schwelle mit Hilfe irgendeines Cäsaren überschreiten … Ustrjalow … dient uns auf diesem Transport. Man sagt, daß er gut dient. Wenn er gut dient, denke ich, soll er nur über die Transformation unserer Partei träumen. Träumen ist bei uns nicht verboten. … Aber er soll auch wissen, daß, wenn er über die Transformation träumt, er zugleich Wasser auf unsere Mühlen leiten muß. Sonst wird es ihm schlecht ergehen«[65].

In den politischen Diadochenkämpfen nach 1924 wurden Ustrjalows Thesen insofern zum Streitgegenstand innerhalb der Partei, als seit Stalins Proklamation des »Aufbaus des Sozialismus in einem Lande« führende Bolschewiki sich gegenseitig vorwarfen, der »Smena wech« erlegen zu sein[66]. Eine direkte Verbindung zu Stalins Umdeutung des Leninismus ist aber schwerlich nachzuweisen und – berücksichtigt man den Kontext seiner Doktrinen – auch wenig wahrscheinlich[67]. Die in Stalins Ablehnung der Thesen Trotzkis zur permanenten Revolution zum Ausdruck kommende Hinwendung zu innenpolitischen Aufgaben, der Rückzug von außenpolitischen Abenteuern und der seinen Thesen inhärente Nationalismus – die permanente Revolution als »permanente Hoffnungslosigkeit«, als »Unglauben an die Kräfte und Fähigkeiten des russischen Proletariats« – zielten ganz sicher nicht auf die außerhalb der Partei stehende Intelligenz, sondern auf den Parteiapparat[68]. Dieser rekrutierte sich zunehmend aus Neuzugängen, die den Impetus der ersten Revolutionsgeneration abgestreift, außenpolitischer Abenteuer überdrüssig und doch auf die »Errungenschaften« der Oktoberrevolution und auf den Sieg im Bürgerkrieg stolz waren. Aber das »smenowechowstwo« führte neue Kreise an die Partei heran, und es blieb nicht ohne Fernwirkung.

3. Die Belagerung der Wissenschaften

Die Zeit zwischen 1922 und 1928 erweist sich im Rückblick als Übergangsperiode, die eher die Umwälzungen um 1930 vorbereitete, als daß ihr der Charakter einer Stabilisierung und Konsolidierung zukommt, wie es manchen Zeitgenossen schien. Wie auf anderen Feldern trug die Politik gegenüber der Intelligenz einen Kompromißcharakter. Die im Land verbliebenen Angehörigen der Bildungsschichten hatten sich mit dem Regime arrangiert, ihre fachliche Kompetenz fand Anerkennung und die vielfach vorhandene Distanz zum Bolschewismus wurde toleriert. Allerdings unterschieden sich die Spielräume für die einzelnen professionellen Gruppen nach ihrem strategischen Stellenwert für Wirtschaft und Politik. Wenn die Ingenieure und Naturwissenschaftler »aus Revolution und Bürgerkrieg mit Verlusten aber insgesamt intakt« hervorgegangen waren[1], so sah die Bilanz für die Kulturintelligenz negativer aus. Auch hier wäre nach einzelnen Berufssparten zu differenzieren. Die Verluste durch Emigration, Zwangsausweisung und nicht zuletzt durch die Folgen des Bürgerkrieges scheinen unter Geistes- und Sozialwissenschaftlern höher gewesen zu sein als z.B. unter den Literaten, die traditionellerweise ein höheres soziales Prestige genossen als Akademiker und zudem in Maxim Gorki einen zwar umstrittenen, aber doch recht einflußreichen Protektor gefunden hatten. Unterschiede waren auch unter den weniger prominenten Berufsgruppen der Gebildeten zu beobachten: Die Lehrer hatten sich nach zähem Widerstand dem rigorosen Diktat der lokalen Sowjets zu unterwerfen. Nach Lehrerstreiks im Winter 1917/18 wurde der alte Lehrerverband im Dezember 1918 aufgelöst und im Sommer 1919 eine neue Organisation unter kommunistischer Führung gegründet (Verband der Arbeiter der Aufklärung und sozialistischen Kultur – Rabpros). Im Herbst 1919 umfaßte er bereits ca. 70.000 Mitglieder[2]. Zwischen den Ärzten und dem Regime hingegen fanden sich nach zunächst heftiger politischer Polemik viele Anknüpfungspunkte zur Kooperation, so daß sich noch während des Bürgerkrieges ein modus vivendi etablierte. Die organisierte Ärzteschaft verstand es, in Form des Gebens und Nehmens (nämlich im Austausch für die politische Loyalität) Unterstützung zu finden gegen die politischen Ansprüche konkurrierender Berufsgruppen wie Sanitätern und Feldschern. Diese standen den Bolschewiki politisch viel näher als die Mediziner und leiteten hieraus die Forderung nach Kontrolle des Gesundheitswesens ab, konnten sich aber nicht durchsetzen[3].

Der technizistische und utilitaristische Zuschnitt bolschewistischer Wissenschafts- und Bildungspolitik wurde insofern auch auf die Kulturpolitik übertragen, als sie in erster Linie politischen Nützlichkeitserwägungen zu dienen hatte. Hieraus dürfte sich die – wenngleich verschieden begründete – Ablehnung des Proletkults erklären. Mit seinem Anspruch auf eine vom Proletariat zu schaffende Kultur und Wissenschaft, mit seinen bilderstürmerischen Neigungen sowie der Tendenz, sich den intellektuellen Revolutionären zu widersetzen, widersprach er sowohl bildungsbürgerlichen Vorurteilen in der bolschewistischen Führung als auch ihrem Gehorsamsanspruch[4]. Die schließlich durchgeführte Politik setzte sehr viel pragmatischer und konventioneller auf die Förderung eines politisch loyalen Nachwuchses. Ihn wollte die Partei vor allem durch Gewinnung bisher bildungsferner Schichten heranziehen, wenngleich die Bevorzugung von Kindern und Jugendlichen aus den Unterschichten in den frühen zwanziger Jahren noch nicht systematisch betrieben wurde. Die Zulassung zu den höheren Bildungsanstalten wie insbesondere zu den Arbeiter- und Bauernfakultäten hing ebenso sehr von der politischen Loyalität wie von der »richtigen« sozialen Herkunft ab. Auf die Dauer sollten die so herangezüchteten Kader die bürgerlichen Spezialisten ersetzen.

Angesichts des anfänglichen Widerstands des Fachpersonals in Wirtschaft, Verwaltung, in den Bildungs- und Wissenschaftseinrichtungen gingen die Bolschewiki sehr schnell daran, eigene Bildungsstätten zu schaffen, die in der Regel von Angehörigen der Parteiintelligenz organisiert und kontrolliert wurden[5]. Bereits um die Jahreswende 1917/18 wurde mit der Einrichtung von Schnellkursen für die Vermittlung der Grundlagen des Marxismus(-Leninismus) und von Verwaltungskenntnissen für Funktionäre und Agitatoren begonnen. Aus solchen Kursen ging im Juli 1919 die Ja.M. Swerdlow-Kommunistische Universität hervor, die in etwas gründlicheren – zunächst sechsmonatigen, später dreijährigen – Kursen Partei- und Sowjetfunktionäre auf ihre Tätigkeit vorbereitete. 1925 umfaßte das Schulungssystem für Partei- und Verwaltungskader bereits ca. 200 sog. Partei- und Sowjetschulen (sowpartschkoly) und vierzehn kommunistische Universitäten mit über 7.000 Hörern[6].

Um das Monopol der bürgerlichen Gelehrten an Hochschulen und Akademien zu brechen, wurde im Februar 1921 das Institut der Roten Professur gegründet. Es hatte den Nachwuchs für die höheren Lehranstalten heranzubilden. 1925 besuchten über 200 Hörer das Institut[7]. Entscheidend für die Aufnahme waren Empfehlungen von Parteiorganisationen und Gewerkschaften. Diese waren offenbar wichtiger als die Herkunft aus den »werktätigen« Schichten. Der Arbeiteranteil an den Studenten soll 1924 bei 24% gelegen haben, er stieg allerdings seit Ende der zwanziger Jahre auf über 40%[8]. Im Laufe der zwanziger und dreißiger Jahre wuchs die Anzahl der Institute der Roten Professur auf zehn. Ihre Lehrtätigkeit erstreckte sich vor allem auf die Geistes- und Sozialwissenschaften. Sie scheinen das wichtigste Reservoir für die Neubesetzung von Dozentenstellen an den (Fach-)Hochschulen des Landes gebildet zu haben. In den späten dreißiger Jahren war damit die Aufgabe dieser Institute erfüllt, und sie konnten 1938 aufgelöst werden.

Der »Leitstern«[9] unter den bolschewistischen gelehrten Einrichtungen bildete die 1918 gegründete Sozialistische (seit 1923 Kommunistische) Akademie. Unter Leitung des Historikers M.N. Pokrowski war sie zunächst eher ein Club der bolschewistischen Intelligenz inner- und außerhalb Rußlands, baute aber mit Hilfe der seit 1923 gegründeten Russischen Vereinigung der wissenschaftlichen Forschungsinstitute (RANION) ein eigenes professionelles Potential auf. Prominenteste Einrichtungen im Rahmen der RANION waren das Marx-Engels-Institut (seit 1920 unter der Leitung D.B. Rjasanows), das Lenin-Institut (seit 1924), das Institut für Parteigeschichte (seit 1922) und das Institut für Philosophie (seit 1928)[10]. Wie aus der Aufzählung der wichtigsten Einrichtungen hervorgeht, lag ihr Schwergewicht auf den legitimatorisch wichtigen Geistes- und Sozialwissenschaften. Bis Ende der zwanziger Jahre konnten im Rahmen der RANION auch viele bürgerliche Wissenschaftler arbeiten und publizieren. Naturwissenschaftliche Forschung hingegen konzentrierte sich – wie bereits ausgeführt – in der Akademie der Wissenschaften und in den unter Aufsicht der Wissenschaftlich-Technischen Verwaltung (NTO, später NTU) im Obersten Volkswirtschaftsrat etablierten Forschungsstätten.

Die Einkreisung der bürgerlichen Intelligenz erfolgte nicht nur durch die Expansion des Bildungssystems der Partei, sondern auch durch die Erfassung der alten wie der nachwachsenden Intelligenz in zumeist kommunistisch gelenkten Gewerkschaften und Berufsverbänden. Wissenschaftler und Hochschuldozenten wurden als »Wissenschaftsarbeiter« in gesonderten Sektionen im RABPROS organisiert, deren Leitung zunächst allerdings bürgerlichen Spezialisten überlassen blieb. Diese Sektionen sollen bereits 1923 fast 9.000 Personen und damit etwa 85% aller Geistes- und Sozial-Wissenschaftler erfaßt haben[11]. Die Ingenieure hatten sich in Sektionen innerhalb des »Allunionsbüros der Ingenieur- und Technik-Arbeiter« (WMBIT) zu organisieren. Insgesamt stieg die Mitgliederzahl des Verbandes von 27.000 (1922) auf 105.000 (1927) Personen. Er umfaßte neben den qualifizierten Ingenieuren, die hier eine kleine Minderheit bildeten und sich stärker zum WSI orientierten, Techniker, Facharbeiter und sog. Praktiker, die sich am Arbeitsplatz weitergebildet hatten. 1927 wurde ein neuer Verband parteitreuer Ingenieure und Techniker gegründet, der Allunionsverband der Wissenschafts- und Technik-Arbeiter für den Aufbau des Sozialismus (WARNIZO). In seinem Gründungsaufruf hieß es: » ... die leitende Idee, die uns vereint, ist das Bewußtsein, daß die Arbeiter in Wissenschaft und Technik in einer klassenlosen Gesellschaft politisch nicht neutral bleiben dürfen«[12]. Die Mitgliedschaft des WARNIZO stieg von 564 (1929) auf ca. 11.000 Personen (1932)[13]. Von den Arbeiter- und Bauernfakultäten erhoffte man sich einen besonders treuen und politisch zuverlässigen Nachwuchs. Der Anteil der Studierenden, die über diese Einrichtungen an die Hochschulen herangeführt wurden, wuchs von 15% (1923/4) auf 26% (1926/7)[14].

Daneben wurden seit Beginn der zwanziger Jahre an allen Hochschulen obligatorische Kurse in Marxismus-Leninismus und in Parteigeschichte eingeführt[15], doch blieben die Auswirkungen der Indoktrination insbesondere gegenüber jenem Teil der Studentenschaft äußerst beschränkt, der ohne Förderung durch die Partei oder die Gewerkschaften an die Hochschulen gekommen war. Insgesamt lag der Anteil der Komsomol- bzw. Parteimitglieder in der Studentenschaft in den zwanziger Jahren bei etwa 20%. Sie scheinen sich in der Hauptsache aus den Absolventen der Arbeiter- und Bauern-Fakultäten rekrutiert zu haben. Um den Einfluß der Parteizellen, d.h. der kommunistischen Studenten zu stärken, wurden 1925 die bis dahin zwischen Lehrkörper und Studenten getrennten Parteizellen zusammengelegt[16].

Trotz all dieser Bemühungen waren die Erfolge der Partei, in der alten und nachwachsenden Intelligenz Anhänger und Mitglieder zu gewinnen, gering. Von den insgesamt zwischen 1917 und 1927 entlassenen ca. 150.000 Hochschulabsolventen waren ca. 10.000 Kommunisten, zumeist mit einem nichtproletarischen Hintergrund[17]. 1928 waren nur 128 Ingenieure (von schätzungsweise 47.000) in der Partei[18]. Der Anteil der Parteimitglieder mit Hochschulabschluß war von 0,6% (1923) immerhin auf 1% (1927) gestiegen[19], doch waren von diesen ca. 2.000 Frauen und Männern nur 8% Naturwissenschaftler, aber 65% Sozial- und Geisteswissenschaftler[20]. Diese Zahlen dürften die unterschiedliche Politik bezeugen, die gegenüber den Berufsgruppen der Intelligenz betrieben wurde.

Die oben angeführten Zahlen verdeutlichen einige Schwerpunkte der Bildungs- und Wissenschaftspolitik. Diese kombinierte die Tolerierung und Ausnutzung der bürgerlichen Intelligenz mit einer Konzeption der allmählichen Verdrängung der alten Bildungsträger insbesondere aus jenen Bereichen, die für die politische Legitimation des Regimes wichtig waren. Der marxistisch geschulte Nachwuchs, aber auch die Revolutionäre der älteren Generation besetzten in wachsendem Umfang strategisch wichtige Positionen und Multiplikatorenstellen in Instituten, Lektoraten und Redaktionen und prägten den Stil öffentlicher Debatten. Dabei folgten sie auch auf Feldern, die der Weltanschauung und Politik relativ fern lagen, einem polarisierenden Muster. Statt auf Überzeugung zielten die Auseinandersetzungen – wie auf der politischen Bühne – zunehmend auf die politisch-moralische Vernichtung des Gegners und auf die Sanktionierung der eigenen Meinung durch die Parteiführung. Die intellektuelle Verarmung der Debatten korrelierte mit der allgemeinen Brutalisierung in der Politik, wie sie in der Hetze gegen die »Schädlinge« unter den bürgerlichen Spezialisten, bald darauf gegen alle möglichen Formen von »Abweichung« zum Ausdruck kam und schließlich in der Kollektivierung kulminierte. Im Nachhinein scheint es so, als ob sich Teile der Intelligenz für die moralische Enthemmung konditionierten, die das Signum der dreißiger bis fünfziger Jahre werden sollte.

Die Schwierigkeit einer Erklärung dieser Vorgänge liegt darin, daß das Muster einer derartigen Eskalation keineswegs nur »von oben«, d.h. von Stalin und seiner Umgebung, vorgegeben war, sondern auch in den verschiedenen Milieus vor allem der Partei-Intelligenz entstand. Nicht alle Sparten in Kultur, Wissenschaft und Bildung sind gleichermaßen betroffen gewesen. Und es ist noch nicht ausgemacht, daß der Ausgangspunkt dieser unerfreulichen Entwicklung nur in Einrichtungen wie den Arbeiter- und Bauern-Fakultäten, in der Kommunistischen Akademie, an den kommunistischen Hochschulen oder in der ZK-Abteilung für Agitation und Propaganda zu suchen ist, obwohl diese zweifellos den Ton angaben. Hier hatte sich ein oft hastig ausgebildeter Nachwuchs eifernd Doktrinen angeeignet, um sie als intellektuelle Schlagstöcke gegen ihre bürgerlichen und marxistischen Lehrmeister einzusetzen. Dem Sog zur denunziatorischen Polemik haben sich selbst angesehene Hochschullehrer wie der Philosoph A.M. Deborin, der Historiker M.N. Pokrowski oder der Marx-Spezialist D.B. Rjasanow nicht entzogen.

Im Folgenden sollen einige Diskursverläufe nachgezeichnet werden. In den einzelnen Disziplinen und kulturellen Sektoren lassen sich durchaus Unterschiede beobachten. Gleichwohl bildete ihren allgemeinen Hintergrund der »Kulturfeldzug« (kultpochod), d.h. der Versuch zur »Eroberung« von Kultur und Wissenschaften durch eifernde Parteianhänger mit dem Ziel, diese Felder für den bevorstehenden Aufbau des Sozialismus zu funktionalisieren.

Die Historiker

Die Historiker überlebten die Folgen von Revolution und Bürgerkrieg mit erheblichen Verlusten. Sie werden – bezogen auf die Berufsgruppe – mit 20% angegeben. Viele waren auch emigriert[21]. Die in Sowjetrußland verbliebenen Berufskollegen konzentrierten sich nach ihrer vielfachen Verdrängung aus den Hochschulen in der Akademie der Wissenschaften, der Staatsakademie für materielle Kultur und in den Einrichtungen der RANION. Hier arbeiteten zunächst »bürgerliche« und marxistische Zunftgenossen friedlich nebeneinander. Der Historiker M.N.Pokrowski als maßgeblicher Gelehrter und Wissenschaftsbürokrat realisierte auf dem Feld der Sozial- und Geisteswissenschaften Lenins Politik der »Ausnutzung« der bürgerlichen Wissenschaftler. Trotz aller ideologischen Differenzen sollte der kommunistische Nachwuchs vom professionellen Standard der älteren, zumeist nicht-marxistischen Generation lernen[22]. Seit 1927 häuften sich aber die Angriffe auf die bürgerlichen Kollegen, 1928 vorgetragen von Historikern aus dem Umfeld der Kommunistischen Akademie, des Instituts der Roten Professur und vor allem aus der Gesellschaft der Marxistischen Historiker. Nun wurde das Ende der »akademischen Milde« angekündigt. Man hatte sich zu einem »militanten Marxismus« zu bekennen. Prominenteste Angriffsobjekte wurden zunächst D.M.Petruschewski und seine »Skizzen aus der ökonomischen Geschichte des mittelalterlichen Europa«[23]. Nach dem sich erst im Laufe der Angriffe festigenden Konzept der marxistischen Formationenlehre wurde dem Autor zum Vorwurf gemacht, in Anlehnung an Alphonse Dopsch und Max Weber von einem »patrimonialen Kapitalismus« zu sprechen und damit die Existenz kapitalistischer Beziehungen im Feudalismus zu unterstellen. Im Feudalismus sehe er lediglich einen Herrschaftstypus und nicht eine sozio-ökonomische Gesellschaftsformation. Damit widerspreche er marxistischen Grundsätzen. Da er zudem die Existenz von Feudalismus auf die spätrömische Gesellschaft wie auf die germanischen Stämme zurückdatiere, leugne er die Existenz einer kommunalen Urverfassung bei den Germanen – auch dies in Mißachtung der angeblichen Äußerungen der Klassiker des Marxismus-Leninismus[24].

Zeigte sich in den Angriffen auf Petruschewski eine zunehmende Intoleranz gegenüber Wissenschaftlern, die sich nur partiell marxistischer Kriterien bedienten, so dominierten in den Kampagnen gegen Jewgeni Tarles »Europa in der Epoche des Kapitalismus«[25] eindeutig tagespolitische Rücksichten: Vor dem Hintergrund der Kriegshysterie von 1927 galt es als politisch schädlich, nicht die Entente und das zarische Rußland, sondern das wilhelminische Deutschland zum Hauptverantwortlichen für den Ersten Weltkrieg zu erklären. Tarle stellte sich damit gegen die Autorität Pokrowskis, der in dieser Frage eher »prodeutsche« Positionen vertrat. Zudem kam es einem Verstoß gegen die guten Sitten gleich, wenn Tarle von einem Abflachen des Klassenkampfes vor 1914 sprach[26]. Die Kritik an den bürgerlichen Historikern zielte immer weniger auf wissenschaftliche Standards, sondern zeigte sich zunehmend als Teil der Hysterie gegen die bürgerlichen Spezialisten. An der Historikerfront ging es ähnlich wie auf anderen Feldern um einen Generalangriff auf die »Überreste der Vergangenheit«[27]. 1929 wurde das als bürgerlich geltende Historische Institut der RANION in die Kommunistische Akademie integriert.

In die Angriffe auf die bürgerlichen Historiker wurde zunehmend auch die Akademie der Wissenschaften mit einbezogen. Zwischen den historischen Abteilungen, den Archiven, Bibliotheken und Museen der Akademie der Wissenschaften und dem Zentralarchiv der RSFSR, an dessen Spitze Pokrowski stand, schwelte seit langem ein Streit um die der Akademie seit 1917 übergebenen Nachlässe und Materialien, u.a. aus der Ochrana und den vorrevolutionären Parteien. Dieser Streit erhielt 1929 eine politische Färbung, als dem Sekretär der Akademie der Wissenschaften S.F. Oldenburg und dem Bibliotheksleiter und für die Archivalien verantwortlichen Historiker S.F. Platonow die »Verheimlichung« dieser Bestände zu konterrevolutionären Zwecken unterstellt wurde. Offensichtlich diente die Affäre dazu, die Akademie der Wissenschaften von politisch nicht genehmen Historikern und anderen Geisteswissenschaftlern zu säubern. Zusätzlich konstruierte die Geheimpolizei eine Verschwörung mit Platonow an der Spitze eines »Gesamtnationalen Kampfbundes zur Wiedererrichtung eines freien Rußlands«, der angeblich mit deutscher und französischer Hilfe die Etablierung einer konstitutionellen Monarchie betrieb. Im Verlauf dieser Inszenierung wurden seit Ende 1929 bis 1931 zahllose Historiker, Ethnographen, Heimatkundler, Archivare und Geologen verhaftet. Analog dem Schachty-Prozeß wurde – wie den Verhören und erzwungenen Aussagen zu entnehmen ist – ein Schauprozeß vorbereitet, der Historiker und andere Geisteswissenschaftler – und die Akademie – in der Öffentlichkeit diskreditieren sollte[28]. Begleitet waren die Verhaftungen von einer ideologischen Kampagne, in der sich Pokrowski und andere Historiker der Kommunistischen Akademie und der Gesellschaft der Marxistischen Historiker besonders exponierten. S.A. Piontkowski sah im Wirken der bürgerlichen Kollegen das »letzte Zucken eines Leichnams. Unsere Aufgabe besteht darin, ihm zu helfen, schneller zu sterben, ohne eine Spur und einen Rest zu hinterlassen«[29]. Gegen den Ausschluß der in Haft befindlichen, aber noch nicht verurteilten Akademiemitglieder sprach sich nur der Akademie-Präsident A.P. Karpinski aus. Die eher prominenten in Geheimprozessen schließlich veurteilten Historiker wurden vergleichsweise milde mit bis zu fünf Jahren Verbannung bestraft. Gleichwohl war ihr Schicksal sehr unterschiedlich: Die Historiker Platonow und K. Ljubawski verschwanden für immer. Platonow starb in der Verbannung. Je.W. Tarle und N.P. Lichatschow und viele andere konnten nach der offiziellen Verdammung der Pokrowski-Schule und der »patriotischen« Wende in der Geschichtsschreibung (1934) ihre Plätze wieder einnehmen. Tarle, der im Gefängnis Analysen über antisowjetisches Schrifttum lieferte und sich – im Unterschied zu Platonow – wohl auch sonst kooperativ verhielt, wurde fast so etwas wie ein Staatshistoriograph[30].

Die Militanz im Umgang mit den bürgerlichen Kollegen sollte sich bald auch auf die Auseinandersetzungen zwischen den marxistischen Historikern übertragen. Wissenschaftlich immerhin noch ernst zu nehmende Kontroversen um die asiatische Produktionsweise, um die Rolle des Handelskapitals in der frühneuzeitlichen Geschichte Rußlands, um die Bedeutung des ausländischen Finanzkapitals im späten Zarenreich oder um die Bewertung der russischen revolutionären Tradition gerieten immer stärker in den Sog von Machtkämpfen um Positionen in Redaktionen und Instituten und um die Bestätigung der eigenen Meinung durch autoritative Parteibeschlüsse. Bald sollte der jeweilige Kontrahent als »trotzkistisch« oder als »rechtsabweichlerisch« gelten. So ließ sich Pokrowski 1930 im Streit um die »Narodnaja Wolja« zu folgenden Sätzen hinreißen: »Wenn wir die Kulaken als Klasse vernichten müssen, dann haben wir auch die Kulakenideologie, d.h. die Ideologie der Narodniki zu liquidieren«[31] – dies als Antwort auf einen Historiker, der die Narodniki als Vorläufer der Bolschewiki für die revolutionäre Tradition in Anspruch nahm.

Da jede Seite ihre Ansichten und Positionen offiziell sanktionieren lassen wollte, wandten sich alle an das Zentralkomitee der Partei, um hier Excathedra-Beschlüsse herbeizuführen. Unter den marxistischen Historikern standen sich um 1930 besonders unversöhnlich der Kreis um den schon kranken Pokrowski und derjenige um Jemeljan Jaroslawski gegenüber. Letzterer hatte sich als Parteihistoriker ausgewiesen und wurde später zu einem der maßgeblichen Mit-Verfasser des stalinschen »Kurzen Lehrgangs der Geschichte der KPdSU(B)«[32]. Über den Stil der denunziatorischen Auseinandersetzungen gibt ein an das ZK gerichteter Brief P. O. Gorins, eines Mitarbeiters Pokrowskis, Auskunft: »Verleumdung, Doppelzüngigkeit, unverantwortliche öffentliche Schmähung der Opposition sind die Mittel ... Sie [die Anhänger Jaroslawskis] votieren für unsere Resolutionen, aber in der Praxis sabotieren sie diese. ... Diese Kampfmittel werden vor den Augen von beinahe 300 Studenten praktiziert, zukünftigen Historikern, die wir zu stand- und prinzipienfesten Kämpfern an der historischen Front ausbilden sollen«[33]. Umgekehrt entlarvten die Anhänger Jaroslawskis die Pokrowski-Schule als ein »trojanisches Pferd« der bürgerlichen Wissenschaften und unterminierten nicht ohne Erfolg die bisher unangefochtene Vormachtstellung ihrer Konkurrenten.

Eine relativ belanglose Darlegung des Historikers A. G. Sluzki über die politische Haltung Lenins im Rahmen der II. Internationale provozierte 1931

Stalins wegweisende Intervention in diese Auseinandersetzungen. Mit ihr wurde die Kanonisierung des Leninbildes autoritativ festgelegt und darüberhinaus ein Stil ideologischer Kampfsprache verordnet, die nur noch Axiome kannte, die bestenfalls illustriert, aber nicht zum Problem gemacht werden durften. Dieser Stil sollte sich bald in allen Feldern der Geistes- und Sozialwissenschaften ausbreiten[34].

In Stalins Antwort an die Zeitschrift »Proletarskaja Rewoljuzija« wurde die Historikerzunft stellvertretend für alle Geistes- und Sozialwissenschaften dazu vergattert, Zweifel an Axiomen gar nicht erst aufkommen zu lassen. Einem »faulen Liberalismus« wurde der Kampf angesagt, vermeintliche Fehler als Einfallstore des Trotzkismus und der konterrevolutionären Bourgeoisie wurden gebrandmarkt. Aufgabe nicht nur der Historiker sollte es fortan sein, den »Fälschern ... systematisch die Masken herunterzureißen«[35]. Die Intervention von oben löste eine »Orgie der Selbstgeißelung« aus[36]. Stalins brutale Sprache spiegelte den allgemeinen Umgangston wider, der sich seit Ende der zwanziger Jahre in wissenschaftlichen und kulturellen Debatten eingebürgert hatte. Der bald unumstrittene Diktator erfüllte mit seiner Stellungnahme die aus der Parteiintelligenz immer wieder laut gewordene Forderung nach einer »ideologischen Diktatur«. Gleichwohl blieb diese Intervention zu punktuell, um auf allen Feldern in den Sozial- und Geisteswissenschaften uniforme inhaltliche Vorgaben liefern zu können. Sie scheint eher die Unsicherheit gesteigert zu haben mit der Folge, daß z.B. bei den Historikern seriöse Forschungen und Publikationen zeitweilig zum Erliegen kamen. Hierzu mag beigetragen haben, daß 1931 D. B. Rjasanow, Leiter des Marx-Engels-Institutes, in den Menschewisten-Prozeß verwickelt wurde. Noch vor dem Mord an Kirow verhaftete man ebenso ukrainische – bürgerliche wie marxistische – Standesgenossen. Den eigentlichen Blutzoll hatten die marxistischen Historiker allerdings erst in der zweiten Hälfte der dreißiger Jahre zu zahlen[37].

Die Agrarsoziologen

Die Kontroversen unter den Agrarsoziologen zeigen eine andere Verlaufsform als die Konflikte zwischen den Historikern. Seit Etablierung der Landschaften (semstwa) 1864 und insbesondere seit den Stolypin-Reformen (1906) nahmen die Agrarstatistik und Agrarökonomie entsprechend der Bedeutung der Landwirtschaft einen prominenten Platz in der russischen Volkswirtschaftslehre ein. Schon vor 1914 hatten Populisten und Marxisten gegensätzliche Positionen sowohl in den theoretisch-konzeptionellen Methoden der Agrarsoziologie als auch in der politischen Strategie gegenüber der (bäuerlichen) Landwirtschaft verfolgt. Der einst prinzipielle Streit um die Möglichkeit eines Bauernsozialismus oder die Unvermeidbarkeit der Durchsetzung kapitalistischer Beziehungen auch auf dem Lande hatte Populisten und Marxisten tief entzweit[38]. Nach 1917 fand dieser Streit – akademisch sublimiert – seine Fortsetzung in zwei sich herausbildenden Schulen mit A.W. Tschajanow als Leitfigur einer neopopulistischen und L.N. Krizman als Theoretiker der marxistischen Agrarsoziologie. Konzentrierte sich erstere auf die mikroökonomischen Strukturen der bäuerlichen Familienwirtschaft, deren Wirtschaftsweise durch den biologischen Zyklus und durch die Relation von Konsum und Arbeit, nicht aber durch Profit und Rente bestimmt werde, interessierten sich die marxistischen *agrarniki* – in der Nachfolge Lenins – für die Besitzunterschiede als Ausweis kapitalistischer Klassendifferenzierung. Definierten die Neopopulisten die Bauernwirtschaft als »nicht-kapitalistische Ökonomie«, so beharrten die Marxisten auf der Marktabhängigkeit der Bauern als strukturierendem Merkmal ihrer klassenmäßigen Polarisierung. Deren Folgen wollten sie durch den von Lenin skizzierten sog. Kooperativplan begegnen. Die armen und proletarisierten Bauern sollten sich in Produktionsgenossenschaften zusammenschließen und damit die Basis für eine sozialistische Landwirtschaft legen. Auch wenn die marxistischen Agrarsoziologen von langen Zeiträumen ausgingen, ehe die bäuerliche Familienwirtschaft zu überwinden wäre, so war sie nie Selbstzweck wie für die Neopopulisten[39], die in der bäuerlichen Familienwirtschaft unausgesprochen wohl immer noch den Ausgangspunkt für einen nicht-kapitalistischen (und nichtkommunistischen) »Sonderweg« Rußlands sahen. Dies legt Tschajanows Novelle »Reise des Bruders Alexej ins Land der bäuerlichen Utopie« (Moskau 1920) nahe. Hier entwarf der Autor das Panorama Rußlands nach einer siegreichen Bauernrevolution, in welcher der Stadt-Land-Gegensatz zugunsten eines modernisierten Dorfes entschieden ist. Die Bauernrepublik behauptete sich zudem erfolgreich gegen ein imperialistisches (industrialisiertes) Deutschland[40].

Die marxistischen Agrarwissenschaftler waren zumeist Schüler Tschajanows und seiner Gruppe. 1925/26 machten sie sich unabhängig von ihrer Lehrern, indem sie aus der Timirjasew-Akademie auszogen und an der Kommunistischen Akademie eine Sektion bildeten, die 1928 in ein Institut umgewandelt wurde. Damit sollte – wohl vor dem Hintergrund des Schachty-Prozesses – die »Hegemonie der marxistisch-leninistischen Theorie« in den Sozialwissenschaften dokumentiert werden. Gleichzeitig erhielt die Timirjasew-Akademie einen kommunistischen Direktor, und bald darauf wurde den neopopulistischen Gelehrten durch Reorganisation ihres Institutes die Basis für ihre Arbeit entzogen[41]. Mit den 1927/28 anlaufenden Zwangseintreibungen von den Bauern und der 1929 beginnenden Kollektivierung der Landwirtschaft verloren die Studien der Neopopulisten, die ihre Untersuchungen immer auch als Beitrag zur praktischen Landwirtschaftspolitik verstanden hatten, jede Existenzberechtigung. Zudem war die Reorganisation ihrer Forschungsstätten mit politischen Attacken – allerdings nicht seitens ihrer wissenschaftlichen Kontrahenten – verbunden. Einige der neopopulistischen Gelehrten versuchten, sich dadurch zu retten, daß sie ihre früheren Theorien als »unnötig und verwirrend«, oder gar als »reaktionär« bezeichneten. Tschajanow selbst verband seine vorsichtige Selbstkritik mit dem Beharren auf der »Selbstkollektivierung« der Bauern und betonte, daß er als Fachmann auch für landwirtschaftliche Großbetriebe nützlich sein könne[42]. Dieser letzte Versuch, sich der Parteipolitik anzupassen, scheiterte. Tschajanow, A.N. Tschelinzew, ihre Gesinnungsgenossen und andere Wirtschaftswissenschaftler wie N.D. Kondratjew sahen sich als Mitglieder einer verschwörerischen »Werktätigen Bauernpartei« mit angeblich hundert- bis zweihunderttausend Mitgliedern unter Anklage gestellt. Die OGPU vermied allerdings einen öffentlichen Prozeß und zog es vor, die angeblichen Parteiführer im Gefängnis abzuurteilen. Die meisten von ihnen sollten im Lager umkommen[43].

Im Unterschied zu den Historikern, deren Debatten einen zunehmend denunziatorischen Charakter angenommen hatten, hielten sich die Polemiken zwischen den Neopopulisten und Marxisten im Rahmen wissenschaftlicher Dispute. Politische Angriffe auf die »kleinbürgerlichen« Konkurrenten erfolgten eher von Außenseitern und vom Nachwuchs, der sich mehr durch politischen Eifer als durch Kenntnisse auszeichnete. Allerdings verschärfte sich mit der neuen Agrarpolitik der Streit innerhalb der marxistischen Schule. Dabei ging es neben spitzfindigen exegetischen Streitereien wohl vor allem um Machtkämpfe, um die bisher unangefochtene Stellung der Krizman-Anhänger gegenüber anderen Strömungen.

Im Dezember 1929, auf dem ersten Höhepunkt der Kollektivierungswelle, fand eine Allunionskonferenz der *agrarniki* statt, auf der – etwas abgehoben von der Realität – nochmals gegen die Neopopulisten zu Felde gezogen und zugleich um den Charakter der Klassendifferenzierung auf dem Dorfe gestritten wurde[44]. Erst diese Kontroversen nahmen jene denunziatorischen Züge an, die den Streit unter den Historikern seit 1927 gekennzeichnet hatten. Stalin entzog diesen sterilen Kämpfen mit seiner Rede vom 27. Dezember 1929 ihre Grundlage. Ihm waren nicht nur die Theorien der »›Sowjet‹ökonomen vom Schlage eines Tschajanows ... unverständlich«, sondern er stellte auch die Erfolge seiner Bauernpolitik der Nutzlosigkeit der marxistischen Agrartheorien gegenüber. Diese seien weder in der Lage gewesen, den bürgerlichen und kleinbürgerlichen Tendenzen die gehörige Abfuhr zu erteilen, noch hätten sie selbst mit der revolutionären Praxis Schritt gehalten. »Bekanntlich gibt die Theorie, wenn sie wirklich eine Theorie ist, den Praktikern die Kraft der Orientierung, die Klarheit der Perspektive, die Sicherheit in der Arbeit und den Glauben an den Sieg unserer Sache«. Da die Krizman-Schule zur Kollektivierung nichts beizutragen hatte, exerzierte Stalin den »Theoretikern« aus den

Schriften Lenins jene Axiome vor, die in Zukunft die sozialistische Agrartheorie leiten sollten. Er verdammte ex cathedra die sog. Gleichgewichtstheorie, die von der erweiterten Reproduktionsfähigkeit der bäuerlichen Familienwirtschaft als Akkumulationsbasis für die Industrie ausgegangen war. Ebenso verurteilte er die »Theorie des Selbstlaufs«, die vom Hinüberwachsen des Dorfes in die sozialistische Wirtschaft ausgegangen war. Er dekretierte, daß die Kollektivwirtschaften als Basis der sozialistischen Ökonomie anzusehen seien. Zuletzt rechtfertigte er noch die »Liquidierung der Kulaken als Klasse«[45]. Mit der Verdammung der Agrarpolitik, wie sie von Bucharin und Rykow vertreten worden war, war auch die Nutzlosigkeit der Krizman-Schule besiegelt. Als »antistalinistisch« klassifiziert sah auch sie sich bald »liquidiert«[46].

Dialektiker und Mechanizisten

Wiederum anders sollte sich der Versuch gestalten, das Verhältnis zwischen Naturwissenschaftlern und Bolschewisten zu regeln. Zunächst begnügte sich die Partei mit Zusicherungen politischer und praktischer Loyalität. Von offizieller Seite wurden ideologische Bekenntnisse zum Marxismus nicht verlangt. Die Partei und ihre ideologischen Wortführer einschließlich Lenins hielten sich wohl mit Recht schlicht für inkompetent, Mathematik und Naturwissenschaften ähnlich wie die Geistes- und Sozialwissenschaften (oder Kunst und Literatur) einer ideologischen Kontrolle zu unterwerfen. Gleichwohl gab es in der Partei Strömungen, sowohl die Methoden naturwissenschaftlicher Forschung als auch ihre Ergebnisse in die Theorien des Marxismus einzuordnen. Sie äußerten sich zunächst in vereinzelten – dem Proletkult nahestehenden – kruden positivistischen Hypothesen und Annahmen (sog. Eltschmanismus, Mininismus)[47]. Sie wurden weder von den maßgeblichen Parteitheoretikern ernst genommen, noch von den Naturwissenschaftlern beachtet. Aber auch auf diesem Feld sah sich die Partei veranlaßt, »rote Spezialisten« heranzuziehen. Der Nachwuchs sollte durch politische Erziehung dem Einfluß der älteren Generation entzogen werden. Zu diesem Zweck erhielt die Kommunistische Akademie bereits 1923 den Auftrag, ihre Lehrtätigkeit auch auf den naturwissenschaftlichen Sektor auszudehnen[48]. Dies geschah vor allem im Institut für wissenschaftliche Philosophie unter Leitung O. Ju. Schmidts, eines der wenigen kommunistischen Naturwissenschaftler. Im Staatlichen Timirjasew-Forschungsinstitut war er zugleich zuständig für das Studium und die Propaganda der Naturwissenschaften aus der Sicht des dialektischen Materialismus. Dieses Institut konzentrierte sich im Rahmen der antireligösen Propaganda vor allem auf die Popularisierung naturwissenschaftlicher Kenntnisse, während Schmidt seine Hauptaufgabe offensichtlich darin sah, »die Spaltung unter den (bürgerlichen) Naturwissenschaftlern zu intensivieren«[49].

Das Dilemma der marxistischen Theoretiker gegenüber der Zunft der Naturwissenschaftler bestand darin, daß sich die marxistische Tradition trotz ihres Anspruchs auf universelle Gültigkeit im wesentlichen auf die Ergründung sozialer Phänomene konzentriert hatte, und sich in ihrer Deutung auf die Einordnung naturwissenschaftlicher Methoden, Theorien und Resultate in die allgemeine marxistische Theorie beschränken mußte. So galt Engels »Dialektik der Natur«, erst 1925 publiziert und vom Herausgeber Rjasanow eher als Arbeit mit historischer Bedeutung denn als autoritatives Werk verstanden, den Ideologen als Entdeckung, gab sie ihnen doch Kriterien an die Hand, die »richtigen« Erkenntnistheorien zu propagieren und gegen »falsche« Ideologien einschließlich der Religion vorzugehen. Statt mit »bürgerlichen« Gegnern zu streiten, entwickelte sich innerhalb der Zunft der marxistischen Philosophen und Propagandisten ein heftiger Streit, in dem das Lager der sog. Mechanizisten dem der Schule A.M. Deborins, der Dialektiker, gegenüberstand. Die Mechanizisten wehrten sich dagegen, die Gesetze hegelianischer Dialektik, materialistisch gewendet und abgelöst von der konkreten Forschung, ihren Methoden und Erkenntnissen, den Naturwissenschaften überzustülpen. Sie bestritten, daß die Dialektik der naturwissenschaftlichen Forschung nützliche Kategorien zu ihrer Erkenntnis liefern könne. Da sich alle Erscheinungen auf physikalische und chemische Prozesse reduzieren ließen, sei die Dialektik mit ihrer Vermutung von der Existenz qualitativer Sprünge, innerer Widersprüche und fiktiver Wesenheiten für die Naturwissenschaften nutzlos. Die Kategorien Hegels seien auf die empirische Forschung nicht übertragbar. Die Dialektiker hingegen wandten sich gegen einen »kriechenden Empirismus« und »empiristischen Naturalismus«[50]. Sie glaubten, daß der dialektische Materialismus sowohl die Forschung anzuleiten als auch ihre Ergebnisse einzuordnen vermöge. Indirekt kam in den Polemiken der Deboristen bereits der Anspruch zum Ausdruck, die Naturwissenschaften philosophisch zu überwachen. Diese oft scholastischen und wohl nicht immer sehr kompetenten Auseinandersetzungen wurden von den »bürgerlichen« Wissenschaftlern weitgehend ignoriert, trugen zur Forschung offenbar auch nichts bei. Dies galt um so mehr, je stärker die politischen Implikationen dieser Auseinandersetzungen in den Vordergrund traten, die mit Revisionismus-Vorwürfen und mit Appellen an die Parteiführung verbunden wurden, die Positionen des jeweiligen Gegners offiziell zu verurteilen[51]. Obwohl die Mechanizisten wohl von der Mehrheit der linken Wissenschaftler unterstützt wurden, da ihre Hypothesen deren Arbeit mehr Freiräume gewährten, gelang es der aggressiven und geschlossen auftretenden Gruppe um Deborin schließlich 1929, die Kommunistische Akademie zu einer Verurteilung des Mechanizismus zu veranlassen. Bereits zuvor hatten sie die maßgeblichen Zeitschriften-Redaktionen erobert. Der Stil der oft denunziatorisch geführten Debatten erklärt sich hier wie in anderen Fällen dadurch, daß auf wissenschaftlichen Feldern die eigene Position durch Parteibeschlüsse sanktioniert werden sollte, noch bevor dies von oben gefordert wurde. Obwohl die Kommunistische Akademie formell nicht der Partei unterstand, dekretierte Pokrowski bereits 1927, daß sie nicht einmal im Rahmen des Marxismus-Leninismus ein »Parlament der Meinungen« sein dürfe[52].

Der Triumph der Deborin-Anhänger währte nur kurz. Im Verlauf des Kulturfeldzuges formierten sich die Kräfte an der »philosophischen Front« neu: Ehemalige Anhänger Deborins und einige Gegner, vor allem aber Aufsteiger zerrten die Diskussionen um die Erkenntnislehre auf die Ebene tagespolitischer Losungen. Damit verbunden war eine Kanonisierung »klassischer« Texte wie Lenins »Materialismus und Empiriokritizismus«: In den zwanziger Jahren noch als wenig maßgeblich angesehen, bei seinem Erscheinen 1909 gar mit dem Vorwurf belegt, den »Seemannsjargon« in den philosophischen Diskurs eingeführt zu haben[53], erlangte er seit Ende der zwanziger Jahre geradezu direktiven Charakter für die Philosophie. Der in dieser Schrift gepflegte Stil der Axiome und Entlarvungen bestimmte seither den Schlagabtausch auf dem philosophischen Schlachtfeld. Parteigenossen mit dem intellektuellen Profil von Agitatoren stiegen zu Wächtern der Philosophie auf: M.B. Mitin, P.F. Judin und E. Kolman sahen ihre Aufgabe offensichtlich in erster Linie darin, tagespolitische Nützlichkeitserwägungen und die oft wechselnde Parteilinie »philosophisch« zu drapieren. Deborin, nun als »menschewisierender Idealist« qualifiziert, hatte sich »vor dem Zentralkomitee der Partei selbst zu entwaffnen«, so eine Forderung Judins. Die Philosophie hatte von nun an »ihr Ohr den Signalen zu leihen, welche die Parteipresse gibt«, so Mitin[54].

Mit dem Kulturfeldzug wurde in der Tat der Versuch unternommen, nicht nur Führungspositionen in den Einrichtungen der naturwissenschaftlichen Forschung zu erobern, sondern diese auch einer »methodologischen Kontrolle« zu unterwerfen[55]. Dies ging einher mit Anläufen, eine »proletarische Wissenschaft« zu etablieren. Mit Ausnahme der Biologie war ihnen aber kein dauerhafter Erfolg beschieden. Hatten die bürgerlichen Naturwissenschaftler den Streit zwischen Mechanizisten und Dialektikern kaum beachtet, so widersetzten sie sich nun vereinzelt den Versuchen, polizeiliche »Gedankenermittlung« in ihren Feldern zu etablieren. W.I. Wernadski machte öffentlich nie einen Hehl aus seiner Ablehnung des Marxismus-Leninismus als Wissenschaftsphilosophie. Er hielt ihn schlicht für »altmodisch«[56]. Ende 1930 erklärte der Mathematiker D.F. Jegorow, der trotz aller Kampagnen religiösen »Vorurteilen« huldigte, daß die wirkliche Schädlingstätigkeit darin bestehe, »den Wissenschaftlern eine uniforme Weltanschauung aufzudrängen«[57]. Und der Physiker Ja.I. Frenkel bekannte 1931, daß weder Engels noch Lenin in den Naturwissenschaften

Autorität beanspruchen könnten, daß der dialektische Materialismus auf dem Gebiet der Naturwissenschaften geradezu »reaktionär« sei[58]. Obwohl – mit Ausnahme der Mathematiker – die meisten Verbände der Wissenschaftler nach 1929 auf Versammlungen und Kongressen »Bekenntnisse« zum sozialistischen Aufbau ablegten, scheint die eigentliche Forschungstätigkeit in den Instituten kaum von den ideologischen Turbulenzen erfaßt worden zu sein. 1931 beklagte ein kommunistischer Biologe, daß trotz des Sturms auf die bürgerliche Wissenschaft »wir diese in Wirklichkeit nicht besitzen«[59]. Denn selbst dann, wenn sich Naturwissenschaftler zum dialektischen Materialismus bekannten – so der Physiker A.F. Ioffe oder der Biologe S.I. Wawilow – , geschah dies ad usum delphini und hatte weder Folgen für die konkrete Forschung noch für die Erkenntnistheorie. Den ideologischen Eiferern wurden zudem seit 1931 mit der teilweisen »Rehabilitierung« der bürgerlichen Spezialisten engere Grenzen gesetzt. Die Partei sah sich dazu veranlaßt, vor der Vulgarisierung in den Wissenschaften zu warnen. Mit der Eindämmung des Kulturfeldzuges folgte die Partei nicht nur praktischen Bedürfnissen, sondern beugte sich offensichtlich dem verdeckten Widerstand von Gruppen, auf deren Wissen sie nicht verzichten konnte. Es ist wohl kein Zufall, daß dort, wo Wissenschaftler eine relativ homogene Gruppe bildeten – wie in der Mathematik, der Chemie und Physik – der Kulturfeldzug trotz einiger Opfer nichts Grundsätzliches auszurichten vermochte. Allerdings sind die Folgen der Unterdrückung frei schwebenden philosophischen Denkens auf die Kreativität der Naturwissenschaftler schwer abzuschätzen. Die Klagen über spezialistische Borniertheit beim Nachwuchs als Folge erzwungener Denkverbote wurden schon in den dreißiger Jahren laut[60]. Sie dürften aber noch nicht so berechtigt gewesen sein wie in den Geistes- und Sozialwissenschaften bzw. in der Biologie. Denn hier hatte die Partei ihre eifernden Anhänger zur Geltung kommen lassen, welche die Uniformierung dieser Disziplinen fast vollständig durchsetzten.

4. Die Umerziehung der literarischen Mitläufer

Ähnlich wie bei der übergroßen Mehrheit der professionellen Intelligenz stieß die Oktoberrevolution auch unter den Literaten auf heftige Ablehnung. Die ersten Kontaktversuche der Bolschewiki in diese Kreise hinein scheiterten kläglich. Schriftsteller wie A. Serafimowitsch, der sich ohne Vorbehalte den neuen Machthabern zur Verfügung stellte, oder wie A. Blok, der sich für die Oktoberrevolution aussprach, verfielen anfangs der Ächtung durch ihre Zunftgenossen[1]. Viele prominente Schriftsteller zogen es aus politischen und ökonomischen Gründen vor, das Land zu verlassen. Dies galt für Repräsentanten der verschiedensten Orientierungen. Dazu gehörten solche in der Tradition des Symbolismus wie W. Iwanow, D. Balmont und S. Hippius (später D.S. Mereschkowski, zeitweilig A. Bely). Ihnen war wie der gesamten künstlerischen Avantgarde von seiten der »linken« Literaturkritik Verrat an der kritisch-aufklärerischen Aufgabe von Literatur vorgeworfen worden. Gleichwohl hat diese philosophisch-künstlerische Richtung das Verhältnis zur Revolution nicht grundsätzlich vorbestimmt. Ähnlich wie von linkspopulistischen Intellektuellen wie Iwanow-Rasumnik, Samjatin, Kljujew und anderen konnte die Revolution auch von den Symbolisten als Entfesselung und Explosion der Volksseele und als Aufstand des Landes gegen die Stadt mystifiziert werden, die den Müll der (westlichen) Zivilisation hinwegfege. Schrecken und Heroismus der Revolution konnten als Kreuzigung und Auferstehung Rußlands, als »Geißel Gottes« oder als Heilserfahrung zelebriert werden[2]. Im verbalen Auskosten eines als apokalyptisch erfahrenen nationalen und welthistorischen Mysteriums verbanden sich offenbar antibürgerliche Attitüden einer intellektuellen Boheme mit der Krisenerfahrung der bürgerlichen Welt im allgemeinen und der russischen Gesellschaft im besonderen. Diese Wahrnehmungsmuster, in denen der zivilisatorische Zusammenbruch Rußlands erlebt wurde, gingen weit über das Milieu von Poetenzirkeln hinaus, wie die Diskussionen in der Smena-wech-Bewegung und unter antirevolutionären Intellektuellen im Lande selbst gezeigt hat.

Ähnlich ambivalent wie bei den Literaten in der Tradition des Symbolismus war die Haltung jener Schriftsteller, die einer sozialkritisch-naturalistischen Tradition angehörten. Weder ihre Sozialkritik an den Zuständen des alten Regimes, noch ihre Registrierung der Auflösung überkommener gesellschaftlicher Zustände wie der Lebensweise des Adels und des Zerfalls der alten Bauernkommune und nicht einmal die perspektivische Hoffnung auf die befreiende Rolle des Proletariats disponierten unbedingt für die Bolschewiki. So ängstigten Gorki die destruktiven Züge der Revolution wie die hemmungslose bolschewistische Agitation. Was die Mystiker der Revolution besangen – den Untergang der urbanen Zivilisation – bildete für Gorki den Anlaß zu heftigster Kritik an Lenin und seinen Weggefährten[3]. Erst als es den Bolschewiki gelungen war, ihre Autorität auch im – aus Gorkis Sicht »entfesselten« – Dorf durchzusetzen, verstand er sich zur Kooperation mit ihnen. 1917/18 kritisierte er die vermeintlich destruktive Rolle Lenins und seines Anhangs, in ihrer neuen Eigenschaft aber als Repräsentanten proletarischer Staatsmacht akzeptierte er sie. Diese Wandlung dürfte typisch für einen erheblichen Teil der im Lande verbliebenen Intelligenz gewesen sein[4]. Das trotz aller Polemik unbestrittene Ansehen Gorkis ermöglichte es ihm, zahllose Hilfsaktionen für Schriftsteller und Wissenschaftler in Angriff zu nehmen, um ihr materielles Überleben zu sichern. Der Zusammenbruch des Publikationsmarktes im Bürgerkrieg und die weitgehende Verstaatlichung der verbliebenen Reste engten den literarischen Schaffensraum ein. Nur auf Gorkis Drängen und mit der Unterstützung des Volkskommissariats für Aufklärung ließ sich Abhilfe schaffen. Damit aber gerieten die Schriftsteller in materielle (und politische) Abhängigkeit von wenigen einflußreichen Gönnern und Protektoren. Die als Fürsorge und Überlebenshilfe gedachten Literaten- und Schriftstellerklubs, die hierarchische Zuteilung von Lebensmittelrationen, von Brennstoff und Wohnraum konnten dankbar als Hilfe, aber auch als demütigende Abhängigkeit wahrgenommen werden. Gorki, der hier fast ein Monopol als Mäzen besaß, stieß mit seinen manchmal erfolgreichen, manchmal erfolglosen und manchmal unterlassenen Aktionen auf Dankbarkeit und auf Ressentiments, da er trotz Revolution und Bürgerkrieg ein vergleichsweise mondänes Leben führte und nicht unempfänglich für die angenehmen Seiten des Luxus war[5].

Vorbehaltlos auf die Seite der Bolschewiki stellten sich unter den Schriftstellern nur die Futuristen, die bereits 1912 dem öffentlichen Geschmack eine Ohrfeige erteilt hatten. Ihr prominentester und begabtester Repräsentant W. Majakowski diente mit seiner schriftstellerischen Tätigkeit wie mit seiner Agitationskunst der Revolution. Angesichts der Gegnerschaft oder der massiven Vorbehalte seitens der Mehrheit der Künstler und Literaten blieb dem sich etablierenden Volkskommissariat für Aufklärung nichts übrig, als mit dieser Literatengruppe zu kooperieren. Während die Futuristen hofften, ihr avantgardistisches Programm zur kulturellen Ideologie der neuen kommunistischen Gesellschaft zu machen und sich damit eine Monopolstellung im Kulturbetrieb zu erobern, hütete sich das Volkskommissariat, ihnen bedingungslos zu folgen. Zwar erhielten sie in der Kunstabteilung einen prominenten Platz (und Geldmittel), aber Lunatscharski bevorzugte in der Literaturabteilung die Zusammenarbeit mit dem Symbolisten W. Brjussow[6]. Wie sehr insbesondere Lenin mit seinem eher konventionellen Literaturgeschmack die als einseitig empfundene Unterstützung der Futuristen zuwider war, geht aus einem Wechsel von Notizen zwischen Lenin, Lunatscharski und M.N. Pokrowski im Mai 1921 hervor. Hier erregte sich Lenin über eine Auflage von 5.000 Exemplaren für Majakowskis »150 Millionen«: »Unsinn, dumm, saudumm und prätentiös« … »Lassen sich denn keine hoffnungsvollen Anti-Futuristen finden?« Daraufhin erwiderte Lunatscharski kleinlaut: »Mir gefällt das Ding nicht gerade sehr, aber erstens war so ein Dichter wie Brjussow davon begeistert …, zweitens hatte das Ding beim Vortrag durch den Autor einen offensichtlichen Erfolg, und zwar auch bei Arbeitern«[7].

Auch wenn Lenin und sein Kulturkommissar weit davon entfernt waren, eine Kunst- und Literaturdiktatur zu errichten, zeigen sich in diesem kurzen Meinungswechsel bereits die Gefahren eines faktischen Presse- und Publikationsmonopols, das die Bolschewiki nach der Revolution errichtet hatten. Aus der rückschauenden Sicht erscheint der Weg von der politischen Diktatur zu diktatorischen Bestrebungen in Kunst und Literatur fast unvermeidlich, auch wenn die erste Generation der an die Macht gespülten Revolutionäre zu intelligent und zugleich zu ohnmächtig war, um solchen Tendenzen nachzugeben. Der Weg vom kulturellen Pluralismus insbesondere im ersten Jahrfünft der NEP zum uniformen Kulturbetrieb der Stalin-Ära war aber nicht gradlinig.

Zum ersten Schlachtfeld um die Autonomie von Kunst und Literatur oder ihre Kontrolle wurde noch während des Bürgerkrieges der Kampf um den Proletkult. In dieser Bewegung verbanden sich unterschiedliche politische und kulturelle Strömungen. Hier etablierte sich eine großen Anklang findende Laienkultur- und Bildungsbewegung mit Künstler- und Literatenzirkeln, die sich der Agitationskunst widmeten. In ihren Inszenierungen zelebrierten »die Massen« ihren revolutionären Aufbruch. Einfluß auf den Proletkult nahmen von künstlerischer Seite auch die Futuristen, deren Anspruch auf eine neue Kultur sich partiell überschnitt mit dem von A. Bogdanow maßgeblich entwikkelten Konzept einer proletarischen Technik und Kultur, die scharf gegen die der bürgerlichen Welt mit manchmal bilderstürmerischem Eifer abgegrenzt wurde. Lenin aber duldete keine autonome proletarische Bewegung. Die Unterordnung des Proletkults unter das Volkskommissariat für Aufklärung und damit seine Disziplinierung durch die Partei gingen in erster Linie auf das Drängen Lenins zurück. Sein eher pragmatischer und bildungsbürgerlich geprägter Begriff einer Kulturrevolution, die für ihn gleichbedeutend war mit Alphabetisierung und der Aneignung von Wissen, Kultur und Technik der bürgerlich-kapitalistischen Welt, stand den emphatischen Hoffnungen auf eine spezifisch proletarische Kultur ebenso entgegen wie seine autoritären Ansprüche, die jede echte Form von Autonomie gesellschaftlicher Gruppen ausschloß[8].

So ergab sich 1918/19 und dann nach 1921 die paradoxe Situation, daß sich die Parteiführung zwar von kleinen Gruppen aus der literarischen Intelligenz wie vom Proletkult zu heftig umarmt fühlte, aber von der Mehrheit der literarisch-künstlerischen Intelligenz abgelehnt wurde. Die Futuristen galten eher als bürgerliche Boheme, denn als echte Kommunisten. Und eine »proletarische« Kultur wurde entweder aus prinzipiellen Gründen für unmöglich gehalten, da die Diktatur des Proletariats nur eine relativ kurze Übergangsphase bilde[9], oder man verwies auf die vergleichsweise niedrige Qualität der manchmal selbsternannten proletarischen Künstler: Ihr Schaffen gehe nicht über das Niveau von Agitationskunst hinaus und ihre bilderstürmerischen Neigungen stießen im politischen Establishment auf heftige Ablehnung. So blieb nichts als die selektive Kooperation mit bürgerlichen und nicht-bolschewistischen Kreisen in Literatur und Kunst. Lunatscharski klagte: »… wollte man in Rußland nur diejenigen Lichter brennen lassen, die unserem Geist entsprechen, dann würden wir ... in völligem Dunkel versinken«[10].

Ähnlich wie in anderen Bereichen von Technik und Wissenschaften mußte die Partei mithin eine Form der Zusammenarbeit mit den sog. Mitläufern (poputschiki) finden, ein Problem, das in Literatur und Kunst von Anfang an sehr viel mehr Kontroversen auslöste, als in anderen Feldern geistigen Schaffens. Es war wohl Trotzki, der den Begriff des Mitläufers zwar nicht erfand, aber eine in den zwanziger Jahren gültige Definition lieferte, in der sich das taktische Verhalten der Partei manifestierte: »Einen Mitläufer nennen wir in der Literatur, wie überhaupt in der Politik, denjenigen, der hinkend und schwankend bis zu einem gewissen Punkt denselben Weg geht, auf dem wir ... sehr viel weiter gehen. Wer gegen uns geht, der ist kein Mitläufer, der ist ein Feind, den schicken wir ggf. ins Ausland, denn das Wohl der Revolution ist für uns das höchste Gesetz«[11]. Auf Vorwürfe, daß sich das Proletariat in Abhängigkeit von der bürgerlichen Kultur begebe, antwortete bereits 1923 A.K.Woronski, ein Hauptvertreter der Kooperation mit den Mitläufern und bis 1927/28 einflußreicher Kulturfunktionär, der über Verlage, Zeitschriften und damit über Publikationsmöglichkeiten verfügte: »Die herrschende Klasse [d.h. das Proletariat] muß in der Lage sein, diese zahlreichen Vertreter der Intelligenz ... zu assimilieren, sich ideell zu unterwerfen und politisch und gesellschaftlich umzuerziehen. Auch hier können Überstürzung und jegliche Unbedachtsamkeit nicht von Nutzen sein«[12].

Konkret bedeutete dies, daß unterschiedlichen Autoren und Autorengruppen 1922 finanzielle Hilfe und Publikationsmöglichkeiten zur Verfügung gestellt wurden, um sie dem Sog der seit Ende 1921 expandierenden privaten und genossenschaftlichen Verlage zu entziehen. Die Zielgruppen staatlicher Förderung wurden vergleichsweise genau benannt: Zu ihnen zählten neben den proletarischen Schriftstellern, den Futuristen auch Bauernschriftsteller und die sog. Imaginisten (um S.A. Jessenin und A.B. Marienhof), die Serapionsbrüder, kooperationswillige Berühmtheiten wie Maxim Gorki und W. Brjussow und Smena-wech-Anhänger wie A. Tolstoi. Der Zusammenarbeit zwischen bolschewistischen, prokummunistischen Autoren und den Mitläufern sollten die in den zwanziger Jahren maßgeblichen Periodika »Krasnaja Now« (Rotes Neuland), von A.K. Woronski herausgegeben, und »Petschat i rewoljuzija« (Presse und Revolution), herausgegeben von W.P. Polonski, und einige Verlage gewährleisten[13].

Nicht zuletzt um sich den eifernden Künstler- und Literatengruppen zu entziehen, proklamierte die Partei einen begrenzten literarischen und künstlerischen Pluralismus. Sie anerkannte damit nur eine Entwicklung, die sich nach 1918 und besonders seit 1921 ohne ihr Zutun durchgesetzt hatte. Seit 1918/19 waren eine Vielzahl von Schriftsteller-Zirkeln und -Organisationen mit teils literarisch-konzeptioneller, teils eher gewerkschaftlicher Zielrichtung entstanden, manchmal auch nur in dem Bestreben, sich Publikationsmöglichkeiten zu sichern. Die wichtigsten Organisationen waren die Allrussische Assoziation proletarischer Schriftsteller (WAPP, 1920-28) mit der besonders militanten sog. Oktobergruppe und ihrer Zeitschrift »Na Postu« (Auf Posten), seit 1925 als »Na Literaturnom Postu« (Auf Literarischem Posten) unter Leitung von Leopold Awerbach. WAPP soll im November 1924 25 Filialen mit 735, 1925 mit ca. 3.000 Mitgliedern, davon 1.400 Kommunisten gezählt haben. Für das Frühjahr 1928 werden 93 Filialen mit zwischen 2.000 und 4.000 Mitgliedern angegeben. Ihr Bestand fluktuierte offensichtlich sehr stark. Diese Angaben wurden manchmal als »Augenwischerei« abgetan. Die zweite größere Vereinigung proletarischer Schriftsteller bildete die »Kusniza« (Schmiede), weniger militant als die WAPP, 1925 mit angeblich 100 Mitgliedern, davon 33 Kommunisten. 1921 hatte sich auch ein Verband der Bauernschriftsteller mit 41 Mitgliedern gebildet. 1927/28 unter starkem Einfluß der proletarischen Schriftsteller-Organisation geraten, konnte er im Juni 1929 auf einem Kongreß immerhin über 150 Delegierte zusammenführen[14]. Die WAPP und die »Schmiede« gelten als die bedeutendsten Zentren proletarischer Schriftsteller, ohne daß der Begriff »proletarisch«, der auch im folgenden verwendet wird, unbedingt auf eine Herkunft der Autoren aus der Arbeiterschaft verweisen muß. Wie eine Aufschlüsselung der in der »Schmiede« organisierten Schreiber erkennen läßt, bezeichneten sich 1925 von ihren 100 Mitgliedern nur 45 als Arbeiter, 12 als Bauern und immerhin 43 als Angehörige der Intelligenz[15]. Dabei bleibt unklar, ob diese Klassenzuschreibung den je aktuellen Status oder die Herkunft bezeichnet. Gleichwohl läßt sich begründet vermuten, daß beide proletarischen Organisationen und der Verband der Bauernschriftsteller ihre maßgeblichen Impulse aus einem Umfeld erhielten, das den Arbeiter- und Bauernfakultäten wie den zumeist wohl bolschewistischen Arbeiter- und Bauernkorrespondenten sehr nahe stand, oder daß sie diesen Milieus entstammten. Die Masse der bäuerlichen und proletarischen Schriftsteller dürften Autodidakten gewesen sein. Freilich muß eine Präzisierung dieses Sachverhalts weiterer Forschung vorbehalten bleiben.

Umgekehrt war der größte, 1920 gegründete, politisch weniger festgelegte Allrussische Verband der Schriftsteller (seit 1929 als Allrussischer Verband der Sowjetischen Schriftsteller) zwar hauptsächlich ein Sammelbecken der sog. Mitläufer, erfaßte aber nicht nur diese. Seine wichtigsten Sektionen in Moskau und Leningrad erfaßten 1924/25 über 600 Personen. 1927 wurde ein erster Versuch unternommen, alle Gruppen in der Föderation der Vereinigung Sowjetischer Schriftsteller (FOSP) zusammenzufassen. Ein Jahr später reorganisierten sich die proletarischen Schriftsteller in der unionsweiten Allrussischen Vereinigung der Assoziationen Proletarischer Schriftsteller (WOAPP) mit der seit 1928 maßgeblichen Russischen Assoziation (RAPP), die zunehmend auch die Föderation dominierte[16].

Es war vor allem ihr Organ »Auf Posten«, das schon seit 1923 sowohl »literarische Pogrome« (K. Radek) gegen die Mitläufer als auch Kampagnen gegen die Kulturpolitik der Partei veranstaltete[17]. Früher als in anderen Sektoren der Kultur- und Wissenschaftspolitik artikulierten sich hier totalitäre Ambitionen. Insbesondere die sog. Oktobergruppe innerhalb der WAPP und der »Arbeiterfrühling« stilisierten sich zur »literarischen Bewegung der Arbeiterklasse«[18], die auf Führung durch die Partei pochte und damit kaum verdeckt einen Monopolanspruch in Fragen der Literatur und Kunst anmeldete. Die Verlegenheit der Parteiführung gegenüber so viel revolutionärem Eifer fing Bucharin mit dem Bonmot auf: »Welches Politbüro des Adels gab Puschkin Direktiven, als er Gedichte schrieb?« Und N. Ossinski hielt den Vertretern der WAPP entgegen: »... wenn ihr das Monopol haben wollt, ... so würde das nichts anderes bedeuten, als die Vernichtung der Literatur Rußlands«[19].

Es war offensichtlich, daß der einstige Monopolanspruch der Futuristen und noch mehr derjenige der proletarischen Schreiber in keinem Verhältnis zu ihrer Kreativität stand. Der Chef der Staatsverlage bescheinigte ihnen, daß der Vertrieb ihrer Zeitschriften und Bücher mit wenigen Ausnahmen ein echtes Verlustgeschäft sei, »... sie liegen bei uns auf Lager, und wir verkaufen sie buchstäblich nach Gewicht, nach ihnen besteht nicht die geringste Nachfrage«[20]. Auch Radek hielt den Kritikern entgegen, daß von 100 in der Sowjetunion verlegten – wohl belletristischen – Büchern 99 nicht-kommunistischer Provenienz seien[21]. Selbst ein Vorkämpfer für die proletarische Hegemonie in der Literatur und Kunst mußte eingestehen, »daß fast alle, die wir hier versammelt sind« – gemeint waren Literaturfunktionäre, Herausgeber und Parteifunktionäre in der Presseabteilung des ZK der RKP(B) im Jahre 1924 – »die Literatur der Weißen lesen; es ist anzunehmen, daß wir in entsprechendem Maße dagegen immun sind, doch enthalten wir der breiten Masse diese ganze Literatur vor, andernfalls hätten wir ja die Pressefreiheit.« Denn die Literatur, die der Parteielite ein künstlerischer Genuß war, erschien für die Massen als »das schädlichste Gift«. »Wenn Genosse Kamenjew Ehrenburg liest, so ist das eine Sache; wenn eine Frau aus Swerdlowsk diese Literatur liest, ist das eine ganz, ganz andere Sache«[22]. Quod licet Jovi, non licet bovi.

Dennoch forderten die Sprecher der WAPP ihre bevorzugte Förderung durch die Partei, und sie kämpften mehr oder weniger offen für ein Interpretations- und Zensurmonopol in literarischen Fragen: »Die parteilosen Schriftsteller können wir auf dieselbe Weise führen, wie wir jede parteilose Schicht führen ... mit Hilfe der Parteizelle«[23].

Die berühmte ZK-Resolution vom 18. Juni 1925, die im allgemeinen als Bestätigung der seit 1921 geltenden Kulturpolitik der Kooperation und Umerziehung der »Literaturspezialisten« gilt, ging insofern auf das Drängen der WAPP ein, als sie schärfer als früher das kommunistische Interpretationsmonopol in der Literaturkritik, die nun als »Haupterziehungswaffe« apostrophiert wurde, sanktionierte. Hinter dieser eher harmlosen Formulierung verbarg sich das bald durchschlagende Faktum, daß die Entscheidungsposten in Redaktionen, Verlagen und Verbänden von Kommunisten und anderen politisch zuverlässigen Personen besetzt werden sollten, eine entscheidende Voraussetzung für die Ereignisse des späteren Kulturfeldzuges auf dem Gebiete der Literatur und Kunst[24]. Zwar wurde die Vielgestaltigkeit der Literatur wie die Vielfalt der Gruppen bestätigt. Aber man übernahm die von der WAPP geprägte Etikettierung in kommunistisch-proletarische Autoren, in Bauernschriftsteller und Mitläufer und gab die beiden letzteren Gruppen der klassenmäßigen Kritik und Entlarvung preis[25], sofern sie überhaupt noch Gelegenheit zur Publikation erhielten. Unter der Diktatur der RAPP-Kritik, so klagte K. Tschukowski noch im Dezember 1925, also nach der Resolution vom Juni desselben Jahres, gelten nicht Talente sondern das Parteibillet. Als Kritiker dürfe er schon lange nicht mehr schreiben, seine Kinderbücher würden verboten. Jetzt bliebe ihm eine »letzte Ecke«: Unter Pseudonym verfasse er in der Zeitung scherzhafte Artikel – K. Tschukowski war zum »ehemaligen Menschen« geworden[26]. Auch der 1925 zum Hauptredakteur des Nowy Mir ernannte einflußreiche Kulturfunktionär W.P. Polonski schrieb seinen Mitläufer-Autoren bereits vor, daß bei der Bearbeitung historischer Stoffe der jüngsten Vergangenheit »die Darstellung der Ereignisse nicht unseren (objektiven) Vorstellungen widersprechen dürfe«[27].

In der Tat konnte die Resolution vom Juni 1925 den Machthunger der WAPP nicht stillen. Ihr Organ »Auf Posten« weigerte sich, die Resolution abzudrucken, da es mehr erwartet hatte, als die Rolle eines Revolutionswächters zu spielen[28].

Ein Schriftsteller wie F. Gladkow, der der Gruppe »Schmiede« angehörte, sah die Resolution nur als Etappe auf dem Weg zur »einheitlichen Sowjetliteratur«[29]. Proletarische Literaturfunktionäre forderten bereits eine Präzisierung der Parteiführung. Ein Schriftsteller wie B. Pasternak formulierte seine Ängste: »Alle meine Gedanken werden zweitrangig gegenüber diesen erstrangigen: bin ich tragbar oder bin ich verboten? Bin ich ausreichend wertlos, um in die Bilanz aufgenommen zu werden und mich in der Stellung der goldenen Mitte zu erfreuen? Das Urheberrecht an dem gegenwärtigen Stil hatte vor kurzer Zeit der Zensor. Jetzt hat er es mit dem modernen Herausgeber geteilt. Die Philosophie der Auflage konkurriert mit der Philosophie der Zuverlässigkeit.«[30].

Die militante Rhetorik von proletarischen Schriftstellern und eines Teils der Kulturfunktionäre kann auf Außenstehende nur beängstigend gewirkt haben. In der Praxis wurde sie als intellektuelle Drangsalierung, Zensur oder gar Schlimmeres erlebt. Eine halbwegs erschöpfende Geschichte der sowjetischen

Zensur – ihrer Gesetze und Dekrete, ihrer Institutionen und ihrer Praxis – zu schreiben, ist gegenwärtig wohl kaum möglich. Hier können ohnehin nur die großen Umrisse nachgezeichnet werden. Dabei wird es vor allem darauf ankommen, die praktischen Auswirkungen auf die Autoren zu verfolgen.

Zunächst richtete sich das Hauptaugenmerk der neuen Machthaber auf die Presse. Bereits am 26. Oktober 1917 hatte das Militärrevolutionäre Komitee von Petrograd die bürgerliche und konterrevolutionäre Presse verbieten lassen. Bald darauf wurden revolutionäre Pressetribunale eingerichtet. Die zumeist noch wenig systematisch und vornehmlich nach tagespolitischen Gesichtspunkten – und nach Maßgabe lokaler Instanzen – praktizierte Zensur konzentrierte sich vor allem auf offen feindseliges Schrifttum. Erst nach Ende des Bürgerkriegs wurde sie im Dekret vom 6. Juni 1922 durch Schaffung des sog. Glawlit, der Hauptverwaltung für Fragen der Presse und des Verlagswesens, zentral institutionalisiert[31]. Die Zensur hatte von Anfang an eine doppelte Funktion zu erfüllen: Sie sollte den Klassen- und den politischen Feind entmachten und zugleich »die Massen« erziehen. Relativ konventionellen Maßstäben folgend galten Pornographie, offen reaktionäres Schrifttum, wozu auch religiöse Publikationen zählten, antiwissenschaftliche und politisch schädliche Veröffentlichungen als verboten. 1923 wurde auch kommerzielle Trivialliteratur, die vor 1917 die traditionelle »Volksliteratur« immer mehr verdrängt hatte, verboten[32]. Für den Leser auf dem Dorf wurde kein Ersatz geschaffen. Die Bolschewisten folgten damit einem in der Intelligenz verbreiteten bildungsbürgerlichen Vorurteil, daß in der kommerziell bestimmten Trivialliteratur nur ein Instrument kapitalistisch manipulierter Verdummung sehen wollte[33].

Wichtiger als die Eingriffe der Zensur war zunächst allerdings der dramatische Rückgang der Produktion von Belletristik und Unterhaltungsliteratur, deren Gesamtauflage von über 33 Millionen (1912) auf 3,5 Millionen (1922) schrumpfte, um erst um 1925 den Vorkriegsstand zu erreichen. Dabei war ihr relativer Anteil – in der Auflagenhöhe berechnet – auf Kosten der sog. sozialwissenschaftlichen Literatur (hauptsächlich wohl Propaganda) erheblich zurückgegangen[34].

Gleichwohl setzte sich der Bildungskommissar Lunatscharski – der Tradition vorrevolutionärer Lesegesellschaften folgend – dafür ein, insbesondere klassische Literatur zu popularisieren. Um ihre richtige Rezeption zu gewährleisten, hätte er sie allerdings gern mit kritischen Vorworten aus marxistischer Sicht garniert, was zunächst aus Kosten- und Personalgründen unterlassen werden mußte. Die von Gorki initiierte Reihe der »Weltliteratur« diente ähnlichen Zielen, allerdings auch der Beschäftigung notleidender Literaten.

1924 gab es neben dem staatlichen Verlagswesen immer noch 28 Periodika und etwa 40 bis 50 aktive Verlage privater oder genossenschaftlicher Provenienz, die auch nicht-bolschewistischen Kreisen der Intelligenz eine Nische boten. Die Publikationen dieser Unternehmen wurden allerdings besonders kritisch begutachtet. 1921-22 soll den privaten Verlagen der Druck von 3-4% der eingereichten Manuskripte untersagt worden sein. Im Kino lag der Anteil nicht freigegebener Filme bei 16%. Ähnlich hoch war der Prozentsatz nicht zugelassener Theaterstücke. Die Musikzensur schrieb 1923 vor, daß religiöse Musik der Klassiker 5-6% des Plattenvertriebs nicht überschreiten dürfe[35]. 1922 wurde eine Verbotsliste von Autoren publiziert, die aus öffentlichen Bibliotheken herausgenommen werden sollten. Darunter befanden sich Werke von Autoren wie Platon, Kant, L. Tolstoi und P. Kropotkin. M. Gorkis Protest scheint solch rigorose Maßnahmen zunächst verhindert zu haben[36].

Lenin und die anderen Angehörigen der bolschewistischen Führung besaßen ein ganz unbefangenes Verhältnis zur Zensur, deren Bedeutung sie umso höher einschätzten, als ihre eigene Propaganda während der Revolution und des Bürgerkrieges außerordentlich mobilisierend gewirkt hatte[37] Pressefreiheit galt als »liberales Vorurteil«[38]. Das Wort war eine Waffe: »... wie die revolutionäre Macht nicht zulassen kann, daß jeder Hinz und Kunz in Besitz von Revolvern und Maschinengewehren ist, ... so darf der Staat auch nicht die Freiheit gedruckter Propaganda zulassen«, dozierte Lunatscharski 1921[39]. Gleichwohl bestand in der ersten Generation bolschewistischer Führung Konsens darüber, daß Zensur im wesentlichen defensiver Natur zu sein habe, daß sie insbesondere den künstlerisch-literarischen Bereich nicht »kommandieren« dürfe. Daher wurde – im Unterschied zum manchmal bilderstürmerischen Proletkult und seinen lautstarken Nachfolgern – zwischen defensiver, verbietender Zensur und staatlicher Lenkung von Literatur und Kunst unterschieden: »... Wahre Kunst ... kann nicht im Käfig singen«, hielt Lunatscharski seinen Kritikern entgegen[40].

Die Zensur war schon damals keine einheitliche Instanz, sondern unterstand den verschiedenen Ämtern innerhalb des Volkskommissariats für Aufklärung und anderen Ressorts – wie den Außenwirtschafts- und Militärbehörden. De facto spielten von Anfang an auch zentrale und lokale Parteiinstanzen – insbesondere für die Presse – eine maßgebliche Rolle. Gegenüber Kunst und Literatur sollte sich die Zensur auf die Verhinderung »konterrevolutionärer« Produktion beschränken, im übrigen aber »größtmögliche Freiheit« gewähren[41]. Daß die Zensur sich vielen Künstlern ganz anders darstellte, liegt auf der Hand. »Wenn du nicht auf die ›Proletarier aller Länder‹ schwörst, dann hetzt dich die Zensur. Die Zensur ist eine ehrwürdige Institution, aber die Zensoren sind ihrer Natur nach ein krankhaft mißtrauisches Volk. Sie spitzen ihre Bleistifte schärfer als eine Damaszener Klinge«[42].

Einfache Generalisierungen über die Wirkungen der Zensur auf das literarisch-künstlerische Schaffen insbesondere in den zwanziger Jahren sind kaum möglich, da jeder Autor nach sozialer Herkunft, politischer Einstellung und nach Art der Beziehungen in ganz unterschiedlicher Weise von ihr betroffen war. Konnte den einen – wie jenen Autoren, die sich selbst als proletarisch begriffen – die Zensur nicht hart genug sein, so hatten die »bürgerlichen« und seit Ende der zwanziger Jahre auch (pro)kommunistische Schriftsteller in traumatisierender Weise sowohl unter den klassischen Instrumentarien der Zensur als auch unter den politischen Kampagnen, die ihre Maßnahmen manchmal begleiteten, zu leiden. Im folgenden sollen einige, exemplarische Beispiele geschildert werden.

Die Hinrichtung N. Gumiljows (August 1921), zusammen mit Anna Achmatowa und Ossip Mandelschtam Mitbegründer der Gruppe der Akmeisten (1911), die sich gegen die mystische Überspitzung des Symbolismus gewandt hatten, verursachte im Milieu der Mitläufer einen tiefen Schock[43]. Zusammen mit den folgenden Ausweisungen »konterrevolutionärer« Geisteswissenschaftler und Philosophen, der Schließung ihrer Klubs und Verlage, hatten sie eine Einengung des literarischen Spektrums zur Folge. Gleichwohl blieb die Bandbreite der in Sowjetrußland publizierenden Autoren relativ groß. Jenseits selbst der sog. Mitläufer und im wesentlichen ohne Rückhalt an Institutionen und Gönnern blieben Symbolisten wie Fjodor Sologub, der nach Ablehnung seines Ausreiseantrags nur noch Übersetzungen anfertigen durfte, oder O. Mandelschtam, von dem seit 1923 lanciert wurde, er habe die Poesie fallen gelassen[44]. Sie zählten wie andere Dichter zur »inneren« Emigration, mit der Folge, daß sie auch in der Zeit der NEP erhebliche Probleme hatten, ihre Werke unterzubringen, und manchmal auch materiell Not litten.

In besonders traumatisierender Weise dürfte M. Bulgakow die Zensur- und Kontrollmechanismen an sich bereits in den zwanziger Jahren erfahren haben. Sohn eines Priesters und Zensors für ausländische religiöse Literatur, kurzzeitig in die Kämpfe auf weißer Seite verwickelt, war er spätestens seit 1920 unter Beobachtung der GPU. Ängstlich seine höhere Bildung verleugnend, gelang es ihm dennoch, im literarischen Milieu Moskaus Fuß zu fassen. In Organen der »Smena Wech« brachte er einen Teil seiner Werke unter und erlebte als Stückeschreiber – besonders mit der Theaterfassung der »Weißen Garde« unter dem Titel »Tage der Turbins« – auch Publikumserfolge.

Die Bühnenfassung der »Tage der Turbins«, in der das weiße Milieu Kiews vor der Eroberung durch die Bolschewiki Gegenstand tragischer und komischer Szenen ist, hatte bis zu ihrer endgültigen Zulassung im Oktober 1926 etliche Hürden zu nehmen: Bereits der Druck der Erzählung »Weiße Garde« in russischen Zeitschriften hatte erhebliche Probleme verursacht. Ein Schriftsteller-Kollege räsonierte 1924 in einem anderen Zusammenhang, daß Publikationen über die Leiden der »Weißen« keine prinzipielle Frage, sondern eher eine solche des Zeitpunktes seien. Hierüber – so scheint er es als normal empfunden zu haben – sollte die Militärzensur oder die GPU entscheiden[45]. Durch einen »Knebelvertrag« konnte Bulgakow einen ersten Teil der »Weißen Garde« in Leschnews »Rossija« unterbringen. Andere Zeitschriften lehnten die Aufnahme dieser wie anderer Erzählungen aus Angst vor der Zensur ab. Ein Herausgeber empfahl Anfang 1925 bezeichnenderweise, Bulgakow möge einen »weinerlichen« Brief an L.B. Kamenew schreiben. Nur mit Hilfe einer solchen Autorität traute man sich, politisch problematische Werke unterzubringen. Kamenews Reaktion im Fall der Erzählung »Das Hundeherz« war aber schroff und abweisend: Sie sei »ein scharfes Pamphlet auf die Gegenwart und dürfe in keinem Fall gedruckt werden«[46].

Auch mit der Publikation anderer Werke hatte Bulgakow Schwierigkeiten. Ende 1925 wurde sein satirischer Sammelband »Diawoliada« konfisziert. Am 7. Mai 1926 durchsuchte man – vermutlich im Zusammenhang mit einer analogen Aktion gegen Leschnews Organ »Nowaja Rossija« (Neues Rußland) – die Wohnung und beschlagnahmte seine Tagebücher und die Erzählung »Das Hundeherz«[47]. Dennoch begannen im Sommer 1926 am Moskauer Künstlertheater (MChAT) die Proben für die »Weiße Garde«. Dabei zeigte sich, daß die Bühnenfassung umgearbeitet werden mußte, damit das Stück auch politisch akzeptiert werden konnte. Die Angst vor der Zensur veranlaßte nicht nur die Namensänderung, sondern, mehr noch, sie barg bereits die Gefahr, daß wesentliche Inhalte so entstellt wurden, daß sich der Autor kaum noch als Verfasser wiedererkannte[48]. Hier deuteten sich bereits Formen kollektiver Autorschaft an, wie sie in der Stalinzeit üblich werden sollten. Noch konnte Bulgakow Bedingungen stellen und drohen: Er würde sein Stück zurückziehen, wenn man seinen »Kern« verändere[49]. Im Sommer und Herbst 1926 fanden mehrere Vorführungen vor Vertretern der Theaterabteilung und Hauptverwaltung der Repertoire-Kommission (Glawrepertkom) statt, beides Abteilungen im Volkskommissariat für Aufklärung, faktisch Bühnenzensurinstanzen. Am Beispiel der weitgehend bekannten Diskussion in diesen Gremien zeigt sich, welch komplizierter Mechanismus und wie viele Überlegungen bei der Realisierung eines als brisant empfundenen Stückes im Spiele waren: Es bestand Einigkeit darüber, daß es politisch gesehen konterrevolutionär sei. Einige Vertreter plädierten auch unumwunden für ein Verbot. Lunatscharski stellte andere Gesichtspunkte in den Vordergrund: Nach all den Kosten, welche die Proben dem MChAT bereits verursacht hätten, ruiniere man das Theater, wenn man das Stück verbiete. Außerdem werde das Prestige des sowjetischen Theaters leiden. Zudem setzte er auf den Einfluß und die Mitverantwortung der Bühnenkontrolle (!) und der Kritik. Der bolschewistische Magen sei stark genug, um auch eine »scharfe Speise« zu vertragen. Majakowski, bei der Generalprobe anwesend, unterstützte Lunatscharskis Position. Das Stück sei im Programm des Künstlertheaters keine Zufälligkeit, sondern eine logische Vollendung: Man begann mit »Tante Manja« und »Onkel Djadja« und endete mit der »Weißen Garde«. In politischer Hinsicht hielt er Verbote für schädlich. Das Stück lege politische Stimmungen offen, die ohnehin vorhanden seien. Es bleibe dem Publikum überlassen, darauf angemessen, auch mit Skandalen, zu reagieren[50]. Tatsächlich wurden die »Turbins« zu einer »neuen Möwe«, zu einem Theaterereignis von offenbar dauerhafter Wirkung. Trotz periodischer Verbote blieb es bis 1941 das meistgespielte Stück am MChAT mit 987 Aufführungen[51]. Obgleich es offenbar das Publikum aller politischen Spektren faszinierte, waren die veröffentlichten Meinungen feindselig, ein Zeichen, in welch starkem Umfang die »proletarische Kritik« die Zeitungs- und Zeitschriftenredaktionen bereits erobert hatte. »Die weiße Garde«, so ein Kritiker in der »Komsomolskaja Prawda«, »ist der ›Kirschgarten‹ der weißen Bewegung. ... Welches Interesse kann der sowjetische Zuschauer an den Leiden innerer und äußerer Emigranten, an ihrer zerstörten weißen Bewegung haben? ... Wir brauchen das nicht«[52]. A. Besymenski, späterer Literaturfunktionär und prominentes Mitglied der Allrussischen Assoziation Proletarischer Schriftsteller, empörte sich: Sein Bruder Benedikt sei 1918 in Kiew »unter der Herrschaft des Hetman Skoropadsky, der Deutschen und ... der Alexejew Turbins« umgebracht worden. Ich sehe in dem Stück keine Erfurcht in der Erinnerung an meinen Bruder ... ich sage nichts gegen den Autor des Stückes Bulgakow, der bleibt, was er ist: eine neu- bürgerliche Ausgeburt, die ohnmächtig ist und Galle spuckt gegen die Arbeiterklasse und ihre kommunistischen Ideale ..., das MChAT habe der Erinnerung an seinen Bruder eine Ohrfeige erteilt«[53].

Aber auch weniger umstrittene Autoren bedurften in den politischen Auseinandersetzungen des Schutzes von Protektoren. Als die ersten Novellen Isaak Babels, später unter dem Titel der »Reiterarmee« (1926) zusammengefaßt, herauskamen, hatte sich der Autor heftiger Kritik des roten Kosakengenerals Budenny zu erwehren. Nur Stalins »Murmeln« habe ihn gerettet[54]. Sehr viel härter reagierte die politische Zensur im Falle B. Pilnjaks, eines klassischen Mitläufers, der sehr offen verkündete, ein »politischer Analphabet« zu sein. Er hatte die Revolution »emotional und ästhetisch, nicht aber rational« begrüßt. »Er verehrte sie, ohne sie zu verstehen«. Gleichwohl erlebte er rasche literarische Erfolge, die ihn auch materiell komfortabel absicherten[55]. Im Ausland hatte er zur Zensur in der Sowjetunion noch erklärt, daß alles, was man zu tun habe, darin bestehe, auf der ersten Seite »das schöne Gesicht der Revolution zu besingen«. Danach könne man alles schreiben[56]. Ob er wegen seiner engen Kontakte zu Radek und Woronski wirklich geglaubt hatte, alles schreiben zu können, mag dahingestellt bleiben. Auf jeden Fall verfaßte er aufgrund von Gerüchten über die Umstände des bis heute nicht ganz geklärten Todes des stellvertretenden Kriegskommissars L.W. Frunse einen Schlüsselroman unter dem Titel »Erzählung vom nichterloschenen Mond«. Sie suggeriert, daß Frunse auf Betreiben des »Büro-Diktators« und der Partei sich habe zu Tode operieren lassen müssen. Im Vorwort betonte Pilnjak, um auch den letzten uninformierten Leser hellhörig zu machen, daß die Geschichte nicht vom Tode Frunses handele. Die Erzählung, die im »Nowy Mir« (1926, Heft 5) erscheinen sollte, wurde vor ihrer Veröffentlichung konfisziert. Allerdings bezahlte man für zirkulierende Exemplare dieser Nummer auf dem Schwarzmarkt Höchstpreise. Die Erzählung selbst wurde 1927 in Sofia publiziert[57]. Der »Nichterloschene Mond« war ausgerechnet Woronski gewidmet, der auch als Informant Pilnjaks über die Umstände des Todes von Frunse gilt. Da Woronskis Position durch den Machtzuwachs der WAPP zunehmend prekärer und er selbst als Trotzkist etikettiert wurde, beeilte er sich, Selbstkritik zu üben und von einer »bösartigen Verleumdung der Partei« zu sprechen. Dieser Verurteilung schloß sich die Redaktion des »Nowy Mir« sogleich an. Da sich Pilnjak zur Zeit der geplanten Erscheinung seiner Novelle im Ausland aufhielt, wurde er erst gegen Ende des Jahres 1927 dazu veranlaßt, eine Selbstkritik zu schreiben: Aufgrund der veränderten äußeren Umstände – wohl ein Verweis auf die Ausschaltung der »linken Opposition« und der Etablierung der Führerschaft Stalins – war er jetzt zur Einsicht gekommen, daß er mit seiner Geschichte den Konterrevolutionären in die Hände gespielt habe. »Nun aber sehe ich ein, daß ich den größten aller Irrtümer begangen habe, derer ich mir zur Zeit des Schreibens nicht bewußt war. Jetzt weiß ich, daß vieles … in der Geschichte üble Verleumdung ist«[58].

Im Fall Pilnjaks vollzog sich – möglicherweise zum ersten Mal öffentlich an einem Nicht-Parteimitglied – die Maschinerie der Selbstkritik als moralische Selbstentblößung. Der Autor hatte Buße zu tun, anstelle eines unter rechtsstaatlichen Verhältnissen wohl unvermeidlichen Verleumdungsprozesses. Hier kam auch die kollektive Haftung zur Geltung, indem die Herausgeber der Zeitschrift sich ebenfalls für verantwortlich erklärten.

Die Veränderungen, die sich seit dem XV. Parteitag (Dezember 1927) und mit dem Beginn des Kulturfeldzuges vollzogen, wirkten auf Literatur und Kunst ähnlich tiefgreifend, wie auf die Geistes- und Gesellschaftswissenschaften. Zwar hatte die ZK-Resolution vom 18. Juni 1925 die ideologische Konfrontation etwas gemildert: Die agressive Zeitschrift »Na Postu« (Auf Posten) war unter Leitung L. Awerbachs als »Na Literarnom Postu« (Auf Literarischem Posten) erneuert worden. Gleichwohl ist von weiteren Positionsgewinnen eifernder und zuverlässiger Personen in Verlagen, Redaktionen und Zensurinstanzen auszugehen. Die auch auf Woronskis Betreiben 1927 gegründete Föderation der Assoziationen Sowjetischer Schriftsteller (FOSP) gelangte bald unter den dominierenden Einfluß der RAPP, während Woronski und die Politik der erzieherischen Kooperation gegenüber den Mitläufern immer mehr an Boden verlor. Stattdessen beanspruchte die RAPP seit 1928 die »Hegemonie der proletarischen Literatur« und stilisierte sich 1931 als »Stütze der Partei im Bereich der Literatur«[59].

Der im Gefolge des Industrialisierungsparteitages vom Dezember 1927 proklamierte Übergang zur Planwirtschaft zog die Schriftsteller – wie auch andere Bereiche geistigen Schaffens – in zunehmendem Umfang in den Sog parteipolitischer Auftragsarbeit und variierte hierbei Konzepte proletarischer und kollektivistischer Literatur- und Kunstproduktion, die in mancher Hinsicht an den Proletkult anknüpften. Literatur und Kultur insgesamt hatten fortan ganz im Dienst des sozialistischen Aufbaus zu stehen. Im Rahmen des Kulturfeldzuges sollten sie für die Mobilisierung der Werktätigen genutzt, und die Schriftsteller und Künstler selbst im Geiste sozialistisch-proletarischen Kollektivismus »umgeschmiedet« werden[60].

Die alten Normen der Ästhetik, der Individualität, auch der unterhaltenden Elemente in Literatur und Kunst wurden als bürgerlich abgetan. Verlage hatten wie Fabriken zu funktionieren, Schriftsteller und Künstler kollektiv – in Brigaden – zu arbeiten und, um den kämpfenden Werktätigen nahe zu sein, selbst in die Werkstätten und an die Baustellen zu gehen. Der unmittelbare Dienst an der Produktion stand nun im Vordergrund. Sowjetische Schriftsteller sollten »die Moral heben, den Kampf der Massen inspirieren, schonungslos Gleichgültigkeit, Stillstand und Verrat, die den Plan unterminieren, bloßstellen«[61]. Der Einsatz für den sozialistischen Aufbau bedeutete zudem, daß die Partei und die Schriftsteller-Verbände, hier insbesondere die RAPP, in zunehmendem Umfang schreibende Werktätige, v.a. wohl Arbeiter- und Bauernkorrespondenten, rekrutierten, die in den zwanziger Jahren Informationsdienste für die Presse und Kontrollfunktionen gegenüber den Behörden wahrgenommen hatten. Die unvermittelte Verschmelzung mit dem allgemeinen Aufbruch der Massen – »die Literatur als Waffe des Klassenkampfes«[62] – sollte sich auch im Schrifttum niederschlagen: Die Skizze und Industriereportage, die Literatur des Faktums, der kollektive Held und – in gemäßigten Varianten – Realismusgebot, Verständlichkeit und Schönheit, sozialer Auftrag, die Darstellung des Typischen in historischer Perspektive[63]. Dies waren die Forderungen, die an die Schriftsteller herangetragen wurden und tatsächlich in einigen Romanen der dreißiger Jahre ihren Niederschlag finden sollten, so in F. Gladkows »Energie« (1933), in M. Schaginjans »Hydrozentral« (1930-31), in M. Scholochows »Neuland unter dem Pflug« (1937) und in F. Panferows »Bruski« (1932). In dieser Literatur realisierte sich in wohl unerwarteter Form der soziale Auftrag und die »entschlossene Standardisierung« von Literatur, wie sie von LEF-Autoren in den zwanziger Jahren unter ganz anderen Bedingungen eingefordert worden waren[64].

Die Träger des Kulturfeldzuges unter den Literaten dürften – ebenso wie in anderen Bereichen – den Arbeiter- und Bauernfakultäten, den Arbeiter- und

Bauernkorrespondenten und prononciert proletarischen Schriftsteller-Vereinigungen nahegestanden haben. Sie müssen wohl eher unter Aufsteigern als unter der traditionellen linken Intelligenz gesucht werden. Selbst ein so strenger Wächter der revolutionären Kultur wie L. Awerbach, der sich einst im Kampf gegen die Linie Woronskis exponiert hatte, stand wie andere linke Autoren, so Majakowski, den neuen Trends eines platt verstandenen »sozialen Auftrags« skeptisch gegenüber[65]. Zu den Opfern der Kulturpolitik zählten vor allem herausragende Autoren der Bauernliteratur wie N.A. Kljujew und S.A. Klytschkow, die sich als Kulaken-Literaten denunziert sahen, und selbstverständlich viele bürgerliche Autoren. Selbst wenn sie bereit waren, sich anzupassen, mußten sie intensive Kampagnen über sich ergehen lassen.

Ein exemplarisches Beispiel solcher Kampagnen, welche die Schädlingshysterie auch auf die literarische und kulturelle Sphäre übertrugen, war die im August und September 1929 offensichtlich aus der Parteiführung heraus inspirierte, aber durch proletarische Schriftsteller und Journalisten im literarischen Milieu ausgeführte Kampagne gegen den Apolitismus der bürgerlichen Schriftsteller (und Wissenschaftler). Angeblich oder tatsächlich wollten sie sich der Instrumentalisierung für den sozialistischen Aufbau und dem verschärften Klassenkampf entziehen. Unter Apolitismus wurde alles subsumiert, was dem Enthusiasmus für den sozialistischen Aufbau entgegenstand: steifer Akademismus, formalistische Ästhetik, der Dünkel des Über-den-Klassen-Stehens, das Verbergen der eigentlichen politischen Überzeugungen – letztlich erschien Apolitismus als Feigenblatt, das »die politische konterrevolutionäre Nacktheit zu verbergen« habe[66].

Prominenteste und exemplarisch ausgesuchte Opfer der Apolitismus-Kampagne im Jahre 1929 wurden auf dem Feld der Literatur zwei so unterschiedliche Schriftsteller wie B. Pilnjak und Je. Samjatin. Beide verband wohl nicht viel mehr miteinander, als daß sie der Kategorie der Mitläufer zugerechnet wurden, und daß sie – wie viele andere Schriftsteller auch – mit Billigung der Behörden ihre Werke auch im Ausland publizierten. Vorwand der Kampagne war, daß Pilnjak Anfang 1929 in Berlin seinen Roman »Mahagoni« veröffentlicht hatte, und daß Samjatin seinen utopischen Roman »Wir« 1927 in Auszügen in einer russischen Emigrantenzeitschrift hatte erscheinen lassen. Eine vollständige englische und französische Fassung war bereits 1924, eine tschechische 1927 publiziert worden.

Pilnjak hatte nie einen Hehl aus seiner Distanz zur Politik gemacht, und als Anhänger der »Smena wech« hatte er noch 1924 erklärt, daß ihn »die Schicksalswege der RKP viel weniger interessieren als diejenigen Rußlands; die RKP ist für mich nur ein Kettenglied in der Geschichte Rußlands; ich weiß, daß ich absolut objektiv sein sollte, auf niemandes Mühlen Wasser gießen und niemanden täuschen sollte«[67].

In Pilnjaks Roman »Mahagoni« waren viele kritische Elemente enthalten, die bis 1927 wohl toleriert worden wären, nicht aber 1929: nostalgische Erinnerungen an den revolutionären Aufbruch von 1917 und den Bürgerkrieg, die inzwischen ins Abseits gedrängten echten Revolutionäre, die Mißwirtschaft und Privilegien der Parteibonzen in der Provinz, Trauer um den Untergang auch der religiös-bäuerlichen Kultur und kritische Anmerkungen zur kulakenfeindlichen Politik und nicht zuletzt sexuelle Libertinage[68].

Auch Samjatin, der 1905 den Bolschewiki nahegestanden und sich ihnen zugehörig gefühlt hatte, wehrte sich 1917 wiederholt gegen eine Literatur des sozialen Auftrags und der Dienstbarkeit, eine Rolle, die er sowohl den Futuristen als auch dem Proletkult zuschrieb. »Die Bombe der sozialen Revolution warf der Oktober unter das Kapital. Fern am Horizont leuchten die fetten Hintern der fliehenden Fabrikanten ... Und die Futuristen sollten wissen: Der fette Hintern ist nicht nur das Gesicht der ›fliehenden Fabrikanten‹, sondern er ist das Gesicht jedes Herrn; denn nicht der Mensch verschönert den Platz, sondern der Platz verfärbt und verändert den Menschen«[69]. Vergleichsweise früh hatte sich Samjatin – von seiner Ausbildung her Schiffbauingenieur und bis 1931 Dozent für Schiffbau in Leningrad – mit Bergsons Theorie des *élan vital* und mit Einsteins Relativitätstheorie befaßt. In einem vielbeachteten Essay von 1924 warnte er – physikalische Terminologie übernehmend – vor der »Entropie des menschlichen Denkens«, die er in der ideologischen Intransingenz und politischen Intoleranz der Bolschewiki enthalten sah. Er plädierte für die Notwendigkeit der Häresie als bewegender und erneuernder Kraft in Literatur, Wissenschaft und Philosophie, für Einstein gegen Euklid, auch wenn das Neue und Häretische zunächst unverstanden bleibe[70]. Samjatins Appelle gegen die neuen Pobedonoszews, seine Angst, daß im Namen der soeben befreiten Massen die Persönlichkeit unterdrückt werden könnte, hatten ihn bereits 1922 zum Anwärter auf die Zwangsausweisung gemacht. Sie war nur durch die Intervention von Freunden verhindert worden[71].

Der erst 1929 inkriminierte Roman »Wir« war auch eine Antwort auf den im Proletkult und in einem Teil der technischen Intelligenz grassierenden Taylorismus, also auf den Versuch, die menschliche Arbeit und das Leben der Werktätigen überhaupt zum Anhängsel der Maschine werden zu lassen. Der Autor reagierte damit auf die totalitären Gefahren der industriellen Zivilisation und der totalen Identifizierung mit dem Staat[72].

Samjatin war zudem Mentor der Serapions-Brüder gewesen, einer Gruppe von nachwachsenden Schriftstellern, die sich explizit zur Autonomie der Kunst und zur Individualität des künstlerischen und literatischen Schaffens bekannt hatten. »Im Februar 1921, in einer Zeit, als allenthalben Regeln, Bestimmungen und Vorschriften abgefaßt wurden, die Zwang und Langeweile bedeuten, haben wir beschlossen, uns ohne Satzung und Vorsitzenden, ohne Wahlen und

Abstimmungen zusammenzuschließen«, hieß es in ihrer programmatischen Erklärung[73].

Samjatin hat sich wohl gegen Ende der zwanziger Jahre direkter politischer Äußerungen enthalten. Pilnjak hingegen bekannte sich noch gegen Ende 1928 und zu Anfang 1929 öffentlich zum Recht des Schriftstellers auf das politische Nicht-Engagement: »Ich behaupte, daß Schriftsteller ein spezifischer biologischer Typ sind. Dies muß als Faktum hingenommen werden. Am Beispiel von Puschkin und Gorki kann ich beweisen: Je talentierter ein Schriftsteller ist, desto unfähiger ist er in der Politik«[74].

Die Kampagne gegen die Literaturspezialisten war einerseits gesteuert, wurde andererseits aber auch von den proletarischen Eiferern und Literaturfunktionären getragen. Dabei blieb die Stoßrichtung der Attacken im einzelnen uneinheitlich. Versuche, die Angriffe abzumildern oder die Attackierten gar zu verteidigen, standen den Forderungen aus Kreisen der proletarischen Schriftsteller gegenüber, Pilnjak und Samjatin auszuweisen[75]. Ähnlich wie bei gleichzeitigen Kampagnen in anderen Bereichen hatte sich die politische Führung nicht soweit engagiert, daß sie unmittelbar mit der Kampagne identifiziert werden mußte, und diese auf jeden Fall auch wieder abbrechen konnte. Der Zeitpunkt war gekommen, als M. Gorki – aus eigener Initiative oder nach Absprache – Mitte September 1929 die Angriffe zu bremsen versuchte, aber damit nur den Zorn der proletarischen Schriftsteller auf sich zog und allgemeine Attacken auf die angeblich liberale Literatur- und Publikationspolitik provozierte[76]. Erst jetzt sah das Zentralkomitee die Notwendigkeit, zu intervenieren und den sibirischen Schriftstellerorganisationen, die sich in ihrem revolutionären Eifer besonders weit hervorgewagt hatten, stellvertretend für andere wegen ihrer rüpelhaften Angriffe auf Gorki einen strengen Verweis zu erteilen sowie personelle und organisatorische Änderungen zu verlangen. Die Resolution vom 25. Dezember 1929 fungierte – analog zu Stalins berühmten Aufruf »Vor Erfolgen von Schwindel befallen« (2. März 1930), mit dem die erste Kollektivierungsphase unterbrochen wurde – als Wellenbrecher, der die überbordende Flut proletarisch-revolutionären Enthusiasmus in seiner Destruktivität abmildern sollte.

Pilnjak hatte seine Lektion gelernt. »Mahagoni«, der in der Sowjetunion nicht erschienen war, wurde in umgearbeiteter Fassung als Aufbau-Epos mit Schädlingen und Helden, welche die Natur und die Widrigkeiten feindlicher Saboteure bezwingen, unter dem Titel »Die Wolga fällt ins Kaspische Meer« (1930) publiziert. L. Awerbach traf wohl den Kern, als er rezensierte: »In seiner Erzählung ›Die Wolga …‹ schwört er bei allen Heiligen auf den Sozialismus, was die Erzählung umso verlogener erscheinen läßt«[77].

Ganz anders verhielt sich Samjatin. Da die Agitation in den Tageszeitungen und Zeitschriften offensichtlich auch dazu diente, die Position der RAPP als

Hegemon in der Föderation Sowjetischer Schriftsteller (FOSP) zu festigen, wurden Pilnjak und Samjatin – der eine Leiter der Moskauer, der andere der Leningrader Sektion – zum Rücktritt gezwungen. Zugleich wurden der WSP wie andere Mitläufer-Organisationen »gesäubert«. Samjatin kam dieser entwürdigenden Prozedur zuvor, indem er aus dem Verband am 29. September 1929 austrat: »Einer Literaturorganisation anzugehören, die sich auch nur indirekt an der Verfolgung ihres Mitgliedes beteiligt, ist für mich unmöglich«[78].

Samjatin war seit 1928 nicht mehr gelungen, sein neues Stück »Attila« durch die Kontrollinstanzen zu bringen. In dieser Tragödie ging es um den Zusammenstoß einer alten, der römischen Zivilisation mit jener junger Völker, der Hunnen. Sie ließ sich auch als Parabel auf das Verhältnis der jungen Sowjetunion zum alten Westen lesen. Obwohl das Stück bei Repräsentanten von Fabrikbelegschaften auf positive Resonanz gestoßen sein soll, durfte es nicht mehr aufgeführt werden[79].

Ähnlich wie in den gesellschaftswissenschaftlichen Kontroversen wurden auch in der Literatur und Literaturwissenschaft zwischen 1929 und 1932 ideologische Purzelbäume geschlagen. Nach der Abwendung von der Linie Woronskis und nach dem Kampf der RAPP unter Awerbach gegen die Mitläufer sah sich seit 1930 die RAPP und ihr Hauptorgan »Auf Literarischem Posten« neuen ideologischen Anforderungen ausgesetzt. Die bis dahin unbestritten geltenden ästhetischen Ansichten Plechanows über logisches und bildhaftes Denken und seine soziologische Interpretation der Literatur wurden nun einer Lenin zugeschriebenen marxistischen Methodologie in der Kunst gegenübergestellt. Anstelle einer realistischen Darstellung des »lebendigen Menschen«, die zum Objektivismus neige, wurden nun unter dem Schlagwort des »sozialen Auftrags« Parteilichkeit und der Einsatz von Kunst und Literatur für Agitations- und Mobilisierungszwecke gefordert. Gleichzeitig kritisierte man den bisherigen Umgang mit den Mitläufern, die zu schematisch in Verbündete und Feinde eingeteilt worden seien. Dies sei »mit dem Klassengedanken und dem unterschiedlichen Tempo der Umformung aller Mitläufer, mit der Existenz unterschiedlicher sozialer Schichten« nicht vereinbar[80].

Die Kritik an der RAPP 1932, der bald die Auflösung aller alten Schriftsteller-Organisationen folgen sollte, muß wohl als der Wendepunkt von der Kulturrevolution zur Unterordnung auch der Literatur und Kunst unter Parteidirektiven angesehen werden. Ihr Zustandekommen vollzog sich nun nicht mehr auf dem offenen Schlachtfeld der Tagespresse und Zeitschriften, sondern mehr oder minder hinter verschlossenen Türen. Anders als sich vielleicht viele Anhänger des aus der Tradition des Proletkults, der LEF und der RAPP kommenden Schriftsteller vorgestellt hatten, realisierte sich die seit Jahren immer wieder verdeckt oder offen erhobene Forderung nach der Führung durch die Partei. Hatten die proletarischen Literaturvereinigungen diesen

Anspruch immer mit ihrem eigenen Machtanspruch verbunden, so bedeutete die Instrumentalisierung von Kunst und Literatur durch die Partei jetzt eine Bündelung und Disziplinierung verschiedener Strömungen. Die Anerkennung der Parteiführung als letzte Entscheidungsinstanz beinhaltete nun eine weitere Verengung des literarischen Spektrums, das im Grunde der Geschmackswillkür eines zunehmend kleiner werdenden Zirkels von Funktionären und Politikern ausgeliefert blieb. Statt großen Ideen hatte sie »kleinen Leuten« (Samjatin) zu dienen[81]. In ihren Vorlieben repräsentierten sie offensichtlich ein neues juste milieu, das im Unterschied zum französischen Vorläufer allerdings totalitär formiert wurde. Beide Schriftsteller – wie andere unangepaßte Mitläufer und innere Emigranten auch, die sich mit Gelegenheitsarbeiten und Übersetzungen weiterhalfen – schienen überflüssig geworden zu sein für eine Literatur, die politischen Zwecken zu dienen hatte.

II. Wissenschaften und Kultur im Sozialismus

5. Sozialer Aufstieg und »neue Ordnung«

Der Verlauf der hier ausgewählten Diskurse zeigt, daß sie nicht alle nach einer gleichförmigen Regie abliefen: Angriffe auf die bürgerlichen Wissenschaftler, Auseinandersetzungen innerhalb kommunistischer Schulen und Cliquen, die manchmal gesuchte und betriebene Intervention »von oben«, das Hervortreten neuer Gruppierungen stalinistischer Ideologen mit einem offenbar recht niedrigen intellektuellem Niveau, das alle Probleme auf platte Formeln reduzierte, eine »ideologische Diktatur« anstrebte und dabei einen wachen Instinkt für politische Opportunitäten entwickelt hatte. Dies alles vollzog sich vor dem Hintergrund eines öffentlich inszenierten Enthusiasmus, öffentlicher Selbstkritik und von Unterwerfungsritualen und Repressionen. In der kurzen Periode des »Kulturfeldzuges« wurden zunächst die Einrichtungen der bürgerlichen Intelligenz unterworfen und z.T. aufgelöst. Zugleich bedeutete er das Ende einer intellektuellen Ansprüchen noch einigermaßen genügenden Debatte in marxistischen Kategorien. Durch ihre oft denunziatorischen Polemiken gegen bürgerliche und konkurrierende marxistische Strömungen korrumpierte sich die Partei-Intelligenz moralisch und intellektuell. Sie verzehrte sich gleichsam im revolutionären Feuer und wurde durch einen neuen Typus von administrierender Intelligenz ersetzt, für den ideologische Kontrolle und die Durchsetzung der jeweiligen Parteilinie der Gipfel geistiger Anstrengung war.

Bei der Reorganisation des höheren Bildungswesens und eines Teils der Forschungsstätten kombinierte der »Kulturfeldzug« mehrere Ziele, die nicht immer koordiniert angestrebt wurden und daher oft zu chaotischen Zuständen führten. Der lautstarke Ruf nach dem Ende einer unpolitischen und neutralen Wissenschaft verband sich mit der Forderung nach ihrer unmittelbaren Indienstnahme für den sozialistischen Aufbau. Das petrinische Prinzip einer direkten und unvermittelten Instrumentalisierung von Wissenschaft und Ausbildung für wirtschaftliche und propagandistisch-mobilisierende Zwecke bildete den Kern des neuen revolutionären Aufbruchs. Der XV. Parteitag vom Dezember 1927 hatte bereits eine unmittelbare Anbindung der Wissenschaft an die Industrie und Technikentwicklung gefordert. Nach diesem Prinzip sollte auch die Akademie der Wissenschaften reorganisiert werden. Ihre alten Mitglieder wehrten sich sowohl gegen die Überbetonung der angewandten auf Kosten der Grundlagenforschung[1] als auch gegen das damit verbundene Einschleusen kommunistischer Kandidaten für die neu geschaffenen Sektionen. Seit 1928 entbrannte ein hartnäckiger Kampf um die Akademie der Wissenschaften, in dem es wechselnde Frontstellungen gab. In der Partei- und Staatsführung existierten unterschiedliche Meinungen über den Umgang mit dieser bürgerlichen Einrichtung. W.W. Kuibyschew, damals Leiter des Obersten Volkswirtschaftsrates, wollte gegen die Akademie »mit Feuer und Schwert« vorgehen[2]. N.I. Bucharin und D.B. Rjasanow traten eher für ihre Verschmelzung mit anderen Forschungsstätten ein. Unter den *akademiki* war das Ausmaß der Kompromißbereitschaft mit der Partei umstritten. Ihr Handlungsspielraum war begrenzt, da – auch mit Hilfe kooperationswilliger Wissenschaftler v.a. aus der WARNIZO – das Statut der Akademie geändert wurde. An die Stelle autonomer Kooptation trat nun das Vorschlagsrecht der »Gesellschaft«, d.h. relevanter wissenschaftlicher Einrichtungen. Auf diese Weise geriet die Akademie unter Druck, da in der gelenkten Presse lautstark über politisch erwünschte oder angeblich untragbare Kandidaten polemisiert wurde. Die Aufstellung der Kandidaten und ihre schließliche Wahl gerieten zu einem politischen Kuhhandel. Dabei ging es den Mitgliedern der Akademie der Wissenschaften darum, unter den kommunistischen oder parteinahen Kandidaten seriöse Wissenschaftler hinzunehmen und auf diese Weise dem Druck der Partei nachzugeben, ohne dabei Ideologen vom Schlage A.M. Deborins akzeptieren zu müssen[3]. In einem ersten – später annullierten – Wahlgang vom 12. Januar 1929 lehnte die Allgemeine Versammlung der Akademie der Wissenschaften die Aufnahme Deborins und der kommunistischen Historiker N.M. Lukin und W.M. Fritsche ab. Nur N.I Bucharin und D.B. Rjasanow fanden eine Mehrheit, vielleicht, weil sie sich bereits ideologischer Kritik ausgesetzt sahen und – wie W.I. Wernadski hoffte – »unzuverlässige« Kommunisten waren[4].

Partei und GPU setzten aber nicht nur bei der Wahl der Akademiemitglieder an. Zugleich bauschte man kritische Auslassungen von Akademiemitgliedern im Ausland auf. Schwerwiegender noch war die Affäre Platonow und seines angeblichen »Allrussischen Kampfbundes«. Zugleich setzte die Arbeiter- und Bauernkontrolle bei der Überprüfung des Verwaltungspersonals und bei den wissenschaftlichen Mitarbeitern an mit der Folge, daß zahllose Angestellte, darunter viele »Ehemalige«, d.h. Adlige, Offiziere und Würdenträger des alten Regimes, die in der Akademie der Wissenschaften Unterschlupf gefunden hatten, entlassen und verhaftet wurden. Die Akademie der Wissenschaften verlor in dieser Zeit schätzungsweise 10 bis 15% ihres Personals, darunter bewährte Verwalter. Ihr Mitarbeiterstab umfaßte 1929/30 ca. 1.160 Personen. Die Entlassenen oder Verhafteten wurden durch Parteianhänger ersetzt und schufen eine »Bürokratie niedrigster Sorte«, wie Wernadski klagte[5].

Durch Taktieren und Nachgiebigkeit, offensichtlich auch durch das unkoordinierte Vorgehen der verschiedenen Instanzen von Partei und Staat, wurde die Auslöschung der Akademie verhindert. Aber mit der Säuberung ihrer Verwaltung und der Hinzuwahl neuer Mitglieder wie durch die Expansion war eine neue Einrichtung entstanden, die mit ihrer Vorgängerin nur mehr wenig zu tun hatte. Das entscheidende Gewicht, das von nun an auf die Natur- und angewandten Wissenschaften gelegt wurde, begrüßten einige *akademiki* oder nahmen andere als unvermeidlich hin. Für eine engere Anbindung der Akademie der Wissenschaften an die wirtschaftlich-technischen Erfordernisse der sozialistischen Rekonstruktion fand die Partei Verständnis und Unterstützung bei seriösen Wissenschaftlern wie den Brüdern N.I. und W.I. Wawilow oder bei dem wohl auch politisch besonders kooperationswilligen Biochemiker A.N. Bach und dem Physiker A.F. Ioffe. Das Überleben – und die Expansion – der bald führenden und prestigereichen Institution wurde mit der Preisgabe der Geisteswissenschaften und mit dem Verzicht auf ausschließlich wissenschaftliche Kriterien für die Aufnahme in die Akademie erkauft, d.h. der Hinnahme massiver politischer Intervention.

War die Akademie der Wissenschaften bis 1928 »kommunistenfrei« gewesen, so etablierten sich im Zuge der Neuwahl ihrer Mitglieder und ihrer Expansion Parteizellen. 1933 waren knapp 14 % des gesamten Personals, aber mehr als ein Drittel der Leitungskader Mitglieder der Partei. Insbesondere konnte sich die Partei auf den Nachwuchs stützen, der 1933 zwei Drittel der Parteimitgliedschaft stellte[6]. Dies bedeutete aber kaum, daß mit der Säuberung und Umstruktierung der Akademie der Wissenschaften die »Umerziehung« der ehemals bürgerlichen Wissenschaftler gelungen war. Die Vorbehalte auf seiten vieler Akademie-Mitglieder gegenüber ihrer umstandslosen Instrumentalisierung für politische Zwecke blieben erhalten, auch wenn sie sich öffentlich kaum noch dazu äußerten[7]. Was immmer sie privat denken mochten, sie waren nun im leninschen Sinn zu »Spezialisten« geworden, die jener besonderen Qualitäten entbehrten, welche die alte Intelligenzija einst ausgezeichnet hatten.

Die Forderung nach direkter Unterordnung unter die Zwecke von Industrie und Technik erstreckte sich auch auf die Hochschulen und die Forschungsstätten unter Leitung des Obersten Volkswirtschaftsrates. An den Hochschulen waren die dementsprechend folgenden Reorganisationen von Neuwahlen des Lehrkörpers begleitet, dessen Personal zu 20% ausgewechselt worden sein soll[8]. Hochschulen und Forschungsstätten waren seit 1929 ständigen Reorganisationen unterworfen, die dem Ziel politischer Mobilisierung und einer unmittelbaren Anbindung an die Produktion dienten. Die ständigen politischen Kampagnen brachten Forschung und Lehre dabei fast zum Erliegen. Hinzu kamen massenhafte Rekrutierungen von Studenten (aber auch von wissenschaftlichem Nachwuchs) aus bildungsfernen Schichten. Waren bis 1926 die

Arbeiter- und Bauernfakultäten jene »Schleuse« gewesen, die parteiloyale Jugendliche mobilisierte, so wurde 1928 ein soziales Quorum eingeführt, das den Anteil von Studenten aus dem proletarischen oder bäuerlichen Milieu besonders an den technischen (Fach-) Hochschulen auf bis zu 65% (1933/34) anwachsen ließ. Durch eine spezielle Rekrutierung der sog. Parteitausender, durch Gewerkschaften und Parteigliederungen an die Hochschulen delegiert, schnellte der Anteil der Partei- und Komsomol-Migliedschaften unter den Studenten auf über 50% an den technischen (Fach-)Hochschulen[9]. Unter dem Schlagwort des »wydwischenie«, des sozialen Aufstiegs, sind in der Zeit zwischen 1928 und 1933 ca. 770.000 Jugendliche aus dem Arbeiter- und Bauernmilieu erfaßt worden. In einer Kombination von parteipolitischer Indoktrination, von Ausbildung an Parteischulen und einer zumeist technischen Fachausbildung, die insbesondere nach 1932 wieder fachlichen Ansprüchen zu genügen suchte, stiegen sie zu Leitungskadern in Wirtschaft und Verwaltung auf. Rechnet man diese Zahlen auf die Arbeiterschaft um, so dürften von dieser sozialen Mobilisierung ca. 10% der Industriearbeiterschaft erfaßt worden sein. Allerdings wissen wir wenig über Karriereverläufe und die Quoten der Studienabbrecher[10].

Diese Massenrekrutierung hat in erster Linie dafür gesorgt, daß in den dreißiger und vierziger Jahren Führungspositionen in Bildungseinrichtungen, in Verwaltung und Wirtschaft durch diese neue Kategorie sowjetischer Intelligenz – »Fleisch vom Fleische des sowjetischen Volkes« (Kalinin) – besetzt wurden. »An der Stirn des sowjetischen *intelligent* kann man sogar die typischen Merkmale des Arbeiters und Bauern erkennen«[11]. Mit der Generation der Aufsteiger, die seit den dreißiger Jahren bis in die siebziger Jahre hinein das soziokulturelle Profil der Führungskader bestimmen sollte[12], wurde der Begriff *Intelligenz* im sowjetischen Sprachgebrauch in der Weise neu interpretiert, daß er neben den traditionellen Intelligenzberufen und dem habituellen Intellektuellen nun auch die politischen Führungskader, also die Schicht der politischen Administration in Partei, Verwaltung und Wirtschaft einbezog. Diese terminologische Camouflage ergab sich einerseits aus der Scheu vor der Prägung eines eigenen Elitebegriffes, läßt aber auch die Attraktion ahnen, die die alte Intelligenz auf die Aufsteiger ausübte. Das beträchtliche organisatorische Talent, das diese neue Schicht besonders während des Zweiten Weltkrieges zeigen sollte[13], verband sich mit moralischer Skrupellosigkeit und einem grenzenlosen politischen Opportunismus. Später sollte sie den Schriftsteller W. Dudinzew dazu veranlassen, das Bild der »bauenden Ameisen, die befehlen wollen«, für die Beschreibung dieses Typus zu prägen[14].

Wie sich der Memoirenliteratur entnehmen, aber auch an der Statistik ablesen läßt, dürfte das Niveau der Ausbildung an höheren und Hochschulen in den dreißiger Jahren für die Masse der Schüler und Studenten nicht sehr hoch gewesen sein. Während sich die Anzahl der Schüler im sekundären Bereich zwischen 1928/29 und 1932/33 mehr als verdoppelte, die der Studenten fast verdreifachte, sanken zwischen 1928 und 1933 nicht nur die Gesamtzahl der Titel von Lehrbüchern aller Art, sondern auch ihre Auflagen und die Quantität der Druckbögen. Das Angebot erreichte 1938 nicht einmal den Stand von 1928[15]. Beim ingenieur-technischen Personal hatte die überstürzte und oft improvisierte Ausbildung zur Folge, daß der Nachwuchs, der in den Betrieben zum Einsatz kam, eher zur routinemäßigen Anwendung vorhandener Technik als zu ihrer kreativen Weiterentwicklung befähigt war[16]. Der schnelle Aufstieg aus relativ bildungsfernen Milieus und die damit verbundene Statusunsicherheit mag die neuen politischen Führungskader für eine hierarchisch-despotische Ordnung und für ein Denken in stereotypen Kategorien disponiert haben, wie sie sich im »Kurzen Lehrgang der WKP(B)« und ähnlichen Handbüchern zu Kultur und Politik niederschlugen[17].

Die forcierte Massenrekrutierung aus den Unterschichten vollzog sich vor dem Hintergrund der Kampagnen gegen die angebliche Sabotage der bürgerlichen Intelligenz. Die öffentlichen »Schädlings«-Prozesse gegen die Ingenieure aus den Schachty-Bergwerken im Donez-Becken (1928), gegen den »Bund zur Befreiung der Ukraine« (1928), gegen die »Industrie-Partei« (1930), gegen das »Bundesbüro des ZK der RSDAP (Menschewiki) im März 1931 oder die in Gefängnissen abgewickelten Prozesse zielten eindeutig auf die Diskreditierung der Gebildeten bürgerlicher Herkunft. Die Frage, wer diese Prozesse und die mit ihnen einhergehende »Spezialistenfresserei« initiiert hat, wird in der Literatur unterschiedlich beantwortet. Medwedew und andere sowjetische Autoren machen hierfür Stalin und seinen Anhang verantwortlich, während die westliche Forschung diese Frage eher offen läßt und auf den allgemeinen Hintergrund des Kulturfeldzuges und der sozialen Umwälzungen hinweist[18]. Als eigentliche Träger des kulturrevolutionären Furors lassen sich Organisationen wie die Arbeiter- und Bauerninspektion (Rabkrin), die Zentrale Kontrollkommission (ZKK), die Arbeiter- und Bauernfakultäten sowie die kommunistischen Hochschulen und Akademien identifizieren. Der allgemeine politische Angriff auf die alte Intelligenz wurde kombiniert mit spektakulären Prozessen, in denen fast für jeden Bereich des gesellschaftlichen Lebens Sündenböcke gefunden wurden, die für die bestehenden Schwierigkeiten verantwortlich gemacht werden konnten: Die Schachty-Ingenieure hatten Unfälle und Arbeitshetze in den Bergwerken, die »Industrie-Partei« diejenigen in der Industrie, die Menschewiki hatten die Mängel in der Planung abzudecken. Die »Werktätige Bauernpartei« wurde zur intellektuellen Führung des Kulaken-Widerstandes stilisiert.

Wir wissen heute, daß die in sich oft widersprüchlichen Aussagen und Geständnisse der Angeklagten durch moralischen Druck, durch Erpressung und Folter »inspiriert« waren. Auf junge überzeugte, wenn nicht gar fanatische Kommunisten haben die Prozesse offenbar überzeugend gewirkt. L. Kopelew erinnert sich im Zusammenhang mit der Gerichtsverhandlung gegen den »Bund zur Befreiung der Ukraine«, dessen Beobachter er zwei- oder dreimal war: Er und seine Parteifreunde »waren vollkommen überzeugt von den Verbrechen dieser kläglichen Überbleibsel der Petljura-Partei, von der Gerechtigkeit und Großmut der sowjetischen Justiz«[19], welche die Angeklagten zur Todesstrafe verurteilte, dann aber zu zehn Jahren Haft oder Lager begnadigte.

Der Schädlingskampagne fielen Vertreter fast aller Sparten intellektueller Berufe zum Opfer. Hier seien stellvertretend für ihre »Branchen« folgende Namen genannt: der Konjunkturtheoretiker N.D. Kondratjew, der Wärmetechniker L.K. Ramsin, der sich in den Prozessen kooperationswillig zeigte und später glühende Bekenntnisse zur Partei ablegte, der Mitarbeiter am Staatlichen Wirtschaftsplan (Gosplan) W.G. Groman, der Agrarwissenschaftler A.W. Tschajanow, der Biologe W.W. Talanow, der ukrainische Historiker W.W. Hruschewsky, der Linguist W.W. Winogradow und der Publizist N.N. Suchanow, der seiner Zeit mit dem »Tagebuch der Revolution« selbst Lenin beeindruckt hatte[20].

Genaue Zahlen über den Umfang des Terrors gegen die alte Intelligenz liegen nicht vor. Von den Verfolgungen im Zusammenhang mit dem Prozeß gegen die »Industrie-Partei« sollen 2.000 Ingenieure betroffen gewesen sein. Im Donez-Becken waren angeblich etwa die Hälfte aller Techniker und Ingenieure in Haft. Eine zeitgenössische Quelle spricht von insgesamt ca. 7.000 verhafteten und abgeurteilten Ingenieuren[21].

Die Kampagne, im wesentlichen von der OGPU ausgeführt, stieß offensichtlich in Teilen der politischen Führung auf Vorbehalte. Insbesondere im Volkskommissariat für Bildung und im Obersten Volkswirtschaftsrat fanden die alten Spezialisten Protektoren, da die ihnen unterstehenden Branchen durch die Jagd auf die Intelligenz besonders zu leiden hatten[22].

Stalin nutzte den Kulturfeldzug und die Schädlingskampagne in der Hauptsache dazu, mit ihr die »rechte Abweichung« in der Partei, also Rykow und Bucharin politisch zu entmachten[23], aber auch um den Sturm auf die »bürgerlichen Festungen« anzuheizen: »Die Bolschewiken müssen selber Spezialisten werden«[24]. Nach der Niederlage der »rechten Abweichung« und den offenbar werdenden kontraproduktiven Folgen der Spezialistenjagd sahen sich das ZK der Partei und Stalin im Frühsommer 1931 zu einer Kehrtwende veranlaßt. Die Strafen der überlebenden Opfer wurden gemildert oder aufgehoben. Im Juni 1931 erklärte der Diktator, daß die Kampagne ihr Ziel erreicht habe: Die aktiven Schädlinge seien vernichtet, die neutralen Spezialisten der alten Schule seien »differenziert« und die loyalen sollten wieder zur Arbeit herangezogen werden. »Also: Das Verhalten zu den Ingenieuren und Technikern der alten

Schule ändern, mehr Aufmerksamkeit und Sorge für sie an den Tag legen, sie kühner zur Arbeit heranziehen – das ist die Aufgabe«[25]. Damit war auch das allgemeine Ende des Kulturfeldzuges proklamiert. Das kulturrevolutionäre Chaos in der Bildungs- und Hochschulpolitik wich bald einer streng hierarchischen, fast militärisch geordneten Ausbildung, die sich an Leistung und politischer Loyalität mit der Aussicht auf Privilegierung orientierte. Proletarische Herkunft war von nun an keine maßgebliche Vorbedingung mehr zur Zulassung zum Studium[26].

Die Mobilisierung der neuen Kader, die Schädlingskampagne und der Kulturfeldzug brachten offenbar nicht die grundsätzlichen Änderungen, die aus kulturrevolutionärer Perspektive erhofft worden sein mochten. Die alten Spezialisten besonders in der Wissenschaft und in manchen technischen Bereichen waren nach wie vor nicht zu ersetzen, und die nachwachsende technische und wissenschaftliche Intelligenz scheint sich mehr an den Lehrmeistern als an politischen Vorbildern orientiert zu haben. Allerdings erfolgte eine Flucht der (technischen) Intelligenz aus der Produktion in die sich aufblähende Industrieverwaltung. Ihre Expansion wie die der wissenschaftlichen Einrichtungen bot Möglichkeiten, sich zumindest teilweise dem politischen Druck zu entziehen. Zwar wurden auch Forschungseinrichtungen zeitweilig mit der sog. Labor-Brigade-Methode, mit Stoßbrigaden und ähnlichen Formen »sozialistischen Wettbewerbs« belästigt[27], auch hier kam es zeitweilig zu massenhaften Rekrutierungen. Aber diese Verfahren ließen sich auf die Dauer zur Ausbildung von Wissenschaftlern nicht durchhalten. Eine weitere Folge des politischen Drucks nach 1929 bestand darin, daß sich ein Teil der älteren, besonders aber der nachwachsenden Wissenschaftler aus Opportunitätserwägungen[28], selten wohl aus Überzeugung dazu veranlaßt sah, in die Partei einzutreten. Manche mochten hoffen, damit Einfluß auf die Wissenschafts- und Forschungspolitik zu gewinnen. Aber zu dieser Zeit bereits von einer »Politisierung« der technischen Intelligenz und einer »Technokratisierung« der Partei zu sprechen[29], erscheint verfrüht. Die Zahlen über die Parteimitgliedschaft der sehr weit gefaßten Kategorie des »ingenieur-technischen Personals« für das Jahr 1929 und für die dreißiger Jahre lassen eher erkennen, daß es vor allem die sog. Praktiker *(praktiki)* waren, also nach deutscher Terminologie Facharbeiter und Leiter, die sich ohne formale Ausbildung am Arbeitsplatz qualifiziert hatten, die den Rückhalt der Partei und ihr operatives Netz unter den Spezialisten in den Betrieben und Verwaltungen bildeten[30].

In den dreißiger Jahren entstammten 87% der Spezialisten mit Hochschulbildung, die Mitglieder der Partei waren, jener Generation, die seit 1928 die Hochschulen absolviert hatte[31]. An den Hochschulen des Landes (Wusy) zeigte sich zu Beginn der dreißiger Jahre (1933), daß insbesondere ihre Direktoren Aufsteiger waren. Sie stammten zu über 50% aus dem Arbeiter- und

Bauernmilieu, sie hatten zu über 70% ihre Ausbildung in der Sowjetzeit erfahren und waren zu über 70% Mitglieder der WKP(B). Ein vermutlich repräsentatives Sample von Professoren und Dozenten an den Hochschulen verweist hingegen nach wie vor auf die Dominanz oder doch sehr starke Präsenz »bürgerlicher« Intelligenz: Etwa 70% entstammten dem Milieu der Angestellten und freien Berufe. 64% der Professoren und 32% der Dozenten hatten ihre Ausbildung noch vor 1917 abgeschlossen, und nur knapp 20% gehörten der WKP(B) an. Das soziale Profil des Hochschullehrkörpers glich offenbar weitgehend dem der sog. wissenschaftlichen Arbeiter in Forschungseinrichtungen: 70% wiesen als ihr Herkunftsmilieu Angestellten- und freie Berufe aus. Diese Relationen verschoben sich allerdings zugunsten niederer sozialer Herkunft und eines größeren Anteils von WKP(B)-Mitgliedern bei den Aspiranten, also dem potentiellen Wissenschaftler-Nachwuchs. An den Hochschulen und Forschungseinrichtungen war ihre Anzahl von 3.000 (1929) auf 14.800 (1933) gestiegen[32].

6. Institutionalisierte Unsicherheit: Zensur und Kampagnen

Die organisatorische und ideelle Integration eines Berufsstandes, dessen Tätigkeit auf individueller Kreativität beruht, in einem Publikationsmarkt, der fast nur noch standardisierte Texte zuließ, mußte unweigerlich zu Konflikten und Spannungen führen, die ihre eigenen Mechanismen entwickelten. Vom einzelnen Schriftsteller erforderte sie die Anpassung an Formen einer vermachteten und offiziellen Sprache, wie sie bisher bestenfalls in höfischen oder diplomatischen Sphären üblich gewesen war. Diese Anpassung konnte aus Opportunität, aus Angst oder aus Überzeugung geleistet werden. Sie ist aus der Perspektive des Einzelnen wohl immer als Teil moralischer Korrumpierung anzusehen, die in der Regel auf Kosten des Talents ging. Die individuelle Tragik, die sowohl die Erfolgreichen wie die Opfer durchlebten, kann hier bestenfalls exemplarisch anhand weniger »Fälle« beschrieben werden. Die Eigenart der ideologischen Diktatur in der Literatur wie überhaupt der Diktatur Stalins läßt sich insbesondere an ihren Opfern ablesen: Einige wollten sich anpassen, durften es aber nicht, andere wollten, aber konnten es nicht, und nur wenige wollten es auch nicht.

Spezifische Instanzen, mit deren Hilfe der standardisierte Diskurs erzwungen wurde, umfaßten die Selbstzensur und die Kontrollen vom Redakteur oder Lektor über die »Gutachter« bis zur eigentlichen anonymen Zensurbehörde. Der Vorzensur stand die Literaturkritik als Nachzensur zur Seite, die trotz immer wieder vorkommender Abweichungen und Dissonanzen die Rolle eines Normenwächters erfüllte. Alle Instanzen hatten bereits in den zwanziger Jahren funktioniert, der Unterschied lag in der Intensität ihrer Aufsicht und im terroristischen Zuschnitt, den sie seit den dreißiger Jahren angenommen hatten. Das Zensursystem ist zu Beginn der dreißiger Jahre sowohl für das allgemeine Schrifttum wie für alle Formen öffentlicher Darbietungen – von der Schallplatte über das Theater bis zum Film – neu geordnet bzw. systematisiert worden. Die im Gesetz von 1931 explizit genannten Verbotszonen blieben – wie schon in den zwanziger Jahren – relativ konventionell: Verbot von Schriften, die gegen die Sowjetmacht und die Diktatur des Proletariats agitierten, die zu nationalem und religiösem Fanatismus aufstachelten, pornographischen Charakter trugen und Staatsgeheimnisse betrafen. Der Hauptverwaltung für Literatur und Verlage (Glawlit) oblag von nun an die Lenkung und Inspektion lokaler Instanzen in Fragen der Zensur. Sie besaß die Vollmacht zur Öffnung und Schließung von Redaktionen und Verlagen und wurde zur letzten Entscheidungsinstanz in Zensurkonflikten und konnte Anklage wegen Verletzung der Regeln erheben. Zugleich wurden in Redaktionen und Verlagen, Rundfunkstationen, Telegrafenagenturen usw. Vertreter des Glawlit installiert, die von diesen finanziert werden mußten. Einige Einrichtungen – wie die Kommunistische Internationale, das ZK der WKP(B), die »Iswestija«, Organ des Zentralen Exekutivkomitees des Obersten Sowjets, Publikationen der Kommunistischen Akademie und der Akademie der Wissenschaften unterstanden Sonderbehörden. Glawlit hatte ihnen gegenüber lediglich für die Wahrung von Staatsgeheimnissen zu wachen[1]. Da sich de facto die Kompetenzen zur ideologisch-politischen Kontrolle seitens der Parteiinstanzen mit denen des Glawlit überschnitten, zudem noch fachspezifische Kontrollen existierten, entwickelte sich ein kompliziertes und letztlich undurchschaubares Netz von Zensureinrichtungen, denen der einzelne Schreiber hilflos ausgeliefert war.

Die Regelungen von 1931 sanktionierten, ohne daß dies den Texten immer genau zu entnehmen wäre, den Übergang von der Verbots- zur Gebotszensur. In der Praxis wirkte sie sich bereits seit Ende der zwanziger Jahre aus, wie sich am Beispiel von Michail Bulgakows Stück »Beg« (Der Lauf, 1926-27) exemplifizieren läßt. Im »Lauf« geht es um das Schicksal weißer Emigranten, ihre Motive und ihr Heimweh, hier insbesondere beim Helden Chludow. Das Stück wurde 1928 am Moskauer Künstlertheater (MChAT) geprobt und bereits vor seiner Premiere verboten, dies trotz der Befürwortung durch Gorki und Lunatscharski. Die Auseinandersetzungen um das Stück sind vergleichsweise gut dokumentiert. Sie zeigen das Gegeneinander doktrinärer und libertärer Kulturfunktionäre im Umgang mit »schwierigen« Autoren: Bereits am 18. Mai 1928 formulierte das Bühnen-Hauptkomitee (Glawrepertkom), zuständig für die politische und künstlerische Kontrolle von Theateraufführungen, seine massiven Bedenken gegen das Stück und empfahl, es nicht in den Aufführungsplan des MChAT aufzunehmen. Am 9. Oktober folgte dann ein formelles Verbot, es bedeutete den Sieg der Doktrinäre. Zwischen dem 10. und 16. Oktober wurden seitens des Theaters mit Unterstützung von Gorki Einwände formuliert. Die Proben konnten weitergehen, da das Glawrepertkom am 12. Oktober sein Verbot zurückgezogen hatte. Aber schon am 24. Oktober folgte ein neues Verbot. In sich verlängernden Intervallen zog sich diese Auseinandersetzung bis zum März 1934 hin, bis Stanislawski endgültig resignierte[2]. In den Empfehlungen, die das Bühnenkomitee – und später Stalin – aussprachen, um das Stück zu »sowjetisieren«, zeigte sich der Erfolg der inzwischen siegreichen agitatorischen Linie in der Kunstkritik und Zensur. Eine Revision des – wie Stalin und andere Kritiker formulierten – »antisowjetischen« Stücks wurde in dem Sinne nahegelegt, daß die Helden nicht aus Heimweh und zur Sühne – als »Dostojewski-Syndrom« abgelehnt – zurückkehren wollten. Stalin empfahl einige ergänzende Traumszenen, »damit der Zuschauer begreifen kann, daß all diese auf ihre Weise ›ehrenhaften‹ Seraphine und verschiedenen Privatdozenten … auf Kosten des Volkes lebten (ungeachtet ihrer ›Ehrenhaftigkeit‹) und daß die Bolschewiki, als sie diese ›ehrenhaften‹ Anhänger der Ausbeutung fortjagten, den Willen der Arbeiter und Bauern in die Wirklichkeit umsetzten und deshalb völlig richtig handelten«[3]. Stalin paraphrasierte hier nur einen Beschluß des Bühnenkomitees, das dem Autor empfohlen hatte, das Heimweh Chludows damit zu begründen, »daß er weiß, was jetzt in Rußland geschieht, in dem Bewußtsein, das seine Verbrechen sinnlos waren und nicht für, sondern gegen das Volk geschahen, im Bewußtsein, daß es keine Rechtfertigung für seine Verbrechen gebe – weder eine moralische, noch eine militärische, noch eine politische«[4].

Als weiteres Beipiel mag der Kampf des ungarischen Emigranten Ervin Sinko um die Veröffentlichung seines Romanes »Die Optimisten« angeführt werden. Dieser hatte die ungarische Revolution von 1919 zum Gegenstand. Hier ging es offenbar um eine politische Entscheidung, die Redaktionen und Lektorate ohne Billigung höchster Instanzen nicht zu treffen wagten. Sie wurden daher für den Bittsteller, der immerhin prominente Protektoren für sich mobilisieren konnte, zu »Folterkammern«, der Einsatz für die Publikation geriet zur »Narrenpolka«[5]. Die offenbar nicht eindeutige politische Einschätzung des Autors durch die Literaturfunktionäre wirkte, so kommentiert der Verfasser, »wie bei einem Banküberfall der Druck auf den Knopf einer Alarmanlage«. Eine positive Notiz hingegen des damals (1935) noch respektierten Bela Kun ließ »das Lächeln wie ein Lauffeuer« unter den Lektoren um sich greifen. Verlagsdirektoren, Redakteure und Gutachter, die bis in die vierziger Jahre hinein ihre Stellungnahmen immerhin noch dem Autor zur Kenntnis zu geben hatten, wirkten wie »Fortsätze eines unsichtbaren, überaus komplizierten Monstrums;

sie sind für sich genommen als menschliche Persönlichkeiten so unnahbar, als wären sie keine ... Lebewesen«[6].

Das Interesse von Staat und Partei, das sich in der Lenkung – der gebietenden Zensur und notfalls im Verbot – von Kunstwerken und literarischen Erzeugnissen zeigte, kannte auch das amtliche Lob. Seit der massenhaften Prämierung von Autoren – 1939 erhielten 170 Schriftsteller ein Ehrenzeichen, seit 1941 wurde der Stalinpreis eingeführt – war die Belletristik in den Rang einer Staatskunst erhoben worden. Bei ihrer öffentlichen Bewertung und Auszeichnung spielten außer den vagen Standards des Sozialistischen Realismus vor allem tagespolitische Kriterien, erzieherische Absichten und ein eher durchschnittlicher Lesegeschmack Stalins eine wesentliche Rolle. Nach 1948 wurde neben dem Kino auch die Belletristik geradezu seine »Eparchie«. Eine zu eng aufgefaßte Parteilichkeit und die verbreitete »Lackierung« der Wirklichkeit mögen nicht seinen Intentionen entsprochen haben[7]. Sie waren aber unvermeidliches Resultat eines für den einzelnen Autoren undurchschaubaren Dschungels an Vorgaben und Kontrollen sowie der daraus resultierenden Neigung zu vorauseilendem Gehorsam. So zog 1933 der Dramatiker A.N. Afinogenow sein Stück »Die Lüge« zurück, obwohl es bereits von vielen Bühnen angenommen worden war. Der Autor hatte das Manuskript Stalin zur Lektüre geschickt, und dieser verlangte »eine Verstärkung der Elemente der direkten Propaganda«. Dabei enthielt dieses Stück bereits ein Plädoyer für die Freiheit der Mittel im politischen Kampf, d. h. für den Terror, freilich auch ketzerische Ansichten, dem negativen Helden in den Mund gelegt: »Das ganze Land lügt und betrügt, denn es ist selbst betrogen«[8]. Als E. Kasakewitschs Kriegsroman »Frühling an der Oder« (1949) ausgezeichnet werden sollte, bemängelte Stalin, daß in diesem Roman der Feldmarschall G.K. Schukow nicht hinreichend gewürdigt worden sei. Dies war aber eine Folge der Zensureingriffe gewesen, denen Kasakewitsch zuvor nachgegeben hatte. Es konnte auch geschehen, daß Stalin Werke zur Prämierung vorschlug, deren Autoren gerade verhaftet worden waren oder deren Geheimdienstdossiers politische Vorwürfe enthielten, die Stalin Gelegenheit gaben »zu verzeihen«[9]. Der Diktator gefiel sich in der Rolle des Oberzensors, des Mitautors und des Auftraggebers. So versah er L. Leonows Manuskript »Der russische Wald« (1948-53) mit eigenhändigen Kommentaren. Er empfahl K. Simonow eine mildere Behandlung seines aus törichtem Ehrgeiz fehlenden Helden in dem Stück »Fremder Schatten« (1949), und er lieferte die Stichworte zur literarischen und publizistischen Kampagne gegen die nationale Selbsterniedrigung der Russen[10]. Ebenso soll er aber W.W. Owetschkins vergleichsweise kritische Auseinandersetzung mit dem Machtmißbrauch in den Kolchosen freigegeben haben, während weniger kritische Texte anderer Autoren verboten wurden[11].

Nicht zuletzt wegen der Interventionen Stalins wurde das willkürliche Element der Zensur, das ihr ohnehin innewohnt, noch verstärkt. Er war nicht nur Symbol des Systems, sondern in der Elite der Künstler, Literaten – wie in anderen Funktionseliten – auch der »Herr« (chosjain), die letzte Instanz, von der »gläubige« und verfemte Autoren Gerechtigkeit und Rettung erwarteten. Mit seinen berühmten und vielfach kolportierten Telephonanrufen pflegte er den Nimbus des guten und fürsorglichen – manchmal auch schrecklichen – Herrschers, der die Dummmheit unverständiger Organe korrigierte[12]. Stalins Verhalten belebte erneut Attitüden, die spätestens seit Mitte des 19. Jahrhunderts überwunden zu sein schienen. Selbst ein »einsamer literarischer Wolf« wie Bulgakow war nicht gefeit vor der Versuchung, einer solchen Neigung nachzugeben. In Briefen an Stalin und die Regierung bekannte er sich zwar zu seiner Pflicht als Schriftsteller, für die Freiheit der Veröffentlichung zu kämpfen: » ... denn wenn jemand unter den Schriftstellern beweisen wollte, daß sie für ihn nicht notwendig sei, so gliche er einem Fisch, der öffentlich versichert, er brauche kein Wasser«. Gleichwohl trieb die Verzweiflung den Autor so weit, daß er in einem Briefentwurf Stalin anbot, sein »erster Leser« zu sein, ein Angebot, das einst Kaiser Nikolaus I. Puschkin gemacht hatte[13]. Noch stärker unter Druck gesetzt und ums nackte Überleben kämpfend, bot Ossip Mandelschtam seine Gedichte zur Vorlage der OGPU an, damit sie ihn nicht länger belästige[14]. Die ehemaligen Mitläufer, die sich nicht den Geboten der Staatskunst unterwerfen konnten oder wollten, hatten das Gefühl, wie ihnen auch bestätigt wurde, einer vergangenen Epoche anzugehören, literarisch tot und in der Sowjetunion überfüssig zu sein[15]. Gleichzeitig waren sie aber Gefangene des Regimes, das den einen – Je. Samjatin – ziehen ließ, den anderen – M. Bulgakow – irgendwie beschäftigte, und einen dritten – O. Mandelschtam – dem Tod auslieferte.

Die persönlichen Dramen der anpassungsunwilligen oder anpassungsunfähigen Autoren spielten sich im Verborgenen ab. An der Oberfäche sichtbar war ein oft militanter, pathetischer Diskurs, der durch viele Komponenten bestimmt wurde. Dabei spielten Stalins politische und geschmackliche Vorlieben eine zunehmende Rolle, ebenso aber eingefahrene Muster einer unübersichtlichen Zensurbürokratie, die teils der Routine, teils Impulsen von oben gehorchte. Diesem System lag die Erwartung einer direktiven Sprachregelung zugrunde, kombiniert mit inhaltlichen Schwerpunktsetzungen, die durch Akklamation und Selbstkritik im Gleichgewicht gehalten wurden. Sie äußerten sich in kampagnenartigen Zuschnitt öffentlicher Manifestationen. Die Entstehung dirigierter Kampagnen läßt sich spätestens seit Ende der zwanziger Jahre beobachten. So gab das ZK der WKP(B) im April 1928 Rundschreiben über die Selbstkritik, im Sommer 1929 Resolutionen gegen den Bürokratismus heraus, im März 1931 hatte sich die Presse auf ökonomische Probleme und die Vertiefung des Klassenkampfes zu konzentrieren. Die Reihenfolge und die

Intensität dieser Kampagnen ließe sich beliebig erweitern und scheint in den dreißiger und vierziger Jahren durch ihre Häufung zu erheblicher Verwirrung und Desorientierung der jeweils betroffenen Zielgruppen beigetragen zu haben[16].

Die Eingriffe vollzogen sich manchmal sehr direkt auch im Bereich von Literatur und Kunst, hier aus naheliegenden Gründen besonders im Massenmedium Film. Diesen sah Stalin ohnehin als eine staatliche Anstalt an. Bei der Prämierung von Filmen stand in erster Linie ihr erzieherischer Effekt als Kriterium im Vordergrund. Besonders historisch-politische Filme unterlagen direkten Weisungen der politischen Führung[17]. Einem Meister seines Faches wie Sergei Eisenstein wurde vorgeschrieben, wie er etwa das Thema des Pawlik Morosow zu behandeln habe[18]. Den zweiten Teil von Eisensteins Film »Iwan Grosny« (Iwan der Schreckliche) habe Stalin vor allem deshalb verurteilt, weil sich die historischen Parallelen zwischen ihm und Iwan dem Schrecklichen erschöpft hätten und die negativen Folgen überdeutlich geworden seien[19]. Thematische Vorgaben wurden auch für Schriftsteller verbindlich: Produktions- und Schädlingssujets, Klassenkampf und Aufbau-Euphorik, patriotische Mobilisierung und alle Arten von Kampagnen gegen Volksfeinde, bis hin zur – zeitweiligen – Verherrlichung der Zwangsarbeit und der GPU.

Das literarische Leben bewegte sich in den dreißiger Jahren im Korsett einer offiziellen Sprach- und Verhaltensregulierung. Der öffentliche Diskurs wurde in einem Umfang ritualisiert, der Einzelperson entfremdet und zugleich in den Mund gelegt, daß sich auch Literaten immer mehr in die Rolle von Sprechblasen ausstoßenden Maschinenwesen gedrängt sahen. Die offizielle Rede bemächtigte sich der Individuen und diese bemächtigten sich des offiziellen Textes, so ließe sich dieser Vorgang mit einem späteren Aphorismus Wladimir Woinowitschs paraphrasieren[20]. Die Techniken zur Durchsetzung dieses eigenartigen Prozesses und zur intellektuell-moralischen Abstumpfung umfaßten öffentliche Bekenntnisse, die Selbstkritik, Geständnisse und Reue, die Akklamation und die Teilnahme an Verurteilungen von Feinden und Agenten aller Art und – im Falle literarischer Texte – die Reinigung der Sprache und der Inhalte nach den jeweils wechselnden offiziellen Vorgaben. Jede dieser Praktiken bedürfte ihrer eigenen Untersuchung, um ihre Breiten- und Tiefenwirkung genauer zu umreißen. Hier kann sie nur an Beispielen exemplifiziert werden, Beispiele, die als typisch gelten können und in ihrer öffentlichen Resonanz zweifellos Maßstäbe setzten.

Die Selbstkritik wurde zu einer spezifischen Verhaltensform. Sie konditionierte zum Gehorsam, indem die eigene Meinung und der eigene Wille auf eine übergeordnete Instanz delegiert wurden. Zu einer extremen Form von Selbstkritik und Unterwerfungsritualen verstieg sich der zum Kulakendichter gestempelte Nikolai Kljujew, der in pseudohistorischer Manier 1934 aus der

Verbannung an das Zentrale Exekutivkomitee schrieb: »In tiefer Reue und mit blutigen Tränen erkenne ich den Unsinn meiner Ansichten an ... und reinen Herzens erkläre ich Folgendes: Ich anerkenne die Sowjetmacht und neige mich vor ihr als der einzigen Form staatlicher Ordnung, gerechtfertigt durch die Geschichte und den Forschritt der Menschheit! Ich anerkenne die Partei und verneige mich vor ihr, all ihren Direktiven und unsterblichen Werken! Ich ehre und besinge den großen Führer des Welt-Proletariats, den Genossen Stalin!«[21]. Die Selbstkritik, ob ironisch oder stereotyp vorgetragen, wurde zur Selbstvernichtung[22]. Sogar einem überzeugten Kommunisten wie A.A. Fadejew erschienen zwar nicht die ihr zugrunde liegenden Prinzipien, wohl aber ihre in den dreißiger Jahren geübte Praxis verdächtig, erinnerte sie ihn doch zu sehr an kirchliche Bußrituale und nicht an das, was er für bolschewistische Selbstkritik hielt, nämlich Kritik auch an den Vorgesetzten[23]. Als Ritual der Katharsis – der individuellen Reinigung vor dem kollektiven Gewissen der Partei – setzte sie sich zuerst in der Partei durch, bevor sie auch im nicht-kommunistischen Milieu durchexerziert wurde.

Im Verlauf des Kulturfeldzuges und unter der Vorherrschaft der RAPP weitete sich die Selbstkritik zu einem massenhaften Phänomen aus mit den hysterischen Zügen des Flagellantentums. In der Stalinzeit griff man immer wieder hierauf zurück. Als 1936, auf dem Höhepunkt der Kampagne gegen Formalismus und Naturalismus, eine Schriftstellerversammlung die andere ablöste, waren die Selbstkritik und die Anklage gegen verfehlende Kollegen bereits zu einem Ritual geworden, das ernst genommen, aber auch zynisch absolviert werden konnte. »Die Klugen lügen, die Dummen glauben«[24]. Dem Ausländer E. Sinko gab man zu verstehen, daß derjenige, der diese Art des Meinungsaustausches ernst nehme, ein »Ochse« sei[25]. Ein solcher war B. Pasternak, der den Versuch unternahm, einer Versammlung die Notwendigkeit und das Risiko künstlerischer Autonomie und Kühnheit, auch sprachlicher und gedanklicher Überraschungen zu erläutern. Daß er von Kollegen zum öffentlichen Auftritt ermuntert worden war, galt bezeichnenderweise in den Augen seiner Freunde als Provokation[26].

Die demoralisierende und desorientierende Wirkung dieser Versammlungsrituale mit ihrer vorgestanzten Kritik und Selbstkritik ist gleichwohl nicht zu unterschätzen. Sie mögen wiederum am Beispiel Pilnjaks erläutert werden. Er hatte sich zu Beginn der dreißiger Jahre einer speziellen Variante von Selbstkritik, der Autopolemik, zu bedienen. Im Ansatz war diese Prozedur bereits bei der Neufassung der Erzählungen »Mahagoni« zu erkennen, die unter dem Titel »Die Wolga ...« zum Aufbauroman verwandelt wurden. Hielt sich diese Umarbeitung noch im Rahmen der von Pilnjak verwendeten Montage, so entsprach die Neufassung seines Reiseberichtes über Japan ganz der neuen Technik der Autopolemik. In den »Wurzeln der japanischen Sonne« (1927)

hatte er seine Reiseeindrücke als abenteuerlustiger, vergnügungssüchtiger und scharfsichtiger Beobachter vorgelegt. Im Bericht über seine zweite Japanreise, unter dem Titel »Steine und Wurzeln« (1934) veröffentlicht, bot er ein Gemälde über Ausbeutung, Imperialismus und den Heldenkampf der japanischen Arbeiterklasse. Wichtiger war, daß er zugleich mit seinem zweiten Reisebericht den ersten zu »guillotinieren« hatte[27]. Zu diesem Zweck entlarvte er den ersten Bericht, der poetisch und emotional gehalten war, als verführerisch, eine Eigenschaft, die sich angeblich einer falschen Wahrnehmung und seiner damaligen politischen und moralischen Unreife verdankte. Eingeflochten in den Text waren Ausführungen darüber, daß Schriftsteller »wie andere Fachleute auch«, bevor sie sich mit ihren Werken der Öffentlichkeit vorstellen, einer Ausbildung und Examinierung bedürften. Pilnjaks Plädoyer für ein Schriftsteller-Ausbildungsinstitut mag als ironische Anspielung auf das 1932 gegründete Gorki-Literaturinstitut gelesen werden. Diese Empfehlung mag aber auch eine Folge tiefer Selbstzweifel angesichts der ständigen Angriffe auf ihn gewesen sein. Der Ruf nach Examinierung, d. h. nach Kontrolle, könnte als ein Fluchtversuch in Sicherheitszonen gedeutet werden, die ihm persönlich verschlossen blieben. Pilnjak ist 1937 erschossen worden.

Was Pilnjak in Form der Autopolemik versuchte, vollzog sich in den Texten anderer Schriftsteller manchmal geräuschärmer, manchmal in Form lauter Kampagnen: die Reinigung von Texten, manchmal von den Autoren selbst, bei Neuauflagen oft von anonymen Redaktionen durchgeführt. Diese Anpassung von Texten an den jeweils offiziell sanktionierten literarischen Duktus wurde selbst an solchen Theaterstücken, Romanen und anderen Schriften vorgenommen, die zu Klassikern des Sozialistischen Realismus avanciert, zumeist allerdings vor seiner Kanonisierung in den zwanziger Jahren verfaßt worden waren. Dies gilt für D.A. Furmanows Bürgerkriegsepos »Tschapajew« (1923), ebenso für F.W. Gladkows »Zement« (1925) und für N.A. Ostrowskis »Kak sakaljalas stal« (Wie der Stahl gehärtet wurde) (1932-34) und für M.A. Scholochows »Tichi Don« (Stiller Don) (1929-34). Selbst diese Texte mußten sich neben vielen anderen als »Halbfabrikate«[28] behandeln lassen. Ihr Stil wurde im Sinne von Klarheit und Schönheit geglättet und der parteiamtlichen Sprache angeglichen. Politisch anstößig gewordene Stellen entfielen, die Widersprüche und Brutalität der selbst in diesen Texten noch eingefangenen Realität des Bürgerkrieges und seiner Helden wurde retuschiert. Um nur eins von möglichen anderen Beispielen zu nennen: In Gladkows Aufbauroman »Zement« beschimpfte der Romanheld, der sich an die Wiedererrichtung einer Fabrik gemacht hatte, seine Arbeiter, sie hätten die Fabrik in einen Saustall verwandelt, und drohte nicht nur den Klassenfeinden, sondern auch den »lieben Genossen« in Kommissarmanier mit der Erschießung. Eine derartige Unflätigkeit den Werktätigen gegenüber galt nun als anstößig[29]. Ostrowskis Bildungs- und

Erziehungsroman verwandelte sich im Laufe der dreißiger Jahre in eine rote Heiligenvita, aus der schließlich alles getilgt war, was den sprachpuristischen Normen, den prüden Anstandsregeln und politischen Tabus der dreißiger und vierziger Jahre widersprach[30]. Es bedürfte ganzer Heerscharen von Philologen, um die ständigen Veränderungen an Texten, die im Verlauf der dreißiger bis fünfziger Jahre – oft auch danach – vorgenommen worden sind, im einzelnen nachzuprüfen[31]. Was hier vor sich ging, war eine Standardisierung von individuell geschaffenen Texten, eine Prozedur, die einer »Kollektivierung« gleichkam. »Bei uns denken die Schriftsteller nicht, für sie denken andere« kommentierte der inzwischen emigrierte Je.Samjatin[32]. Kunst und Literatur waren in doppeltem Sinne enteignet und verstaatlicht: Sie gehörten weder den Produzenten noch den Verbrauchern: »Den Unterschied zwischen der gegenwärtigen sowjetischen und der vorhergehenden Literatur sehe ich darin, daß jene auf festen Fundamenten errichtet ist, unabhängig davon, ob sie gelesen wird oder nicht. Das ist eine stolze, in sich selbst ruhende Erscheinung, die mit anderen staatlichen Einrichtungen ihre Unerschütterlichkeit und Unfehlbarkeit teilt«, kommentierte Pasternak, der davon träumte, daß seine Leser mit seinen Werken lebten[33].

Der Sozialistische Realismus, der die Produzenten desorientierte und sich um die Leserwünsche nicht kümmerte, war eine in sich inkohärente Doktrin, deren Maßstäbe je nach politischer Opportunität in unterschiedlicher Strenge und mit wechselnden Akzenten durchgesetzt wurden. Dies verschaffte den Schriftstellern zugleich Spielräume, so daß selbst unter diesen Bedingungen nicht nur Propagandaliteratur erschienen ist[34]. Die prekäre Lage, der sich seriöse Schriftsteller ausgesetzt sahen, verdeutlicht das Schicksal von A.P. Platonows »Unsterblichkeit« (1936). Diese Erzählung behandelt eine damals häufiger aufgegriffene Thematik: gegenwärtiges Leiden und persönlicher Verzicht für eine bessere Zukunft. Dieses Thema exemplifizierte Platonow am Beispiel eines in seiner Arbeit und im Verhältnis zu seinen Mitmenschen vorbildlichen Eisenbahners. Aber die Geschichte geriet in die Schußlinie der Kritik, weil bei der Komposition noch nicht vorauszusehen war, daß Stalin die Direktive vom »Fröhlichen Leben« ausgegeben hatte und damit das »Absterben des Leidens in unserem Lande« auch für Schriftsteller zu gelten hatte[35].

Die angestrebte, aber nie ganz realisierte Transformation von Kunst und Literatur zur Dekoration staatlicher Politik fand ihre Parallele auf anderen Feldern, hier vor allem in den Geisteswissenschaften. So fiel den Geschichtswissenschaftlern die Aufgabe historischer Illustration politischer Orientierungen zu. Wie sehr hierbei individuelle Impulse staatlich »vereinnahmt« werden konnten, belegt ein Konflikt aus dem Jahre 1944. Ein kurzer Rückblick: Der Sturz der stark soziologisch ausgerichteten Schule M.N. Pokrowskis seit Mitte der dreißiger Jahre[36] läßt sich cum grano salis in Analogie setzen zur Auflösung der RAPP: Nachdem die »bürgerlichen« Historiker eingeschüchtert und verfolgt worden waren, kamen seit 1934 die zumeist kommunistischen Kollegen der Pokrowski-Schule an die Reihe, zu bereuen und Selbstkritik zu üben[37]. Gleichwohl schwelte der Streit zwischen »bürgerlichen« und kommunistischen Historikern fort. Der Appell der überzeugten Kommunistin A.M. Pankratowa an die Parteiführung, einige von ihr als unerschütterlich vorgestellte leninistische Positionen gegen bürgerliche Ansichten – in der Einschätzung der Außenpolitik des zarischen Rußlands und seiner Rolle als Kolonialmacht – direktiv festzulegen, endete in einem Fiasko: Obwohl in der hierzu einberufenen »Beratung« unter Kontrolle des ZK die unterschiedlichsten Auffassungen bürgerlich-nationalistischer und leninistischer Spielart aufeinanderprallten, erließ das ZK eine Resolution, die sich in diplomatischer Ausgewogenheit bemühte, sowohl die bürgerlichen Historiker wie ihre Kritiker zu rüffeln und doch zugleich nationalistisch-imperiale und klassenkämpferische Positionen in der Balance zu halten. Das ZK wollte sich nicht von Eiferern wie der Pankratowa belehren lassen und zugleich eine Linie direktiv festlegen, die dem neuen Großmacht-Status der siegreichen Sowjetunion die notwendige historische Legitimation verschaffte. Ähnlich wie die Dogmen des Sozialistischen Realismus ließ die Resolution viele Deutungen zu und bestätigte den Orientierungsnotstand, den sie angeblich beseitigen wollte[38]. Der hier wie in anderen Fällen gegebene Zwang zu diplomatischer Äquilibristik mit ihren vielen Axiomen und Verbotszonen produzierte jene Standardisierung und Ritualisierung von Sprache und Denken, die in besonderer Weise die historischen und andere legitimatorisch wichtige Wissenschaften auszeichnen sollten.

Wie die patriotische Wende in den Geschichtswissenschaften bürgerlichen Historikern neue Tätigkeitsfelder eröffnete, so schuf auch der Zweite Weltkrieg für die Schriftsteller neue Spielräume. Als der Krieg ausbrach, »erwiesen sich die realen Greuel, die reale Gefahr und die Bedrohung durch den realen Tod als ein Segen im Vergleich zu der unmenschlichen Herrschaft des bloß Erdachten, und das schaffte dann Erleichterung«[39]. »Man kann nicht in Ketten kämpfen«[40]. Den Schriftstellern fiel nun in ihrer Eigenschaft als Beobachtenden, als Kriegsberichterstattern, als Kommentatoren, als Propagandisten und Kombattanten eine Erfahrung zu, die sie mit einem Großteil der Bevölkerung teilten, eine Erfahrung, die nach intellektueller, moralischer und literarischer Verarbeitung drängte – also unter sowjetisch-russischen Bedingungen eine genuine Aufgabe von Schriftstellern. Hier realisierte sich ein echter sozialer Auftrag, der nicht durch Parteikommando und Sprachregelung verdorben wurde und daher die literarische und künstlerische Kreativität stimulierte. Während des Krieges sollen ca. 900 Schriftsteller, Künstler, Dramatiker usw. an der schreibenden Front tätig gewesen sein[41]. Auf dieser Erfahrung beruhten in realistischer Manier geschriebene Romane von Schriftstellern wie K. Simonow, W. Grossman, W. Nekrassow und E.G. Kasakewitsch, um nur wenige Beispiele zu nennen, oder die populären Verserzählungen von A.T. Twardowski. Sie alle verdankten ihre breite Resonanz während und nach dem Krieg in erster Linie ihrer literarischen Meisterschaft. Und nur in ihrer mittelbar mobilisierenden Funktion konnten sie im Sinne des Sozialistischen Realismus als »parteilich« definiert werden. Unter diesem Aspekt sind sie auch der politischen Führung nützlich gewesen.

Das Wechselbad von Kampagnen mit den besonderen Höhepunkten im Kampf gegen den sog. Formalismus und Naturalismus 1936 und einem zweiten Höhepunkt seit dem Sommer 1946, der die relative Liberalisierung während des Zweiten Weltkrieges beendete, hat Verhaltensnormen bestätigt, die durch eine institutionalisierte Unsicherheit bedingt wurden: Selbstzensur und aus Angst geborene Selbstkritik, den Zerfall öffentlicher Moral und literarischer Ansprüche, überdeckt durch das Deklamieren von Bekenntnissen. Obwohl auf dem ersten Schriftstellerkongreß aus maßgeblichem Munde noch zu hören war, daß die Aneignung des Marxismus-Leninismus durch die Schriftsteller keine gute Literatur – nicht einmal nach den Normen des Sozialistischen Realismus – garantiere[42], sahen sich ehemalige Mitläufer wie A. Tolstoi, wenn sie den Anschluß nicht verpassen wollten, dazu veranlaßt, Bekenntnisse folgender Art abzulegen: »Die wahre schöpferische Freiheit, die Breite der Thematik, den durch ein Leben nicht zu erfassenden Reichtum der Themen, erkenne ich erst jetzt, seit ich die marxistische Erkenntnis der Geschichte beherrsche, seit mir die große Lehre, durch die Lehrzeit der Oktoberrevolution gegangen, mir ein Ziel und die Methode gibt zur Lektüre des Lebensbuches«[43]. L. Leonow, ehemaliger Serapionsbruder, beschrieb seinen stufenweisen Lernprozeß, den er als den der Intelligenz insgesamt verallgemeinerte: »In der ersten Phase orientierte sich die Intelligenz an folgender sozialer psychologischer Linie: ›So, ich diene jetzt der Arbeiterklasse, aber meine alten Traditionen und meine Weltsicht bleiben rein und unverletzt‹. Die zweite Phase war dadurch bestimmt, diese Traditionen zu überdenken und die Oktoberrevolution nicht nur als fait accompli hinzunehmen, sondern auch ideologisch und weltanschaulich dadurch zu akzeptieren, daß man endgültig auf die Positionen der Arbeiterklasse überging«[44]. Diese Form der Transformation endete schließlich in Bekenntnissen, die sich weniger auf den Marxismus-Leninismus bezogen als vielmehr auf die Partei: »Die wichtigste Seite unseres Verständnisses einer freien Literatur ist unser, der Schriftsteller, ... offenes Bekenntnis zur führenden Rolle der Kommunistischen Partei in allen Fragen des Lebens und der Literatur«[45].

So erklärte sich 1954 der erfolgreiche Autor A.A. Fadejew, der zwischen 1946 und 1954 das Amt eines Generalsekretärs und Vorsitzenden des Schriftsteller-Verbandes bekleidete. Aus der Tradition der RAPP kommend hatte er 1932 – neben Gorki – die maßgebliche Deutung des Sozialistischen Realismus geliefert, die er, wenig variierend, immer wiederholte. Seit 1939 bis zum Tod war Fadejew Mitglied des ZK der KPdSU und nach dem Krieg wiederholt Deputierter des Obersten Sowjet. Maßgeblichen Einfluß besaß er im Komitee für Kunst- und Literaturpreise und tat sich – manchmal recht aggressiv – in der Weltfriedensbewegung hervor. In diesen Eigenschaften als vielseitig tätiger Funktionär hatte er die ZK-Beschlüsse vom Sommer und Herbst 1946 zu propagieren, die an der inneren Front einen Kalten Krieg inszenierten.

Bereits in den frühen dreißiger Jahren fühlte sich Fadejew offenbar mehr dem Parteiauftrag als seinem eigenen literarischen Urteil verpflichtet. Als Herausgeber der »Krasnaja Now« hatte er 1931 eine Erzählung A.P.Platonows aufgenommen, um diesem kurz darauf vorzuwerfen, hinter einer Maske seine bürgerlichen Auffassungen zur Kollektivierung zu verbergen[46]. Vereinzelt intervenierte er für bedrohte Kollegen. So schrieb er 1939 einen Brief an Stalin, in dem er die Anklagen gegen den bald darauf erschossenen populären Reiseberichterstatter und Journalisten M. Kolzow anzweifelte. Als Stalin ihm das Dossier mit den Geständnissen Kolzows vorlegte, schenkte Fadejew den Vorwürfen nolens volens Glauben[47].

In den ZK-Beschlüssen seit 1946 wurden am Beispiel der Leningrader Zeitschriften »Swesda« und »Leningrad«, an Theater- und Filmaufführungen die weitgehend während des Zweiten Weltkrieges tolerierten kleinen Freiheiten für Kunst und Literatur zurückgenommen. Nun standen wieder Forderungen nach der strengen Einhaltung der weiter verengten Normen des Sozialistischen Realismus, der Parteilichkeit, des Optimismus und der Staatsverbundenheit wie des Erziehungsauftrages von Literatur und Kunst auf der Tagesordnung. Gescholten wurden jene Instanzen – vom Schriftstellerverband und den Verantwortlichen für das Film- und Theaterwesen über das Organisationskomitee des Komponisten-Verbandes, die Abteilung für Propaganda und Kunst im ZK der Kommunistischen Partei bis hinunter zum Parteikomitee von Leningrad. Sie alle waren ideologischer Nachlässigkeit verdächtig[48]. In einer auch für sowjetische Verhältnisse ungewohnt rüden Art kommentierte A. Schdanow, im ZK zuständig für Kultur und Propaganda, die Erlasse. Seine Rede, in der »Prawda« vom 21. September 1946 veröffentlicht[49], gab den Ton an für die sich über Jahre hinziehende Kampagne. Als besonders abschreckendes Beispiel wurden hierbei so unterschiedliche Literaten vorgeführt wie der Satiriker M.M. Soschtschenko, ehemaliger Serapionsbruder, und die Dichterin Anna Achmatowa, die vor der Revolution dem Akmeistenkreis angehört hatte. Den »faulen, leeren, ideenlosen und gemeinen Werken« Soschtschenkos mochte der ZK-Sekretär keinen Platz mehr in der sowjetischen Literatur einräumen. Diese Ausführungen wurden mit »stürmischem Applaus« bedacht. Anna Achmatowa mußte sich in dieser Rede als »wildgewordenes Fräulein« anpöbeln lassen. »Weder Nonne noch Dirne, oder doch Dirne und Nonne, bei der sich die

Ausschweifung mit dem Gebet verbindet.« Achmatowa und Soschtschenko seien »Splitter der unwiderruflich, in Ewigkeit untergegangenen Welt der alten adligen Kultur«[50].

Die seit 1946 an allen »Fronten« in Literatur, Kunst und Wissenschaften inszenierten Kampagnen zielten in eine Richtung, auf die Disziplinierung und Dienstbarmachung der Kultur für Produktionszwecke (nach innen) und für den Kalten Krieg (nach außen). In den einzelnen Bereichen war ihr Verlauf nicht einheitlich, zumal sehr unterschiedliche Gruppen gemaßregelt oder repressiert wurden. Aber die allgemeine Intention war eindeutig. Aus der Sicht der zumeist kritischen Memoirenschreiber trafen die Kampagnen die Zielgruppen »wie aus heiterem Himmel« und alle erschienen als Opfer. Dabei bleibt offen, auf wen sich die Partei stützen konnte. Denn es ist anzunehmen, daß Schdanow und im Hintergrund Stalin nicht nur aus eigenem Antrieb gehandelt haben. So zeigt der Verlauf der Kampagne gegen die Komponisten, daß sich die Partei offenbar von Kreisen getragen sah, die jeden Modernismus in der Musik verabscheuten, von jüngeren Komponisten, die unter dem »Joch« der etablierten Kollegen im Organisationskomitee litten und an deren Privilegien Anstoß nahmen, und nicht zuletzt von Vertretern »leichter« Musik, die mit der »Volksferne« der angegriffenen Kollegen hausieren gingen. Allen gemeinsam war der Ruf nach Hilfe und Intervention durch die Partei[51]. Daß ausgerechnet Wano Muradelis Oper »Die große Freundschaft«, ein Tribut an Georgien und seinen größten Sohn, zum 30.Jahrestag der Oktoberrevolution verfaßt und im ganzen Land in Szene gesetzt, zum Stein des Anstoßes und zum Anlaß einer großen Kampagne gegen den herrschenden Musikbetrieb werden sollte[52], gehört zu den zahlreichen bizarren Ironien der Kulturpolitik unter Stalin.

Wie im Organisationskomitee für die Komponisten, so hatten die jeweiligen Feldzüge auch in anderen Sparten immer zahlreiche Reorganisationen und Umbesetzungen zur Folge, welche auf eine strengere Durchsetzung der vorgegebenen Normen abzielten. Im Schriftsteller-Verband löste A.A. Fadejew den offenbar nicht hinreichend wachsamen N.S. Tichonow als Vorsitzenden ab. Dabei war dieser ehem. Serapionsbruder, 1941 mit dem Stalinpreis ausgezeichnet, nicht weniger anpassungswillig als sein Nachfolger. Nolens volens beteiligte sich Fadejew an der von Schdanow inszenierten Kritik, deren Thesen er nur paraphrasierte: Achmatowa, Soschtschenko und auch B. Pasternak galten ihm als »objektive« Klassenfeinde, welche mit ihrer dekadenten Kunst »eine fremde Welt« repräsentierten[53].

Gleichzeitig soll er in privatem Kreis mit Begeisterung Gedichte der gescholtenen Poeten rezitiert und über den Vormarsch talentloser, aber liebedienender Schriftsteller geklagt haben[54]. Dennoch wiederholte er im Falle W. Grossmans sein Verhalten gegenüber Platonow: Zunächst setzte er sich als Vorsitzender des

Schriftsteller-Verbandes für Grossmans Roman »Sa prawoe delo« (Für die gerechte Sache) (1952) ein, der die Schlacht um Stalingrad zum Gegenstand hatte. Als dieser Roman aber angegriffen wurde, schloß sich Fadejew dieser Kampagne an. Nach dem Tode Stalins entschuldigte er sich öffentlich für diese »Übertreibung«[55].

Im Verhalten Fadejews manifestierte sich in fast klassischer Weise eine Art von sozialer Bewußtseinsspaltung, welche in der eigentlich unvereinbaren Koexistenz von Parteidisziplin und Professionalität lag, die man Fadejew nicht absprechen wird. Als Kulturfunktionär unterwarf er sich »bewußt« den Anforderungen der Partei, als Literat wußte er, daß die angeprangerten Autoren sehr viel besser waren als diejenigen, die von der Partei protegiert wurden. Dazu äußerte sich Pasternak, der mit Fadejew befreundet, aber durch dessen gelegentliche Offenheit – zumeist in betrunkenem Zustand – eher peinlich berührt war: Fadejew sei ein Mensch mit einer »gespaltenen Seele. Davon gibt es viele bei uns. Bei Fadejew würde ich es noch anders formulieren. Seine Seele ist in viele, wasserdicht von einander abgespaltene Kabinen geteilt wie bei einem Unterseeboot. Nur der Alkohol vermischt alles«[56]. Das hohe Amt schützte auch Fadejew nicht davor, selbst Opfer einer Kampagne zu werden. Er hatte mit seinem Bürgerkriegsroman »Razgrom« (Die Zerschlagung) (1925/26) ein Werk vorgelegt, das zu seinen Lebzeiten in mehr als 50 Auflagen herausgebracht wurde. Mit der Zeit hatte zwar auch dieser Text geglättet werden müssen, aber er war doch vergleichsweise glimpflich behandelt worden[57]. 1943 hatte er sich – offenbar als Auftragsarbeit – des Widerstands von Komsomolzen in Krasnodon (Donez-Gebiet) gegen die deutsche Besatzung angenommen und in der Romanfassung als »Die junge Garde« vorgelegt. Hierfür wurde ihm 1946 der Stalinpreis verliehen, und auch die Kritik besprach das Buch wohlwollend bis euphorisch. Im November und Dezember 1947 brach eine Kampagne los, die sich gegen dieses Werk und gegen K. Simonows »Rauch des Vaterlands«, Ende 1947 erschienen, richtete. Gegenstand der Kampagne war die ungenügende Beachtung der führenden Rolle der Partei im Widerstandskampf. Besonderen Anstoß erregte im Fall Fadejews, daß in seinem Roman zwei Parteiführer wegen ihrer Unvorsichtigkeit in deutsche Hände gefallen waren. »Vielleicht ist dieses Ereignis nicht erfunden, aber es ist absolut untypisch«, hieß es dazu[58]. Fadejew akzeptierte die Kritik widerstandslos. Kurz zuvor hatte er noch öffentlich versichert, daß es besser sei, »von den Interessen des Volkes, von den Interessen unseres sozialistischen Staats der Werktätigen« abhängig zu sein, als von einer »volksfeindlichen Politik«, wie er sie im Westen vermutete[59]. 1951 legte er eine überarbeitete Fassung vor, die der Partei ihren Tribut zollte. Erst nach dem Tod Stalins wagte er, sich gegenüber seinem Herausgeber über den »Druck der Redakteure« zu beklagen, die in den Texten wüteten[60]

Seit 1951 arbeitete Fadejew mit Unterbrechungen an einem neuen Roman

»Schwarze Metallurgie«, ein Produktions- und Aufbauroman, in dem der Kampf gegen Volksfeinde und der Einsatz für den technischen Fortschritt offenbar leitende Themen sein sollen. »In diesem Roman möchte ich zeigen, wie die sozialistische Produktion den Menschen umerzieht, und wie der Mensch in der Arbeit wächst«[61]. Bei den Vorarbeiten zu diesem Roman hatte sich Fadejew von Fachleuten, unter anderem auch von dem Minister I. Tewossjan beraten lassen, einer Schlüsselfigur im später verbotenen Roman A.A. Beks »Nowoe nasnatschenie« (Die Ernennung, 1965). Nach dem »moralischen Schock« des XX. Parteitages mußte er erleben, daß die Volksfeinde ebenso eine Fiktion waren wie die Erfindungen und technischen Neuerungen, die er in den Mittelpunkt des Romans hatte stellen wollen. Wie schon in der »Jungen Garde« stand er vor der Aufgabe, seine Helden »umzupolen«[62]. Krank und müde, moralisch zerstört und in seiner Kreativität ausgelaugt, beging er am 13. Mai 1956 Selbstmord. Die Briefe, die er dem ZK und der Familie hinterlassen hatte, wurden beschlagnahmt. Die Bilanz, die er für sich zog und seiner Nachwelt hinterließ, war niederschmetternd: »Ich sehe keine Möglichkeit weiterzuleben; denn die Kunst, der ich mein Leben gewidmet habe, ist durch eine selbstzufrieden-ignorante Parteiführung zugrunde gerichtet worden; dies kann nicht mehr korrigiert werden. Die besten Kader der Literatur – in einem Umfang, den sich selbst zarische Satrapen nicht hätten träumen lassen – sind ausgerottet oder dank der Nachlässigkeit der Machthaber umgekommen ... Mit welchem Gefühl der Freiheit und Offenheit ist meine Generation unter Lenin in die Welt der Literatur eingetreten, welche unermeßlichen Gefühle waren in unserer Seele, welche schönen Werke haben wir geschaffen und hätten wir noch schaffen können! Nach dem Tode Lenins hat man uns in die Lage von Kindern gebracht, uns zerstört, uns ideologisch eingeschüchtert, und das nannten sie ›Parteilichkeit‹«[63]. Öffentlich verlautete, der Schriftsteller sei an den Folgen von Alkoholismus gestorben. Aber der Selbstmord Fadejews wurde als ein Signal wahrgenommen, das den moralischen Bankrott eines Literatenlebens für Stalin und die Partei anzeigte.

7. Literatur für den Massenleser

Mit Ausschaltung der in jeder Hinsicht schwierigen Autoren wurde auch das im Zuge der Industrialisierung entstehende, sich differenzierende Lesebedürfnis eingeebnet. In den politischen Verlautbarungen stand nun der Massenleser im Vordergrund des Interesses. Hiermit nahm man z.T. volksbildnerische Traditionen der Vorkriegszeit wieder auf. Damals hatten sich Lesegesellschaften aus der Intelligenz dafür eingesetzt, »gute« Literatur in preiswerten Massenauflagen unters Volk zu bringen. Vor dem Krieg war mit der Popularisierung insbesondere von Klassikern die Absicht verbunden gewesen, ein Gegengewicht zur kommerziellen Unterhaltungsliteratur zu schaffen[1]. In der Ablehnung dieses Genres bestand innerhalb der Intelligenz ein weitgehender Konsens, an den die Bolschewiki anknüpfen konnten. Lunatscharski rechtfertigte die diesbezüglichen Verbote in klassisch populistischer Manier u.a. damit, daß »das Gift zu der noch naiven und nicht erhellten Seele der breiten Massen nicht dringen dürfe«[2]. Gegenüber einer solch maßgeblichen Meinung verhallte Samjatins Warnung ungehört, das Volk »nicht wie ein Kind zu behandeln, dessen Unschuld bewahrt werden müsse«. In einer solchen Einstellung sah er eine Krankheit, die, wenn sie sich als unheilbar erweise, der russischen Literatur nur noch eine Zukunft lasse: ihre Vergangenheit[3]. Die doppelte Moral eines derartigen Paternalismus entlarvte sich selbst in den Ausführungen eines Funktionärs der WAPP, der einem Kamenjew oder Sinowjew zwar den »künstlerischen Genuß« weißer Literatur zubilligte, nicht aber den Arbeitern und Bauern: Für diese sei sie das »schädlichste Gift ... An die Probleme der Literatur müssen wir vom Standpunkt ihrer Einwirkung auf die Massen herangehen«[4]. Bereits die in sich inkohärente Resolution von 1925 hatte u.a. davon gesprochen, »eine schöne Literatur zu schaffen, die wirklich auf den Massenleser ... berechnet ist«[5]. Es waren nicht nur Mitläufer, die hellsichtig erkannten, daß es bald Funktionäre sein könnten, die darüber bestimmten, »was im Namen der Massen als Literatur der Epoche« zu gelten habe[6]. Die Verordnung des ZK über die Versorgung mit Büchern vom 28. Dezember 1928 präzisierte bereits in bedrohlicher Weise den sozialen Auftrag der Belletristik: Sie habe Bezug zu nehmen auf aktuelle Themen und sich gegen bürgerliche Einflüsse, gegen Spießbürgertum und Dekadenz zu richten, »den Heroismus des sozialistischen Aufbaus und des Klassenkampfes, die Transformation der gesellschaftlichen Beziehungen und das Wachsen der neuen Menschen darzustellen«[7].

Von hier aus war es nur noch ein kleiner Schritt zur Dekretierung eines Kanons von Regeln, wie sie bald im Konzept des Sozialistischen Realismus für verbindlich erklärt wurden. Dieser sollte, so hieß es, zur maßgeblichen Methode der sowjetischen Belletristik und Literaturkritik werden. Er forderte »vom Künstler wahrheitsgetreue, historisch konkrete Darstellung der Wirklichkeit in ihrer revolutionären Entwicklung. Wahrheitstreue und historische Konkretheit der künstlerischen Darstellung muß mit den Aufgaben der ideologischen Umgestaltung und Erziehung der Werktätigen im Geiste des Sozialismus verbunden werden«[8]. Der damit zugleich laut werdende Ruf nach dem positiven Helden, nach Verständlichkeit, nach Klarheit der Sprache und nach Volkstümlichkeit wandte sich in vieler Hinsicht gegen Inhalte, Kompositionstechniken und Sprachformen, welche die experimentelle und avantgardistische Literatur (und Kunst) der zwanziger Jahre geprägt hatten[9].

Was in die »unmögliche Ästhetik«[10] des Sozialistischen Realismus einmündete, war das bürokratisch transformierte Resultat einer langen Kette von Auseinandersetzungen, die seit 1917 im Milieu proletkultischer, proletarischer und futuristischer Künstler und Literaten stattgefunden hatten. Wenn – wie in diesen Kreisen immer wieder unterstellt – seit der Revolution eine ganz neue Gesellschaft aufgebaut wurde, so erforderte dies aus ihrer Sicht auch ein ganz neues Verhältnis zwischen den Produzenten und Konsumenten von Kunst und Literatur, einen »Adressatenwechsel« zum »neuen« Arbeiter und andere Kommunikationsformen als in der bürgerlichen Welt[11]. Was als Experiment in den zwanziger Jahren wichtige Impulse vermittelte, zerstörte sich zugleich durch eine Selbstinstrumentalisierung für zunehmend enger gefaßte politische Zwecke. Dabei muß man nicht so weit gehen, von einer »dialektischen« Übertragung exaltierter demiurgischer Ansprüche in Teilen der Avantgarde auf analoge Ziele – die Schaffung des »neuen« Menschen – im Sozialismus zu schließen, um die Kunst- und Literaturpolitik seit Beginn der dreißiger Jahre als Realisierung avantgardistischer Visionen, besonders des Futurismus, zu deuten[12]. Vielmehr lag dem künstlerischen wie politischen Selbstverständnis z.T. schon vor dem Kulturfeldzug eine analoge Annahme zugrunde, nämlich die Schaffung von Verhältnissen, die sich geradezu ontologisch von denen der kapitalistischen Umwelt unterscheiden sollten. Daraus erklärt sich die immer wiederholte Bereitschaft selbst eines Majakowski, seine Kreativität ganz in den Dienst der Politik zu stellen. Dieser äußerte sich 1927: »Unser ständiger Kampf um Qualität, Industrialismus und Konstruktivismus (d.h. Zweckmäßigkeit und Ökonomie in der Kunst) verläuft gegenwärtig parallel zu den wichtigsten politischen und wirtschaftlichen Losungen des Landes«[13]. Der Gefahr, vom Dichter der Revolution zum Dichter der Resolutionen zu werden, ist auch ein Majakowski nicht entgangen[14].

Die Selbstinstrumentalisierung war keineswegs auf die Linke beschränkt. Im Zuge des Kulturfeldzuges gerieten auch Schriftsteller wie A. Tolstoi in den Sog eines kollektivistischen Aktivismus, der Arbeitsverhältnisse in Industrie und Landwirtschaft auf die schriftstellerische Tätigkeit übertragen wollte. Er plädierte dafür, daß eine Kommission Aufträge für neue Stücke an erfahrene und – bei ihnen in die Lehre gehende – junge Schriftsteller vergeben sollte. Davon versprach er sich die Realisierung eines »allgemeinen Plans in der Kunst« und die Kreierung eines neuen Bewußtseins, »das auf dem Turm des Fünfjahresplanes Wache hält«[15].

Die Indienstnahme von Literatur und Kunst für den Aufbau der sozialistischen Planwirtschaft war im Verlauf des Kulturfeldzuges begleitet von Versuchen, auch den Literaturprozeß zu »kollektivieren«. Nachhaltiger und mit größerer Glaubwürdigkeit wirkte der verpflichtende Bezug auf den neuen Massenleser. Dessen angebliche Bedürfnisse nach Umerziehung verlangten nach einer neuartigen, eben der Literaur des Sozialistischen Realismus. Dabei deuten alle – wenn auch nur fragmentarischen – soziologischen Untersuchungen über Leseverhalten der andauernd beschworenen neuen Arbeiter und Bauern darauf hin, daß sie ganz konventionelle Lesebedürfnisse hatten, die sich im wesentlichen nach Standards des 19. Jahrhunderts ausrichteten: Gewünscht wurden eine »schöne«, aber verständliche Sprache, ein nachvollziehbarer Realitätsbezug – »Wahrheit« in der Terminologie der Konsumenten –, die konventionelle Fabel, Unterhaltung und Lebenshilfe. Die Produktion der Avantgarde war dem Massenpublikum ebenso unverständlich geblieben, wie die Agitprop-Literatur den durchschnittlichen Leser gelangweilt hatte[16]. Die Avantgarde hatte ihr Publikum bestenfalls in »rede- und sprachtrainierten Gruppen« gefunden, die wohl kaum unter Bauern und Arbeitern anzutreffen waren[17]. Da es den oft beschworenen neuen Leser kaum gab, seine tatsächlichen Bedürfnisse auch wenig bekannt waren, gleichwohl aber revolutioniert werden sollten, blieb es letztlich jedem Autor überlassen, in welcher Weise, in welchem Genre und in welchem Stil er sich seinem Publikum nähern wollte, ob er seinem Vermögen folgte oder sich den Wünschen der Funktionäre anpaßte.

Auch auf dem 1. Schriftsteller-Kongreß von 1934 ist häufig, aber unsystematisch über das angeblich neue Verhältnis zwischen dem Schriftsteller und seinem Publikum gesprochen worden. Daß die totale Fixierung auf den sog. Massenleser hier auch Unbehagen hervorrief, bezeugt insbesondere I. Ehrenburg mit seiner Klage über ein drohendes Epigonentum und mit dem Appell, von Bucharin ebenfalls angemahnt, die differenzierten Leseransprüche nicht aus dem Auge zu verliere[18]. Auch Isaak Babel, der sich bereits hier als Meister des Schweigens vorstellte, kündigte in seiner doppelbödigen Rede Überraschungen an, auf die sich ein Leser einstellen müsse; denn »banale Trivialität – das ist Konterrevolution«[19]. Eine Bestätigung erfuhren diese Warnungen in der fast schon stereotypen Kritik an Autoren wie Proust und Joyce: Sie erfaßten die Realität nicht mehr mit dem Teleskop, sondern nur noch mit dem Mikroskop, was als Ausdruck ihres verengten Blickwinkels und – weitergehend – als Zeichen des Verfalls der bürgerlichen Gesellschaft, die ohne Perspektive sei, gedeutet wurde. Bezeichnend war, daß offenbar weder der eine noch der andere Autor in russischer Übersetzung vorlag[20]. Die nicht-kommunistischen Autoren aus dem Ausland verfolgten diese Art von Literatur-Debatten mit gemischten Gefühlen und widersprachen auch. Aber zugleich blieben sie nicht unbeeindruckt vom Spektakel der Arbeiter- und Bauerndelegationen mit ihren Grußadressen und Beiträgen, sahen sie hierin doch einen Respekt vor der Schreibkunst, den sie in ihren Ländern bitter vermißten. In der Heimat hatten sie mit der Trivialliteratur zu konkurrieren, die in der Sowjetunion verboten war. »Nur die sozialistische Gesellschaft kann der Kunst eine so breite Resonanz in einer kulturvollen Leserschaft geben«, soll V. Nezval geschwärmt haben[21]. Und Klaus

Mann, der »mit Ergriffenheit und Widerspruch« am Kongreß teilnahm, stellte lapidar fest: »Uns fehlt es an Lesern, diesen [den sowjetischen Autoren] an Papier«[22].

Das auf dem Kongreß verkündete, aber noch nicht ganz unangefochtene Konzept des Sozialistischen Realismus bedeutete einen weiteren Schritt auf dem Wege zur Vermachtung der literarisch-künstlerischen Szene. Der partikulare Totalitätsanspruch der inzwischen aufgelösten RAPP wurde gewissermaßen verallgemeinert. Denn im Nachhinein sollte sich erweisen, daß M. Gorkis und A. Schdanows Ausführungen zum Thema auf dem 1. Schriftsteller-Kongreß »direktiv« zu verstehen waren. Dabei steht die Durchsetzung dieses Kanons in einem schwer im Einzelnen nachzuweisenden Zusammenhang mit der Festsetzung einer Aufsteigerklasse in politischen – auch kulturpolitischen – Machtpositionen. Deren Kunst- und Lesegeschmack, der sich vermutlich nur graduell von dem des viel zitierten Massenlesers unterschied, zugleich aber sehr viel prätentiöser war, dürfte für die Akzeptanz der inhaltlichen Normen der neuen Kunst- und Literatur-Doktrinen, für die Banalisierung der Sujets und für die sprachpuristischen Tendenzen verantwortlich sein. Dabei verwandelte sich der neue Kanon zugleich in ein Kontrollinstrument in der Hand von Funktionären und zunehmend Stalins persönlich. Sie entschieden darüber, ob ein Werk zu verwerfen, hinzunehmen oder in Massenauflagen zu verbreiten sei. Da die Doktrinen in sich inkohärent und interpretierbar blieben und zudem oft gar nicht anwendbar waren, öffneten sie der Willkür Tür und Tor. Die Entscheidungsinstanzen behielten einen großen Ermessensspielraum, der alle Beteiligten in Unsicherheit stürzte. Er schuf ein – letztlich wohl gewolltes – System der gegenseitigen Kontrolle und Absicherung. Mithin scheinen beide Komponenten, totale Verfügbarkeit und die Durchsetzung des trivialen Geschmacks eines sowjetischen juste milieu mit seinen ideologischen Ansprüchen maßgeblich gewesen zu sein für die Durchsetzung der literarischen und künstlerischen Standards der Stalinära.

Bevor auf die Folgen politischer Ansprüche und der Fixierung auf ein Massenlesepublikum einzugehen ist, sollen knapp die quantitativen Aspekte und Konsequenzen der Expansion des Lesemarktes seit Ende der zwanziger Jahre skizziert werden. Die Kulturrevolution initiierte neben der unmittelbaren Indienststellung des Bildungswesens für die Produktion in erster Linie seine Ausweitung und eine forcierte Rekrutierung aus den Unterschichten in mittlere und höhere Ausbildungsstätten. Sie nahm in revolutionärem Eifer die durch Krieg und Bürgerkrieg unterbrochenen Alphabetisierungs- und Bildungskampagnen wieder auf. Vor dem Ersten Weltkrieg hatte der Anteil der – oft allerdings unregelmäßig – eine Schule besuchenden 7- bis 11jährigen ca. 70% dieser Altersgruppe erreicht[23]. Der Anteil der Analphabeten unter den Rekruten wird vor 1914 mit ca. 33% angegeben[24], er sank in der sowjetischen

Bevölkerung insgesamt – also einschließlich der mittelasiatischen Republiken – von 49% (1926) auf knapp 20% (1939)[25].

Die sekundare – allgemeine und spezialisierte – Schulbildung hatte 1928/29 2,3 Mio., 1938/39 über 12 Mio. Jugendliche erfaßt. Die Anzahl der Absolventen von Hochschulen stieg von 176.000 (1928/29) auf 603.000 (1938/39). Der Bestand der allgemein zugänglichen Bibliotheken war von knapp 29.000 (1929) auf 77.600 (1939) mit einem Bücherbestand von 72 Mio. resp. 147 Mio. angewachsen. Theater- und Kinowesen waren ebenfalls expandiert: Die Zahl der stationären und mobilen Theater wird für 1933 mit 551, für 1939 mit 787, die Anzahl der fest installierten und beweglichen Filmvorführungsanlagen wird für 1929 mit 9.700 und für 1939 mit 31.000 angegeben, davon allerdings 1939 erst knapp über die Hälfte mit der Möglichkeit ausgestattet, Tonfilme vorzuführen. 1939 kamen im Durchschnitt auf 10.000 Einwohner zwei Projektoren[26].

Auch in der Buchproduktion knüpfte die Kulturrevolution im wesentlichen an die Ergebnisse der Vorkriegszeit an. 1914 hatte die Anzahl der im Russischen Reich publizierten Titel bereits bei 32.000 gelegen, 1927 bei 33.000, 1933 bei 44.000, 1938 allerdings wieder nur bei 40.000[27]. Gleichwohl hatten sich die Auflagen schon zwischen 1914 (130 Mio.) bis 1928 fast verdoppelt (265 Mio.), und sie stiegen bis 1938 auf 693 Mio.[28]

Einen groben Überblick über die inhaltlichen Schwerpunkte der Buch- und Broschürenproduktion zwischen 1928 und 1938 vermittelt die Tabelle 1. Ihr ist zu entnehmen, daß politische und sozialökonomische Titel, die zweifellos viel Agitations- und Propagandamaterial enthielten, 1928 und 1933 über 45% der Titel, und immerhin noch über 30% (1928) und 44% (1933) der insgesamt ausgestoßenen Druckbögen ausmachte[29]. Die sog. Klassiker des Marxismus-Leninismus, in den dreißiger Jahren im wesentlichen auf Marx, Engels, Lenin und Stalin reduziert, erfaßten 1938 5,6% der Gesamtauflagen an Büchern und Broschüre[30]. Der berühmte »Kurze Lehrgang der WKP (B)« erschien 1938/39 in russischer Sprache in einer Auflage von 12 Mio. Exemplaren, in den Sprachen der sowjetischen Völker insgesamt in der Auflage von knapp 15 Mio.[31]. Die Anzahl der Titel zur Stachanow-Bewegung wird für die Zeit zwischen 1935 und 1938 mit über 4.000 Titeln mit einer Gesamtauflage von über 56 Millionen angegeben[32].

Hatte die schöne Literatur bis 1928 auch quantitativ – von 308 (1921) auf 5.516 Titel (1928)[33] – einen erheblichen Aufschwung erlebt, so erfuhr sie in der Zeit der Kulturrevolution einen drastischen Rückgang[34], um sich erst gegen Ende der dreißiger Jahre zu erholen. Wenn diese Angaben zutreffen, so stehen sie in einem auffallenden Gegensatz zum Rummel, der insbesondere um die Herausgabe billiger Klassiker-Reihen gemacht wurde[35]. Nach der sowjetischen Statisktik war der Anteil von schöner Literatur auch im internationalen Vergleich relativ niedrig, wobei in den Angaben zu den westlichen Ländern wohl auch triviale Unterhaltungsliteratur enthalten ist: Dieser Anteil wird für die Sowjetunion – offensichtlich überhöht – für das Jahr 1938 mit 13%, für Deutschland mit 22%, für die USA mit 26% und für Großbritannien mit 33% angegeben[36]. Tatsächlich war bei quantitativer Ausweitung von Auflagen die Anzahl der Titel in der Sowjetunion rückläufig. Reduktion der Titelvielfalt bei quantitativer Ausweitung des Ausstoßes an bedrucktem Papier im Bereich der Belletristik bedeutete, daß einzelne Autoren oder Romane in besonderer Weise propagiert und verbreitet wurden. So soll Gorkis »Mutter« bis 1934 allein in einer Auflage von 8 Mio., Scholochows »Stiller Don« in einer Auflage von 3,5 Mio. herausgekommen sein[37]. Hier galten offenbar ähnliche Relationen wie im Bereich der politischen und sozialökonomischen Literatur mit ihren aggressiven Schwerpunktsetzungen.

Die Massenauflagen russischer, sowjetischer und ausländischer Autoren lassen zumindest für die Zeit der dreißiger Jahre eine massive politische Förderung vermuten. Dies gilt zum einen für die Selektion des russischen literarischen Erbes. Hier fällt am meisten das Fehlen Dostojewskis auf, der auch in den statistischen Angaben für die Zeit vor 1917 zur Unperson geworden ist (siehe Anhang Tab. 2). Bei ausländischen Klassikern und Zeitgenossen ist die offensichtliche Bevorzugung kritisch-realistischer Orientierung deutlich, die sicher auch ein großes Unterhaltungsbedürfnis befriedigte. Offenbar bevorzugte man im weitesten Sinne »linke« Autoren der zeitgenössischen Literatur. Ebenso wird die politische Steuerung an den Massenauflagen proletarisch-kommunistischer Autoren aus der Sowjetunion erkennbar. Bedenkt man die allgemeinen Klagen von Autoren und Repräsentanten dieser Literatur der zwanziger Jahre über die geringe Resonanz ihrer Werke zu einer Zeit, als sich die Staatsverlage aus finanziellen Gründen maßgeblich an Lesebedürfnissen orientierten, so ist ihre massive Präsenz in den dreißiger Jahren wohl auf politische Gründe zurückzuführen. Noch 1935 wurde eine Umfrage publiziert, die eine katastrophale Beurteilung der zeitgenössischen sowjetischen Literatur bei Schülern erkennen ließ und eine große Gier nach vorrevolutionären Abenteuer- und Kriminalromanen ans Licht brachte. Es sollen ganze »Untergrundbibliotheken« existiert haben[38]. Der offizielle Literaturkanon wurde vermutlich v.a. durch obligatorische Schullektüre wie im Falle F.W. Gladkows, N.A. Ostrowskis und D.A. Furmanows unterstützt. Wie weit diese Belletristik tatsächlich dem Bedürfnis der Jugend nach Darstellung »eines moralischen Vorbildes des besten Sowjetmenschen« entgegenkam – so A. Tolstoi 1937[39] – mag dahingestellt bleiben. Unter den auflagenstarken Schriftstellern finden sich solche, die mehr den Rang von Hofdichtern einnahmen, wie N.Je. Wirta, der spätere Exponent der Konfliktlosigkeit in der Literatur, oder Ja.Kupala, der in den dreißiger Jahren neben Stalin auch das schöne Kolchosleben besang. Gleichzeitig waren unter den hier angeführten Autoren ausgesprochene Lieblinge des Lesepublikums wie M.A. Scholochow oder die Satiriker Ilja Ilf und Jewgeni Petrow.

Auffällig an der Statistik der sowjetischen Erfolgsautoren ist zudem deren massive Präsenz in der Leitung bzw. im Präsidium des Schriftsteller-Verbandes. Von den 17 Autoren, die bis 1938 mehr als eine Million Auflage ihrer Werke verzeichnen konnten, waren 13 zu dieser Zeit oder später an prominenter Stelle im Verband vertreten; 8 von ihnen haben für ihre Werke Stalin-Preise erhalten, die seit 1941 – auch rückwirkend verliehen wurden. In den Massenauflagen, die russische, sowjetische und ausländische Klassiker und zeitgenössische Autoren besonders in den deißiger Jahren erlebten, kam eine Kombination von politischer Förderung staatspatriotischer, proletarischer, kommunistischer oder allgemein linker Literatur des Westens und die Durchsetzung eines eher konventionellen Lesegeschmacks und Unterhaltungsbedürfnisses zum Ausdruck, das sich – da kommerzielle Unterhaltungsliteratur verboten war – an spannender realistisch-kritischer Belletristik und am kanonisierten Literaturerbe orientierte.

An der Riege der auflagenstärksten Autoren wird zugleich erkennbar, daß die Schriftstellerelite der Stalin-Ära aus sehr heterogenen literarischen Milieus kam: Da waren Altkommunisten wie A. Serafimowitsch und der zum Übervater stilisierte Gorki; es gab Autoren aus den proletarischen Literaturbewegungen der zwanziger Jahre wie Gladkow, Furmanow und M.A. Scholochow, aber es waren auch ehemalige Serapionsbrüder wie W. Iwanow oder N.S. Tichonow und Smena-wech-Anhänger wie A. Tolstoi vertreten (siehe Anhang Tab. 3). Schon als Emigrant hatte A. Tolstoi seine heftige Abneigung gegen die kommerzielle Kultur des Westens bekundet. Seine Nähe zum Sozialistischen Realismus manifestierte sich relativ früh im Bekenntnis zu einem »monumentalen Realismus«[40]. Diese Einstellung verband er offenbar mit einem abgrundtiefen Haß gegen die RAPP und ihren Chefideologen L. Awerbach. Zur Zeit von dessen Verhaftung schmähte er ihn öffentlich und 1942 sah er – im Rückblick – in der RAPP sogar »faschistische Agenten« am Werk[41]. Ein genauerer biographischer Abriß etwa der drei prominentesten Schriftsteller der Stalinära – Gorkis, Tolstois und Fadejews – würde verdeutlichen, welche unterschiedlichen Motive und Einstellungen den Aufstieg in die kulturelle Elite begünstigten.

8. Wissenschaft und Wissenschaftsmagie: Der Fall Lyssenko

Der Kulturfeldzug hatte nicht alle Wissenschaften in gleicher Weise getroffen wie die sog. bürgerlichen Spezialisten in Industrie und Verwaltung. Aber auch an der Akademie der Wissenschaften war seit 1929 der Nachwuchs forciert nach sozialen und politischen Kriterien rekrutiert worden, wir wissen hier allerdings wenig über die Karriereverläufe. Es scheint, daß die neue Generation – wenn überhaupt – eher in der Verwaltung als auf wissenschaftlichem Gebiet reussierte. Der gesamte Mitarbeiterstab der Akademie der Wissenschaften der UdSSR wuchs von ca. 1.000 Personen im Jahre 1929 auf über 16.000 Personen im Jahre 1940. Das im engeren Sinne wissenschaftliche Personal umfaßte ca. 200 (korrespondierende) Mitglieder und 4.700 wissenschaftliche und technische Mitarbeiter. Sie waren in 87 Forschungseinrichtungen, sechs Observatorien und 24 Museen tätig[1]. Die industriellen Forschungseinrichtungen erlebten ebenfalls einen Boom: Ihre Zahl stieg von 30 (1927) auf 205 (1940). Daß dieses explosionsartige Wachstum häufig auf Kosten der Qualität und der Ausstattung ging, ist zu vermuten[2]. 1936 wurden die ehemalige Kommunistische Akademie und die Akademie der Wissenschaften zusammengelegt, wodurch noch einmal der Anteil kommunistischer Wissenschaftler vor allem aus den Gesellschaftswissenschaften verstärkt wurde. Teilnahme am sozialistischen Aufbau bedeutete für die *akademiki* eine betonte Hinwendung zu praxisorientierter, geplanter Forschung, sichtbar auch daran, daß die Akademie der Wissenschaften in den dreißiger Jahren knapp die Hälfte ihrer Finanzen in Form gezielter Auftragsarbeiten von den Volkskommissariaten erhielt[3]. In der Verbindung von Grundlagen- und angewandter Forschung, wie sie z.B. der Physiker A.I. Ioffe in der institutionellen Verzahnung zwischen Physik und Technologie durchsetzte[4], lag gewissermaßen das Pathos des oft beschworenen Beitrages der Wissenschaften zur »sozialistischen Rekonstruktion«. Daß es seit Beginn der Planperiode gleichwohl mit der Umsetzung von Forschungsergebnissen in der industriellen Fertigung vielfach haperte, gehörte zu den »Widersprüchen« der zentralen Planwirtschaft[5].

Hatten sich führende Naturwissenschaftler in der Zeit des Kulturfeldzuges entweder aus den ideologischen Diskussionen um ihre Disziplinen herausgehalten oder sich bestenfalls in Fachzeitschriften vor einem kleinen Leserkreis geäußert, so war die utilitaristische Orientierung der Naturwissenschaften auf technische Probleme ein Angebot, auf das prominente Fachvertreter positiv oder gar enthusiatisch reagierten. In unterschiedlichen Variationen mochte für die bürgerlichen Wissenschaftler, gleichgültig, wie sie zum Regime standen, gelten, was der Biochemiker W.I. Wernadski schon 1924 resignierend festgestellt hatte:«... die wissenschaftliche Arbeit in Rußland existierte noch nie unter freien Bedingungen, obwohl die Sozialisten, wie logisch aus ihrer Lehre folgt, in dieser Hinsicht Rekorde brechen«. Aber, so tröstete er sich, wissenschaftliche Arbeit sei nicht abhängig von politischen und sozialen Bedingungen. Gleichwohl beunruhigte ihn nicht nur, daß die Bolschewiki jenseits aller ideologischen Postulate Traditionen »alter russischer Staatlichkeit« fortführten, sondern mehr noch das Problem, ob das nun zur Herrschaft gelangende »Volksmilieu« jene Kreativität hervorbringen könne wie die alten Oberschichten. Auch Wernadski verglich – wie die Smena-wech-Anhänger – die Situation Rußlands nach 1917 mit der Chinas nach der Eroberung durch Tschingis-Chan. Nur die Zusammenarbeit der alten kultivierten Beamten mit den Eroberern habe China vor dem Schicksal Mittelasiens bewahrt[6].

Die Kulturmission der alten und nachwachsenden Intelligenz konnte somit auch ihren Platz im sozialistischen Aufbau finden, wenn es gelang, die teils ignoranten, teils bilderstürmerischen Tendenzen von der Forschung fernzuhalten. Nur vereinzelt dürften aber Wissenschaftler wie P.L. Kapiza die Courage und die Geduld gehabt haben, Politikern wie Molotow und Stalin immer wieder zu erläutern, daß die Sowjetunion mit ihren Gelehrten pfleglich umgehen und versuchen müsse, sie für sich zu gewinnen. Andernfalls leide ihre Kreativität, oder sie gingen ins Ausland. Gegen die Übermacht der Behörden und die Innovationsträgheit der Industrie forderte Kapiza mehr Kompetenzen für die Wissenschaft, ihre flexiblere Organisation, denn auch deren Passivität und Verbürokratisierung beklagte er. In der Sowjetunion könne man nicht – wie in den USA – Wissenschaftler einfach kaufen, daher müsse man ihnen umso mehr Achtung entgegenbringen. In einem Brief an Stalin vom Oktober 1945 verstieg sich der Physiker dazu, für die Wissenschaft im Sozialismus eine analoge Stellung zu fordern, wie sie die Kirche und das Patriarchat im Moskauer Rußland besessen hätten[7]. Kapizas erstaunlich mutige Appelle und Briefe blieben weitgehend ohne Resonanz oder wurden vereinzelt als »unnötig« zurückgewiesen. Die meisten Wissenschaftler in den exakten Disziplinen konzentrierten sich auf ihre engeren Aufgaben und mieden allgemeinere Probleme. Die politischen Turbulenzen blieben äußerlich, vereinzelt veranlaßten sie zu Bekenntnissen für den Sozialismus und zur Verurteilung von »Volksfeinden«. Die Verhaftung von Kollegen wurde meistens schweigend hingenommen, in Einzelfällen intervenierte man bei Behörden und Politikern[8]. Von diesen äußeren Bedingungen abgesehen, stand die Existenz der jeweiligen Disziplinen und die unmittelbare Forschungsarbeit nicht in Frage. Nach Schätzungen Joravskys dürften in den dreißiger Jahren maximal 5% der Biologen und Agrarspezialisten und maximal 2% der Physiker »repressiert« worden sein[9]. Anders mochte es an einzelnen Universitäten oder Fakultäten aussehen. So klagte Kapiza, daß an der Moskauer Universität so viele Mathematiker und

Physiker verhaftet worden seien, daß dort eine ordnungsgemäße Lehre nicht mehr aufrechterhalten werden könne[10]. Nur in der Pflanzenzüchtung und in der Genetik, die nicht zufällig mit der im Zustand einer Dauerkrise befindlichen Landwirtschaft zu tun hatten, sollte jener Einbruch erfolgen, der – nach langen Abwehrkämpfen – auch einen Teil der Naturwissenschaften unter die Fuchtel einer ideologischen Diktatur brachte.

Die Geschichte des Pflanzenzüchters T.D. Lyssenko und seines »philosophischen« Begleiters I.I. Present ist so oft erzählt worden, daß hier nur die Etappen und der Kontext ihres Aufstiegs skizziert werden, soweit dies für das wissenschaftliche Leben der Stalinzeit von Interesse ist[11]. Lyssenko hatte seit Ende der zwanziger Jahre die Aufmerksamkeit der Fachwelt mit seinen Experimenten in Gandscha/Aserbaidschan erregt, die später unter dem Begriff der »Jarowisazija« (Vernalisierung) bekannt wurden: Samenkeimlinge sollten einer Kältebehandlung ausgesetzt werden, um ihr späteres Wachstum zu beschleunigen. Dies erschien vielversprechend, um Ernten von Wintergetreide auch bei Aussaat im Frühjahr zu erhalten. Später empfahl Lyssenko analoge Methoden einer Feuchtbehandlung ebenso für Sommerformen von Getreide, um sie gegen Trockenheit unempfindlicher zu machen.

Da sich die Landwirtschaftsverwaltung von Lyssenkos scheinbar einfachen Verfahren und von seinen immer neuen Experimenten und Ankündigungen faszinieren ließ – hier schienen sich Stachanow-Methoden auf die Pflanzen- und später auf die Tierzüchtung übertragen zu lassen –, besaß Lyssenko fast von Anfang an mächtige Verbündete in Partei und Verwaltung. Auch im wissenschaftlichen Milieu stieß er zunächst eher auf positive Resonanz. Insbesondere wurde er vom damals in den biologischen Wissenschaften führenden Nikolai I. Wawilow gefördert, wobei unklar ist, ob dies tatsächlicher Anerkennung der Verfahren Lyssenkos oder eher opportunistischen politischen Erwägungen entsprang[12]. Für die etablierten Forschungseinrichtungen in der Biologie und Pflanzenzüchtung wurde Lyssenko bald zu einem gefährlichen Konkurrenten. Dies galt insbesondere für das 1924 gegründete Allunionsinstitut für Pflanzenzüchtung (WIR) mit 1.000 Mitarbeitern, darunter 22 Doktoren der Wissenschaften und vier *akademiki* unter Leitung N.I. Wawilows, sowie für die 1929 gegründete Lenin-Allunions-Akademie der Landwirtschaftlichen Wissenschaften (WASChNiL), 1934 mit fast 11.000 Mitarbeitern[13]. In der Euphorie der beginnenden Planperiode schienen Lyssenkos Verfahren schnelle praktische Erfolge in der Entwicklung neuer und ertragreicher Sorten zu verprechen[14], schnellere jedenfalls als die etablierten biologischen Wissenschaften. Im Wettlauf um Phantom-Rekorde erwiesen sich Lyssenko und sein Anhang jedenfalls als recht skrupellos. Die ständige Ankündigung neuer Verfahren und Züchtungen wurde bereits als Realisierung an die Verwaltung gemeldet, obwohl die tatsächlichen Resultate statistisch nicht nachweisbar waren[15].

Wenn es zutrifft, daß die von Lyssenko propagierten Verfahren von Anfang an Mißgriffe waren, bliebe eine der Erklärungen für seinen durchschlagenden Erfolg seine und die Fähigkeit seiner Anhänger, das latente Mißtrauen von Partei und Verwaltung gegen die zumeist bürgerlichen Wissenschaftler auszunutzen. Lyssenko war der gesuchte Repräsentant der neuen sowjetischen Intelligenz, vermeintlich volksnah und entfernt von dem der alten Intelligenz immer wieder unterstellten »Kastengeist«. Geboren als Sohn eines Bauern aus dem Gouvernement Poltawa hatte er eine wohl eher praxisorientierte Ausbildung als Pflanzenzüchter erhalten, bevor er mit seinen »Entdeckungen« in Gandscha aufwartete. Das Verdienst, die vermeintlichen züchterischen Erfolge Lyssenkos politisch und ideologisch aufzuladen, gebührt vor allem I.I. Present. Von der Ausbildung her Jurist hatte er sich auf die Didaktik der Naturwissenschaften – hier vor allem des Darwinismus – spezialisiert[16]. Herausragende ideologische Merkmale der Experimente Lyssenkos waren die Behauptung von der Vererbung erworbener Eigenschaften bei Pflanzen, die Leugnung der Chromosomen-Theorie Mendels und damit verallgemeinernd der Existenz von Genen als Trägern des Erbgutes. Diese Hypothesen implizierten die Erwartung, daß durch vegetative Hybridisierung, also Aufpfropfung, erlangte Eigenschaften vererbt werden könnten. Der Ausleseprozeß wurde als durch äußere Einwirkungen hervorgerufen vorgestellt mit der Folge, daß die Indeterminiertheit von Mutationen bestritten wurde[17]. Die nicht auf Rußland beschränkten eugenischen Spekulationen und Forschungsansätze, seit 1933 durch NS-Deutschland in Verruf gebracht, taten ein übriges, um die Genetiker umstandslos zu verdächtigen. Diese Auseinandersetzungen beschränkten sich nicht auf Personen vom Schlage Lyssenkos und Presents, sondern involvierten selbst ausgewiesene Forscher, die auch nicht vor der Versuchung gefeit waren, theoretische Fragen politisch auszunutzen[18]. Theoretische Annahmen wurden zunehmend unter dem Aspekt diskutiert, ob sie in Übereinstimmung mit dem kanonisierten dialektischen Materialismus gebracht werden konnten. Theorien hatten sich – zumindest in den biologischen Wissenschaften – nicht mehr an experimenteller Erfahrung, sondern an ihrer Konvergenz mit Annahmen des Diamat zu messen. Kritiker Lyssenkos sahen sich daher schnell dem Verdacht ausgesetzt, Gegner des Diamat und Feinde auch des Sozialismus zu sein. Das Argumentationsrepertoir Lyssenkos und seiner Anhänger, die sich auch unter einem Teil des Nachwuchses des WIR und der WASChNiL fanden, glich in vieler Hinsicht dem Stil des sich überschlagenden Kulturfeldzuges. Mangelnde Kompetenz in theoretischen Fragen der Genetik, der Eugenik, der Mutationstheorien und in praktischen Züchtungsfragen, die Lyssenko schon früh den Vorwurf des Obskurantentums eintrug[19], vereinigte sich mit einer dogmatischen Denkweise, die unmittelbare Analogien zwischen wissenschaftlichen Theorien, allgemeinen philosphischen Fragen und politischen Standpunkten herstellte. Fast unangreifbar wurde diese Rhetorik, da sie theoretische Fragen in politische Bekenntnisse ummünzte, mit der impliziten und manchmal auch offenen Unterstellung, daß es eine spezifisch proletarisch-sozialistische Wissenschaft gebe, die sich von der bürgerlich-»idealistischen« ontologisch unterscheide[20]. Zwei Zitate aus einer Rede Presents während der berüchtigten Diskussion in der WASChNiL vom Dezember 1936 mögen diese Rhetorik verdeutlichen: »Das Akademiemitglied Wawilow stützt seine Theorie der homologischen Reihe auf metaphysische Grundlagen des Morganismus ... N.I. Wawilow nennt zu Recht als seinen Lehrer den reaktionärsten der Genetiker, den Engländer Bateson. Dieser Bateson trat 1914 mit seinen für die Wissenschaft schändlichen Reden ... auf, in denen er einen Antievolutionismus vetrat und offen faschistisch rassistische Schlußfolgerungen aus seiner antievolutionistischen genetischen Konzeption zog«. »Die Philosophie des Mendelismus-Morganismus findet man bei niemandem anderen als bei Dühring. Es reicht, sich mit seinem »Kurs der Philosophie« vertraut zu machen, um die volle Identität der Ideen Dührings und der Morganisten in den Fragen der Mutation zu erkennen«[21]. Selbst wenn man nichts von Genetik, dafür aber die Propaganda-Schlagworte und ihre politische Bedeutung verstand, zeigte diese Kombination von politisch-ideologischen Signalen – reaktionär, metaphysisch, faschistisch-rassistisch – mit wissenschaftlichen Annahmen, die hier auf Etiketten verkürzt wurden – Mendelismus-Morganismus, Dühring, Antievolutionismus (gleich Anti-Darwinismus) –, in welchem ideologischen »Sumpf« sich alle Anhänger der Genetik und speziell Wawilow bewegten. Hier wurde nicht mit der Kraft von Argumenten sondern mit der »Macht Jeschows« gekämpft, wie Kapiza 1937 sarkastisch kommentierte[22].

Die Diskussionen sollten sich bald noch weiter vergröbern, indem auch Radiologen, Physiker und Mathematiker, die sich mit Fragen der Genetik befaßten, mit Trotzki und Bucharin in Verbindung gebracht oder kurzerhand als »Volksfeinde« klassifiziert wurden, für wissenschaftliches Arbeiten bald ein »unannehmbarer Zustand«, wie Wawilow beklagte[23]. Die Gegner Lyssenkos übernahmen in der Regel nicht den Diskussionsstil ihrer Kontrahenten; sie versuchten stattdessen, ein Niveau rationaler Argumentation beizubehalten und verteidigten ihre Positionen nicht ganz ohne Erfolg. Im Unterschied zu anderen Feldern – in der Kultur, den Geistes- und Sozialwissenschaften – gelang es in den Naturwissenschaften einschließlich der Genetik vor dem Krieg nicht, eine ideologische Diktatur und ihren standardisierten Diskurs zu erzwingen.

Die Fronten in den Auseinandersetzungen der dreißiger Jahre um die Pflanzenzüchtung und Genetik lassen sich nicht eindeutig definieren. Angegriffen wurden die seit 1921 etablierten wissenschaftlichen Institutionen, die inzwischen auch kommunistische Wissenschaftler integriert hatten. Träger des Lyssenkoismus scheinen vor allem »Seiteneinsteiger« und ein Teil des Nachwuchses gewesen zu sein, die nicht recht reussierten und mehr auf politisches Geschick als auf wissenschaftliche Fähigkeiten setzten. Ähnlich wie bei Auseinandersetzungen in anderen Feldern ging es auch hier um Machtpositionen. Opfer wurden dabei von Anfang an zumindest in Kauf genommen. Present hatte sich vor seinem Anschluß an Lyssenko durch erbarmungslose Diffamierung seiner Gegner ausgezeichnet. Lyssenkos erster Kritiker wurde nach Saratow verbannt und übte dort Selbstkritik[24]. Bevor Lyssenko 1929 das Pflanzenzüchtungs-Institut in Odessa übernahm, war sein Vorgänger verhaftet worden[25]. Seit 1935 konnte Lyssenko seine neue Agrarbiologie in einer eigenen Zeitschrift »Jarowisazija« propagieren. Die Diskussion in der WASChNiL vom Dezember 1936 ging einher mit der Entlassung und z.T. der späteren Verhaftung einer Reihe von Wissenschaftlern[26]. 1935 verlor N.I. Wawilow die Präsidentschaft des WASChNiL, wurde allerdings noch als Vizepräsident geduldet. Als Präsident dieser Akademie folgte ihm Lyssenko erst 1938, nachdem die beiden zwischenzeitlichen Präsidenten ebenfalls »repressiert« worden waren[27]. Nach der Verhaftung N.I. Wawilows im Jahre 1940 erbte Lyssenko auch das Institut für Genetik an der Akademie der Wissenschaften, das Wawilow geleitet hatte. Kurz zuvor hatte der erschöpfte Wawilow auf einer der letzten Sitzungen des WIR, auf der einmal mehr die »formalen Genetiker« vor dem Tribunal standen, emphatisch ausgerufen, daß er bereit sei, »auf den Scheiterhaufen zu gehen und zu brennen, sich aber von seinen Überzeugungen nicht loszusagen«[28]. In den Opfern artikulierte sich das Mittelalter im 20. Jahrhundert.

Der Zugriff der sog. Mitschurinisten[29] auf strategisch wichtige Stellen in den Forschungseinrichtungen und notfalls deren Zerstörung ließ sich nicht mehr verhindern, seit Lyssenko zum »Liebling Stalins« avanciert war[30]. 1934 war bereits das Medizinisch-Genetische Institut unter Leitung S.G. Lewits aufgelöst worden. Humangenetische Forschung wurde in die Nähe von Eugenik gerückt und war daher abzulehnen[31]. Nach der Absage des für das Frühjahr 1937 in Moskau geplanten Internationalen Genetiker-Kongresses und Ausreiseverboten für Biologen erfolgten große Revirements und ständige Kontrollen des noch unter Leitung N.I. Wawilows stehenden WIR. Hier sollen zwischen 1934 und 1940 insgesamt 18 Wissenschaftler verhaftet worden sein[32]. Auch in der WASChNiL erlagen 1937 neben den beiden Präsidenten eine Reihe prominenter Wissenschaftler Repressionen, u.a. Lenins einstiger Wissenschaftsberater N.P. Gorbunow. 1939 wurde das auf Initiative I.A. Ioffes gegründete Institut für Agrarphysik geschlossen[33]. Im gleichen Jahr mußte der Gründer und Leiter des Instituts für experimentelle Biologie N.K. Kolzow seinen Posten aufgeben. Der Versuch, ihn und seinen Kollegen L.S. Berg für die Akademie der Wissenschaften kandidieren zu lassen, um Lyssenkos Einfluß zu blockieren, endete in einem Fiasko. Für Kolzow wurden seine früheren Interessen für Eugenik zum

Fallstrick. Attackiert wurde er u.a. von N.P. Dubinin, einem seiner talentiertesten Mitarbeiter. Diesen hatte Kolzow an sein Institut geholt, weil er zusammen mit dem jungen leninistisch gesonnenen Wissenschaftler jenseits ideologischer Streitereien Forschungen in der Populationsgenetik betreiben wollte[34]. Zwar gelang die Paralysierung des WIR – es sollte einem »verlassenen Tempel« gleichen –[35], aber weder in der WASChNiL noch in der Akademie der Wissenschaften konnte sich Lyssenko wirklich durchsetzen. Auch das Kolzow-Institut setzte seine Untersuchungen zur Populationsgenetik fort.

Die Technik der »Ausschaltung« eines wissenschaftlichen Gegners und eines vermeintlichen ideologischen Feindes wie N.I. Wawilow ist durch die Einsicht in die NKWD-Akten vergleichsweise gut dokumentiert. Ein Dossier über ihn bestand seit 1931, aber erst seit 1937, also nach den ersten großen öffentlichen Kontroversen mit Present und Lyssenko, begann sich das Dossier – wie Popowski schreibt – mit »wilden« Anschuldigungen und Denunziationen zu füllen[36]. Zur Beobachtung Wawilows wurden sowohl Kollegen als auch Mitarbeiter, zum Schluß auch sein Stellvertreter, teils erpreßt, teils überredet, manche boten sich offenbar aus eigenem Antrieb zur Feindbeobachtung an. Dossiers bestanden auch über andere Wissenschaftler in führenden Positionen, die als Wortführer konterrevolutionärer Klüngel galten. Häufig wurden die Verdächtigen dann doch nicht verfolgt – wie z.B. der schon sehr betagte Präsident der Akademie der Wissenschaften W.L. Komarow und sein Stellvertreter G.M. Krschischanowski[37]. Der Verhaftung Wawilows im August 1940 folgten weitere, vermutlich mit dem Ziel, eine Gruppenverschwörung zu konstruieren. Das Militärtribunal, das Wawilow am 9. Juli 1941 zum Tode verurteilte[38], stützte sich auf eine Expertise von Fachleuten, entweder Lyssenko-Anhängern oder erpreßten Kollegen, die aber letztlich doch nur ein von anonymer Hand vorgefertigtes Dokument zu unterzeichnen hatten. Dieses soll auch von Lyssenko gebilligt worden sein[39].

An Wawilows Fall, der nicht ohne ausdrückliche Zustimmung der politischen Instanzen »erledigt« worden sein kann, zeigt sich wohl exemplarisch das wenig logische Ineinandergreifen wissenschaftspolitischer Auseinandersetzungen und ihrer politischen Exekution. In diesem Fall konnte sie sich auf die Beihilfe aus dem wissenschaftlichen Milieu stützen, auch wenn von seiten des NKWD nachgeholfen werden mußte. In analoger Weise verworren stellen sich die Verhaftungen unter den Astronomen dar, deren z.T. persönliche Rivalitäten dem NKWD vielfältige Eingriffsmöglichkeiten boten und schließlich zur Zerstörung der einst führenden, wenn auch seit Beginn des 20. Jahrhunderts im Niedergang befindlichen russischen Astronomie führten[40].

Zu welchen Absurditäten sich der Streit um optimale Verfahren in der Landwirtschaft steigern konnte, demonstrierte auch der gnadenlose Kampf des Agrarwissenschaftlers W.R. Williams um die Durchsetzung seines experimentell nie erprobten Fruchtwechselsystems mit Futtergrasfolge. Alle Gegner, die auf andere Fruchtwechselsysteme setzten oder – wie sein prominentester Kontrahent D.N. Prjanischnikow – großes Gewicht auf anorganische Düngung legten, wurden als Feinde und Saboteure denunziert. Das Bündnis mit Lyssenko sicherte Williams ideologische Triumphe. Allerdings wurden seine Empfehlungen im Krieg vergessen, da die Rüstungsindustrie auf die chemischen Vorprodukte, wie sie auch in der Düngung verwendet wurden, nicht verzichten konnte. So wurden zwar zahlreiche Anhänger Prjanischnikows verhaftet – dieser selber allerdings nicht –, aber sie überlebten immerhin[41].

Trotz der politischen Erfolge Lyssenkos und Williams' besaßen beide bis 1948 kein Monopol auf jenen Gebieten, die sie zu kontrollieren wünschten. Gleichwohl waren bereits all jene Elemente vorhanden, die 1948 zur absoluten Vorherrschaft in den agrarischen und biologischen Wissenschaften führen sollten. Um sich endgültig durchzusetzen – obwohl weder in der Züchtung neuer Sorten, noch in der Etragssteigerung, noch in der Bodenbearbeitung Erfolge nachzuweisen waren – bedurfte es sowohl des »philosophischen« Flankenschutzes, für den Theoretiker vom Schlage I.I. Presents, Ernst Kolmans oder M.B. Mitins sorgten, als auch der massiven Unterstützung aus der Parteiführung. Alle nachträglichen Versuche, die Generalisierungen Lyssenkos und seiner Anhänger in ein konsistentes System von Hypothesen zu bringen, scheiterten daran, daß diese Theorien und Aussagen sowohl auf einer primitiven und zudem willkürlichen Verarbeitung der »Klassiker« des Marxismus als auch auf der verzerrten Rezeption der Theorien ihrer vermeintlichen Gegner – von Mendel bis Morgan – beruhten. Schon den zeitgenössischen in- und ausländischen Kritikern Lyssenkos fiel auf, daß letzterer alle modernen Methoden der Statistik, der Mathematik, der Chemie und Strahlenkunde ablehnte, welche die Biologie einschließlich der Gen-Forschung spätestens seit den vierziger Jahren revolutionierten. Nicht zufällig wurde der Züchter I.W. Mitschurin zum großen Idol verklärt, der bei allem züchterischem Geschick doch nicht mehr als die »spontane Philosophie eines Gärtners« vorzuweisen hatte[42]. In der Lehre Lyssenkos schien sich eine Art plebejischer Rousseauismus auszutoben – der Bauer im sozialistischen Staat als Agrowissenschaftler. Parallelen zur Stachanow-Bewegung mit ihrer Stoßrichtung gegen die Intelligenz und mit ihrem Appell an die urwüchsige Kreativität der »Massen« unter Anleitung der Partei sind nicht zu übersehen. Daß ein vermeintlich gesunder Menschenverstand nicht mehr ausreichte, wissenschaftliche Probleme theoretisch und praktisch zu erfassen, daß Wissenschaft zudem nicht auf Kommando Resultate erbringen konnte, widersprach dem Fetisch, zu dem die Wissenschaft unter der Kontrolle der neuen Aufsteigerklasse gemacht worden war. »Die Sowjets bringen all die Verehrung, die sie der Religion genommen haben, jetzt der Wissenschaft entgegen«[43]. Die russische populäre Literatur aus der Zeit vor der

Revolution enthielt bereits die Elemente einer Fetischierung »der« Wissenschaft[44], eine kulturelle Disposition, die sich unter Stalin offenbar ungehemmt entfalten konnte. Wissenschaftsmagie überwältigte die Wissenschaft. Beschwörungen ersetzten Experimente und Beweise. Was russische Wissenschaftler in der Auseinandersetzung mit Lyssenko nur im Eifer des Gefechts zu äußern wagten, bestätigten nach dem Krieg ausländische Kollegen. Lyssenko erschien als »wissenschaftlicher Ignorant« mit einer »mittelalterlichen Mentalität«, als sowjetische Variante eines Savonarola[45].

Während des Krieges hatten die Auseinandersetzungen geruht. In den Strudel des inneren und äußeren Kalten Krieges mit seinen Kampagnen gegen Historiker, Ökonomen und Philosophen und mit der Bereinigung der »Kulturfront« wurden auch die Biologen und Agrarwissenschaftler hineingezogen. Auslöser war nun nicht mehr eine Krise der etablierten Forschung in Biologie und Genetik, sondern vielmehr – so hat es den Anschein – eine Krise der Mitschurinisten. Denn trotz aller ideologischen und politischen Rückendekkung hatten sie keine wesentlichen Resultate vorzuweisen, was eine Kommission im Zentralkomitee der Partei im April 1947 ausdrücklich bestätigte[46]. Wissenschaftler bestürmten aus unterschiedlichsten Anlässen die Parteiführung mit Klagen und Beschwerden gegen Lyssenko und sein drohendes Monopol in Genetik und Biologie[47]. Auch in den öffentlichen Debatten – hier v.a. mit den Botanikern P.M. Schukowski und I. F. Schmalhausen über Aspekte der Vererbung, der Autogenese, der Indeterminiertheit der Evolution und innerartliche Konkurrenz – fanden die Lyssenko-Anhänger im wissenschaftlichen Milieu offenbar keine breite Resonanz. Zudem setzten die etablierten Wissenschaftler ihre Forschungen ungerührt fort. Es waren ihre Theorien und Hypothesen und nicht die der Mitschurinisten, welche den Lehr- und Forschungsbetrieb beherrschten. Da im offenen Wettstreit ein Monopol nicht zu erobern war, wandte sich Lyssenko schon Mitte 1947 an A.A. Schdanow mit der Bitte um Hilfe bei der Durchsetzung seiner Forderungen vor allem auch an der WASChNiL. Da hier seit 1935 keine Wahlen stattgefunden hatten, scheint es innerhalb der politischen Instanzen Auseinandersetzungen darüber gegeben zu haben, ob – statutengemäß – Wahlen mit der sicheren Aussicht einer Niederlage der Lyssenko-Anhänger zugelassen oder ob diese im Ernennungsverfahren durchgeboxt werden sollten. Als das Landwirtschaftsministerium zur öffentlichen Kandidatur für Wahlen aufrief, zeigte sich schnell, daß z.B. so aggressive Verbündete Lyssenkos wie Present keine Chance hatten. Schließlich wurde ein kombiniertes Verfahren ersonnen: Ernennung einer Reihe von Anhängern Lyssenkos und das – nicht eingehaltene – Versprechen, später Wahlen zuzulassen[48]. Dafür sollte sich Lyssenko bald erkenntlich zeigen: »Dank der Fürsorge der Partei, der Regierung und des Genossen Stalin persönlich hat sich jetzt die Lage an der Akademie (WASChNiL) gründlich geändert«[49].

Die vom 31. Juli bis 7. August 1948 stattfindende berüchtigte Sitzung in der WASChNiL eröffnete Lyssenko mit seinem – von Stalin persönlich redigierten[50] – Bericht »Über die Lage in den biologischen Wissenschaften«. Der politischen Situation angepaßt wiederholte er seine Lieblingsthemen, von vielen Kollegen und Philosophen immer wieder variiert: In der »Epoche des Kampfes zweier Welten« habe »die sozialistische Landwirtschaft ... eine grundsätzlich neue, eine eigene Mitschurinsche, sowjetische biologische Wissenschaft hervorgebracht, die sich in engster Einheit mit der sozialistischen landwirtschaftlichen Praxis als agronomische Biologie entwickelt«. Dagegen stünden die »Vertreter der reaktionären biologischen Wissenschaft, die Neodarwinisten, Weissmannisten oder, was dasselbe ist, die Mendelisten-Morganisten«, welche die »Chromosomem-Vererbungslehre« verteidigten und bisher nicht hinreichend entlarvt worden seien. Denn die »morganistische Metaphysik, die von A bis Z aus der uns feindlichen, ausländischen reaktionären Biologie zu uns hereingetragen wurde«[51], galt wieder als klassenfeindlich und sei zudem ohne praktischen Nutzen, was zu dieser Zeit schon längst nicht mehr zutraf.

Die Lehre von den zwei Wissenschaften, der sowjetischen und der bürgerlichen, gehörte seit A. Schdanows »Zwei-Lager-Theorie« bis in die fünfziger Jahre hinein zum Repertoir öffentlicher, zumeist aber unverbindlicher Bekenntnisse. Die sowjetischen Naturwissenschaften unterschieden sich nun von den bürgerlichen durch ihre »materialistische Grundlegung und ihre praktische Ausrichtung im Dienst am Volke«. Während die bürgerliche Mathematik ein »unbeschränktes ... idealistisches Spiel« sei, entsprängen mathematische Forschungen in der UdSSR »den Bedürfnissen der Praxis, der Erfahrung, und sie sind grundlegend gerichtet auf die Lösung konkreter Aufgaben der Technik und Wissenschaft«, so S.I. Wawilow, Präsident der Akademie der Wissenschaften und Bruder des 1943 in der Haft verstorbenen Nikolai Wawilow, in einer Feschrift der Akademie für den »teuren und heiß geliebten Jossif Wissarionowitsch« im Jahre 1949[52].

In bezug auf die meisten Naturwissenschaften handelte es sich wohl um rhetorische Unterwerfungsrituale, welche die wissenschaftliche Praxis wenig berührten, sie bestenfalls politisch legitimierten und ihnen ein Gütesiegel aufklebten[53]. In der Biologie und Genetik aber bedrohten die Angriffe Lyssenkos und seines wachsenden Anhanges die Existenzgrundlagen des Faches. Daher setzten sich Vertreter beider Sparten – wie in den dreißiger Jahren – zur Wehr. Besonders exponierten sich u.a. P.M. Schukowski, I.F. Schmalhausen und A.R. Schebrak, der zuvor schon wegen einer Publikation im Ausland, welche die sowjetische Biologie verteidigen sollte, heftig angegriffen worden war – u.a. durch Literaten wie A. Twardowski[54]. Aber selbst der Direktor der Timirjasew-Akademie, der Statistiker W.S. Nemtschinow bekannte sich vehement zur Richtigkeit der Chromosomen-Theorie. Schweigen oder offener

Widerstand einer Reihe von Gelehrten auf der Tagung der WASChNiL sind in der verhetzten Atmosphäre des Jahres 1948 wohl damit zu erklären, daß sie mit einem gewissen Rückhalt für ihre Positionen in der Parteiführung gerechnet haben müssen. Diese Hoffnung wurde erst zerstört, nachdem der ZK-Sekretär für Wissenschaft Juri Schdanow, ein Sohn des soeben verstorbenen A.A. Schdanow, Selbstkritik geübt hatte. Ihre Veröffentlichung am 7. August 1948 fiel zusammen mit Lyssenkos Aussage vom gleichen Tag, daß nämlich »das ZK der Partei ... mein Referat geprüft und gutgeheißen hat«. (Stürmischer Beifall, der in eine Ovation übergeht. Alle erheben sich von ihren Plätzen.)«[55] Der Wink war nicht zu übersehen. Noch auf der Tagung selbst übten einige Wissenschaftler Selbstkritik, äußerten hierbei allerdings – wohl nach dem Vorbild Ju. Schdanows – Vorbehalte: Gegen Lyssenkos Behauptungen betonte dieser, daß die »formalen Genetiker« durch Bestrahlung und chemische Behandlung des Saatgutes Erfolge aufzuweisen hätten, während Lyssenko »nur geringen Nutzen aus dem Schatz der Mitschurinlehren ziehe«. Zudem sei er »ein schlechter Führer unserer Agrarwissenschaft« und habe nichts vorzuweisen[56]. Schukowski formulierte offen seine gespaltene Loyalität als Kommunist und Wissenschaftler: Da Lyssenko »mit dem Volk verbunden« sei und zudem das ZK die Grenzlinie gezogen habe, sei er als Kommunist zwar gezwungen, sich zu Mitschurin zu bekennen und »das Ansehen des Präsidenten« (Lyssenkos) zu schützen, allerdings stehe er nach wie vor auf dem Standpunkt, daß es eine Konkurrenz innerhalb ein und derselben Art gebe[57].

Die Versuche auch anderer »Reuiger«, Widerhaken in die Unterwerfung einzubauen, hat 1948 nichts mehr geholfen. Die folgenden Versammlungen und Maßnahmen an Akademien, Instituten und Hochschulen ließen erkennnen, daß nun tatsächlich eine Lehrmeinung ex cathedra zur einzig zulässigen erhoben worden war. Überprüfungen, Bekenntniszwang, Schließung oder Neubesetzung von Forschungseinrichtungen, Entlassungen, Vernichtung von Büchern und Druckstöcken, die Einführung obligatorischer »mitschurinistischer« Lehrprogramme für Hochschulen und Institute waren die Folge[58]. Soweit dies im Wissenschaftsbetrieb überhaupt möglich war, hatte sich nun so etwas wie eine »ideologische Diktatur« in den biologischen und agrarischen Wissenschaften durchgesetzt, auch wenn es einzelnen Wissenschaftlern gelang, unter dem Schirm der neuen Schlagworte ihre alten Forschungen fortzuführen. Trotz der nun viel umfassenderen Vorherrschaft der sog. Mitschurinisten waren die Formen der Repression gegen »abweichende« Wissenschaftler weniger brutal als in den dreißiger Jahren[59].

Wie weit der Sieg Lyssenkos und seines Anhangs mit der Inszenierung von Stalins »Großem Plan zur Umgestaltung der Natur« zusammenhing, ist nicht ganz eindeutig. Auf jeden Fall stützte sich dieser Plan auf die Hinterlassenschaft Williams' in der Bodenbearbeitung, auf Lyssenkos idée fixe eines Erosionswalles aus Baumnestern für die Steppengebiete und andere wenig erprobte Verfahren. Dabei bleibt unklar, in welchem Umfang die hier verkündeten Maßnahmen tatsächlich realisiert wurden. Das Aufforstungsprogramm durch Baumnester in Trockenzonen scheint ein völliger Fehlschlag gewesen zu sein, ebenso andere Programme wie Williams' Verfahren zur Düngung, die bei Praktikern auf offenen Widerspruch stießen, die Ersetzung des Winter- durch Sommerweizen, das Anpflanzen von Rüben und Kartoffeln im Sommer, die Entwicklung angeblich frostresistenter Getreidesorten in Sibirien oder die Propagierung bestimmter Zuchtverfahren mit Jersey-Rindern zur Erhöhung des Fettgehalts der Milch u.ä.[60]. Der Triumph des Mitschurinismus war begleitet von Angriffen auf andere Disziplinen der Geistes- und Naturwissenschaften. Teils mit offizieller Rückendeckung, teils wohl auch aus dem Milieu fanatischer »Materialisten« kommend, wurden die Relativitätstheorie, die Kybernetik, die Quantenphysik und andere neuere Entwicklungen als Auswüchse bürgerlicher Wissenschaften verworfen und ihnen »materialistische« Erklärungen und Theorien entgegengestellt. Allerdings verliefen die Diskussionen in den einzelnen Disziplinen sehr unterschiedlich. Den Vertretern »proletarischer« Wissenschaft gelang es in der Regel nicht, wesentliche Einbrüche in die etablierten Fächer zu erreichen[61]. Die Gründe für diese unterschiedliche Durchschlagskraft sind nicht leicht zu ermitteln und bedürften der Untersuchung jeden einzelnen Faches. Die plausibelste Erklärung läuft – wie schon für die dreißiger Jahre – darauf hinaus, daß es mit Ausnahme der Biologie Verfechtern einer »proletarischen« Wissenschaft nicht gelang, die relativ geschlossene Phalanx der etablierten Disziplinen zu zerstören. Es mag sein, daß die Nähe mancher Fächer zur Rüstungsindustrie sie vor inkompetenten Eingriffen, keinesfalls aber vor Repressionen gegen einzelne ihrer Vertreter schützte[62]. Die Kosten der Unfreiheit sind dabei freilich nicht zu messen, da das herrschende Klima der Intoleranz öffentliche Tabus und Frageverbote errichtete, die auf theoretischem Feld behindernd gewirkt haben mögen[63].

In ihrer Bedeutung schwer abzuschätzen sind Stalins Interventionen in wissenschaftliche Streitfragen, so z.B. seine Auslassungen zu »Marxismus und Fragen der Sprachwissenschaften« vom Juni 1950. Mit der Zertrümmerung der Sprachtheorien N.J. Marrs lieferte Stalin persönlich ein Beispiel gegen das »Araktschejew-Regime« in den Wissenschaften, d.h. gegen die Diktatur einer Schule in einer Disziplin[64]. Das Plädoyer für Pluralismus und den offenen Streit über Theorien und Verfahren wurde durch den permanenten Bekenntniszwang und administrative Eingriffe desavouiert. Stalins scheinbare Unbekümmertheit und Freiheit mochte zusätzlich zu den ohnehin Diffamierten auch jene verunsichern, die sich in vermeintlich fester Position glaubten. Die Freiheit des Diktators hat wohl eher verängstigt als zur Nachahmung stimuliert.

Der Prozeß der »Entlyssenkoisierung« setzte bereits vor Stalins Tod ein, sicherlich nicht als Folge von Stalins Kritik am »Araktschejew-Regime« in den Wissenschaften, sondern eher aus Zwängen, die sich aus dem schon 1951/52 erkennbaren Scheitern des Aufforstungsprogramms ergaben. Die passive Resistenz aus dem Wissenschaftsmilieu mag auch eine gewisse Rolle gespielt haben. Schon 1951 wurden ehedem geschmähte Biologen wieder in führende Stellungen berufen. Für das Zerbröckeln der Lyssenko-Diktatur scheinen hauptsächlich Praktiker vor Ort und Politiker, die mit Landwirtschaft zu tun hatten, verantwortlich gewesen zu sein. Zögernd und mit großen inneren Widerständen mußten sie erkennen, daß sie ihre politisch-ideologische Autorität in Fragen, von denen sie im Grunde wenig verstanden, einer Schule geliehen hatten, die theoretisch und praktisch nichts zu bieten hatte. Einmal mehr waren sie – wie so oft in der Sowjetunion – ihrem Machbarkeitswahn aufgesessen, ihrer mit dem Diamat bewaffneten revolutionären Ungeduld, die vermeinte, soziale, politische und technische Probleme im Hauruck-Verfahren lösen zu können[65]. 1952 begannen auch die »Moskauer Gesellschaft der Naturforscher« und das »Botanitscheski Schurnal« kritische Beiträge zu publizieren. Sie lösten damit eine kaum noch aufzuhaltende Welle der Auseinandersetzung mit der »Agrobiologie« Lyssenkos aus[66]. 1955 wandten sich 300 Wissenschaftler an das Zentralkomitee der Partei mit der Bitte um Bereinigung der Situation in der Biologie. Wie Kapiza, Mitunterzeichner dieses Appells, in einem Brief an Chruschtschow beklagte, wäre es allerdings besser gewesen, statt vom ZK dirigistische Eingriffe zu erbetteln, den Brief der Dreihundert zu veröffentlichen und eine breite Diskussion zu entfachen, um durch einen solchen Streit der »gesunden Richtung« zum Durchbruch und zugleich der wissenschaftlichen Öffentlichkeit zu größerem Gewicht zu verhelfe[67]. Diese Gedanken dürften dem allgemeinen Bewußtseinszustand allerdings vorausgeeilt sein und stießen bei Chruschtschow sicher nicht auf Gegenliebe. Der Prozeß der Wiederherstellung seriöser biologischer Forschung verlief äußerst schleppend. Zwei Gründe waren hierfür maßgeblich: Die Partei hatte sich seit den dreißiger Jahren ideologisch und politisch so sehr mit dem sog. Mitschurinismus identifiziert, daß eine abrupte Entthronung Lyssenkos auch das legitimatorisch so wichtige Gebäude des Diamat infrage gestellt hätte. Zudem hatten sich die Anhänger Lyssenkos in der Wissenschaftshierarchie und im politischen Establishment festgesetzt, so daß es unter den neuen Bedingungen nach 1953 nicht einfach war, sie aus ihren Positionen zu verdrängen. Dies umso mehr, als Chruschtschow trotz seiner Kritik an Einzelverfahren Williams' und Lyssenkos weiterhin an den Mitschurinismus und zudem an den ontologischen Unterschied zwischen sozialistischer und kapitalistischer Wissenschaft glaubte, wohl eine Folge seiner Sozialisation als »Aufsteiger«[68]. 1958 intervenierte er gegen die zunehmende Kritik an Lyssenko, erzwang Umbesetzungen in der Redaktion des »Botanitscheski Schurnal« und Entlassungen aus wissenschaftlichen Einrichtungen, ohne jedoch die Etablierung der genetischen Forschung in der UdSSR verhindern zu können[69]. Wissenschaftler in führenden Positionen leisteten es sich, den Mitschurinismus einfach nicht zur Kenntnis zu nehmen, ihn auch gelegentlich öffentlich anzugreifen. Dennoch blieben die biologische Forschung und noch mehr ihre Lehre im Zustand ständiger Unsicherheit, die insbesondere weniger prominenten Wissenschaftlern erhebliche Risiken auferlegte. Als Schores Medwedew und ein Kollege in der Kulturzeitschrift »Newa« den Lyssenkoismus offen kritisierten, erscholl noch 1964 der Ruf nach strafrechtlichen Konsequenzen[70]. Andere Wissenschaftler zogen es vor, öffentliche Schwüre auf Lyssenko abzulegen, aber gleichzeitig doch Genetik zu lehren, sei es in speziellen Kursen, sei es in einer Art von »Untergrund-Universität«[71]. Der Druck der scientific community wurde aber immer stärker, so daß 1962 unter maßgeblicher Beteiligung des Biochemikers W.A. Engelhardt insbesondere Lyssenkos Versuchsstation »Gorki leninskie« (bei Moskau) und sein Institut in Odessa Gegenstand der Überprüfung wurden. Zwei weitere Kommissionen konnten sich auch im folgenden Jahr mehr aus politischen als aus wissenschaftlichen Gründen nicht auf klare Richtlinien für die weitere Forschung einigen. Die Auseinandersetzungen hinter den Kulissen – im wissenschaftlichen wie im politischen Establishment – führten zu einer ZK-Entschließung vom Januar 1963 »Zu Maßnahmen über die weitere Entwicklung der biologischen Wissenschaften und zur Stärkung ihrer Verbindung mit der Praxis«. Trotz der nochmaligen Beschwörung der mitschurinistischen Biologie ließ sie Raum auch für andere Schulen. »Nirgends zeigte sich das Geschick von Bürokraten und Politikern zum Ausweichen stärker als in diesem langatmigen, wohl letzten ZK-Dokument, das sich anstrengte, Naturwissenschaftlern die Wahrheit zu dekretieren«[72].

Wie stark selbst noch 1964 der politische Druck war, zeigten die Auseinandersetzungen um die Neuwahl von Kandidaten der Biologie in der Akademie der Wissenschaften: Einige immerhin vorzeigbare Mitschurinisten wurden aus politischen Opportunitätserwägungen gewählt. Zum politischen Eklat sollte es kommen, als die Allgemeine Versammlung der Akademie der Wissenschaften die Bestätigung des prominenten Lyssenko-Anhängers N.I. Nuschdin ablehnte, obwohl er nach hinreichendem politischen Trommelfeuer in der Biologischen Abteilung als Akademiemitglied gewählt worden war. Die eigentlich skandalöse Rede in der Allgemeinen Versammlung hielt der Physiker A.D. Sacharow, als er auf Nuschdins Kampf gegen die »antimitschurinistischen Einstellungen der Biologie« zu sprechen kam. Sacharow forderte alle Anwesenden dazu auf, so zu stimmen, »daß die einzigen Jasager jene Leute sein werden, die zusammen mit Nuschdin, zusammen mit Lyssenko die Verantwortung für den infamen, schmerzlichen Abschnitt in der Entwicklung der sowjetischen

Wissenschaft tragen, der glücklicherweise jetzt zu Ende geht.« (Applaus)[73] Dieses statement wurde zwar vom Akademie-Präsidenten M.W. Keldysch als »taktlos« qualifiziert, und es rief den Zorn Chruschtschows hervor[74], aber der Bann war gebrochen. Mit Chruschtschows Sturz im Oktober 1964 verloren die Lyssenko-Anhänger ihre wichtigste Stütze im Apparat.

Nach dem Oktober 1964 ergoß sich eine Welle der Kritik über Lyssenko und seine Schule, offensichtlich von der neuen Parteiführung forciert, doch – wie in anderen Bereichen – blieb die politische Dimension des Falles mehr oder minder tabuisiert. Schores Medwedews historische Darstellung zirkulierte seit 1962 als Manuskript und trug zur »Entlarvung« der Mitschurinisten bei, durfte aber in der Sowjetunion nicht veröffentlicht werden[75]. Die später von Mark Popowski erstellte Biographie N.I. Wawilows konnte zwar in Auszügen in der UdSSR erscheinen, der politische Druck der Anhänger Lyssenkos war aber immer noch stark genug, um ein Verbot der vollständigen Publikation zu erreichen. Diese Darstellung kursierte dann als Samizdat und soll von fünf- bis siebentausend Personen gelesen worden sein[76].

Immerhin sah sich die politische Führung angesichts der westlichen Resonanz der Arbeiten von Medwedew und Popowski dazu veranlaßt, dem angesehenen, aber politisch und ideologisch zuverlässigen Genetiker N.P. Dubinin zu gestatten, in Form seiner Autobiographie die Lyssenko-Affäre und generell die Geschichte der sowjetischen Genetik in der richtigen Optik vorzustellen. Dubinin bot sich insofern an, als er eine sozialistische Bilderbuch-Karriere aufwies: Als »besprisornik« (verwahrlostes Kind) soll er zufällig mit Lenin photographiert worden sein. Seine Erinnerung an die Zeit in einem Kinderheim verstellt Dubinin durch die Wiedergabe eines in der Stalinzeit berühmten Films über die Kinderliebe der GPU. Er feiert sich selbst als typischen »Aufsteiger« und »echten« sowjetischen Intelligenzler. Er verkörperte, wie eine Kritikerin schreibt, »das leninsche Ideal des Intellektuellen«, während ihr Lyssenko als »Ausgeburt der stalinschen Hölle« erschien. Beide hätten sich in einem Wettkampf befunden, um später eine Allianz einzugehen[77] – dies der böse Kommentar der Tochter eines »bürgerlichen« Wissenschaftlers, der unter Stalin gelitten hatte. Als Aufsteiger, der mit den politischen und ideologischen Doktrinen der zwanziger Jahre aufwuchs, will Dubinin seine grundsätzlichen philosophischen und wissenschaftlichen Einsichten Lenins »Materialismus und Empiriokritizismus« entnommen haben. »Ich glaube, daß ich dank der Lektüre dieses Buches W.I .Lenins im weiteren Verlauf eine ganze Reihe philosophischer und wissenschaftlicher Fehler vermied, welche viele Genetiker der älteren Generation begingen«[78]. Auch aus dem Streit zwischen Dialektikern und Mechanizisten um 1930 und aus dem ZK-Dokument, welches den »menschewisierenden Idealismus« Deborins aufs Korn nahm, will er tiefe Einsichten gezogen haben[79]. Parteigläubigkeit, philosophische Unbedarftheit und wissenschaftliche Kreativität waren also durchaus vereinbar. Die Angriffe auf seine »bürgerlichen« Lehrer und Förderer waren wohl nicht nur wissenschaftlichen Motiven entsprungen und hinterlassen angesichts der Atmosphäre jener Jahre einen dubiosen Beigeschmack[80]. Im Jahre 1948 wurde Dubinin ein Objekt besonders ignoranter Angriffe Lyssenkos[81]. Auch unter Chruschtschow hatte er erhebliche Schwierigkeiten hinzunehmen, so daß er zugleich als Opfer und als positives Beispiel der prinzipiell richtigen Parteilinie figurieren konnte. Nach 1964 wehrte er sich gegen angeblich geplante Rachefeldzüge der Genetiker gegen Lyssenko. Nun gehörte er zum wissenschaftlich-bürokratischen Establishment. Als dessen Repräsentant beklagte er, daß wegen der Erfahrungen seit den dreißiger Jahren die Genetiker den Marxismus über Bord geworfen hätten, wogegen er – offenbar vergeblich – die Übereinstimmung zwischen dem dialektischen Materialimsus und den Ergebnissen der genetischen Forschung unentwegt postulierte[82].

9. Intellektuelle Zwangsarbeit

Die Eigenart der Stalinzeit lag nicht nur für die Angehörigen der Bildungsberufe in unterschiedlich dosierten Formen des Zwanges: im Druck zu Bekenntnissen, zu falscher Legitimation des eigenen Tuns, auch in von außen verordneten und oft genug verinnerlichten Denkverboten, in der Veranlassung zu Aktivitäten, an denen man sich wider besseres Wissen aus Opportunität beteiligte oder die man verängstigt geschehen ließ. Da die Rolle zwischen Tätern und Opfern wechselte, man oft beides zugleich oder in sukzessiven Phasen war oder sein konnte, fungierten schließlich alle als Marionetten in einem Spiel, das andere zu spielen schienen. In dieser Unentrinnbarkeit und Undurchschaubarkeit der wechselnden Rollenzumutung lag das Spezifische eines Zwanges, unter dem alle standen. Das eindeutig Böse, wie es A. Waksberg in der Figur des »bürgerlichen« A. Wyschinski, des Juristen und Hauptanklägers in den Schauprozessen der dreißiger Jahre, präsentiert[1], dürfte eher die Ausnahme gewesen sein, ohne daß es etwa an genügend Tätern auch in den Bildungsberufen gefehlt hätte. Sie finden sich unter jeder Diktatur. Aber selbst Wyschinski erscheint eher als Marionette, denn als eigenständige, sich ihrer selbst sichere Person – sicher eine Folge der despotischen Elemente in der Machtausübung Stalins. Die Elemente des Zwanges lassen sich in fast allen intellektuellen Manifestationen jener Zeit finden, nicht zuletzt in der immer wieder geforderten Akklamation.

Eine der sicher verwerflichsten Handlungen, zu der sich ausgerechnet Schriftsteller hergaben, war die euphorische Beschreibung und damit öffentliche

Billigung der Zwangsarbeit. Hier spielte Maxim Gorki eine Vorreiterrolle, als er sich im Sommer 1929 dafür hergab, das Gefangenenlager auf den Solowezki-Inseln zu besuchen und wohl wider besseres Wissen einen positiven Bericht vorzulegen[2]. Für Propagandazwecke in goßem Umfang ausgeschlachtet wurde die Besichtigungsfahrt von insgesamt 120 Schriftstellern zum soeben fertiggestellten Weißmeer-Ostsee-Kanal im Jahre 1933[3]. Der ebenfalls im Ausland publizierte Bericht sollte beweisen, daß ein sowjetisches Lager etwas ganz Anderes sei als ein nationalsozialistisches Konzentrationslager[4]. Der prächtig gestaltete Band, von Gorki und maßgeblichen Leitern der GPU herausgegeben, im Geist der Zeit als Industriereportage gestaltet, ist nicht nur eine Lobeshymne auf die erzieherische Arbeit der GPU. Hier spiegelt sich auch die seit dem Kulturfeldzug gängige Mystifizierung der kollektiven Arbeit und des Plans, »der allmählich das oberste Gesetz wurde, welchem sich jeder, die Chemiker, die Ingenieure, die Diebe, die Kulaken und die Prostituierten gleichermaßen unterwarfen«[5]. Ganz im Sinne des von Gorki schon früher immer wieder betonten zivilisatorischen Werts von Arbeit wurde nun Zwangsarbeit als Mittel der Läuterung von Kriminellen und »sozial fremden« Elementen, also von »Schädlingen« und ehemaligen Angehörigen der ausbeutenden Klassen vorgestellt. Der unter propagandistischen Aspekten nicht ungeschickt gestaltete Bericht führte vor, daß selbst ein zunächst eher skeptischer Satiriker wie Michail Soschtschenko sich von den erzieherischen Erfolgen der GPU überzeugen ließ. Er durfte über die »Umschmiedung« eines Kriminellen berichten. Dabei erhielt er ausführlich Gelegenheit, die Abenteuer-Biographie eines Diebes vorzustellen[6]. Es war derselbe Soschtschenko, der sich nach den Erinnerungen von N. Mandelschtam weigerte, Spitzeldienste zu übernehmen[7], der 1946 neben Anna Achmatowa zur Zielscheibe von Schdanows Anwürfen wurde und sich 1954, noch vor seiner Rehabilitierung, öffentlich vor einem weitgehend feindselig gestimmten Publikum gegen stereotype Vorwürfe vehement zur Wehr setzte[8].

Die Beteiligung an der Besichtigungsfahrt und noch mehr der Bericht selbst müssen als eine Art von Loyalitätstest angesehen worden sein, dem sich Schriftsteller zu unterziehen hatten. Ein ehemaliger Akmeist und Bekannter der Mandelschtams verdiente sich auf diese Weise den Adelstitel »Kanalski«. Ossip Mandelschtam überwand sich zu einem »aalglatten« Gedicht, das die Schönheit der karelischen Landschaft besang[9]. Alexei N. Tolstoi, dem in Gefangenenkreisen ohnehin in Anlehnung an den berüchtigten Grafen Araktschejew ins fiktive Wappen das Motto »ohne Schmeichelei ergeben« zugedichtet wurde, soll »voll Leidenschaft und Begeisterung« von seinen Reiseerfahrungen erzählt haben. »Er überstürzte sich buchstäblich mit Berichten über die Erbauer des Kanals, über die fortschrittliche Technik«[10]. Daß der Suggestion der wunderbaren Verwandlung durch Arbeit besonders junge Autoren wie K. Simonow erlagen, kann nicht erstaunen. Auch er fuhr auf Kosten des Staatsverlages für Literatur zum Weißmeer-Ostsee-Kanal, traf dort Häftlinge und schrieb glühende Gedichte über das »Umschmieden«[11]. So verlogen wie die Beiträge über den Arbeitsenthusiasmus der Gefangenen waren auch die Berichte über die Biographien der inhaftierten Ingenieure: Es sei endlich gelungen, die wegen ihrer Klassenlage zu – niemals erläuterter – Schädlingstätigkeit Verführten durch die gestellte Aufgabe dermaßen zu faszinieren, daß sie unmerklich für die Aufbauarbeit am Sozialismus gewonnen worden seien und sich zu ebensolchen Enthusiasten verwandelt hätten wie die Kriminellen.

Dabei hatten sie den Bau des Kanals wohl eher nach technischen Standards des 18. und 19. als des 20. Jahrhunderts zu entwerfen. Die Aufseher der GPU fungierten zugleich als Therapeuten, als Lehrlinge der Ingenieure und bald als Meister: »Die Erfahrung hat aus den Tschekisten fast Ingenieure gemacht, und sie hat die Ingenieure den Arbeitsstil der Tschekisten gelehrt«, kommentierte Gorki[12]. Die Ingenieure ließen sich überzeugen und umerziehen. Einige ihrer klassenbedingten Besonderheiten durften sie gewissermaßen als Schrullen beibehalten[13].

Über die reale Zwangsarbeit von Angehörigen der Intelligenzberufe – von Technikern, Ingenieuren, Wissenschaftlern und »Kulturschaffenden« – sind bisher nur Fragmente bekannt geworden. Ähnlich wie im Fall der allgemeinen Zwangsarbeit und des Lagersystems insgesamt läßt sich aber aus den überlieferten Bruchstücken eine Entwicklung erkennen. Von den vielen »bürgerlichen« Spezialisten aus der technisch-wissenschaftlichen Intelligenz, die seit dem Schachty-Prozeß verfolgt und abgeurteilt wurden, ist offenbar ein kleinerer Teil getötet worden[14] oder als allgemeine Lagerhäftlinge zugrunde gegangen, während ein vermutlich größerer Teil zunächst – wohl unsystematisch – unter Haftbedingungen die alte Tätigkeit fortsetzen konnte[15], bevor seit Beginn der dreißiger Jahre Labors, Konstruktionsbüros und technisch-wissenschaftliche Anlagen den Industriebetrieben und Großbaustellen zugeordnet wurden. Diese speziellen Lager oder Lagerteile für sog. Spezialisten sind als *scharaga* (oder *scharaschka*) in den Erinnerungen der Überlebenden geschildert. Neben Solschenizyns Verarbeitung im Roman »Im ersten Kreis«[16] sind es vor allem Memoiren, auf die sich die Kenntnis dieser besonderen Lagereinrichtungen offenbar sehr unterschiedlichen Zuschnitts stützt[17]. Hervorzuheben ist die Tupolew-*scharaga*, 1937 in Bolschewo eingerichtet. Über die *scharaga* in Marfino berichten L. Kopelew und D. Panin. Eine besondere Einrichtung bildeten die Forschungsstätten, gewissermaßen goldene Käfige, in denen nach dem Krieg u.a. deutsche Wissenschaftler und Techniker arbeiteten. Hierüber berichten das Ehepaar Barwich, W. Albring und – beschönigend – Manfred von Ardenne[18].

Die Sonderlager für Naturwissenschaftler, Ingenieure und Techniker hatten offenbar eine doppelte Funktion zu erfüllen: Die GPU bzw. später das NKWD ordneten sich neben den Großbaustellen und Bergwerken, in denen Sträflinge tätig waren, auch die technischen Einrichtungen unter. Im Sinne ökonomischer Effizienz konnte das sonst »nutzlos« brachliegende Wissen der verhafteten Wissenschaftler und Techniker eingesetzt werden. Wie weit die GPU bzw. das NKWD hierbei in bewußter Konkurrenz zur oft nicht hinreichend effektiven »freien Wirtschaft« einen optimalen Einsatz menschlicher Arbeitskraft und technisch-wissenschaftlicher Anlagen demonstrieren wollte, mag dahingestellt bleiben. Immerhin läßt der Propagandarummel um den Weißmeer-Ostsee-Kanal und später um den Wolga-Don-Kanal erkennen, daß mit der politischen Wirkung der Umerziehung auch ein maximaler Arbeitseinsatz im Dienste des Sozialismus durch totale Manipulierung der allgemeinen wie der intellektuellen *rabsila*[19] vorgeführt werden sollte. Später wuchsen dem NKWD unter Berija mit der Atombomben-Entwicklung neue Kompetenzen zu[20]. Die von ihm kontrollierten Einrichtungen besaßen einerseits bessere Zugriffsmöglichkeiten auf Menschen und Material. Andererseits wurden sie dem Geheimhaltungswahn der Stalinära gerecht.

Die an der unmittelbaren Entwicklung der Atomrüstung beteiligten Wissenschaftler und Techniker wurden in »Objekten« konzentriert, die in Lagerzonen integriert waren. Angeworbene und sehr gut bezahlte Wissenschaftler und Techniker arbeiteten hier Seite an Seite mit Zwangsarbeitern. Die angeworbenen Wissenschaftler wie I.W. Kurtschatow oder später A. Sacharow genossen dabei den Schutz von Leibwächtern, »die in allen Kampfarten mit und ohne Waffe trainiert waren«[21].

Bemerkenswert an diesem sozialen Experiment bleibt, daß selbst die GPU bzw. das NKWD insofern ökonomischen Einsichten gehorchten, als auch unter Haftbedingungen intellektuelle Arbeit insgesamt privilegiert wurde. Nur ein Minimum an materiellem Wohlbefinden verhieß zufriedenstellende Resultate. Wissenschaftliche Arbeit sei nicht unter der Knute zu erbringen, kommentierte ein Beteiligter[22]. Dies bedeutete, daß – fern aller ideologischen Vorgaben, wie sie in der Öffentlichkeit durchgesetzt wurden – nicht nur wissenschaftliche Kontroversen, sondern auch institutionelle Konkurrenz und Alternativvorschläge gefördert und geprüft wurden[23], daß – allerdings in wechselndem Umfang – ein freier Meinungsaustausch unter Häftlingen mehr oder minder toleriert wurde und daß eine ideologische Indoktrination kaum stattfand. Selbst notorische Nazis genossen dieses Privileg. Konflikte mit Berija und den Funktionären des NKWD konnten – in Grenzen – ausgetragen werden[24].

Trotz der relativen Freiheiten in den *scharagi* blieb das Problem der unter Effizienzgesichtspunkten sich selbst behindernden totalen Kontrolle und der damit gegebenen Beschränkung an Informationen, die für eine optimale Erfüllung intellektueller Aufgaben notwendig gewesen wären[25]. Inkompetenz und Mißtrauen der politischen Instanzen und Aufseher waren sicher kein stimulierender Faktor für Techniker und Wissenschaftler. Offenbar konnten sich aber die Arbeitsbedingungen und Beziehungen der Inhaftierten zum Aufsichtspersonal sehr unterschiedlich gestalten[26]. Daß – jenseits moralischer Erwägungen – im Falle der Konstruktionsbüros und technischen Anstalten in den Lagern ähnlich wie im Fall der allgemeinen Zwangsarbeit über ihren ökonomischen Nutzen gestritten werden kann[27], legt auch die Frage nach den Grenzen menschlicher Ausbeutung nahe. Für die inhaftierten Wissenschaftler, Ingenieure und Techniker galt offenbar – aus naheliegenden Gründen mehr als für die Lagerinsassen, die zu schwerster körperlicher Arbeit bei immer unzureichender Ernährung verurteilt waren –, daß über die Inhalte der Arbeit Kooperation nicht nur erzwungen wurde. Wenn man den Berichten Oserows über die Tupolew-*scharaga* trauen darf, dann engagierten sich der später gefeierte Flugzeug-Konstrukteur und seine ca. 200 wissenschaftlich-technischen Mitarbeiter trotz aller Erbitterung in einer Weise, die allein aus politischen Erwägungen – etwa dem bevorstehenden Krieg gegen NS-Deutschland – kaum zu erklären ist. Arbeit als »Medizin und Droge«[28], als ein Art Flucht, Überlebenswillen und die Angst, in die allgemeinen Lager verlegt zu werden, dürften in je unterschiedlichen Anteilen eine Rolle gespielt haben. Freilich wird nur über Erfolge berichtet, kaum über situationsbedingte Mißerfolge und über vorenthaltene Ideen, Entdeckungen und technische Möglichkeiten, wie sie Solschenizyn u.a. bei deutschen Kriegsgefangenen mit technischen Kenntnissen unterstellt[29].

Die *scharagi* erinnern in mancher Hinsicht an die Militärkolonien unter den Kaisern Alexander I. und Nikolaus I. Beide Experimente versuchten den Traum von der totalen Verfügbarkeit bei Kostenminimierung und höchster Effizienz ohne Rücksicht auf die betroffenen Menschen zu realisieren[30]. Den sowjetischen Lagern lagen die Vision des totalen Arbeitsstaates und die Utopie der »Umschmiedung« zugrunde[31]. Diese Ideen verblaßten im Zuge einer brutalen Praxis; denn vieles deutet darauf hin, daß die Lager insbesondere seit der Kollektivierung eher die Folge der politischen und ökonomischen Turbulenzen als Ergebnis gezielter Planung waren. Was blieb, waren Zwang und Sklavenarbeit.

Diese Totalisierung des staatlichen Anspruchs realisierte sich allerdings in unterschiedlichen Formen und in wechselndem Ausmaß: Erfindungen und technische Entwicklungen konnten in wörtlichem Sinne enteignet, als Halbfabrikate behandelt werden; sie konnten unterdrückt, geduldet, auch gestohlen oder fürstlich belohnt werden, wie im Falle Ardennes[32]. Anstelle kommerzieller Prinzipien, die Kauf und Verkauf wissenschaftlicher Ergebnisse regelten, war ein System der staatlichen Zuteilung materieller Güter und Privilegien im ungeregelten Austausch für technisch-wissenschaftliche Leistungen getreten, eine Zuteilung, die weitgehend unabhängig vom Willen der Individuen war. Die einfachsten Rechte wurden zunächst entzogen, um stückchenweise als

Privileg zurückerstattet zu werden[33]. Ob ein Techniker oder Wissenschaftler akzeptiert, zurückgestuft, verbannt oder verstoßen wurde, hing nicht primär von seiner Leistung ab, sondern vom strategischen Stellenwert, den er aus der Sicht der politischen Instanzen innehatte. Das Interesse von Partei und Staat veranlaßte letztlich dazu, nach den Normen des Stalinsystems relativ pfleglich mit dem technisch-wissenschaftlichen Personal umzugehen. Es erhielt Privilegien, aber keine Rechte.

10. Die Verbände der Kultur-Intelligenz

Lose Zusammenschlüsse von Angehörigen der Kulturintelligenz mit programmatischen Zielen oder zu karitativen Zwecken hatte es vor wie nach der Revolution gegeben. Ihre staatliche Organisation blieb der Stalinzeit vorbehalten. Die Gründe dürften primär in dem politischen Impuls gelegen haben, die Vormacht der RAPP zu brechen, nicht-proletarische Künstler und Literaten zu integrieren und deren Produktion zu steuern. Das Prinzip, Berufsgruppen zu organisieren, deren Tätigkeit – mit Ausnahme der Filmschaffenden – vorwiegend individuell und »handwerklich«, d.h. ohne das Erfordernis eines größeren technischen Aufwandes erfolgt, war in sich selbst widersprüchlich. Denn hier ging es um den Versuch, ähnlich wie bei den Geisteswissenschaftlern eine eher individuelle Tätigkeit nach industriellen Maßstäben zu erfassen, zu kontrollieren und zu steuern.

Da zu Beginn der dreißiger Jahre der zuvor fast schon obligatorische Zwang zu kollektiver Produktion – in Analogie zur Industriearbeit – aufgegeben worden war, schienen die Verbandsgründungen eigentlich ein Anachronismus zu sein. Diesem Faktum wurde insofern Rechnung getragen, als die Verbände als »freiwillige« ausgegeben wurden. Gleichwohl bildeten sie einen Teil des Kontrollsystems, das sich auf die Prüfung der Resultate individueller Arbeit konzentrierte und die subsidiäre soziale Absicherung der Verbandsmitglieder übernahm.

Da es keinen freien Markt für die Erzeugnisse der Künstler und Literaten gab, griff der Staat regulierend und kontrollierend ein. Die Erfahrung mußte zeigen, wie sich Organisationszwang und individuelle Kreativität zu einander verhalten würden.

Erstaunlicherweise existiert bis heute nur eine sehr unzureichende Literatur über die in der Sowjetunion als schöpferische Verbände bezeichneten Organisationen. Sie erfassen vor allem die maßgeblichen Teile der künstlerisch-literarisch tätigen Intelligenz. Zu diesen Verbänden gehören diejenigen der

Schriftsteller, der Künstler, der Architekten, der Komponisten, der Filmschaffenden und zuletzt die der Journalisten. Mit Ausnahme des letzteren, erst 1959 gegründet, wurde die Bildung der Verbände 1932 angekündigt, aber in unterschiedlichem Ausmaße und zu unterschiedlichen Zeitpunkten realisiert. Für die Stalinzeit muß bei den meisten Verbänden von ihrer nur »fragmentarischen« Existenz ausgegangen werden. So bildeten den Kern des Künstlerverbandes die 1929 organisierte Allrussische Kooperativgesellschaft »Künstler« (WKTCh), die 1930 bereits 2.500 Mitglieder zählte. De facto wurde die Kunstpolitik von dem 1936 geschaffenen Komitee für Kunstfragen im ZK in enger Kooperation mit »einer Hand voll von Opportunisten und Karrieristen« gelenkt[1]. Hier spielte der Porträtmaler A. Gerassimow eine maßgebliche Rolle. Er besetzte zusammen mit wenigen anderen vergleichsweise talentlosen Malern die maßgeblichen Posten in Kunstzeitschriften, Museen und Künstlerorganisationen. Sie repräsentierten, was Sozialistischer Realismus in der Kunst sein sollte. Ähnlich sah es auf dem Musiksektor aus. Auch hier wurden 1932 proletarische und linksavantgardistische Musikvereinigungen aufgelöst. Danach entstanden eine Reihe lokaler Organisationen des Komponistenverbandes, ehe 1939 ein Organisationskomitee gegründet und 1948 der erste Komponistenkongreß einberufen wurde[2]. Der erste Architektenkongreß wurde 1937, der erste Künstlerkongreß erst 1957 abgehalten; die konstituierende Sitzung des Kongresses der Filmschaffenden fand 1965 statt (siehe Anhang Tab. 4)[3].

Ganz so amorph wie die anderen Vereinigungen war der Schriftsteller-Verband nicht. Nach zweijähriger Vorlaufzeit tagte der erste Kongreß bereits 1934. Gleichwohl blieb auch dieser Verband in den ersten beiden Jahrzehnten eher ein Anhängsel staatlicher Politik. Sie wurde mehr durch Entscheidungen Stalins und der zuständigen ZK-Abteilung bestimmt als durch irgendwelche regulierten Prozeduren. Nach dem Tode Stalins bekannte der damalige Erste Sekretär des Verbandes A. Fadejew, daß die organisierten Autoren im Grunde von zwei bis drei Personen geleitet worden seien[4]. Hinzuzufügen wäre, daß dies in enger Anbindung an das ZK und – besonders im Falle von Literatur und Film – an die Person des Diktators geschah. Ähnlich wie beim Künstlerverband fielen die maßgeblichen Entscheidungen in Fragen der inhaltlichen Schwerpunkte, der Personalpolitik, bei der Besetzung von Redaktionen und Posten im Verband wie in Fragen der materiellen Absicherung wohl nur nach Beratungen mit den politischen Instanzen und mit Stalin persönlich; denn dieser gefiel sich in der Rolle des Mäzens und Oberzensors. Die Amtsinhaber gehobener Posten im Schriftsteller-Verband hatten sich wie Staatsbeamte zu verhalten. So mußte Fadejew, als er sich ganz auf die Arbeit an seinem neuen Roman »Schwarze Metallurgie« konzentrieren wollte, vom ZK die Genehmigung für die Freistellung von den Aufgaben als Chef des Verbandes einholen[5]. »Man hat mich zum Lastesel gemacht, der sein ganzes Leben unter der Bürde ... unzähliger bürokratischer Dinge trottete, die von jedem beliebigen Menschen hätten erfüllt werden können«, klagte Fadejew in seinem letzten Brief vor dem Selbstmord[6].

Die Existenz vergleichsweise informeller Strukturen überrascht angesichts der totalitären Ansprüche, die insbesondere seit den dreißiger Jahren und dann wieder nach 1946 durchgesetzt wurden. Das Totalitäre verband sich dabei immer mit einem hohen Maß an Willkür, die offensichtlich ein Mittel der persönlichen Diktatur Stalins war. Alle Beteiligten an Entscheidungsprozessen mußten ständig mit Überraschungen rechnen, da es selbst im engsten Kreis der informellen Berater Stalins keine Regularien bei der Entscheidungsfindung gab. Obwohl der Diktator vorgab, die Fachkompetenz der Literaturfunktionäre in Anspruch zu nehmen und auch abweichende Meinungen in unvorhersehbarer Weise akzeptierte, lebten Funktionäre wie Fadejew, Tichonow oder Simonow in einem Rollenkonflikt: Einerseits fühlten sie sich als »Parteisoldaten«, andererseits konnten sie ihre Kompetenz in Fragen der Literatur nicht völlig unterdrücken. Fadejew schlug eine Taktik ein, die – wie bereits gezeigt wurde – darauf hinauslief, talentierte Autoren durch Publikation ihrer Werke zu fördern, sich aber vorbehaltlos Kampagnen gegen sie anzuschließen, wenn dies der Parteiauftrag erforderte. Simonow, der mehr den rüden Ton der Angriffe auf Achmatowa und Soschtschenko als die inhaltliche Tendenz dieser Kritik verurteilte, versuchte Soschtschenko durch Abdruck harmloser Partisanengeschichten zu helfen und ihn so aus der Isolierung herauszuführen[7].

Damit liefen die Durchsetzung kulturpolitischer Richtlinien und die Kontrolle der Autoren und »Kunstschaffenden« über informelle und undurchschaubare Kanäle. Der Loyalitätserhalt lag – nicht nur in der Stalinzeit – in materiellen Abhängigkeiten und der Zuweisung von Privilegien: Verführungen, denen viele Autoren und Künstler erlagen.

Allen Verbänden zugeordnet waren seit ihrer Gründung sogenannte Fonds als mehr oder minder autonome Einrichtungen. Der Literaturfonds und Architektenfonds wurden 1934, der Musikfonds 1939, der Künstlerfonds 1940 gegründet. Ihre Aufgaben und Strukturen scheinen sich zwischen der Etablierung und dem Ende der achtziger Jahre nicht wesentlich verändert zu haben. Die Einnahmen stammten teils aus staatlichen Zuwendungen – wie bei den Verbänden –, teils aus unterschiedlichen Abgaben, hauptsächlich Honoraren. Sie waren von jenen Auftraggebern einzuzahlen, welche die Arbeit von Künstlern, Literaten etc. in Anspruch nahmen. Einen wichtigen Anteil an den Einnahmen lieferten daher Verlage, Zeitschriften, Studios, Ateliers und Werkstätten. In jedem einzelnen Fall scheint die Situation anders gelagert gewesen zu sein. So sollen in den Jahren 1954-1966 die Einnahmen des Architektenfonds zu 95% aus den Summen bestanden haben, die staatliche Einrichtungen für Entwürfe abführten. Der Musikfonds erhielt 70% seiner Einnahmen aus

Gebühren für Aufführungen[8]. Der Literaturfonds erzielte 1967-1970 knapp die Hälfte seiner Einnahmen aus der 10%igen Abgabe auf Honorare[9]. Die Fonds bildeten bis Ende der achtziger Jahre die finanzielle Basis der Verbände. Die Mitgliederbeiträge waren dagegen eine zu vernachlässigende Größe: Sie machten in den sechziger Jahren nur 0,2 bis 4% der Einnahmen aus[10].

1989 wurden zum ersten Mal einer weiteren Öffentlichkeit einige Daten über die Einnahmen und Ausgaben des Literaturfonds bekanntgegeben. Danach erzielte er 1988 Einnahmen in Höhe von 21,4 Mio. Rubel. Hiervon wurden allein für Bauvorhaben – Arbeitsstätten und Wohnungen – 8,7 Mio. Rubel ausgegeben; 3,7 Mio. Rubel für Erholungs- und Rehabilitierungsstätten, 0,8 Mio. Rubel für Stipendien, Reisen und andere individuelle Unterstützungen[11].

Die Mitgliedschaft in einem der Fonds war zwar in der Regel, aber nicht durchgängig an die in den Verbänden gekoppelt. Insbesondere für junge Künstler galt, daß sie oft Mitglied des Fonds, aber nicht des entsprechenden Verbandes waren[12]. Nach der Schdanow-Kampagne wurde Soschtschenko auch aus dem Literaturfonds ausgeschlossen und geriet dadurch in große materielle Bedrängnis. Als Pasternak 1958 aus dem Schriftsteller-Verband vertrieben wurde, blieb er Mitglied des Literaturfonds. Solschenizyn hingegen sah sich nach der Verstoßung aus dem Verband auch – wie er schreibt – »heimlich« aus dem Literaturfonds ausgeschlossen[13].

Die Unions- und die Republiks-Schriftstellerverbände besaßen kein Monopol auf die Herstellung und Verbreitung von schöner Literatur. So erfaßte der Unionsverlag »Sowetski pisatel« 1964 nur 5,2% dieser Gattung, der dem Komsomol zugeordnete Verlag »Molodaja Guardija« dagegen 5,5%[14]. Aber es heißt, daß der Schriftsteller-Verband bis in die 60er Jahre hinein – wenigstens formell – allen Publikationen in diesem Bereich hat zustimmen müssen. Bis in die letzte Zeit hinein ist er in den Jahresplanungen für die Herausgabe schöner Literatur einbezogen gewesen[15]. Darüber hinaus kontrollierten die Unions- und Republiksverbände ca. 120 russischsprache literarische Periodika, in denen zumeist Erstveröffentlichungen erschienen[16]. Dem Komponistenverband wurde ein maßgeblicher Einfluß auf das öffentliche Musikleben zugeschrieben, in den sechziger und siebziger Jahren nicht zuletzt durch die Verhinderung avantgardistisch-experimenteller E-Musik und moderner Unterterhaltungsmusik wie Jazz, Rock etc.[17]

Die Mitgliedschaft in den Verbänden bedeutete mithin nicht nur die offizielle Anerkennung als Schriftsteller, Komponist etc., sondern sie erleichterte zweifellos die eigene Berufstätigkeit. Die Verbände und Fonds sind mit ihren Aufträgen, mit ihren Kontrollen, mit ihren teils formalen, teils informellen Privilegienzuweisungen, wenn auch in unterschiedlichem Umfang, in die Position von Arbeitgebern oder von Unternehmen hineingewachsen. Vom

Künstlerverband hieß es kürzlich, er sei die einzige Organisation, »die als Auftraggeber, als ausführendes Organ und als Käufer auftrete«[18]. Denn der Künstlerverband unterhielt schon gegen Ende der sechziger Jahre 380 Unternehmen, davon 150 Künstlerwerkstätten, in denen 70% der Mitglieder des Verbandes beschäftigt waren. Zudem verwaltete er die Ateliers und vergab Berechtigungsnachweise zum Erwerb von Ausrüstungen und Materialien. Der Architekten- und Künstlerverband besaßen eine fast monopolartige Stellung bei der Auftragsvergabe. Der Musikfonds scheint den Publikationsmarkt mit Noten weitgehend kontrolliert zu haben[19]. Die von ihrem Selbstverständnis her und nach den Steuergesetzen eher »freiberuflichen« Intellektuellen waren so auf vielfältige Weise einerseits abgesichert, andererseits aber administrativ gegängelt. So klagte schon Solschenizyn: »... der Autor wird offenbar als ein Angestellter des Staates betrachtet«[20]. Die damit verbundene Gefahr einer Monopolisierung der jeweiligen Branche wurde allerdings insbesondere seit der Etablierung der Republiksverbände und der damit einhergehenden regionalen Differenzierung und – im Bereich der Literatur – mit der jeweils spezifischen ideologisch-literarischen Profilierung einzelner Verlage und Zeitschriften abgemildert. So ist – wenigstens ansatzweise – seit den sechziger Jahren ein institutioneller Pluralismus entstanden, der trotz aller Konformitätsgebote dem einzelnen Schriftsteller oder Künstler die Wahl zwischen verschiedenen Einrichtungen, Arbeits- und Publikationsangeboten eröffnete.

Das Verhältnis zwischen Fonds und Verbänden war im einzelnen unterschiedlich geregelt. Spätestens seit den 60er Jahren scheinen die Fonds aber weitgehend der Kontrolle der Verbände zu unterliegen. Die Fonds haben eine Reihe – zumeist subsidiärer – sozialer Dienste und Hilfen übernommen, die in anderen Sektoren Betriebe und Institutionen für ihre Mitarbeiter erfüllen: Sie halfen in Notfällen, sie vergaben Darlehen bei Krankheit und Invalidität oder für den Erwerb von Genossenschaftswohnungen, sie unterhielten Krankenhäuser, Sanatorien, Clubs und Erholungsheime, Kindergärten und Pionierlager. Sie finanzierten, oft vermittelt durch andere Institutionen, z.B. durch Verlage und Redaktionen, Reisen, Recherche-Aufträge, sog. schöpferische Kommandierungen, und sie gewährten Vorschüsse. So zahlte 1989 der Literaturfonds pensionierten Mitgliedern eine Zusatzrente von monatlich 100 Rubeln[21]. Ähnlich wie die Betriebe kompensierten die Verbände mithin viele Mängel, die sich über den »freien« Markt nicht beheben ließen[22].

Obwohl seit Beginn der Planperiode der Lebensstandard für die Mehrheit der Bevölkerung gesunken war, etablierte sich in der Sowjetunion eine auch materiell privilegierte Schriftsteller- und Künstlerelite, die von Partei und Staat ausgehalten, umhegt und umpflegt, aber auch kontrolliert wurde. In der Memoirenliteratur wird immer wieder der Reichtum einiger Schriftsteller wie Gorkis und seines Gefolges, A. Tolstois, Korneitschuks und Scholochows und anderer prominenter und vom Regime protegierter Autoren hervorgehoben[23]. Die Auszeichnung mit Stalinpreisen in Wissenschaft und Kultur verdeutlichte einerseits die staatliche Anerkennung und andererseits die staatliche materielle Förderung dieser Bereiche. Die Vergabe von Stalin- und später von Lenin- und anderen Preisen bedeutete für Künstler und Literaten automatisch eine Steigerung ihrer Auflagen und damit ihrer Honorare. Je nach Kategorie umfaßte der Stalinpreis 25.000 – 100.000 (alte) Rubel. Stalinpreise brachten in der Regel hohe Auflagen oder Neuauflagen mit sich, so daß die Autoren auch damit ihre Honorare, nach internationalen Maßstäben in der Sowjetunion ohnehin üppig bemessen, aufbessern konnten. »Ein Stalinpreis bedeutete viel: Eine unmittelbare Neuausgabe in riesigen Auflagen, Porträts und enthusiastische Artikel in allen Zeitungen, irgendeinen offiziellen Posten, außerhalb der Reihe ein Auto, Wohnungen und eventuell Datschen. Deshalb war es vielen Personen völlig gleichgültig, ob man ihre preisgekrönten Bücher liest oder nicht – sie kümmerte nur, ob sie den Preis erhielten oder nicht«[24]. Die Höhe der Honorare regelte sich nach der – von wem auch immer bestimmten – Qualität der Werke, nach ihrer Gattung wie nach der Höhe der Auflage und Neuauflage und merkwürdigerweise nach dem Ort der Publikation. Die Klagen darüber, daß die Honorare in der Provinz niedriger als in den Hauptstädten seien, haben Tradition und reichten bis in die jüngste Vergangenheit[25]. Verbreitet waren die sog. Avancen, Vorauszahlungen für geplante oder bereits abgelieferte Manuskripte. Dies konnte insofern zu Schwierigkeiten führen, als Texte aus Gründen, die weder der Autor noch der Verlag zu vertreten hatten, nicht gedruckt wurden. Hier sind zumeist politische Gründe ausschlaggebend gewesen. Im April 1965 klagte Lidija Tschukowskaja gegen den Verlag »Sowetski Pisatel«, weil er ihr nach Übergabe des Manuskriptes »Sofja Petrowna« (deutsch: Das leere Haus) zwar 60% des Honorars ausgezahlt hatte, aber die Zahlung der restlichen 40% verweigerte, da die Novelle nicht erscheinen durfte – dies obwohl zwei Gutachter das Werk positiv gewürdigt hatten. Aber der politische Kurs hatte sich für alle Beteiligten überraschend geändert, und ein Sujet über die Repressionen der dreißiger Jahre galt nun als unerwünscht. Wider Erwarten gewann Tschukowskaja den Prozeß, weil sie nicht für das Nicht-Erscheinen ihres Werkes verantwortlich sei[26]. Avancen konnten auch gezahlt werden, obwohl es äußerst zweifelhaft war, ob ein Werk – aus politischen Gründen – erscheinen könnte[27]. Solche Paradoxien waren Teil eines für alle Beteiligten undurchsichtigen politischen Spiels.

In der Stalinzeit hingen Preisverleihung und Auflagenhöhe in erster Linie von der politisch-ideologischen Ausrichtung, erst in zweiter Linie von der literarischen Qualität und zu allerletzt von der Publikumsresonanz ab. Nicht nur für Lyrik galt, woran sich Jewgeni Jewtuschenko erinnert: »Die Auflage poetischer Bücher hing damals nicht von der Nachfrage der Käufer ab, sondern von der offiziellen Position der Dichter. Daher waren alle Läden überschwemmt von Gedichtbänden, die niemand haben wollte«[28].

Die starke politische Einbindung erfolgreicher Künstler, Architekten, Komponisten und Autoren ließ sie in einer von der rauhen Welt der Durchschnittsbürger abgeschirmten Sphäre – in dem »bezaubernden Dreieck« von Moskau, Datsche und in den der schöpferischen Intelligenz vorbehaltenen Sommerfrischen wie Peredelkino, Koktebel oder Tarussa hin- und herpendeln. Angehörige dieser Elite konnten sich auch auf internationalem Parkett – vor dem Krieg im Rahmen der verschiedenen antifaschistischen Aktionen und Kongresse, nach dem Krieg im Rahmen des »Weltfriedenslagers« – auf vorgezeichneten Bahnen bewegen und das »behaglich-paternalistische Beschütztsein in einer starken, vorwärtsschreitenden Gemeinschaft, getragen von den erhabensten Gefühlen über sich selbst« pflegen[29]. Wie weit sich Schriftsteller hierbei – gelegentlich oder dauerhaft – korrumpierten, ließe sich nur anhand von Einzelbiographien rekonstruieren. Wie bekannt ist Gorki für seine Erhebung zum Übervater der Literatur offenbar ebenso teuer bezahlt worden wie er hat bezahlen müssen. Wo »monumentaler Realismus« bei A. Tolstoi authentisch war und wo er ihn opportunistisch und im Parteiauftrag kalkuliert einsetzte, wäre im einzelnen zu untersuchen. Auf den ersten Blick erkennbar ist, daß in seinem größten Opus, dem »Leidensweg«, das Schlußkapitel über den Staatsplan zur Elektrifizierung Rußlands (GOELRO) und die Verherrlichung Lenins ebenso verlogen sind wie sein ganzer Roman »Brot« (1937). Hier wird die Rolle Stalins bei der Verteidigung Zarizyns im Bürgerkrieg glorifiziert (und offensichtlich im Parteiauftrag gefälscht). Simonow erinnert sich noch dreißig Jahre später gequält an ein Pamphlet gegen Tito und an ein patriotisches Stück. Wider besseres Wissen und mit schlechtem Gewissen verfaßte er beide und mußte sie von Stalin »verbessern« lassen[30].

Unter solchen Bedingungen reüssierten auch Schwindler und talentlose Schreiber. Vielfach kolportiert wird der Aufstieg eines Dramatikers Anatoli Surow, Leiter der Dramensektion im Schriftsteller-Verband. Er hatte sich mit antikosmopolitischen, d.h. faktisch antisemitischen Stücken hervorgetan, die er sich von »Negern«, unter ihnen auch Juden, schreiben ließ[31]. Der wundersame Aufstieg talentloser aber linientreuer Autoren blieb auch nach 1953 ein Kennzeichen der literarischen Szene.

Der Blick auf das Establishment darf allerdings nicht blind machen für die soziale Lage der Mehrheit der Angehörigen der Kulturintelligenz. So dürfte immer nur ein Teil unter den Literaten und Künstlern in den Verbänden organisiert gewesen sein. Um den notwendigen Freiraum für kreative Tätigkeiten zu erhalten, boten sich – zur Erlangung des notwendigen Arbeitsnachweises – auch andere Organisationen, v.a. Gewerkschaften als Auffangbecken an. Einen »Vorhof« des Schriftsteller-Verbandes bildete in Moskau z.B. ein »Gewerkschaftskomitee der Literaten«, dem vor seiner Auflösung 1987 1.700 Mitglieder angehört haben sollen[32]. In analoge Komitees flüchteten sich nach der berüchtigten, am 15. September 1974 mit Bulldozern niedergemachten Freiluft-Ausstellung im Ismailowo-Park auch viele nonkonforme Künstler. Sie entkamen damit freilich auch nicht der kleinlichen Parteikontrolle, wie sie anfangs gehofft hatten[33].

Für die Zeit der dreißiger bis siebziger Jahre fehlt es an systematischen Untersuchungen und verallgemeinerungsfähigen Aussagen zur materiellen Lage der Angehörigen »schöpferischer« Berufe. Erst eine Enquete aus dem Jahre 1988 erlaubt eine Momentaufnahme von der Situation zumindest der hauptstädtischen Schriftsteller, und auch nur derjenigen, die Mitglieder der Moskauer Organisation des Schriftsteller-Verbandes waren. Dies schloß die jüngeren, noch weniger etablierten Berufsgenossen aus. Relativ strenge Ausfnahmebedingungen – der Nachweis von Buchpublikationen und Protektion – wie vielleicht auch ein vergleichsweise starker Konformitätsdruck[34] – führten dazu, daß das Alter der Mitglieder verhältnismäßig hoch war. Von den über 2.000 Neuaufnahmen in den Unionsverband waren seit Mitte der siebziger Jahre immer nur ca. 20% unter 35 Jahren[35]. Unter den 1.316 Respondenten des Moskauer Verbandes waren im Jahre 1988 79% über fünfzig Jahre, immer noch 50% über sechzig Jahre alt. Diese Situation war wohl typisch, denn allgemein wurde über die Überalterung der Verbände geklagt.

Die folgenden Daten mögen eine ungefähre Vorstellung über die materielle Lage der eher etablierten Moskauer Verbandsangehörigen geben: Immerhin 66% der befragten Mitglieder konnten sich kontinuierlich ihrer literarischen Arbeit widmen, bei den unter Vierzigjährigen lag der Anteil bei 52%. Als wichtigste Nebentätigkeit, die von 23% der befragten Autoren als lebensnotwendig bezeichnet wurde, galten die Begutachtung und Redigierung fremder Manuskripte für Verlage und Redaktionen. Ein erheblicher Teil von Nebentätigkeiten entfiel auch auf Aktivitäten im Büro zur Propagierung von schöner Literatur, wohl Popularisierung und Vortragstätigkeit. Nur 17% der Befragten waren mit dem 1987 verbesserten Honorarsystem zufrieden, 66% hatten an den Preisverleihungen etwas auszusetzen – Meinungen und Stimmungen, die nur schwer einzuordnen sind. Als besonders beklagenswert galten die Copyright-Bestimmungen, von der Agentur für Autorenrechte (WAAP) offensichtlich unzureichend vertreten. Vervielfältigungs- und Übersetzungsrechte waren der Kontrolle der Autoren, aber auch der Verlage weitgehend entzogen[36]. Die Wohnsituation für die Moskauer Schriftsteller, die Verbandsmitglieder waren, stellte sich vergleichsweise günstig dar: 67% der Respondenten verfügten über eine eigene Wohnung, 9% lebten allerdings in einer sowjetischen Variante von Gemeinschaftswohnung, der berüchtigten »komunalka« oder als Untermieter. (24% machten keine Angaben.) In den achtziger Jahren soll immerhin einem

Viertel aller Mitglieder des Moskauer Verbandes eine neue oder bessere Wohnung zugeteilt worden sein[37]. 36% verfügten über eine Datscha, teils in Privat-, teils in Kooperativbesitz oder angemietet. Während insgesamt 57% der Befragten keine Datscha zur Verfügung stand, waren es bei den unter Vierzigjährigen 83%. Hieran wird angesichts der vergleichsweise bescheidenen Wohnverhältnisse in der Sowjetunion deutlich, wie notwendig nach wie vor die sog. »Häuser der Kreativität«, also Arbeitsstätten in ruhiger Umgebung waren, die der Verband zur Verfügung stellte. Die durchschnittlichen Monatseinkommen der befragten Schriftsteller lagen 1988 bei 290 Rubel, also deutlich über dem sowjetischen Durchschnittseinkommen von 220 Rubel. Allerdings gab es hier große Unterschiede: Ca. 43% der befragten Autoren verdienten weniger als 220 Rubel, 17% gar unter 170 Rubel; dagegen verfügten 23% über ein Monatseinkommen von über 400, 10% gar über mehr als 500 Rubel. In der Gruppe der besser verdienenden Autoren dürfte auch die – für sowjetische Verhältnisse – erstaunlich hohe Zahl von Ehefrauen zu vermuten sein, die keiner bezahlten Berufstätigkeit nachgingen. Ihr Anteil bei den Respondenten insgsamt lag bei 39%[38]. Da Angaben nicht über alle Schriftsteller vorliegen, ist die Repräsentativität dieser Umfrage nur schwer abzuschätzen. Zumindest bei den organisierten Berufsgenossen ist wohl von einer Situation auszugehen, die dem etablierten sowjetischen »Mittelstand« entsprach. Das relative Wohlbefinden mag auch darin zum Ausdruck kommen, daß immerhin 50% der Befragten die Arbeit des Schriftsteller-Verbandes 1988 als »nützlich« einstuften. 36% bewerteten seine Aktivitäten eher negativ, davon 11% als ausgesprochen behindernd. Die vergleichsweise verhaltene Kritik, verbunden auch mit sehr viel Bestätigung auf dem VIII.Schriftstellerkongreß vom Juni 1986, entsprach mit Sicherheit der allgemeinen Stimmungslage. Auf jeden Fall war sie weniger kritisch, als es die Klagen einiger prominenter Autoren vermuten ließen[39].

Die Daten verdeutlichen, daß der Schriftsteller-Verband – wie auch die anderen Organisationen der Kulturintelligenz – eine nicht zu unterschätzende soziale Bedeutung gewonnen hatten, während ihre Funktion als Diskussionsforen, welche Kriterien für das künstlerische Schaffen vermitteln sollten, schon vor der Perestroika an Bedeutung verloren hatte. Dies war aber der ursprüngliche Zweck gewesen, den die Verbände hatten erfüllen sollen – und sei es auch nur als Transmissionsriemen. Denn in der Stalinzeit bildeten die in den Verbänden vorgesehenen Gremien, sofern sie überhaupt zusammentraten, die Kongresse, die Plenen der sog. Leitungen (prawlenija) und die Sekretariate bestenfalls den Resonanzboden für Entscheidungen, die anderswo getroffen worden waren. Die in den Statuten vorgesehenen Prozeduren wurden weitgehend mißachtet, die Kompetenzen der einzelnen Gremien blieben unklar[40]. Die Kritik am »Bürokratismus«, am Befehlston und der Selbstherrlichkeit der Verbandsleitung, konnte vereinzelt ebenso harsch sein[41], wie der Umgangston mit den Mitgliedern rüde war, besonders wenn sie »repressiert« wurden. Es bliebe noch zu untersuchen, ob und in welcher Weise die Verbände als Organisationen an den Verfolgungen beteiligt waren. Zumindest in einigen Fällen haben sie offenbar durch Ausschluß von Mitgliedern diese für die Sanktionen »freigegeben«. Die Verbandsführungen scheinen zumeist zur Stellungnahme oder doch zur »Gegenzeichnung« bei Anklagen aufgefordert worden zu sein. Auf jeden Fall waren sie als Mitverantwortliche in den Terror einbezogen[42]. 1963 soll der Leiter der Moskauer Sektion des Schriftsteller-Verbands St. Schtschipatschew berichtet haben, daß nach 1953 617 Schriftsteller rehabilitiert worden seien, davon 305 postum. Hierbei ist unklar, ob es sich in allen Fällen um Angehörige des Verbandes gehandelt hat[43]. 1989 wurde die Zahl von ca. 2.000 Schriftstellern, zumeist Mitgliedern, genannt, die »repressiert« worden seien. Nur die Hälfte habe die Haft überlebt. Diese und andere Angaben sind noch zu unsystematisch, um letzte Gültigkeit beanspruchen zu können[44].

Erst in der Zeit nach 1953 vollzog sich – ähnlich wie in anderen Organisationen auch – eine Institutionsbildung, die ein Mindestmaß an Regularien vorsah. Sie hatten allerdings noch wenig mit Rechtsförmigkeit oder gar mit demokratischer Willensbildung zu tun. Seither trat die Führung der Verbände entsprechend ihren Statuten zusammen, Wahlen fanden – wie auch immer manipuliert – statt[45], Beschlüsse wurden in den Gremien diskutiert und gefaßt – und nicht zuletzt wurden die Republiksverbände auf- oder ausgebaut. Damit sind die Verbände zu bürokratischen Organisationen geworden, welche – in Abstimmung mit den politischen Instanzen – die zunehmend diffuser werdenden Richtlinien der Kulturpolitik festzulegen versuchten, Kunst- und Kulturpropaganda betrieben, sich um den Nachwuchs kümmerten und ihre Mitglieder mehr verwalteten als daß diese einen maßgeblichen Einfluß auf die Politik ihrer Vertretungen gehabt hätten.

Auch wenn nach 1953 selbstkritisch vom »Bürokratismus« der Verbände gesprochen wurde, so hat ihre eigentliche Verbürokratisierung erst in den fünfziger Jahren eingesetzt, eine Folge sowohl des Mitgliederzuwachses wie des vergeblichen Versuches, die Kulturproduktion trotz wachsender Komplexität zu lenken.

Der Schriftsteller-Verband als der von Anfang an maßgebliche unter den Organisationen der Kulturintelligenz spiegelt den Trend zur Verbürokratisierung und zur Selbstvertretung des mehr mit der politischen Verwaltung als mit der Produktion von Literatur befaßten Kulturfunktionäre wider. Parteimitglieder waren in den Kongressen von Anfang an überrepräsentiert. Dieses Übergewicht nahm in den Kontroll- und Entscheidungsgremien noch weiter zu: In den Revisionskommissionen schwankte dieser Anteil zwischen 45 und 75%, in der Leitung lag er ständig über 70%, im eigentlich arbeitenden und Entscheidungen treffenden Gremium, dem Sekretariat, bei über 80%. In den dreißiger Jahren hatten die Parteiorganisationen in den Verbänden gewissermaßen die politischen Vortrupps gebildet, welche die Losungen ausgaben und zum Handeln drängten. Nach 1953 übernahmen sie – mit offenbar abnehmender Militanz – eher die Rolle eines Resonanzbodens und die des Lautverstärkers zur Propagierung von Entscheidungen, die anderswo gefällt worden waren.

Von größerer Bedeutung als der Anteil von Parteimitgliedern war die Tatsache, daß in den Leitungsgremien hauptamtliche Funktionäre dominierten. Literaturmanagement und seine überhandnehmenden Aufgaben von Repräsentation, Propaganda, Kontrolle und Organisation wurden zu einer Vollzeitbeschäftigung, die einen vollen Einsatz erforderte. Der leitende Sekretär der Moskauer Organisation des Schriftsteller-Verbands beschrieb seine Tätigkeiten folgendermaßen: »Wie meine Kollegen in diesem und anderen Sekretariaten kenne ich keine freie Zeit. Mit aller Verantwortlichkeit kann ich sagen, daß unsere Arbeitszeit unproduktiv verausgabt ist. Eine unendliche Anzahl von Räten und Kommissionen, in denen aus irgendwelchen Gründen unbedingt hauptamtliche Sekretäre sitzen müssen, erfordern viel Zeit für Sitzungen. Überhaupt Versammlungen, Sitzungen, Beratungen und Gespräche, welche im Verband, in ihm nahestehenden Behörden und Organisationen zu führen sind, erfordern einen großen Aufwand. Und der Verwaltungs- und Kanzleikram – Briefe, Telephonate, Wohnungsfragen, Beschwerden, Reisen, Konflikte mit den Verlagen ... Was bleibt da für schöpferische Arbeit? ... Das Sekretariat bedeutet Apparate-Arbeit. Ganz wird man ohne sie nicht auskommen, wie auch immer man sie organisiert, als bezahlte oder als gesellschaftliche Tätigkeit«[46]. Bei einem Mitgliederbestand von 6.600 Personen (1967) verfügte der Schriftsteller-Verband bereits über einen hauptamtlichen Apparat von 1.500 Personen. Beim Architektenverband kamen in den 60er Jahren auf ca. 10.000 Mitglieder allerdings nur 415 feste Verwaltungsangestellte. Ob die Dichte der Relation zwischen Betreuern und Betreuten günstig oder ungünstig zu bewerten ist, mag dahingestellt bleiben. Die aktive Mitarbeit von Schriftstellern an der Gremienarbeit ihrer Verbände, für das Jahr 1959 beim belorussischen Verband mit 30% (!), beim Unionsverband mit 15% angegeben, deuten auf eine Überfrachtung mit verbandspolitischer Arbeit hin. Dies kam »schöpferischer« Arbeit nicht unbedingt zugute[47]. Die Komplexität der Aufgaben läßt zudem bezweifeln, ob die in den verschiedenen Revisions- und Kontrollkommissionen vertretenen Mitglieder ihrer Funktion wirklich gerecht werden konnten. Wie die seit 1989 heftig geführten Auseinandersetzungen um die Neustrukturierung der Verbände zeigen, fehlt es der Mehrheit der Mitglieder offensichtlich an der Kenntnis von Verwaltungsabläufen[48].

Trotz einer hohen verbandspolitischen Integration, die vielfach sicher nur Mimikry war, läßt sich auch bei den kreativen Berufen eine Variante von

Arbeitsteilung zwischen Produktion und Administration beobachten, die im sowjetischen Fall noch dadurch potenziert wurde, daß die Verbände in enger Anbindung an die Parteiführung die Kulturproduktion in – wenn auch abnehmender Rigidität – zu lenken versuchten.

Zum geradezu klassischen Typus eines Kulturfunktionärs sollte Tichon Chrennikow, der langjährige Erste Sekretär des Komponistenverbandes werden. Er war Komponist und als solcher vergleichsweise erfolgreich. Bei verschiedenen politischen Jubiläen stieß seine Programm-Musik immer auf offizielles Wohlwollen. 1948 übernahm er das dahinsiechende und politisch desorientierte Organisationskomitee des Komponistenverbandes, das mit hochrangigen Komponisten besetzt war. Diese hatten aber als Organisatoren versagt und politisch genossen sie nicht das Vertrauen höchster Stellen. Unter ihnen befanden sich Aram Chatschaturjan, Sergei Prokofjew, Nikolai Mjaskowski und nicht zuletzt der 1936 eingeschüchterte Dimitri Schostakowitsch. Chrennikow setzte nach 1948 unnachgiebig die Schdanow-Normen im Musikleben um, beteiligte sich an allen Kampagnen, trug aber ebenso bereitwillig die Politik des Tauwetters und die eher vermittelnde Linie der sechziger und siebziger Jahre mit. Er schwankte immer – prinzipienfest – mit der Parteilinie oder was er dafür hielt. Im Falle Chrennikows ist nicht erkennbar, daß er eigene Kompetenz in die Parteielite hineingetragen hätte. Er war offenbar eher der Typus – wie in den siebziger und achtziger Jahren auch Georgi Markow im Schriftsteller-Verband –, der die wechselnden Ausschläge parteioffizieller Stimmungen durch Unbestimmtheit und rituelle Worthülsen abfederte. Auf diese Weise ließ sich ein konservatives Mittelmaß wahren. In den siebziger Jahren waren bereits Zeichen von Starre zu erkennen, die sich in der vergeblichen Abwehr von Neuerungen erschöpfte. Dennoch überstand Chrennikow sogar die ersten Stürme der Perestroika. In den fünfziger und sechziger Jahren widmete er sich dem Ausbau des Komponisten-Verbandes und der Förderung des Musiklebens vor allem in den Hauptstädten. Seiner Unterstützung erfreuten sich vorwiegend konservative und traditionalistische Komponisten[49]. Experimentierfreudigen Berufsgenossen, die der ewigen Polemiken gegen die Zwölftontechnik und gegen serielle Musik überdrüssig waren, galt er allerdings bereits in den sechziger Jahren als »Bonze«, absolut konventionell und opportunistisch[50]. Zumindest in den sechziger Jahren wurde Chrennikow aber offenbar von einer Mehrheit des Verbandes getragen, auch von den inzwischen zu Ruhm und Ehre gelangten »grand old men« wie Schostakowitsch und Chatschaturjan, die dem westlichen »Modernismus« skeptisch bis ablehnend gegenüberstanden[51].

Politisch konformes Engagement der Verbandsfunktionäre zeigte sich darin, daß sie alle als Deputierte im Obersten Sowjet oder gar – wie L.S. Soboljow, 1958-1971 Leiter des russischen Schriftsteller-Verbandes – im Präsidium des Obersten Sowjets vertreten und in den verschiedenen Friedensorganisationen mehr oder minder aktiv waren. Insgesamt nahmen 1967 26 Autoren im Obersten Sowjet der UdSSR, 71 in den Obersten Sowjets der Republiken und 150 in den lokalen Sowjets Deputierten-Sitze ein[52]. Entsprechend dem Klassen- und Professionsproporz waren Künstler, Literaten und Wissenschaftler immer in diesen Gremien vertreten gewesen. Wo dies eher zeremoniellen Repräsentationzwängen entsprach, und wo es realen Einfluß bedeutete, ist nur im Einzelfall zu entscheiden. Im Januar 1989 entsandte der Unionsverband der Schriftsteller 12 Deputierte in den neuen Volkskongreß[53].

Personalpolitischer Ausdruck dieser engverzahnten Lenkung war die seit 1959 und verstärkt seit 1967 zu beobachtende Ämterkumulation besonders im Sekretariat des Schriftsteller-Verbandes. Ein Teil der dort präsenten Parteimitglieder gehörte zugleich zentralen Parteigremien in der Union oder in den Republiken an. Schon Fadejew und Simonow waren als Mitglieder bzw. Kandidaten Angehörige des ZK der KPdSU. Ähnliche Ämterkombinationen lassen sich bei maßgeblichen Sekretariatsmitgliedern in den fünfziger bis siebziger Jahren beobachten, so bei A.T. Twardowski, bei A.Je. Korneitschuk, A.A. Surkow, Georgi Markow, L. Soboljow, um nur einige der bekannteren Verbandspolitiker zu nennen. »Leider ist es ununterscheidbar, ob sie in ihrer Eigenschaft als Schriftsteller in den zentralen Parteikomitees vertreten sind oder ob sie als Kommunisten Literaturfunktionäre geworden sind«[54]. Die Bürokratisierung, welche Parteikontrolle und Verwaltung miteinander verzahnte, zeigte sich 1970 in der Schaffung eines »Büros« im Sekretariat des Schriftsteller-Verbandes. Die fürs »Büro« ernannten hauptamtlichen Sekretäre waren in erster Linie Kontrolleure und z.T. professionelle Verwalter. Erst in zweiter Linie gehörten sie der schreibenden Zunft in einem sehr weitläufigen Sinne an. Zur Not konnte auch die Erstellung eines Adressenbuches als Nachweis schriftstellerischer Befähigung gelten. In Einzelfällen war selbst die Mitgliedschaft im Autorenverband zweifelhaft[55]. Parteimitgliedschaft per se war keine unbedingte Voraussetzung, um der Funktionärselite anzugehören. Parteilose Schriftsteller wie N.S. Tichonow und K.A. Fedin sind in die Leitung des Unionsverbandes oder wie L.S. Sobolew in die Leitung des russischen Verbandes, 1958 gegründet, berufen worden. K.A. Fedin erfreute sich als Nicht-Parteimitglied der besonderen Wertschätzung durch Chruschtschow. Besser als manches prominente Parteimitglied, – wie z.B. Wiktor Nekrassow – verstehe Fedin, Parteipolitik in literarische Produktion umzusetzen[56].

Wie auch in anderen Facheliten zu beobachten ist, waren die maßgeblichen Schriftsteller und Verbandsfunktionäre im politischen Zentrum vertreten. Auf diese Weise sollte professionelle Kompetenz politisch integriert werden. Da tatsächlich kreative Arbeit und politisch-administrative Funktionen auf Dauer kaum zu vereinbaren waren, rückten in die Verbandsämter zunehmend Personen auf, die nolens volens kaum noch schöpferisch tätig waren. »Reine«

Parteifunktionäre mit der Spezialisierung auf kulturpolitischem Gebiet waren in der Spitze der Verbände, der Verlage und Redaktionen immer an maßgeblicher Stelle präsent. Sie kombinierten Verwaltungserfahrung mit einer politischen Wächterfunktion. In den dreißiger Jahren hatten A.S. Schtscherbakow, seit 1936 der in den Terror gegen Verbandsmitglieder verwickelte Wladimir Stawski, seit den fünfziger Jahren D.A. Polikarpow – »hauptamtlicher Würger von Literatur und Kunst« -[57], danach W.F. Schauro solche Rollen übernommen. Letztinstanzliche Entscheidungen konnten offenbar selten ohne Absprache mit den jeweils maßgeblichen für Ideologie, Kultur, Agitation und Propaganda zuständigen Sekretären im ZK gefaßt werden. In den sechziger und siebziger Jahren kam hier P.N. Djomitschew, L.F. Ilitschow, W.N. Ilin, unter Gorbatschow A.N. Jakowlew und Wadim Medwedew entscheidende Bedeutung zu. Wie sehr sich seit 1953 selbst in der offiziellen Sphäre die Normen gewandelt hatten, zeigten Djomitschews gelegentliche Ausführungen zur Literatur Mitte der sechziger Jahre. Er konnte genau definieren, was er ablehnte: Pessimismus, Nihilismus, Nörgelei, Wühlen in der Vergangenheit und die zwischen den Zeilen angesiedelten Anspielungen, wofür es im Russischen den Begriff des »Untertextes« (podtext) gibt. Aber er war kaum noch in der Lage und vielleicht auch nicht willens, ein positives Programm – auch zur Abwehr der unentwegten Stalinisten – zu formulieren. Es blieb nur der verzweifelte Appell aller Kulturfunktionäre: »Verderbt nicht unsere Jugend!«[58].

II. Tonnenideologie in Aktion: Der Buchmarkt

Ein wesentlicher Bezugspunkt der schreibenden Zunft, hier vor allem der Literaten und Wissenschaftler, war das Publikationswesen, mit dem sie als Produzenten und Konsumenten zu tun hatten. Seine Gestaltung bestimmte maßgeblich Arbeitsmöglichkeiten, öffentliche Aktivitäten und individuelle Erfolgschancen. Aber auch hier bewegte sich der Schreibende in einem institutionellen Dschungel, der durch bürokratische Planprozeduren und politische Vorgaben strukturiert wurde.

Der Buchmarkt hat sich seit dem Zweiten Weltkrieg trotz enormen Wachstums bis in die achtziger Jahre hinein nicht grundsätzlich verändert. Für die Produktion der Druckerzeugnisse galt cum grano salis jenes Merkmal, welches die sozialistische Wirtschaftsweise generell kennzeichnete: ein hoher Ausstoß, der auf die Bedürfnisse der Konsumenten, in diesem Fall der Leser, wenig Rücksicht nahm. Hierauf deuten unsystematische Angaben und Schätzungen zur sog. Makulaturproduktion, also Büchern, die keinen Absatz fanden, auf öffentliche Bibliotheken abgewälzt wurden und bald irgendwie verschwanden. Ein weiteres Anzeichen war die Existenz eines Schwarzmarktes[1]: Er kompensierte ein System von Produktion und Verteilung, das weder thematische Sonderinteressen kleiner Lesergruppen, noch regionale Unterschiede, noch Bedürfnisse des »Massenlesers« hinreichend bediente. Zur Milderung dieser Mängel ist seit den siebziger Jahren eine Art von Naturalientausch – Abgabe alter Bücher gegen das Recht auf ein Abonnement bestimmter Titel oder Serien – eingeführt worden. Der neue Tauschhandel stärkte offenbar nur die Tendenz zur Massenproduktion, da sie es den Verlagen erlaubte, wenige Titel oder Serien in Millionenauflagen herzustellen. Zugleich war dieser Vertrieb offenbar ein Einfallstor für Trivialliteratur und jene sowjetischen Autoren, die sich in der politischen Hierarchie gut etabliert hatten[2]. Bis Mitte der achtziger Jahre wurden die Mängel in Vertrieb und Produktion von amtlicher Seite mit der angeblichen Explosion des Lesebedarfs und einem ständigen Papiermangel begründet. Erst in den letzten Jahren wurde eingestanden, daß diese Argumente z.T. nur die Unflexibilität eines gigantischen Planungs- und Steuerungssystems und in zweiter Linie die hemmende Rolle von politischer Lenkung und Kontrolle kaschieren sollten.

Die Anzahl der Titel von Broschüren und Büchern ist von 43.000 (1950) auf 83.500 (1986) gestiegen, die der Auflagen im gleichen Zeitraum sehr viel schneller von 821 Millionen auf 2,2 Milliarden[3]. Das Wachstum der Buchproduktion ist nicht so beeindruckend wie es die sowjetische Selbstdarstellung bis in die frühen achtziger Jahre nahelegte. Denn im Vergleich zur Bundesrepublik, einem Land, das nicht als extrem lesefreundlich gilt, schneidet die Sowjetunion nicht besonders gut ab. Die Anzahl der Titel (Erst- und Neuauflagen) in der Bundesrepublik wuchs von 17.215 (1956) auf 27.623 (1985). Über die Auflagen liegen keine Vergleichsdaten vor. Der vielberufenen Tonnenideologie entsprach, daß in der Sowjetunion die Auflagen schneller gewachsen sind als die Anzahl der Titel. Kennzeichen der Periode seit Mitte der siebziger Jahre war, daß die Anzahl der Titel pro Jahr stagnierte, die Auflagen hingegen von 1,7 Milliarden auf 2,2 Milliarden explodierten. Gleichwohl blieben sie hinter den Planungen zurück, die bereits für 1980 eine Höhe von 3 Milliarden vorausgesehen hatten[4].

Wie in den früheren Perioden blieb der Anteil sog. politisch-ökonomischer Literatur sehr hoch. Sie umfaßte die offiziellen Parteidokumente, die Massenauflagen der Reden und gesammelten Werke der jeweiligen Generalsekretäre – von Chruschtschow bis Gorbatschow –, die unendlichen Titel zum »wissenschaftlichen Kommunismus«, die nur mit vorgehaltener Pistole gelesen wurden, und nicht zuletzt die sog. Klassiker des Marxismus-Leninismus. Bei den Titeln sank ihr Anteil von 17,9% (1950) auf 13,2% (1965), um wieder auf 16,8% (1986) anzusteigen. Bei der Auflagenhöhe ist allerdings ein kontinuierlicher Abwärtstrend von 26,4% (1950) auf 12,4% (1986) zu beobachten (siehe Anhang Tab. 5). In diesem Rückgang spiegelte sich auch ein verbreitetes Desinteresse des lesenden Publikums an Veröffentlichungen zur Politik, Wirtschaft und zu gesellschaftspolitischen Themen. Diese Gleichgültigkeit mag mehr durch die uninteressante oder »parteiliche« Präsentation, die ideologische Sprache und die Tabuisierung weiter Bereiche in Politik, Wirtschaft und Gesellschaft bis Mitte der achtziger Jahre verursacht gewesen sein als durch einen originären Mangel an politischem Interesse. Die geringe Wertschätzung dieser Art von Literatur war bis 1985 offenbar in allen Schichten, einschließlich der Intelligenz, gleich weit verbreitet und wurde nur dort durchbrochen, wo professionelle Gründe zur Lektüre veranlaßten oder gar zwangen[5]. Erst die Perestroika hat hier einen Wandel herbeigeführt, wie der Auflagenboom einiger Zeitungen und Zeitschriften erkennen ließ[6].

Den größten Anteil an der Buchproduktion machten seit Mitte der fünfziger Jahre Belletristik, Kinder- und Jugendbücher aus. Ihr Anteil an den Gesamtauflagen stieg von 30% (1956) auf fast 50% (1986). Damit wurde ein Ziel erreicht, das seit Ende der siebziger Jahre angestrebt worden war. Die hohe Wertschätzung, welche Belletristik und fiktionale Literatur in der Sowjetunion bis in die Zeit der Perestroika hinein genoß, liegt zweifellos darin begründet, daß sie immer mehr als ein Bedürfnis nach Unterhaltung und als die Freude am literarischen Kunstwerk befriedigte. Gewissermaßen im Huckepack hatte sie politische Aufklärung, moralische Lebensbewältigung, die Erschließung neuer Themen und die Brechung gesellschaftspolitischer Tabus mitzutragen. Denn ihr Freiraum war seit den fünfziger Jahren dank des Engagements eines Teils der Schriftsteller immer etwas größer als der anderer Gattungen wie der schärfer kontrollierten Publizistik, der politischen, soziologischen oder historischen Literatur. Nur in dieser Funktion sind Erfolge wie zuletzt A. Rybakows »Kinder des Arbat«, der die Repressionen unter Stalin behandelt, W. Dudinzews »Weiße Kittel« oder D.Granins »Wisent«, welche den Lyssenkoismus bzw. das Schicksal des geächteten Biologen N.W. Timofejew-Resowski aufgegriffen haben, und die anderer Romane der Perestroika-Ära zu erklären. Um die Nachfrage zu befriedigen, hätte z.B. Rybakows »Kinder des Arbat« in 30 Millionen-Auflage erscheinen müssen, so eine offizielle Auskunft. Tatsächlich sollen Granins und Rybakows Romane in den beiden Jahren 1987 und 1988 in Auflagen von je fünf Millionen verlegt worden sein[7]. Diese Werke haben Themen und Tabus enthüllt, die seit dem »Tauwetter« weder von Historikern noch von der politischen Publizistik aufgriffen worden waren. Die Belletristik hat hier – wie schon nach 1956 – die Aufgabe der Darstellung und Erklärung historischer Zusammenhänge übernommen, während die Historiker Absichtserklärungen abgaben und versprachen, sich in Zukunft zu bessern[8]. Dieses stark politische Interesse an literarischen Werken wurde auch durch Umfragen bestätigt. Sie ließen ein dominant politisches Aufklärungs-, aber auch ein unbefriedigtes Lesebedürfnis erkennen, das sich auf Autoren und Werke richtete, die bisher verboten, tabuisiert oder faktisch unzugänglich waren wie W. Grossman, B. Pasternak, W. Wyssozki, A. Achmatowa oder W. Nabokow sowie die 1988 und 1989 auf dem Schwarzmarkt als »absolute Renner« gehandelten M. Bulgakow und Nikolai Bucharin – und die Bibel[9].

Erste Untersuchungen des Schwarzmarktes mit Büchern verweisen auch darauf, daß in den späten achtziger Jahren neben unbefriedigten, hoch spezialisierten Lese- und Kaufwünschen ein erhebliches Defizit sowohl an »Klassikern« der modernen und älteren Literatur als auch an Mode-Autoren sowie an unterhaltenden Lesestoffen und gerade auch an solchen Schriftstellern bestand, die eher für ein »Massenpublikum« schrieben und von den staatlichen Verlagen bereits in hoher Auflage verbreitet wurden. Der Schwarzmarkt mit seinen sehr heterogenen Prioritäten und Beschaffungstechniken[10] gibt Auskunft über die Defizite der Verlagsproduktion, da diese das Leser-Interesse bestenfalls als zweitrangigen Faktor berücksichtigte. Ähnliches galt für das öffentliche Verteilungssystem. Von den zwischen 1976 und 1980 auf öffentliche Bibliotheken verteilten ca. 700 Millionen neuen Büchern sollen von den Lesern lediglich ca. 200 Millionen nachgefragt worden sein[11]. Insbesondere wurde nach wie vor dem Massenausstoß gegenüber der Vielfalt Vorrang gegeben. Dies wird im Vergleich zur Bundesrepublik Deutschland deutlich. Hier schwankte der Anteil der Belletristik an den Titeln (Erst- und Neuauflagen) zwischen 15 und 20%, während er in der Sowjetunion im gleichen Zeitraum selten über 10% hinausging.

Der riesige Buchmarkt der Sowjetunion hätte einem beim Lesepublikum erfolgreichen Schriftsteller enorme Honorare einbringen können. Tatsächlich aber konkurrierte das Prinzip des Publikumserfolges mit anderen Faktoren wie dem Statusvorteil in der politischen Hierarchie, der Plazierung im Schriftsteller-Verband und in Verlagen sowie – nicht viel anders als im Westen – mit Rezensionskartellen. Offensichtlich waren es viele nicht-literarische und nicht durch Erfolge beim Publikum verursachte Faktoren, die auch im Bereich der Literatur – wie in anderen Sektoren – eine Makulaturproduktion begünstigten. Mangel und Verschwendung bestanden auch hier in merkwürdiger Weise nebeneinander. Als ein typisches Beispiel wurde in der Presse 1987 der Fall des parteifrommen Kinderbuchautors S.W. Michalkow genannt, dessen Verse nach W. Kasack in ihrer primitiven Schwarzweißzeichnung kaum unterboten werden können. Im letzten Jahrzehnt wurden von ihm 219 Titel in einer Auflagenhöhe von 70 Millionen herausgegeben[12]. Auch unter den Bedingungen der Perestroika war es offenbar nicht so leicht, etablierte Interessen zurückzudrängen. Während die in den siebziger und zu Beginn der achtziger Jahre etablierten Autoren nach wie vor durch Millionen-Auflagen ihrer Werke abgesichert waren, beschränkte sich der Druck offensichtlich heiß begehrter, bisher verbotener oder doch schwer zugänglicher Autoren und Werke auf wenige Hunderttausend Exemplare[13]. Als eine weitere Ursache der Papierverschwendung und Makulaturproduktion kann auch das Honorarsystem gelten. Danach wurde der Autor entsprechend der Anzahl der Druckbögen bezahlt, was zur Vielschreiberei führte. Die Vorliebe der Autoren für dicke Bücher war jedenfalls größer als die des lesenden Publikums.

Den Schriftstellern standen und stehen als wichtige Einnahmequelle neben der Publikation von Büchern auch die in den sog. dicken Zeitschriften zur Verfügung, in denen sehr häufig Erstveröffentlichungen plaziert werden, bevor sie als Bücher herauskommen. Wie im vor- und nachrevolutionären Rußland spielen diese dicken Zeitschriften bis heute eine wichtige Rolle im kulturpolitischen Leben. Um sie herum kristallisierten sich politisch-ideologische Strömungen, sie bildeten ein Kommunikationsnetz, das für maßgebliche Teile der Intelligenz politische Organisationen ersetzte. Allein im russischen Sprachgebiet existierten seit den fünfziger Jahren mindestens zehn solcher kulturpolitisch maßgeblicher Zeitschriften mit einem Umfang von ca. 150 bis 200 Druckseiten und einer Auflage, die in den fünfziger Jahren bei etwa 100.000 je Zeitschrift lag und sich in den achtziger Jahren zwischen 250.000 (»Nasch Sowremennik«), 650.000 (»Molodaja Gvardija«) und – wie im Fall des »Nowy Mir« - sogar bei 1,6 Millionen Exemplaren (1989) einpendelte (siehe Anhang Tab. 6)[14]. Bis 1987 spiegelten die in den Zeitschriften angegebenen Auflagen nicht die wirkliche Nachfrage wieder. Obwohl diese Zahlen einen ständigen Anstieg der aufgelegten Exemplare auswiesen, soll die Nachfrage nach den Periodika seit den siebziger Jahren tatsächlich zurückgegangen sein[15]. Erst die Aufhebung des sog. Limits auf Abonnements im Jahre 1987 ließ die Vorlieben des Publikums bei den Kultur-Zeitschriften erkennen. So verdreifachte sich die Auflage des »Nowy Mir«, während das konservative Gegen-Organ, der »Nasch Sowremennik«, seine Auflagenhöge etwa um ein Viertel steigern konnte. Vor dem Hintergrund eines nach wie vor bestehenden Mangels an Papier und Druckkapazitäten ist die Gigantomanie der Auflagen nicht unproblematisch. Eine größere Vielzahl an Zeitschriften böte mehr Publizisten und Literaten Chancen auf Veröffentlichung und käme einem sich differenzierenden Lesebedürfnis eher entgegen als die Oligopolie weniger Zeitschriften. Jedenfalls muß der Kampf um die Publikation erheblich sein, dies besonders in einer Zeit, in der die »gekränkten toten« Autoren den lebenden den Platz in den Zeitschriften streitig machen[16].

Neben den Massenauflagen in den »dicken Journalen« erhielten die Schriftsteller – jedenfalls die politisch genehmen und etablierten – bereits zu Lebzeiten die Möglichkeit der Herausgabe gesammelter Werke. So war ursprünglich vorgesehen, allein im 12. Planjahrfünft (1986-90) 820 Autoren mit dieser Ehre zu bedenken, Projekte, die nach Protesten in der Öffentlichkeit aufgegeben wurden[17]. Daneben gab es noch jene Weltmeister der Auflage, denen es gelungen war, des öfteren in der »Roman-gaseta« unterzukommen. Diese Publikationsart bedeutete, daß ein Roman in Form einer Zeitung gedruckt wurde. Die Zeitung, in den dreißiger Jahren gegründet, hatte 1975 eine Jahresauflage von 37,5 Millionen, 1983 von 61 Millionen und 1986 von 43,2 Millionen Exemplaren erreicht. Pro Exemplar lag die Auflage in den achtziger Jahren bei ca. 3 Millionen. Hier scheint Trivialliteratur einen Auslauf gefunden zu haben, während – in den sechziger Jahren - seriöse Autoren keine Chance erhielten, auf diese Weise Verbreitung zu finden[18]. In den siebziger Jahren scheinen sich offenbar stalinistische und parteifromme Autoren einen führenden Platz in diesem Organ vor allem mit heroisierenden Darstellungen des Zweiten Weltkrieges erobert zu haben. So konnten A. Tschakowski 21 Titel, W. Koschewnikow 16 Titel, I. Samjatin und S. Babajewski je 14 Titel, P. Proskurin 12 und der ukrainische Schriftsteller O. Gontschar fünf Titel unterbringen, alles Autoren, die im Westen wohl zu Recht kaum bekannt sind[19].

In welchem Umfang diese und andere Autoren die Massenauflagen ihrer politischen Position, ihrer Gesinnungstüchtigkeit oder der Nachfrage des Publikums verdankten, ist im einzelnen kaum zu entscheiden. Klaus Mehnert, der die Popularität sowjetischer Schriftsteller (sicherlich nicht nach einem wissenschaftlichen, aber gleichwohl plausiblen Verfahren) untersuchte, nannte als Spitzenreiter auch offiziell protegierte Autoren wie A. Tschakowski, P. Proskurin und O. Gontschar[20]. Eine Umfrage unter Lesern der »Literaturnaja Gaseta« gegen Ende der sechziger Jahre ergab unter einem eher gebildeten Publikum, daß zu den begehrtesten Schriftstellern K. Simonow, M. Bulgakow, A. Solschenizyn, Ilja Ehrenburg u.a. gehörten, also Autoren mit sehr unterschiedlichem Profil. Ihr kleinster gemeinsamer Nenner war, daß sie Symbole für Anti-Stalinismus waren und der Parteiliteratur fern standen (siehe Anhang Tab. 7)[21]. Die Tabelle der zehn beliebtesten Autoren unter den Lesern der »Literaturnaja Gaseta« zeigt beträchtliche Präferenzunterschiede innerhalb der Berufsgruppen. Während Geistes- und Naturwissenschaftler kritische und den Parteinormen fernstehende Schriftsteller (M. Bulgakow, A. Solschenizyn) relativ stark bevorzugten, bildeten die Lehrer jene Gruppe, welche »Klassikern der Kriegsliteratur« (z.B. K. Simonow) und traditioneller Parteiliteratur (z.B. Ju. German, B. Polewoi) immer noch viel abgewinnen konnten (oder mußten). Die technischen Berufe bewegten sich eher im Mittelfeld zwischen Wissenschaftlern und Lehrern. Im Bewußtsein des sog. Massenlesers hat Solschenizyn schon Ende der sechziger Jahre kaum noch Spuren hinterlassen. Dieses Beispiel zeigt, daß unter Lesern der »Literaturnaja Gaseta« beliebte Autoren nicht immer die populärsten gewesen sein müssen. In den achtziger Jahren rangierte unter befragten Emigranten an erster Stelle klassische ausländische Belletristik, erst an zweiter

Stelle gefolgt von russischer »Klassik«, möglicherweise eine Folge des Mangels an ausländischer Literatur in den achtziger Jahren[22].

Die Planwirtschaft produzierte im Publikationsbereich am Konsumenten vorbei. Nur in vermittelter Weise setzte sich der Konsumentendruck insofern durch, als die Verlage seit Mitte der siebziger Jahre dazu angehalten wurden, trotz Koordinierung und politischer Prioritätensetzung rentabel zu arbeiten. Bis Mitte der achtziger Jahre bestand eine Art von Zielkonflikt zwischen mehreren Vorgaben; denn Planwirtschaft bedeutete keine totale Monopolisierung durch eine Einrichtung, sondern den Zwang zu einer aufwendigen Koordination. In der zweiten Hälfte der siebziger Jahre existierten in der Sowjetunion etwa 200 Verlage, davon 154 unter Leitung des Staatlichen Komitees für das Verlagswesen (Goskomisdat), und ca. 3.000 Druckereien[23]. Die Verlage benannten ihre Vorhaben, und das Goskomisdat erteilte die Genehmigung. Es verwaltete etwa 30% der Titel und 70% der Gesamtauflagen von Druckerzeugnissen. Die etwa 26 Abteilungen des Goskomisdat ihrerseits hatten sich bei der Planung vor allem mit den Komitees für Planung (Gosplan), und für Preisbildung in den Fragen der Papierzuteilung, der Tarif- und Honorarverträge sowie der Preisbildung abzusprechen. Das Goskomisdat legte auch die inhaltlichen Schwerpunkte innerhalb und zwischen den Verlagen fest und kontrollierte – zumindest formal – die Manuskripte. 1977 sollen 45.000 Arbeiten daraufhin geprüft worden sein, ob sie thematisch dem jeweiligen Verlagsplan zugeordnet werden konnten. Ihr Umfang und der Zeitpunkt ihrer Veröffentlichung wurden festgelegt. Von den 45.000 Titeln sollen 1975 5.000 zurückgestellt, 300 im Umfang reduziert und 1.000 abgelehnt worden sein[24].

Angesichts des Problemstaus im Verlagswesen war auch unter den Bedingungen der Perestroika nicht mit schnellen Lösungen zu rechnen. Die wichtigsten Mängel und die daraus folgenden Maßnahmen, die zu einer Besserung der Lage führen sollten, faßte der Leiter des Goskomisdat folgendermaßen zusammen[25]: Die technische Ausstattung der Druckereien in der Sowjetunion sei hoffnungslos veraltet. Der Anteil von Handarbeit liege hier noch bei 40%. Mehr als die Hälfte des Maschinenparks sei verbraucht und müßte eigentlich ersetzt werden. Im Vergleich zu den Printmedien in England oder der Bundesrepublik weise die Sowjetunion einen Rückstand von dreißig bis vierzig Jahren auf. Bei der Papierproduktion entfielen in der Sowjetunion 34 kg auf jeden Kopf der Bevölkerung, in den USA 290 kg. Umgerechnet auf die Bevölkerung würden angeblich in den USA doppelt so viele Bücher und Broschüren veröffentlicht wie in der UdSSR[26]. Das Goskomisdat erhalte nur 16% der produzierten Papiermenge, ohne Einfluß auf das Sortiment und die Qualität. Der Wert der Buchproduktion unter seiner Aufsicht liege bei 5,5 Milliarden Rubel, aber 70% der Gewinne müßten an den Staatshaushalt abgeführt werden. Wie in anderen kulturellen Bereichen – bei den Bibliotheken, Museen, Archiven, Baudenkmälern, selbst im Schul- und Gesundheitswesen – habe sich in den letzten Jahrzehnten durch fehlende Investitionen eine schleichende Dekapitalisierung vollzogen, die nun trotz der allgemeinen Wirtschaftskrise unverhältnismäßig hohe Ausgaben erfordere. Kultur, so die allgemeine Klage, sei im letzten Jahrzehnt zu einem »Restposten« der Planwirtschaft geworden[27].

Der Misere im Druck- und Verlagswesen sollte 1989 durch die Propagierung der »wirtschaftlichen Rechnungsführung« (chosrastschot), von Selbstfinanzierung und Selbstverwaltung abgeholfen werden, also Grundsätzen, wie sie seit 1986 erneut für eine allgemeine Wirtschaftsreform proklamiert worden waren. Diese Programmpunkte sollten realisiert werden durch Etablierung vertraglicher Beziehungen zwischen den Betrieben, durch eine Kommerzialisierung von Produktion und Vertrieb jenes Anteils von Druckerzeugnissen (ca. 50%), die nicht durch Staatsaufträge gebunden waren, also v.a. für fiktionale Literatur. Dabei wurde aber prinzipiell am Staatsmonopol bei der Produktion von Druckerzeugnissen festgehalten. Eine Kommerzialisierung des Lesemarktes lehnte man mit dem Verweis darauf ab, daß ungefähr vierzig Millionen Sowjetbürger an der Armutsgrenze lebten und ihnen kommerzielle Preise nicht zugemutet werden könnten.

Eine gleichwohl stärkere Berücksichtigung der Leserbedürfnisse erhofften sich die offiziellen Stellen durch eine intensivierte Lesemarkt-Forschung und die Umsetzung ihrer Ergebnisse in Produktionsauflagen. Zu diesem Zweck veranstaltete das neu etablierte Buch-Institut offensichtlich recht ungezielte Umfragen, in denen die Leser ihre Buchwünsche benennen konnten – mit dem zu erwartenden Ergebnis, daß sich v.a. bisher verbotene oder kaum zugängliche Bücher als besonders begehrt herausstellten. Bei der Auswahl der Titel ist ein bildungsbürgerliches Vorurteil nicht zu übersehen. Daß auf diese Weise wiederum erhebliche Leserwünsche unberücksichtigt bleiben, ist nicht schwer vorauszusagen, selbst wenn keine Zensur von staatlicher Seite mehr existierte, was aber auch unter den Bedingungen der Perestroika nicht der Fall war[28].

Als wohl maßgebliche Zensur- und Kontrollinstanz funtionierte zumindest bis 1986 das sog. Glawlit (Hauptverwaltung für Fragen der Literatur und des Verlagswesens). Diese Behörde, 1922 gegründet, hat ihren offiziellen Namen und vielleicht auch ihre Kompetenzen seither geändert, nicht aber ihre Grundsätze. Bis 1939 war sie dem Volkskommissariat für Kultur zugeordnet, später traten neben diese Institution das NKWD/KGB, das Verteidigungsressort und Abteilungen im ZK für Agitation, Propaganda, Wissenschaft und Kultur. Die zuletzt 1956 bekannt gewordenen Bestimmungen über Staatsgeheimnisse beschäftigten sich in der Hauptsache mit der Wahrung der sehr weit gefaßten Geheimhaltung militärisch relevanter Daten, in die auch Angaben über Bodenschätze, Erfindungen, Währungsreserven und Zahlungsbilanzen einbezogen waren. Sie enthielten zudem eine Generalklausel, die es dem Ministerrat erlaubte, Informationen jeder Art geheimzuhalten[29].

Bis 1966 war die Zensurverwaltung ein Teil des Staatlichen Pressekomitees beim Ministerrat. Seither scheint sie als Hauptverwaltung direkt dem Ministerrat zugeordnet gewesen zu sein. Die Anzahl der hier tätigen Zensoren wurde für die sechziger Jahre auf ca. 70.000 Personen veranschlagt. In dieser Schätzung sind nicht die Fachzensoren für Militär, Naturwissenschaften etc. enthalten[30]. Zum Vergleich: Vor 1914 sollen etwa 100 hauptamtliche Zensoren im gesamten Russischen Reich tätig gewesen sein, die sich notwendigerweise hauptsächlich auf das Pressewesen konzentrierten, aber zumindest formal eine Buchproduktion von jährlich über 30.000 Titeln, ca. 3.000 Periodika, darunter 1.300 Tageszeitungen nachträglich zu überprüfen hatten[31]. Offensichtlich kontrollierten die sowjetischen Zensurbehörden nicht nur jene Bereiche, die in den Bestimmungen von 1956 genannt sind, sondern – wie die Praxis zeigte – auch künstlerisch-literarisches, sozial- und geisteswissenschaftliches Schrifttum und die Publizistik. Auf Geheimhaltungs-Vorschriften hin kontrolliert wurden auch alle Publikationen in Technik, Naturwissenschaft, Wirtschaft und Rüstung. Die sowjetische Zensur- und Geheimhaltungspraxis muß erhebliche Informationsbarrieren und -mängel verursacht haben, die auch für die politischen Instanzen Steuerungsprobleme mit sich brachten. Auf geisteswissenschaftlichen Feldern hat dies – wie die Diskussionen seit 1986 erkennen lassen – der Borniertheit und Ignoranz, in den exakten Wissenschaften Informationsdefiziten und der Duplikation in der Forschung Vorschub geleistet. Den Umfang der Zensurvorschriften läßt ein »Talmud« erahnen, von dem berichtet wird, daß er 300 kleingedruckte Seiten mit einem langen Index enthalten haben soll[32].

Da sich jede Zensur notwendigerweise einer klaren Definition und rechtlichen Regelung entzieht, bleibt sie in jedem Fall willkürlich. Dabei ist zu unterscheiden zwischen den – im weitesten Sinne zu verstehenden – Geheimhaltungsvorschriften und den von politisch einflußreichen Gruppen durchgesetzten Tabugrenzen. Da von den Beteiligten und Opfern die Zensurpraxis immer als Prozeß beschrieben wird, in den ein erheblicher Teil der schreibenden Zunft und zahlreiche Gremien involviert waren, ist ihre Wirkung in den einzelnen Bereichen – den Massenmedien, der eher elitären Belletristik, in der Kunst, im Theater[33] oder in den einzelnen wissenschaftlichen Disziplinen sehr unterschiedlich ausgefallen. Die Autoren traten selten in direkten Kontakt mit den hauptamtlichen Zensoren. Die sog. Gutachten, die wissenschaftliche Einrichtungen, Redaktionen und Verlage vor der Publikation von Texten aller Art anfertigen ließen, hatten auch den Zweck, vorauszusehenden politischen Unannehmlichkeiten oder der Verletzung möglicher Tabus und Verbotszonen vorzubeugen. Bis 1988 war eine Tätigkeit als sog. »innerer Rezensent« nicht nur eine wichtige Nebeneinnahme z.B. für Schriftsteller, die ihre Kollegen begutachteten, sie verzögerte auch das Erscheinen von Texten[34]. »Die Mehrheit der kreativen Intelligenz kann als Zensoren klassifiziert werden«, hieß es in den sechziger Jahren[35], und in der zweiten Hälfte der achtziger Jahre wurde, nachdem die äußere Zensur gelockert, aber noch keineswegs aufgehoben worden war[36] der »innere Zensor« zum Dialogpartner, mit dem man sich öffentlich auseinandersetzte[37].

Die hauptamtlichen Zensoren überprüften erst im Verlauf der Drucklegung die Fahnen und begleiteten die Herstellung kontrollierend mit dem Ziel, daß sich nicht noch während des Druckvorganges und vor der Auslieferung Abweichungen von der genehmigten Fassung einschlichen oder hineinmanipuliert wurden[38]. Zumindest bis zu Beginn der siebziger Jahre funktionierte auch noch eine Art von informeller, aber sehr wirksamer Nachzensur, vor allem von Parteiinstanzen und vom KGB initiiert, von Angehörigen der schreibenden Zunft mit den nötigen Begleitkommentaren versehen. Diese Aktionen besaßen aber nur noch ausnahmsweise den kampagnenartigen Zuschnitt wie bis weit in die fünfziger Jahre hinein.

Bürokratisierte Planungsprozeduren und politisch-ideologische Zensur gingen mithin immer Hand in Hand. Auf diese Weise erhielten Romane, Erzählungen, aber auch wissenschaftliche Arbeiten ihre eigene Geschichte, die eng verwoben war mit den Wechselfällen, denen Autoren ausgesetzt waren. Konstant war die Klage, daß es leichter sei, ein Werk zu schreiben, als es bei Verlegern und Redakteuren durchzuboxen[39]. Daß die Werke von Autoren, die in Ungnade gefallen waren, aber auch politisches Schrifttum nach einem jeweils erfolgten Kurswechsel aus den allgemein zugänglichen Bibliotheken entfernt oder vernichtet wurden oder in sog. Giftschränken verschwanden, war noch unter Gorbatschow eine nicht auszurottende Praxis[40].

12. Hypertrophes Wachstum: Bildungsexplosion und die technisch-wissenschaftliche Intelligenz

Die Mängel des Publikationswesens sind vor 1985 offiziell mit der Explosion von Bildung und Lesehunger in der Sowjetunion entschuldigt worden. Tatsächlich wurde seit den dreißiger Jahren eine systematische Anhebung des allgemeinen Bildungsniveaus betrieben. Darauf gründete ein forcierter Ausbau der höheren Bildungsstätten. Seit Ende der dreißiger Jahre verdoppelte sich fast in jedem Jahrzehnt die Zahl der Studenten. Dies hatte eine explosionsartige Vermehrung der sog. Spezialisten mit Hochschulabschluß zur Folge. Von einer Million um 1940 stieg ihre Anzahl auf über 15 Millionen gegen Ende der achtziger Jahre (siehe Anhang Tab. 8). Dabei ist das Besondere der sowjetischen Entwicklung im hohen Anteil der Ausbildung von Ingenieuren zu sehen, die seit den sechziger Jahren mehr als ein Drittel der sog. Spezialisten mit Hochschulbildung ausmachen. An der Bedeutung, die diese Gruppe für die sowjetische Wirtschafts- und Bildungspolitik hatte, lassen sich einige Eigenarten und Probleme erkennen, welche die sowjetische Entwicklung bis in die Gegenwart hinein geprägt haben.

Das utilitaristisch-ökonomistische Konzept der frühen Planungsperiode legte ein besonderes Gewicht auf die Züchtung von Kadern, die v.a. aus den Unterschichten rekrutiert werden sollten. Das training on the job, kombiniert mit Ausbildungsgängen in technischen Lehranstalten und Betrieben ermöglichte fließende Übergänge vom Facharbeiter zum Ingenieur und erleichterten den Aufstieg. Wie immer die Qualität der technischen Ausbildung ausgesehen haben mag, erfüllte sie bis in die achtziger Jahre hinein eine Schleusenfunktion bei der Rekrutierung von Führungskräften für Management, Verwaltung und Politik. Eine Befragung von über 800 Absolventen der Akademie für Volkswirtschaft beim Ministerrat der UdSSR zeigte noch in den achtziger Jahren, daß die führenden Wirtschaftskader vorwiegend eine technische Ausbildung genossen hatten und daß dieser Karriereverlauf offen war für Schichten, die bildungsmäßig eher als benachteiligt gelten können[1]. Der Ingenieurberuf in der Sowjetunion kann in gewisser Weise als funktionales Äquivalent zur Profession des Juristen im Westen angesehen werden. Er machte die Kandidaten, insbesondere wenn sie noch eine Zusatzausbildung in den Partei(hoch)schulen absolviert hatten, vielseitig verwendungsfähig. Ein erheblicher Teil der Führungskader in Verwaltung und Politik in der Ära Breschnews blickte auf eine solche Karriere zurück[2]. Damit realisierten sich Lenins und Stalins Vorstellungen von einer »proletarischen« Intelligenz und einer technokratisch orientierten, von antagonistischen Klasseninteressen und politischen Gegensätzen befreiten Gesellschaft, die nun

»wissenschaftlich« verplant und gesteuert werden könne. Es sei »der Sozialismus, der die Transformation der Wissenschaft zur theoretischen Grundlage für das soziale Management der wichtigsten Bereiche des gesellschaftlichen Lebens ermöglicht« habe[3]. Dort, wo diese Transformation nicht apodiktisch als gegeben unterstellt wurde, blieb sie doch eine Forderung an die Zukunft: »Wir müssen lernen, die Staatsmaschine auf der Grundlage der Wissenschaft von der Gesellschaft auszubauen, wir müssen lernen, sie genauso zu berechnen, wie heutzutage Ingenieure eine elektronische Maschine berechnen«[4]. Die Hochschätzung technisch-wissenschaftlicher Ausbildung in einem einst rückständigen Land machte nicht nur die politische Führung anfällig für besonders krasse Formen jenes Planungs- und Machbarkeitswahns, der – allerdings nicht mehr unbestritten[5] – bis in die Zeit der Perestroika hinein lebendig blieb. Hierbei sind kommunistische Visionen eine enge Verbindung mit Modellvorstellungen aus dem Gebiet von Technik und Naturwissenschaften eingegangen, die oft in sehr schlichter Weise auf die Lenkung der Gesellschaft – zuletzt auf die »Beschleunigung«[6] der technisch-ökonomischen Entwicklung – übertragen wurden. Hieraus mag sich auch der seit den fünfziger Jahren wie ein Fetisch behandelte Topos der wissenschaftlich-technischen Revolution erklären. In den sozialistischen Gesellschaften stoße sie angeblich auf günstigere Bedingungen als in den kapitalistischen Ländern mit ihrer Profitgier und ihren Klassenauseinandersetzungen. Der Kapitalismus verschwende sein wissenschaftliches Potential »irrational«[7]. Der Glaube an ein »automatisches System der Verwaltung«[8] in Wirtschaft und Wissenschaften oder an die Möglichkeit, durch Erforschung aller Bedürfnisse ihre optimale Befriedigung im Rahmen einer, wenn auch flexibel gehandhabten Planwirtschaft zu erreichen, blieb bis in die Zeit der Perestroika erhalten: Die Gesellschaft dürfe sich nicht im Schlepptau eigennütziger Interessen und Handlungen bewegen, sondern die politische Führung müsse auf sie einwirken und die Gesellschaft durch die – korrigierten – Bedürfnisse lenken – so Gorbatschows Visionen 1987[9]. Noch diese abgemilderte Variante zentraler Steuerung der Bedürfnisse, wie sie auch für den Buchmarkt propagiert wurde, deutet auf eine spezifisch sowjetische Variante von Technokratie-Gläubigkeit. Sie unterschied sich von analogen westlichen Strömungen durch ihren umfassenden Anspruch eines nicht sterben wollenden Mythos von der »rationalen Redistribution«[10].

Das technokratische Ethos autoritärer Verfügungsgewalt, einst aus der forcierten Industrialisierung hervorgegangen, verlor spätestens seit den siebziger Jahren seine Dynamik. Zu dieser Zeit war nicht mehr zu übersehen, daß der Westen in Wirtschaft und Technik nicht mit den herkömmlichen Mitteln einzuholen war. Der technokratische Führungsanspruch verzichtete mehr und mehr auf die Vision einer »strahlenden Zukunft«, die Chruschtschow noch im Blick hatte. Mit der Kreation des Schlagwortes vom »realen Sozialismus«

begrub man die einstigen utopischen Ziele. Immobilismus wurde zum Ideal[11]. Macht war, wie es schon in einer kritischen Denkschrift aus dem Jahre 1969 hieß, zum Selbstzweck geworden, ohne daß der Einsatz ihrer Instrumente dazu befähigt hätte, die Wirtschaft in der Weise zu steuern und zu entwickeln, wie dies die Führung intendiert hat[12]. Der ökonomische und politische Absolutismus der »Armee der Nomenklatur-Arbeiter«[13] kreiere eine permanente Planungsanarchie, die sich ohne Demokratisierung in der Gesellschaft und ohne öffentliche Kontrolle nicht überwinden lasse. Um 1970 waren offenbar Befürchtungen verbreitet, wie sie publikumswirksam in A. Amalriks Broschüre »Kann die Sowjetunion das Jahr 1984 erleben?« verbreitet wurden: Eine Kombination von innerer Machtakkumulation und zunehmender Steuerungsunfähigkeit könnte zu äußerer Expansion und zu kriegerischen Verwicklungen führen – dies vor dem Hintergrund des damals aktuellen sowjetisch-chinesischen Konfliktes.

Das einstige dynamische technokratische Ethos schien sich mehr und mehr einer »Selbstreproduktion des stationären Totalitarismus«[14] zu unterwerfen mit der Tendenz, das spezifische Eigeninteresse der Führungskader mit dem allgemeinen Wohl gleichzusetzen[15]. Dieser Einstellung entsprach eine immer blasser werdende liturgische Rhetorik, welche die Identität zwischen Partei, Staat und Volk zelebrierte, zugleich aber immer reduktionistischer Politik mit der Ausführung eines kaum noch legitimierten Parteiauftrags gleichsetzte[16]. Die »Ideologie« des Marxismus-Leninismus entsprang nun schon lange nicht mehr theoretischen Überzeugungen, sondern eher Vor-Urteilen, die ein Reflex auf institutionelle Zwänge und eingeübte Verhaltensmuster waren. »Wie in einem Science-Fiction-Roman hat sich die Idee von ihrem Substrat gelöst und versteinerte in den Strukturen der Gesellschaft. Sie verwandelte sich in eine Institution, die niemandem (nicht einmal ihrem Chefverwalter) erlaubt, von ihrem toten Dogma abzuweichen.«[17]

Institutionelle Zwänge und eine sie bestätigende Rhetorik mögen jene Einstellungen bestärkt haben, welche bis in die Zeit der Perestroika hinein von der Vorstellung ausgingen, daß autoritär-technokratische Lenkung und kollektivistische Einheit von Partei und Gesellschaft vereinbar seien. Noch die ersten Gesetzesentwürfe nach 1985, hier insbesondere das Betriebsgesetz vom 30. Juni 1987 spiegelten diese Grundannahmen[18].

Welche Folgen hatte das erstarrende autoritär-technokratische System auf die Organisation der Intelligenzberufe und ihr soziales Umfeld? Die Verwaltungselite wie die politische Führung waren bisher in der sowjetischen Soziologie kaum Gegenstand von Untersuchungen. Recht pauschal wurden sie der Intelligenz zugeschlagen. Die Verstaatlichung aller gesellschaftlichen Bereiche und die Realisierung aller sozialen Aktivitäten durch die Kanäle staatlich-parteilicher Institutionen ließen in der Tat eine scharfe Trennung zwischen

Führungskadern, die immer auch einen politischen Auftrag zu erfüllen hatten, und »reinen« Intelligenzberufen – in Technik, Wissenschaft, Kunst und Kultur – kaum zu, da auch letztere Teil der staatlichen Megamaschine waren.

Im Wissenschaftsbetrieb selbst ist die deutliche Unterscheidung zwischen administrativem und hauptsächlich mit Forschung beschäftigtem Personal nicht ohne weiteres möglich. Mitte der siebziger Jahre soll es 5.000 Institutsdirektoren gegeben haben. Das Leitungspersonal in Akademien, Hochschulen und anderen Forschungseinrichtungen wurde insgesamt auf etwa 10.000 Personen geschätzt. Etwa 20% der Mitarbeiter in wissenschaftlichen Einrichtungen – der Akademien und anderer Forschungseinrichtungen – wurden als Verwaltungspersonal bezeichnet[19]. Allein die Auslandsabteilung der Akademie der Wissenschaften in Moskau soll Mitte der siebziger Jahre 150 Personen beschäftigt haben, die mit der Kontrolle der Auslandskontakte befaßt waren[20].

Obwohl zumindest formal alle Direktoren der Akademie-Institute in den Gremien der Akademie gewählt wurden, setzte sich offensichtlich für politisch und forschungsstrategisch wichtige Positionen ein Verfahren durch, das den politischen Instanzen ein maßgebliches Mitspracherecht einräumte. Das Amt des Präsidenten der Akademie hat spätestens seit Stalin nie eine »rein akademische«, sondern immer auch eine eminent politische Bedeutung gehabt, die der eines Ministers nicht nachstand[21]. Dies erklärt sich aus der engen Verzahnung zwischen Grundlagen- und angewandter Forschung, aus der Einbeziehung der Akademie in die großen Projekte in Technik und Rüstung und dem damit gegebenen finanziellen Aufwand[22]. So berichtet Chruschtschow in seinen Memoiren, daß die Entscheidung zur Ablösung A.N. Nesmejanows als Präsident der Akademie im Jahre 1961 im Ministerrat beschlossen und dann auch durchgesetzt wurde[23]. Auf ähnliche Weise dürften viele Leitungspositionen besetzt worden sein, mit der Folge, daß sich manche Direktoren mehr als politische Verwalter denn als Wissenschaftler sahen, eine Funktionsspaltung, die – aus naheliegenden Gründen – auch mit der Größe und dem finanziellen Verbrauch der Institute zu tun hatte und in manchen Fällen bei den Führungskadern das Verhalten von Feudalherren hervorrief[24]. In der Zeit der Perestroika ist dieser schleichende Prozeß als politische Kolonialisierung der Wissenschaften beklagt worden, der maßgeblich verantwortlich sein soll für die verbreitete Innovationsfeindschaft und den wissenschaftlichen Rückstand[25]. Dieser Vorwurf trifft zweifellos in viel höherem Maße auf die Situation der geistes- und sozialwissenschaftlichen Disziplinen zu. Hier waren es vielfach verdiente Funktionäre, welche in Institute dieser Fachrichtungen abgeschoben wurden oder selbst dorthin drängten und führende Positionen einnahmen[26]. Die dem sowjetischen System – sicher mehr als anderen – inhärente Ausuferung bürokratischer und dabei anomischer Strukturen mit ihren Elementen von Kontrollsucht und Willkür ist der wissenschaftlichen Kreativität sicher nicht förderlich gewesen. Man könnte – wie bei den Kultur-Verbänden – von einer herrschaftlichen Deformation der Wissenschaften sprechen.

Die z.T. systembedingten Defizite haben immerhin Anstöße zur soziologischen Untersuchung des Wissenschaftsmilieus gegeben. Diese blieben allerdings fast ausschließlich auf die Disziplinen von Technik und angewandten Naturwissenschaften beschränkt. Sie standen zudem unter dem Gebot, vorauseilend Trends zur Homogenisierung einer Gesellschaft auf dem Weg zum Kommunismus auszumachen, also die Abschwächung der einstigen Unterschiede zwischen Hand- und Kopfarbeit sowie zwischen Stadt und Land nachzuweisen. Dieser Trend wurde schon in den sechziger Jahren mit der Verwissenschaftlichung der industriellen Produktion und der Industrialisierung der Wissenschaften, mit der Intellektualisierung der Fabrikarbeit und dem steigenden formalisierten Bildungsgrad in der gesamten Bevölkerung – auch des Dorfes – belegt[27]. Das anhaltende Wachstum der ingenieur-technischen Berufe, die bis in die sechziger Jahre hinein vom Mythos des Ingenieurs als Pionier von Wissenschaft und Technik zehrten, hat zu ihrer »Vermassung« geführt. Daher hat dieser Beruf – wie andere vorwiegend nicht-manuelle Arbeit – spätestens seit Ende der sechziger Jahre viel von seinem früheren Nimbus und seiner relativen materiellen Privilegierung verloren[28]. Zudem wird seit langem darüber geklagt, daß ein wachsender Teil der Absolventen von Ingenieur-Studiengängen nur Arbeitsplätze vorfindet, die dem Niveau der Ausbildung nicht entsprächen[29]. Verdiente ein Ingenieur in der Industrie 1940 fast doppelt so viel wie ein Arbeiter, so wurde der Gehaltsabstand seit den sechziger Jahren immer geringer. Dies führte zu einem verbreiteten Motivationsverlust und einem wachsenden Desinteresse, die offenbar äußerst strapaziösen Positionen zu übernehmen, die mit der Leitung und Organisation in den Betrieben verbunden waren. Denn Ingenieursarbeit bestand anscheinend immer zu einem erheblichen Teil aus »Organisation«[30]. Obwohl sich die Sowjetunion seit den sechziger Jahren rühmte, das Land mit dem höchsten Sättigungsgrad an Ingenieuren zu sein, zeigt die Relation zwischen wissenschaftlich ausgebildetem Personal und der übrigen Bevölkerung – im Vergleich mit den USA – einen ständigen Rückstand[31], der sich auch im allgemeinen technischen Niveau wiederspiegelt.

Das sich unabhängig vom realen Bedarf vollziehende Wachstum der ingenieur-technischen Berufe sorgte dafür, daß diese Ausbildungswege im wesentlichen die einzigen blieben, die einen Wechsel von der Fabrikarbeit oder aus dem Dorf in Management, Verwaltung und Politik eröffneten, Positionen, die für Jugendliche aus Elternhäusern mit einer höheren Bildung nur eine geringe Attraktivität besaßen[32].

Die staatliche Bevorzugung der sog. Produktionssphäre und der Rüstung seit den fünfziger Jahren ging einher mit einer zunehmenden Vernachlässigung von Sektoren, die im weitesten Sinne den Dienstleistungen und der Reproduktion angehörten. Davon waren die Intelligenzberufe im Bildungs-, Kultur-, Justiz- und Gesundheitswesen in besonderem Maße betroffen. Ein Indikator hierfür sind die Relationen der Gehälter. Hatten sie – nicht eben üppig – um 1940 cum grano salis noch in etwa denen von Industriearbeitern entsprochen, so lagen sie im Durchschnitt in den achtziger Jahren deutlich unter diesem Niveau (siehe Anhang Tab. 9). Dieser Trend korrelierte auffällig mit einer starken Feminisierung dieser Branchen. Er ging einher mit mangelnden Investitionen in den Sektoren Bildung, Kultur und Gesundheitswesen in den letzten Jahrzehnten, mit der Folge einer allgemeinen »Dekapitalisierung« und eines Problemstaus, wie er nach 1985 offenbar werden sollte[33].

Ein vergleichbarer, wenn auch weniger scharf ausgeprägter Trend hat in den letzten Jahrzehnten auch den Forschungssektor getroffen. Er konzentrierte sich besonders in den Akademien der Union und der Republiken sowie in den von den Branchenministerien abhängigen Einrichtungen, den sog. NII (nautschno-issledowatelskie instituty), und den Forschungs- und Entwicklungsabteilungen der Betriebe[34]. Ähnlich wie bei den Ingenieuren stieg die Zahl der sog. wissenschaftlichen Arbeiter ununterbrochen von 93.000 (1940) auf über 1,5 Millionen gegen Ende der achtziger Jahre. Davon besaßen ca. ein Drittel den akademischen Grad eines Kandidaten (analog dem deutschen Doktortitel) und eines Doktoren (analog der deutschen Habilitation). Bezeichnet man diesen Kreis als Wissenschaftler, so hat sich ihre Zahl von 50.000 (1950) auf ungefähr 500.000 zu Beginn der achtziger Jahre fast verzehnfacht (siehe Anhang Tab. 10). Von den Trägern akademischer Grade waren 1970 16% in den 862 Instituten der Akademien beschäftigt. Von allen wissenschaftlichen Arbeitern entfielen 1972 fast 60% auf naturwissenschaftliche Disziplinen, weitere 16% auf technische Fächer und die restlichen knapp 25% auf alle weiteren Disziplinen, von der Geschichte (mit 6%) über die Ökonomie (mit 5,6%) bis zu den Philologen (mit knapp 5%)[35].

Mit der allgemeinen Anhebung des Bildungsniveaus in der Sowjetunion veränderte sich auch die Rekrutierungsbasis der gehobenen wissenschaftlichen Einrichtungen. Während bis in die siebziger Jahre hinein der Anteil von Studenten an Universitäten und (Fach-)Hochschulen, die ihrer Herkunft nach aus den Unterschichten kamen, mit ca. 30% immer noch relativ hoch lag[36], vollzog sich insbesondere in den Hauptstädten und wissenschaftlichen Zentren eine verstärkte Selbstrekrutierung der Intelligenzberufe. Trotz gezielter Hilfsprogramme für Jugendliche aus bildungsfernen Schichten waren die Anforderungen an den führenden Universitäten und naturwissenschaftlichen Prestige-Instituten dergestalt, daß Jugendliche aus der Intelligenz nolens volens bevorzugt wurden[37]. Die Rekrutierungsbasis v.a. der Akademie der UdSSR beschränkte sich bis in die fünfziger Jahre hinein im wesentlichen auf wenige führende Universitäten und Technische Institute. Aus Leningrad und Moskau kamen zu dieser Zeit bis zu 80% der Akademie-Mitglieder, in den sechziger und siebziger Jahren nur noch bis zu 60%[38]. Zudem zeigte das wissenschaftliche Personal der Akademien von Moskau, Kiew und Leningrad eine vergleichsweise geringe Mobilität, sowohl was den Ort der Tätigkeit als auch was den Wechsel der Institutionen betraf[39].

Die akademische Ausbildung in der Sowjetunion war immer schon sehr zeitraubend. In den Jahren 1947 bis 1955 erlangten nur 15% den Titel des Doktors der Wissenschaften im Alter unter vierzig Jahren, 36% im Alter über fünfzig Jahre[40] Die Folge war eine permanente Überalterung der Wissenschaftselite, besonders der *akademiki* und der Korrespondierenden Mitglieder. Schon in den dreißiger Jahren lag das Durchschnittsalter der Akademiemitglieder bei 65 Jahren[41]. Zwar muß es mit der Expansion der wissenschaftlichen Einrichtungen in den fünfziger und sechziger Jahren einen Verjüngungsschub gegeben haben[42], doch erschien nicht nur Ausländern die Führung in der Akademie und den maßgeblichen Instituten als gerontokratischer Club, dessen »Hohepriester« ihre Versammlungen wie einen »nach vorgegebenem Ritual ablaufenden Gottesdienst« zelebrierten[43]. Ein amerikanischer Beobachter Ende der siebziger Jahre: Gleiche die scientific community in den USA einem Stamm von Jägern und Sammlern, der zu einem großen Teil aus Kindern und Jugendlichen, einer kleinen Anzahl von Erwachsenen und so gut wie keinen alten Leuten bestehe, so erinnere die sowjetische Wissenschaft an eine Dorfversammlung alter Männer[44]. Diese Überalterung hatte sicher etwas mit den Pensionsregelungen zu tun. Bei Eintritt in den Ruhestand sahen sie bei einem Wissenschaflichen Mitarbeiter als Rente nur 40% des früheren Gehalts und lediglich in besonderen Fällen bis zu 160 Rubel vor. Bei Weiterbeschäftigung – zumal in Leitungspositionen – ließ sich immerhin ein vermindertes Gehalt beziehen, das auf jeden Fall höher lag als die gesetzliche Rente. Diese Regelungen galten unverändert zwischen 1949 und 1985[45].

Die nach wie vor in der gebildeten Gesellschaft hoch angesehene[46] Akademie der Wissenschaften der UdSSR ist trotz ihrer regionalen Expansion und des Ausbaus ihrer Filialen in der RSFSR auch weiterhin in erster Linie auf Moskau, mit Abstand gefolgt von Leningrad und – seit den fünfziger Jahren – von Nowossibirsk – konzentriert. 1970 umfaßten diese drei Städte ein Drittel aller Akademie-Institute, über 40% des akademisch graduierten Personals und 72% aller *akademiki* und Korrespondierenden Mitglieder. Darüberhinaus erschienen in Moskau zu dieser Zeit noch 90% aller maßgeblichen wissenschaftlichen Zeitschriften. Moskau blieb der wichtigste Standort der führenden Wissenschaftsverlage. Das Übergewicht des russischen Zentrums kam darin zum Ausdruck, daß Russisch die lingua franca des Wissenschaftsbetriebes blieb, insbesondere der naturwissenschaftlichen Disziplinen[47]. Gleichwohl verlor die sowjetische Akademie ein wenig von ihrem Übergewicht gegenüber den Akademien der nicht-russischen Republiken: Bis 1988 sank der Anteil der *akademiki* und der korrespondierenden Mitglieder der Akademie der Wissenschaften der UdSSR (gegenüber denjenigen der übrigen Republiken) auf 38%. Der Anteil der wissenschaftlichen Mitarbeiter, der Doktoren und Kandidaten blieb allerdings bei über 60%. In Moskau konzentrierte sich immer noch 20% des wissenschaftlichen Potentials der Union[48].

Ähnlich wie bei den ingenieur-technischen Berufen ist es mehr als fraglich, ob die »massenhafte« Ausbildung von Wissenschaftlern immer den tatsächlich zur Verfügung stehenden Arbeitsplätzen entsprach. Vielfach mag hier wie in anderen Intelligenzberufen die Flucht aus der manuellen Produktion eine größere Rolle gespielt haben als ein tiefer gehendes »geistiges« Interesse. Die sowjetischen Forschungseinrichtungen im Rahmen der Akademien expandierten seit Mitte der fünfziger Jahre vor allem mit dem Ausbau der Filiale in Nowossibirsk. Hier boten sich jüngeren aufstrebenden Wissenschaftlern oder auch solchen – wie einem Teil der Genetiker –, die in Moskau nicht geduldet wurden, Betätigungsmöglichkeiten und ein intensiver intellektueller und kultureller Austausch, der dem Ideal einer scientific community zeitweise recht nahegekommen zu sein scheint. In den sechziger und siebziger Jahren expandierten zudem die Republiks-Akademien. Mehrheitlich waren sie zwar eher in der angewandten Forschung tätig, in einigen Spezialgebieten entwickelten sie allerdings ein eigenes, Moskau, Leningrad, Kiew oder Nowossibirsk ergänzendes Profil, das sie aus der Provinzialität heraushob[49]. Die vergleichsweise starke Expansion des Forschungsbetriebs insgesamt ging offenbar einher mit Problemen, die sich aus einem ungeordneten Wachstum ergaben, das eine optimale Forschung eher behinderte. Obwohl Mitte der sechziger Jahre die USA und die UdSSR über ein etwa gleich goßes personelles Forschungspotential verfügt haben sollen, lieferten die USA etwa die Hälfte, die Sowjetunion etwa ein Sechstel der weltweit registrierten Entdeckungen und wissenschaftlichen Neuentwicklungen[50]. Zwischen 1975 und 1988 hätten die USA 60%, die UdSSR nur 2% aller Nobelpreise für wissenschaftliche Disziplinen erhalten. Insgesamt soll in dieser Zeit der Anteil von sowjetischen wissenschaftlichen Innovationen aus der Grundlagen- wie der angewandten Forschung zurückgegangen sein. Die seit den vierziger Jahren enge Verbindung zwischen technisch-naturwissenschaftlicher Forschung und der Rüstung habe zwar eine relativ hochstehende Entwicklung in der Kernforschung, der Weltraumtechnik und Elektronik verursacht. Aber die zweite Welle der wissenschaftlich-technischen Revolution seit den fünfziger Jahren auf den Gebieten der Mikroelektronik, der Informatik, der Chemie und Biotechnologien einschließlich der Umwelt-Techniken seien vernachlässigt worden; denn hier gab es keine rüstungspolitischen Interessen[51].

Neben dieser politisch verursachten einseitigen Forschungspolitik betrafen dauerhafte Probleme die Mängel in der Ausstattung der wissenschaftlichen Einrichtungen, die Überlastung des Personals mit forschungsfremden administrativen Tätigkeiten, die sich aus dem großen Koordinationsaufwand ergaben. Mag es hier durchaus Parallelen zum westlichen, jedenfalls zum deutschen Forschungsbetrieb geben, so existierte zugleich ein Mangel an Hilfspersonal, besonders in den achtziger Jahren. Dies führte – ähnlich wie bei den Ingenieuren – zu vielfach unterqualifiziertem Einsatz gerade bei den jüngeren Wissenschaftlern[52].

Hinzukam eine spezifisch sowjetische Form des Zwangs zu »gesellschaftlicher« Arbeit. Insofern sie zur Popularisierung wissenschaftlicher Ergebnisse genutzt wurde, mochte sie sogar nützlich sein. Aber die Beteiligung an Vorträgen und Kursen zur politischen »Erziehung« sowie an anderen »gesellschaftlichen« Aktivitäten entsprang häufig mehr dem Zwang als freiwilliger Einsicht. Auf jeden Fall lenkte sie von der eigentlichen Berufstätigkeit ab. Selbst sowjetische Umfragen zu diesem politisch heiklen Thema ließen eine eher distanzierte Haltung des wissenschaftlichen Personals erkennen[53]. Ein noch größeres Problem stellten die für die wissenschaftliche Arbeit vielfältig bedingten Informationsbarrieren dar. In den achtziger Jahren zeigte eine Umfrage unter Wissenschaftlern in Moskau, Kiew, Nowossibirsk und Stawropol, daß nur 20 bis 32% der befragten Forscher mit den Möglichkeiten zur Informationsbeschaffung in ihrem Fachgebiet zufrieden waren. Dabei korrelierte der Grad der Unzufriedenheit offenbar mit dem Grad tatsächlicher Informiertheit. Die Schwierigkeiten, sich auf dem Laufenden zu halten, scheinen hierbei gleichermaßen in- wie ausländische Forschungsergebnisse betroffen zu haben[54]. Die langen Wartefristen für die Publikation eigener Arbeiten, bedingt durch aufwendige Verfahren der Begutachtung und der Fachzensur, der unterentwikkelte Stand von Reproduktionsverfahren (so der Mangel an Kopierern, an Papier und Druckkapazitäten) und ein grassierender Geheimhaltungswahn – nicht nur in den »geschlossenen« Forschungseinrichtungen – sorgten für erhebliche Reibungsverluste und förderten manchmal auch die Parallelität von Untersuchungen und Ergebnissen[55].

Ähnlich wie andere Intelligenzberufe haben auch die Bereiche von Kultur und Forschung seit den sechziger Jahren einen relativen Abstieg in ihren Einkommen erlebt, zumal diese – wie die Pensionen – zwischen 1949 und 1985 keine Veränderungen erfahren hatten[56]. In Kiew befanden sich nur noch die Hälfte der Familieneinkommen von »wissenschaftlichen Arbeitern« auf der Höhe der sowjetischen Durchschnittsverdienste. Gleichwohl lag hier der Grad der Zufriedenheit mit der materiellen Lage noch bei über 70%, in Moskau und Nowossibirsk nur bei 50%[57]. Vor allem in den Forschungseinrichtungen der Betriebe und Ministerien wurde seit Ende der sechziger Jahre mit wechselnden Varianten ökonomischer Stimulierung und Leistungsmessung operiert. Zudem konnten wissenschaftliche Institute – auch der Akademien – mit Betrieben und Behörden Forschungsaufträge aushandeln, sog. chosdogowory, und auf diese Weise ihren Lohnfonds aufbessern[58]. Diese Möglichkeit stand nur einer begrenzten Anzahl von Disziplinen der eher angewandten Forschung zur Verfügung. Die starre Gehaltsregelung richtete sich bis 1985 im allgemeinen nach dem akademischen Abschluß und dem Amt in einer wissenschaftlichen Einrichtung[59]. Seither sollte sie durch eine stärker differenzierte Skala, durch weitere Formen der ökonomischen Stimulierung und durch eine Neubewertung der wissenschaftlichen Tätigkeit, durch Prämien und Zuschläge bei einem gleichbleibenden Gehaltsfonds flexibler gestaltet werden[60]. Obgleich die Gehaltsaufbesserungen zwischen 1985 und 1988 für Intelligenzberufe höher ausgefallen sind als für andere Gruppen, ließen auch diese Regelungen die Klage über unzureichende Gehälter nicht verstummen[61].

Die teils drastische, teils leichte Einbuße der Intelligenzberufe an Prestige und materieller Absicherung ging einher mit ihrer zunehmenden Integration in die politischen Strukturen: Wenn sich bis in die dreißiger Jahre hinein v.a. die gehobene Intelligenz, z.B. die angesehenen Naturwissenschaftler und Ingenieure, der Partei ferngehalten hatten – 1929 waren angeblich 7-8% der »wissenschaftlichen Arbeiter« zumeist aus den Gesellschaftswissenschaften in der Kommunistischen Partei[62] – so dürfte spätestens seit den fünfziger Jahren keine Schicht so stark in diese Organisation einbezogen gewesen sein wie die Bildungsberufe. Unter den sog. Spezialisten, also Berufstätigen mit einem Sekundar- oder Hochschulabschluß, lag der Anteil der Besitzer von Mitgliedsausweisen seit Mitte der fünfziger Jahre mit leicht abnehmender Tendenz immer über 30%[63]. Besonders hoch – mit über 40% – war in den sechziger Jahren ihr Anteil unter Ingenieuren und Agronomen, die wohl eher einen Teil der Verwaltungselite bildeten. Unter Lehrern und Ärzten waren immerhin über 20% Parteimitglieder[64]. Seit den sechziger Jahren bildeten die Wissenschaftler diejenige Berufsgruppe mit dem höchsten »Sättigungsgrad«: 1950 waren 32% der Kandidaten der Wissenschaften in der Partei, 1983 fast 50%. Bei den Doktoren lauten die entsprechenden Zahlen 26% (1950) und 68% (1983). Unter den Akademie- und Korrespondierenden Mitgliedern der Akademie der Wissenschaften war der Anteil von Angehörigen der KPdSU von 30-40% in den fünfziger auf über 50% in den sechziger Jahren gestiegen[65]. Die Verbindung zwischen Parteizugehörigkeit und wissenschaftlicher Karriere scheint allerdings in den einzelnen Disziplinen sehr unterschiedlich ausgefallen zu sein. Dies galt schon für die zwanziger Jahre, als es v.a. Geistes- und Sozialwissenschaftler, aus kommunistischen Hochschulen hervorgegangen, in die Partei getrieben hatte. Diese Disziplinen wiesen auch in den fünfziger Jahren den höchsten Anteil von Mitgliedern auf, ein rein äußerlicher Hinweis auf die nach wie vor legitimatorische Funktion dieser Fächer. Dies galt insbesondere für

Historiker[66]. Wie schon während der dreißiger Jahre war der Anteil von Parteiangehörigen besonders hoch in den Leitungs- und Verwaltungspositionen an Hochschulen und Forschungseinrichtungen[67].

Parteizugehörigkeit bedeutete im wissenschaftlichen Milieu wie bei den Schriftstellern eher eine Form disziplinarischer Unterordnung als ein – wie noch in den zwanziger Jahren – von Überzeugung getragenes Bekenntnis zu den Grundsätzen des Marxismus-Leninismus und zur Politik der Partei. Das Auseinanderfallen von Parteizugehörigkeit und tatsächlichen weltanschaulich-politischen Positionen war besonders unter Naturwissenschaftlern anzutreffen. Der spätere Dissident Leonid Pljuschtsch erinnert sich, an seinem Laboratorium der einzige überzeugte Marxist gewesen zu sein, obwohl es hier mehrere Parteimitglieder gab[68]. Und der angehende Atomphysiker S.Polikanow mußte sich bei seiner Aufnahme in die KPdSU sagen lassen, »daß Arbeiter zu den Prüfungen besser vorbereitet kommen als Ingenieure und Gelehrte«[69]. Der Eintritt in diese Organisation dürfte bei der Mehrheit der Naturwissenschaftler entweder vorauseilendem Gehorsam entsprungen, oder das Resultat pragmatischen Karrierekalküls gewesen sein – und damit implizit immer ein Element der Angst enthalten haben[70]. Hierbei wiederholte sich nur, was Angehörige der Bildungsschichten seit ihrer Jugend gelernt hatten: »Der Marxismus-Leninismus wird ohne Ausnahme an allen Instituten gelehrt, und die Haltung der Studenten zu dieser Weisheit ist aufschlußreich. Alle wissen, daß man sie nicht verstehen, sondern daß man nur ihre Worte wiederholen muß, die aufzusagen befohlen ist«[71]. Ob Parteimitglied oder Parteiloser – erforderlich war eine gelegentliche Habachtstellung, wie es A. Sinowjew formuliert hat[72]. Die tatsächlichen Überzeugungen blieben so lange irrelevant, wie ein äußerlich konformes Verhalten gewahrt wurde.

III. Selbstbefreiung im Zwangsstaat

13. Tauwetter und Spätfröste

Der Weg vom verbreiteten »Glauben« an Stalin (und den Sozialismus) bis zur Veralltäglichung der Doktrinen des Marxismus-Leninismus zu Worthülsen war auch für die Mehrheit der unter Stalin aufgewachsenen Generation in den Bildungsberufen ein langer und manchmal schmerzhafter Lernprozess. Der Tod des Despoten lieferte den ersten Stoß, der wie in der Masse der Bevölkerung so auch bei den Gebildeten eine in ihren Wirkungen nicht absehbare Erschütterung auslöste. »Stalin pochte damals in allen Köpfen wie ein Hammer«[1]. Trotz aller Irritationen und gelegentlichen Demütigungen fungierte der Diktator auch im Leben der Literaten als zorniger Gott, den man ebenso liebte wie fürchtete. »In dieser Stunde größter Trauer/finde ich nicht jene Worte,/die bis zum Ende ausdrücken/die Trauer unseres ganzen Volkes«, dichtete A.T. Twardowski und in ähnlichem Sinne reimten viele Kollegen[2]. Gleichwohl bewegte sich das literarische Schaffen nicht so konform mit der großen Politik, daß hier immer von einem absoluten Gleichritt auszugehen wäre. Eine solche Vermutung ist der Ausgangspunkt für den Streit, ob das Tauwetter in Literatur und Wissenschaft wirklich mit dem Tode Stalins oder nicht schon früher begonnen habe. In der Politik hatte sich 1952 mit der sog. Ärzte-Verschwörung eine neue Terrorwelle angekündigt. In der Literatur (und besonders im Theaterwesen) hingegen wurde die »Konfliktlosigkeit«, d.h. die tödliche Langeweile in Theater und Literatur angeprangert[3]. Gleichzeitig belebte sich die literarische Szene mit Wassili Grossmans »Sa prawoe delo« (Für die gerechte Sache) und mit W.W. Owetschkins »Rajonnye budni« (Rayon-Alltäglichkeiten), kleinen politischen Sensationen. Owetschkins Skizzen beleuchteten das Kolchosleben in weniger glühenden Farben als die um 1950 gängige schönfärberische Literatur über das Dorf. Dafür wurde dem Autor das Leben in der Provinz zur Hölle gemacht, so daß er es vorzog, umzusiedeln[4]. In Grossmans Romanfragment ging es einmal mehr um den Zweiten Weltkrieg, genauer um die Schlacht von Stalingrad. Dabei wurden auch Vergleiche zwischen dem Nationalsozialismus und dem stalinschen Regime im Philosophieren über das Böse nahegelegt. Der erst relativ spät einsetzenden Kritik an diesem Fehlgriff konnte nichts daran gelegen sein, als Lautverstärker solcher ungewöhnlichen Analogien zu dienen. Daher schoß man sich auf die »hausgemachte Philosophie« des Autors und seines Househelden Tschepyschin ein, auf die »Fragmente der idealistischen Philosophie der Energetik, auf das Unbewußte des Freudismus, auf die mystisch-dualistische Philosophie des ewigen Kampfes zweier unveränderlicher und ewiger Prinzipien in der Welt: des Guten und Bösen, des Lichts und der Finsternis«[5]. In späteren Fassungen von 1955 und 1960 wurde dieser zeitlosen Dichothomie von Gut und Böse von einem der Helden des Romans die angemessene leninistische Abfuhr zuteil, so daß die Ordnung wiederhergestellt war[6].

Die Kritik an der Konfliktlosigkeit, die nur noch den Zusammenstoß zwischen dem Guten und Besten zuließ, hatte erneut Risse erkennen lassen, die von Kritikern, Dichtern, Theaterleuten und Musikern ausgenutzt wurden, um das Kunstschaffen einem allzu rigiden bürokratischen und parteipolitischen Zugriff zu entziehen. In diese neuentstandenen Breschen drängten nach dem Tod des Diktators – weitgehend in Übereinstimmung mit dem »neuen Kurs« – zahlreiche Autoren, die in Form von Belletristik ihre Beobachtungen dem Leser zugänglich machten. Zumeist handelte es sich um eine kritisch gewendete realistische Literatur, die sich der Arbeitsbeziehungen auf dem Dorf, in der Industrie und im Wissenschaftsbetrieb annahm, eine amoralische Produktionsethik geißelte, die Versklavung des Individuums durch den Plan beklagte, die Herzlosigkeit der Bürokratie anprangerte und die ethische und soziale Fragen des Individuums unabhängig von Produktionsschlachten wieder zum literarischen Thema machte. Ein solches Sujet stand auch im Mittelpunkt der an sich konventionellen Novelle von Ilja Ehrenburg »Tauwetter«. Sie sollte einer ganzen Epoche ihren Namen geben. Mit dieser Strömung verbunden war eine teils implizite, teils explizite Kritik an der Anwendung, noch nicht an den Grundsätzen der Schdanow-Normen des Sozialistischen Realismus. Literatur und Kunst, so das neu entstehende professionelle Ethos der kritischen Literaten und Künstler, sollten in ästhetischen und inhaltlichen Normen frei von Parteidirektiven sein, dabei aber durchaus einen Erziehungsauftrag gegenüber dem Publikum wahrnehmen. Voraussetzung eines solchen Auftrages war, daß sich Kunst und Literatur nur noch der »Wahrhaftigkeit« verpflichtet fühlten, nicht aber einem falsch verstandenen Parteiauftrag, der zu Schönfärberei und leerem Optimismus zwinge.

Dieses sich rasch entwickelnde neue Credo unter Künstlern und Literaten erhielt durch Chruschtschows Geheimrede über Stalins Verbrechen neue Impulse. Wie eine Parteiversammlung Moskauer Schriftsteller im März 1956 zeigte, reichte das Meinungsspektrum von Anklagen gegen die damals mächtigen, privilegierten und kompromittierten Kollegen und Funktionäre über Gefühle des Betrogen-Seins – »der göttliche Stalin verriet unsere Liebe« (A.O. Awdejenko) – bis hin zu Selbstbezichtigungen und politischen Reformforderungen[7]. Schriftsteller wie Twardowski und Konstantin Simonow stellten sich einer selbstkritischen Reflexion. Aus Anlaß des Selbstmordes A.A .Fadejews am 13. Mai 1956 griff Simonow zweimal das Thema der Kampagne gegen dessen »Junge Garde« auf. Ihn quälte die Frage, warum er selbst nicht dem angegriffenen Autor beigestanden habe. Die Antwort charakterisiert den Stil und die Argumentationsweise des Denkens im aufgeklärten Schriftstellermilieu: »Diesen Vorwurf müssen viele, darunter auch der Autor dieser Zeilen, auf sich nehmen, aber die Partei lehrt uns, daß es besser ist, über andere, bei weitem schwerere Fehler, nicht nur über solche der literarischen Kritik überhaupt zu sprechen, besser spät als überhaupt nicht«[8]. An anderer Stelle räumte er ein, daß niemand unter den Schriftstellern den Mut gehabt habe, sich den von Stalin inspirierten Artikeln und Kampagnen zu widersetzen[9].

Mit dem Bürokratismus wurde ein zentrales Thema angesprochen, das, soweit es der literarisch-politischen Kritik überhaupt möglich war, den Nerv nicht nur des Regimes zur Zeit Stalins, sondern auch seiner Nachfolger traf. Besondere Aufmerksamkeit erregte deshalb der Roman von Wladimir Dudinzew »Ne chlebom jedinym« (Der Mensch lebt nicht vom Brot allein), der seit dem August 1956 in Fortsetzung in der Zeitschrift »Nowy Mir« publiziert wurde. Das Sujet erschien zunächst eher unverfänglich: Es ging um den Kampf eines Erfinders für die Umsetzung seiner arbeits- und kostensparenden Neuerung in die laufende Produktion und um den Widerstand der Wissenschafts- und Wirtschaftsbürokratie gegen jede Störung ihrer Routine, also um ein Dauerproblem der sowjetischen Planwirtschaft. Der Roman ist eine unübertroffene Soziographie der sowjetischen Apparate in ihrem Alltag, in ihrem Standesegoismus und in dem ungebrochenen Bewußtsein der damals vergleichsweise jungen Elite, die sich als Aufsteiger aus dem Volk für das Volk selbst hielt. Helen von Ssachno spricht von einem soziologischen Schlüsselroman[10] über das Milieu der Aufsteiger. Mit den Worten einer Protagonistin des Romans: »Der Pöbel will soviel wie möglich an sich reißen. Und wenn er genügend gerafft hat, dann wird er fett. Er wird immer eine Schnauze haben, aber nie ein Gesicht«[11]. Der so charakterisierten neuen Klasse der »bauenden Ameisen« (S. 151), die mit ihren kollektivistischen Orientierungen Standesegoismus kaschiere, wurde das Ethos des sich selbst aufopfernden Erfinders gegenübergestellt. Er war insofern ein »Andersdenkender« (S. 224)[12], als er an den Idealen des Fortschritts und Sozialismus gegen die Trägheit der Bürokratie festhielt. Als Angriff nicht nur auf den Stalinismus, sondern allgemeiner als Attacke gegen die politische Klasse in der Sowjetunion überhaupt ist dieser Roman im literarischen Milieu rezipiert worden. Konstantin Paustowski wagte sich »ins Auge des Taifuns«, als er auf den Punkt brachte, was man aus dem Roman herauslesen konnte: Während Lopatkin, der Erfinder, zum Symbol für Imagination und Kreativität der Intelligenz stilisiert wurde, galt Drosdow, der Antiheld, als Symbol der politischen Aufsteigerklasse, die vom Kahlschlag des

Terrors der dreißiger Jahre profitiert hatte: »Diese neue Schicht von Ausbeutern und Machthabenden hat nichts mit der Revolution … nichts mit dem Sozialismus zu tun. Woher stammen diese Spießer und Speichellecker, diese Schurken und Verräter, die sich das Recht anmaßen, im Namen des Volkes zu sprechen. … Beginnend mit dem Jahre 1937 bildete sich jener günstige Nährboden heraus, auf dem sie gedeihen konnten … Ihre Waffen sind Verrat, Verleumdung, moralischer Rufmord und richtiger Mord. Wenn nicht jene Drosdows wären, so gäbe es heute so große Menschen wie Meyerhold, Babel«[13].

In diesem für Paustowski ganz ungewöhnlichen Ausfall gegen die politische Klasse deutete sich ein Konflikt zwischen der Intelligenz und den politischen Funktionsträgern an, der seit dieser Zeit nicht mehr zur Ruhe kommen sollte. Allerdings wäre eine schlichte dichotomische Gegenüberstellung beider Sektoren, wie er in Zeugnissen von Angehörigen der Intelligenz häufig zu finden ist, eine Vereinfachung, die in mancher Hinsicht dem Selbstverständnis der Intelligenz, aber nicht der Realität entsprach. Die Träger der politischen Macht und Funktionseliten waren zu eng mit den Literaten und Künstlern verzahnt, als daß sie als Gegensatzpole gesehen werden könnten. Die Konflikte um neue Ausdrucksmöglichkeiten in Literatur und Kunst wie die gesellschaftspolitischen Auseinandersetzungen, die oft stellvertretend in der Literatur ausgetragen wurden, vollzogen sich ebenso unter den politischen Funktionsträgern wie innerhalb des Milieus der Intelligenz. Auch wenn sich die Eigendynamik intellektueller Kreativität der Kontrolle und Lenkung durch politische Instanzen zu entziehen suchte, so verdichteten sich diese Gegensätze nicht zu Interessenantagonismen, die zwischen Institutionen – etwa zwischen denen der Partei und den Verbänden der Intelligenz – ausgetragen worden wären.

Dennoch bildeten sich in der Zeit des Tauwetters Kristallisationskerne und Organe von Meinungsführerschaft aus. In den fünfziger und sechziger Jahren waren dies zunächst die bald wieder eingestellten literarischen Almanache »Literaturnaja Moskwa«, die Zeitschriften »Nowy Mir«, und zeitweilig das »Snamja« (Die Flagge) und die »Junost« (Die Jugend), die den kritischen Teil der Intelligenz um sich scharten[14]. Auf der Gegenseite stand vor allem die Zeitschrift »Oktjabr« (Oktober) und später auch das »Snamja«.

Die Wellen von Tauwetter und Spätfrösten, die nach 1953 in rascher Abfolge wechselten, stärkten eher den Prozeß wachsenden Zusammenhalts innerhalb der verschiedenen Milieus der Intelligenz. Dies zeigte sich insbesondere im Abbau bestimmter Rituale der Stalinzeit, hier vor allem der Selbstkritik, der öffentlich bezeugten Reue und in der Abschwächung des kollektiven Angriffs auf das jeweilige Opfer einer Kampagne[15]. Schon W. Grossman hatte sich gegenüber der Kritik, die sich über Stalins Tod hinauszog, als zu wenig einsichtig erwiesen[16]. Die Redaktion des »Nowy Mir«, die mindestens eineinhalb Jahre über dem Manuskript gebrütet hatte, legte dann eine Selbstkritik ab, in der sie versprach, sich in Zukunft stärker mit der Partei zu beraten[17]. Der Chefredakteur des »Nowy Mir« A.A. Twardowski wurde im Sommer 1954 abgelöst, weil besonders in der Literaturkritik moralische statt klassenmäßige Bewertungsmaßstäbe die Oberhand zu gewinnen schienen. Twardowski akzeptierte die Entscheidung, auch wenn er sich mißverstanden fühlte; denn »meine Feder, das Wichtigste, über das ich im Leben verfüge, gehört der Partei, welche das Volk zum Kommunismus führt. Der Partei verdanke ich das Glück meiner literarischen Anerkennung«[18].

Als gegen Ende 1956 und zu Beginn 1957 wieder einmal eine Generalattacke anstand, deren Ziele insbesondere Dudinzews Roman und D. Granins »Eigene Meinung« waren, eine Erzählung, welche den »Aufstieg eines sowjetischen Managers als fortlaufenden Prozeß der Korruption« schildert[19], bedurfte es fast eines Jahres ständigen Druckes von allen Seiten (offenbar auch vom KGB), um von Dudinzew eine einsilbige Selbstkritik herauszupressen. Granin scheint sich dem entzogen zu haben, ohne gravierende Folgen für seine weitere literarische Karriere. Schon in einer Erzählung von 1954 hatte er einem Helden die Lebensweisheit in den Mund gelegt: »Es ist besser, zu schweigen als zu reden, und besser, zu reden als zu schreiben«[20]. Auch Paustowski und W.A. Kawerin, der sich ebenfalls sehr für die Verteidigung Dudinzews engagiert hatte, übten keine Selbstkritik, während Simonow hierzu bei Bedarf immer bereit war[21]. Anderen, die sich dazu überreden ließen, ist dieses Ritual offenbar sehr schwer gefallen. Ein Beispiel ist die Dichterin Margarita Aliger, eine Lyrikerin, die sich nicht erst seit Stalins Tod für ein literarisches Tauwetter eingesetzt hatte. Sie formulierte in ihrer offenbar nach langem Zögern zustande gekommenen Selbstkritik einen für damalige sowjetische Verhältnisse typischen Rollenkonflikt: Als Parteimitglied war sie bereit, jedes Parteidokument als »etwas ganz und gar Persönliches und Unverbrüchliches« anzunehmen, als Dichterin fiel es ihr aber schwer, moralische und ethische Kriterien durch politische zu ersetzen, wie es die Partei verlangte. Mit ihrer Selbstkritik entschied sie sich für die Parteidisziplin[22].

Dem noch unsicheren neuen professionellen Ethos einer Minderheit unter den Schriftstellern stand nicht nur der Typ des beamteten Literaturfunktionärs gegenüber, dem in erster Linie die Kontrolle und das Einhalten einer immer diffuser werdenden Parteilinie am Herzen lag, sondern es formierte sich auch ein konservatives Schriftsteller-Milieu, das im Tauwetter nichts als »Fäulnis« zu sehen vermochte[23]. Die markanteste Position unter diesen, mehr durch Kritik als durch eigenes kreatives Schaffen auffallenden Autoren nahm W.A. Kotschetow ein, in den fünfziger Jahren Chefredakteur der »Literaturnaja Gaseta«, seit 1961 Herausgeber der Zeitschrift »Oktjabr« und im Präsidium des Schriftsteller-Verbandes vertreten. Kotschetow legte 1958 mit seinem Roman »Die Brüder Jerschow« eine Art von Anti-Dudinzew vor. Hier wurde das dekadente, intrigante Milieu von Gewinnern des XX. Parteitages – hauptsächlich von Angehörigen der Intelligenz – dem standhafter Parteisekretäre und zünftiger Proletarier gegenübergestellt. Kotschetows Roman schoß insofern über das Ziel hinaus, als er die Gefahr des inneren Revisionismus aus offizieller Sicht überzeichnete. Die Sprache des Pamphlets bewegte sich ganz auf dem Niveau erstarrter Militanz der dreißiger Jahre: Es war die Rede vom Ungeziefer und Gewürm, das mit der Schneeschmelze aus den Ritzen krieche; das Tauwetter selbst wurde mit Matsch, Schnupfen, Grippe und »fauligen Stimmungen« assoziiert[24].

Die Wechselfälle der literarischen und kulturpolitischen Auseinandersetzungen bewegten sich seit Beginn der fünfziger Jahre immer noch im Rahmen des Sozialistischen Realismus, wie er zwanzig Jahre zuvor entwickelt worden war. Da aber niemand genau zu definieren vermochte, was im einzelnen damit gemeint sein könnte, gab es einen breiten Spielraum zur Deutung seiner Regeln. Je nach der politischen Großwetterlage konnten sie enger oder weiter ausgelegt werden; daher nahm jede Gruppierung für sich das Recht in Anspruch, sie zu definieren. Die Schriftsteller-Kongresse versuchten, immer neue Formelkompromisse zu finden. Aus heutiger Sicht erweisen sich diese Klärungsversuche als eine Etappe zur Lockerung und zum Abbau der normativen Vorgaben der Doktrin. In den fünfziger Jahren aber sah sich die politische Führung wiederholt dazu veranlaßt, ex cathedra die Grenzen abzustecken, innerhalb derer sich Literatur und Kunst zu bewegen hätten. Damit fiel auch dem Ersten Parteisekretär Chruschtschow die Rolle zu, sich zu Kunst und Literatur öffentlich zu äußern, obwohl er in diesen Fragen sicher inkompetenter und wohl auch weniger interessiert war als Stalin. Die immer noch prägenden Standards der Stalin-Ära zeigten sich dabei nicht nur in den Inhalten seiner Ausführungen, sondern ebenso darin, daß ihnen ein direktiver Charakter zukam. Von der Partei wurde erwartet, daß sie sich definitiv zu Kontroversen und den verschiedenen Interpretationen des Sozialistischen Realismus urteilend und verurteilend äußere. Auch wenn Chruschtschows Reden – und seine polternden Ausfälle – häufig taktisch bedingt waren, so spiegeln sich in ihnen doch Geschmacksrichtungen und Stereotypen einer Generation, welche die kulturpolitischen Normen der dreißiger Jahre wie ein Schwamm aufgesogen hatte und mit ihnen sozialisiert worden war. Chruschtschows Auslassungen zeigen in typischer Weise die Militanz und Rohheit einer von unten aufgestiegenen, hemdsärmeligen und wenig kultivierten Klasse, die jene belehren und erziehen wollte, von denen sie selbst hätte lernen müssen.

Chruschtschow sah Kunst und Literatur nach wie vor durch Parteilichkeit und Volkstümlichkeit festgelegt; sie hatten wie die Wissenschaften einen Dienst- und Kampfauftrag. Hier ließ sich Chruschtschow zu militanten Äußerungen hinreißen: Die Kunstschaffenden als »Maschinenpistolenschützen«[25], als Artillerie, die den Weg freischieße für den Vormarsch des Kommunismus (S. 116). »Jede Kunstgattung muß als Waffe zum Nutzen unseres Volkes angewandt werden, um die Feinde zu schlagen und den Weg in eine lichte Zukunft, in die kommunistische Gesellschaft zu bahnen« (S. 192). Hierbei wurde die Formel vom Schriftsteller als einem »Ingenieur der Seele« immer wieder variiert: »Sie als Literatur- und Kunstschaffende sind ... Schmiede bei der Umformung der Psychologie der Menschen« (S. 207). Die Genossen Künstler und Literaten sollten mit ihren Werken den Menschen »die Gehirne waschen und nicht verunreinigen« (S. 117). Literatur, Kunst und auch die Wissenschaften im Kampfauftrag der Partei – dies waren die Stereotype, die Chruschtschow zu verschiedenen Anlässen wiederholte. In einer Rede zu Ehren Scholochows hielt er der Intelligenz dessen Erzählung aus dem Krieg »Die Wissenschaft vom Haß« als Beispiel vor, »in der er [Scholochow] sehr eindrucksvoll die Idee des sozialistischen Humanismus entfaltete und zeigte, daß man einen Feind nicht besiegen kann, wenn man nicht gelernt hat, ihn mit aller Kraft seiner Seele zu hassen« (S. 123)[26].

Dieser Spielart von Dialektik kam die führende Literatur und Kunst schon lange nicht mehr nach, so daß sich Chruschtschow wiederholt einzelne Autoren, Künstler und Filmregisseure wie ein Schulmeister vornahm, um sie vor »ideologischen Verirrungen« (S. 253) zu warnen, die durch die »Schwankungen« der Intelligenz bei der Überwindung des Stalinkults immer wieder korrigiert werden müßten (S. 27, 31, 65). Ganz unakzeptabel blieben für den Parteisekretär die 1960 von P.L. Kapiza oder 1962 von I. Ehrenburg, dem Filmregisseur Michail Romm und dem Literaturfunktionär A.A. Surkow geforderte »friedliche Koexistenz« in Fragen von Literatur, Kunst und Wissenschaften. Da sie, so Chruschtschows Gegenrede, als ein wichtiger Bestandteil der Sache des ganzen Volkes zu betrachten seien, müßten sie von der Partei planmäßig gelenkt werden (S. 148)[27].

Wie willkürlich diese Lenkung sein konnte, machen Chruschtschows Reden in besonderer Weise deutlich, obwohl er zweifellos auch auf diesem Felde seine Fachberater hatte. Chruschtschows »Parteilichkeit« brachte den Geschmack eines wenig gebildeten Parvenüs zum Ausdruck, dem Marschmusik der Budjonny-Armee der Gipfel musikalischer Harmonie war, während moderne Musik, Jazz, Schostakowitsch, aber auch Modetänze nichts als Kakophonie darstellten (S. 223 f.). Abstrakte Malerei war unvermeidlich »Gekleckse« (S. 183, 218). Die Literatur habe gefälligst »über die schöpferische Arbeit des Volkes und dessen große Siege« zu schreiben (S .32) und die Wirklichkeit nicht nach »dem Geruch der Abfallgrube« zu beurteilen (S. 183). Hier wurde nicht nur das gesunde Volksempfinden zum herrschenden Maßstab – »natürlich kann nichts fortschrittlich sein, was dem Volke fremd ist, was nicht seine Unterstützung findet« (S. 222) –, sondern alles Abweichende wurde auch in die Nähe des

Geisteskranken gerückt. Abstraktionisten seien Menschen, »deren Gehirnkasten, wie man so sagt, schief sitzt« (S. 223, 101, 230). Das Vulgäre verband sich mit kruden Nützlichkeitserwägungen und willkürlichen Verbotszonen: Einen Generationenkonflikt könne es in der Sowjetunion ebenso wenig geben wie eine jüdische Frage (S. 237 ff.). Im März 1963 beklagte er, daß Verlage und Redaktionen mit Berichten, Romanen und Memoiren über die Lager überschwemmt würden, »... ein sehr gefährliches Thema«, das nur dem feindlichen Ausland nütze (S. 236 f.).

Wie den Ausführungen und Interventionen Chruschtschows zu entnehmen ist, wollte die Parteiführung einerseits nicht darauf verzichten, das kulturelle Leben zu »orchestrieren«, andererseits benötigte sie aber auch die Fachkompetenz der Kulturintelligenz. Man fürchtete die Entstehung eines Moskauer Petöfikreises, appellierte daher an die Selbstkontrolle der Verbände, selbstverständlich im Sinne der Parteidoktrin (S. 48, 111). Gegenüber einem Milieu, das sich zunehmend selbstbewußter gab, mußte der Appell an die Selbstverwaltung immer mit einer Drohung verbunden werden: »Falls aber jemand darauf spekuliert, auf diese Verbände gestützt, gegen die Linie der Partei kämpfen zu können, irrt er sich gewaltig. Solchen Menschen sagen wir: Keinem einzigen Verband, keiner Vereinigung erkennen wir die führende Rolle in der Gesellschaft zu, außer einer einzigen Vereinigung, unserer Kommunistischen Partei« (S .277).

Wie sich im Falle des Skandals um Boris Pasternak zeigen sollte, bestand keine Gefahr, daß die Verbände der Künstler und Literaten zu Oppositionsnestern werden könnten. Die Schicht der Kulturbeamten war selbst zu sehr durch die Normen der Stalinära geprägt worden, als daß ihnen ein souveräner Umgang mit einem »klassenfremden« Autor möglich gewesen wäre, der in gewisser Weise eine Brücke zwischen der alten, vorrevolutionären Intelligenz und ihrer Enkelgeneration schlug.

14. Pasternak in der Falle

In der Affäre Pasternak überschnitten sich individuelle und gesellschaftliche Wandlungen in der Intelligenz, deren unterschiedliches Tempo zum Konflikt zwischen etablierten, sich nur langsam wandelnden Normen und der geistigen Selbständigkeit eines einzelnen Dichters führte.

Pasternak hatte seine Prägung im Milieu kultivierter Künstlerzirkel des beginnenden 20. Jahrhunderts erfahren. In seiner frühen Dichtkunst hatte er sich der Avantgarde geöffnet, der LEF nahegestanden, ohne sich – wie Majakowski – der Instrumentalisierung von Dichtung für agitatorische und politische Zwecke anzuschließen. In literarisch interessierten Kreisen hatte er sehr früh hohe Anerkennung gefunden. Bucharins Lob auf dem ersten Schriftstellerkongreß erwies sich unter politischen Aspekten als zweischneidige Sache. Immerhin wurde Pasternak in die Leitung des Schriftsteller-Verbands gewählt, offenbar mehr zu dekorativen Zwecken als in Wahrnehmung kulturpolitischer Funktionen. Im Zusammenhang mit der ersten Verhaftung O. Mandelschtams im Jahre 1934 erreichte Pasternak ein Anruf Stalins, auf den der Dichter verwirrt reagierte. Er glaubte, sich nicht eindeutig genug für seinen Dichterkollegen eingesetzt zu haben[1]. Zugleich war Pasternak – wie viele Intellektuelle seiner und der jüngeren Generation – in ambivalenter Weise gebannt vom »Genie der Tat«, so daß er »die ganze Fülle fühlte/als vollgesogener Schwamm so schwer«[2]. Zu Beginn der dreißiger Jahre nahm auch der Lyriker teil an den damals üblichen »schöpferischen Kommandierungen«, die ihn die tatsächliche Lage auf den Dörfern erkennen und erleben ließen. »Wir begegneten so unvorstellbarem Leid und Elend, so entsetzlicher Not, daß es schon fast zur Abstraktion wurde, jenseits aller Grenzen des menschlichen Vorstellungsvermögens. Ich wurde krank und konnte ein volles Jahr nicht schlafen«. Trotz dieser Erfahrung sah Pasternak in Stalin einen »echten Volksführer«[3].

In seinem literarischen Schaffen stand er freilich den herrschenden Normen sehr fern. Als Schostakowitsch und Sergei Eisenstein 1948 einmal mehr zu Objekten einer Kampagne wurden und ihr pater peccavi ableisteten, stöhnte Pasternak: »Ich kann unserer Intelligenz ihre Servilität vor der Macht ... nicht verzeihen«[4]. Seine eigene Bestimmung sah er weder in der Anerkennung durch die Machthabenden, noch im Erfolg beim breiten Lesepublikum. »Der Künstler muß den Mut haben, sich dem Geschmack seiner Verehrer zu widersetzen, er muß sich wehren gegen ihren Instinkt, ihn zur Wiederholung zu zwingen ... Um die Wahrheit zu sagen, muß man Häretiker sein«[5]. In seinem gesellschaftlichen Verhalten verletzte Pasternak einige wesentliche Normen der Stalinzeit. Er verleugnete nicht seine verfemten, verhafteten oder getöteten Freunde und Kollegen. Er verweigerte sich denunziatorischen Kampagnen, sei es 1937 gegen Militärs, sei es 1946 gegen Achmatowa und Soschtschenko. Deshalb wurde er endlich aus der Leitung des Schrifsteller-Verbandes entfernt. Aber Stalin ließ diesen »Wolkengucker«[6] nicht anrühren, obgleich sein Name als Beteiligter einer angeblichen Verschwörung unter Künstlern im Dossier des 1939 ermordeten Regisseurs Meyerhold auftauchte[7]. Die 1949 verhaftete Olga Iwinskaja, zeitweilige Geliebte des Dichters und nach 1953 in gewisser Weise seine »Managerin«, wurde ausführlich über seine angebliche Tätigkeit als Spion und Fluchtpläne in seinem Bekanntenkreis befragt[8].

Der Dichter lebte seit Mitte der dreißiger Jahre im wesentlichen von Übersetzungen, vor allem Shakespeares, Goethes und georgischer Dichter. Nur während des Krieges erhielt er die Gelegenheit, eigene Werke zu publizieren. Er galt als »innerer Emigrant«, was ihm des öfteren öffentlich bescheinigt wurde und litt angesichts des Elends in seiner Umgebung unter der Anstößigkeit der eigenen relativ privilegierten Situation. Erst seit 1953 schienen sich neue Möglichkeiten zu bieten. In der von ihm zur Publikation vorbereiteten Autobiographie wurde deutlich, daß er sehr weit entfernt war von jenen Normen, welche die Tauwetterliteratur bestimmten. Hier war nicht nur das Bekenntnis zu den prägenden Eindrücken aus der Zeit vor 1914 herauszulesen, sondern auch sein gewandeltes Verhältnis zu Majakowski als Symbol von revolutionärer und kanonisierter Dichtung. »Man begann, Majakowski zwangsweise durchzusetzen wie Kartoffeln in der Zeit Katharinas. Das war sein zweiter Tod. An ihm war er unschuldig«[9]. Die Autobiographie war zweifellos als Herausforderung zu verstehen. Aber nicht sie wurde Gegenstand des Skandals, sondern die Umstände der Publikation seines Romans »Doktor Schiwago«.

Seit dem Winter 1946/47 arbeitete er an dem Roman. Aus Fragmenten hatte er immer wieder im Bekanntenkreis vorgelesen, das Manuskript auch Bekannten und Freunden zu lesen gegeben. Dieser erstaunlich zwanglose Umgang mit einem Manuskript paßte wenig in die politische Landschaft, in der die Normen des Sozialistischen Realismus immer noch als sakrosankt galten. Es belegt aber die Freiheit, die sich Pasternak herausnahm[10]. 1947 hatte er Fragmente der Zeitschrift »Nowy Mir« angeboten, aber unter den gegebenen Umständen der »Schdanowschtschina« war eine Publikation ausgeschlossen[11]. Einige der dem Roman beigegebenen Gedichte erschienen 1954 in der Zeitschrift »Snamja«. Damit verbunden war die Ankündigung des Romans, 1956 auch in Auslandssendungen des Moskauer Rundfunks bekannt gegeben[12].

Da Pasternak trotz aller Befürchtungen hoffte, daß sein Roman in der Sowjetunion veröffentlicht werden könne, hatte er es in einer Mischung aus Leichtsinn, Optimismus und Skepsis an den kommunistischen Verleger Feltrinelli in Mailand weitergegeben, dies allerdings schon mit der Bemerkung an den Übermittler: »Sie sind jetzt zu meiner Hinrichtung eingeladen«[13]. Die Weitergabe des Textes ins Ausland hielten der Autor und Olga Iwinskaja keineswegs geheim, mit der Folge, daß bald italienische und sowjetische Vermittler, u.a. Palmiro Togliatti und A.A. Surkow, der Erste Sekretär des Schriftsteller-Verbandes, bemüht wurden, das Manuskript zurückzubringen. Auch Pasternak wurde unter Druck gesetzt. Aber Feltrinelli verstand – besonders nach den Ereignissen in Ungarn –, daß der Autor wohl nicht freiwillig die Rückgabe seines Romans verlangte. Ob von vornherein auf offizieller Seite die Absicht bestand, den Roman in der UdSSR nicht erscheinen zu lassen, oder ob man die Blamage fürchtete, wenn in der Sowjetunion eine zensierte, bei Feltrinelli aber eine unzensierte Fassung herauskäme, ist nicht zu erkennen. 1957 scheinen beide Optionen – Verbot oder Publikation einer zensierten

Fassung – erwogen worden zu sein. Der Staatsverlag für Literatur hatte bereits auf Veranlassung D.A. Polikarpows, des ZK-Sekretärs für Kultur, einen Lektor beauftragt, das Manuskript zu »bearbeiten«[14]. Trotz aller Interventionen erschien der Roman dann im Novemer 1957 in Mailand.

Seine lautstarke Rezeption im Westen mobilisierte unter Literaten und Kulturfunktionären alle, die sich gegen die bescheidenen Freiheiten des Tauwetters stemmten. Der Widerstand in diesem Milieu mag stärker gewesen sein als in der politischen Führung, die sich von Kulturfunktionären wie A.A. Surkow beraten ließ[15]. Surkow, ein »Aufsteiger«, ehemals Anhänger der *RAPP* hatte während des Krieges mit Lyrik und Soldatenliedern reussiert. Er war schon seit dem 1. Schriftsteller-Kongreß immer wieder mit Polemiken gegen Pasternak öffentlich hervorgetreten. Die Cliches, die er und andere periodisch bei passender Gelegenheit hervorholten, liefen darauf hinaus, daß der angegriffene Dichter »volksfremd« , elitär, mystisch und »ideologisch fremd« sei, daß er vom »Mitläufer« zum Feind auf der anderen Seite der Barrikade geworden sei[16]. Da Pasternak in literarisch versierten Kreisen trotz aller öffentlichen Schelte nach wie vor ein hohes Ansehen genoß, mag bei Surkow mehr als bei anderen Kritikern – wie K. Simonow, K. Fedin oder A.A. Fadejew – auch persönliche Rivalität gegen den unerreichbaren Dichterkollegen eine Rolle gespielt haben.

Das Trommelfeuer, das nach Bekanntwerden der Nobelpreisverleihung am 23. Oktober 1958 losbrach, variierte und vergröberte Denkmuster, die von den Kulturwächtern ohne Unterlaß verkündet worden waren. Im Juni 1956 hatte Surkow einmal mehr gegen die Freiheit in der Literatur, für ihre Parteilichkeit und ihren kommunistischen Ideengehalt agitiert[17]. Wenig später sprach er sich gegen eine »Idealisierung« ehemals verfemter und nun z.T. rehabilitierter Autoren aus: »Es gab Versuche, das Werk Pasternaks und einiger ihm gesinnungsverwandter zeitgenössischer Poeten zu kanonisieren«. Aber die Wiederentdeckung von Autoren wie Babel, Bulgakow, Zwetajewa etc. dürfe nicht ihre Fehler vergessen machen, und vor allem dürfe sie nicht zur Revision des Sozialistischen Realismus genutzt werden[18].

Bereits im Mai 1958 war O.Iwinskaja, stellvertretend für Pasternak, ins Sekretariat des Schriftsteller-Verbandes bestellt worden. Hier bekam sie Töne zu hören, die an 1937 erinnerten und die Kampagne nach dem 23. Oktober 1958 bestimmen sollten. Bei dieser Gelegenheit wurde das negative Gutachten der Redaktion des »Nowy Mir« verlesen. Es war Pasternak bereits im September 1956 ausgehändigt worden[19]. Es begründete die Ablehnung, den Roman zu publizieren. Das Gutachten, von fünf Mitgliedern der Redaktion unterzeichnet, war hauptsächlich von K. Simonow verfaßt worden. Am 25. Oktober erschien es zusammen mit einem Leitartikel von W.A. Kotschetow in der »Literaturnaja Gaseta«. Es führte einmal mehr jene Normen vor, die an die Produktion von Literatur und Kunst herangetragen wurden und die Kriterien zu ihrer Bewertung lieferten. Unter diesen Aspekten erschien der Roman Pasternaks als ein politisches Pamphlet »auf die Oktoberrevolution, auf das Volk, das die Revolution machte und den Sozialismus in der Sowjetunion aufbaute«[20]. Der Roman sei eine Abrechnung mit der Revolution und ihren Folgen aus der Perspektive der alten bürgerlichen Intelligenz. Als deren Prototypen galten der Romanheld Juri Schiwago und das Milieu, in dem er sich bewegte. In der Tat las man das Zerbrechen des Helden und seinen Tod im Jahre 1929 nicht nur in der Sowjetunion als Symbol für den Untergang der alten Intelligenz. Sie starb gewissermaßen an »Luftmangel«[21]. Insofern wurde auch dieses Werk als »soziologischer Schlüsselroman« mißverstanden. Es ließen sich unzählige Zitate finden, welche eine solche Deutung nahelegten: Die Revolutionäre mit ihrer »Vereinfachung der Weltordnung« (S. 299)[22], als »Genies der Selbstbeschränkung« (S. 539), ihre politischen Vorstellungen als »knabenhafte Harlekinade dürftiger Fiktionen« (S. 356); zu den Arbeiter-Revolutionären: »Ihr Leben haben sie mit Maschinen verbracht, und sie selber sind erbarmungslos, kalt wie Maschinen« (S. 375). Dem Marxismus wurden Wissenschaftlichkeit und Objektivität abgesprochen: »Ich kenne keine geistige Bewegung, die mehr auf sich selber bezogen und weiter entfernt von den Tatsachen wäre als der Marxismus. Jeder Mann bemüht sich, seine Ideen durch die praktische Erfahrung nachzuprüfen. Die Machtmenschen tun alles nur Erdenkliche, um der Wahrheit den Rücken zu kehren, weil sie an den Mythos von der eigenen Unfehlbarkeit glauben« (S. 310f.) Diesen Zitaten ließen sich viele andere – gelungene und weniger gelungene – hinzufügen, um zu erklären, was die Herausgeber des »Nowy Mir« bewogen haben könnte, das Manuskript abzulehnen. Sie klassifizierten es als »volksfeindlich«. Der »übertriebene Individualismus« des Romanhelden, der sein persönliches Wohlbefinden zum Bewertungsmaßstab für die Revolution mache, sei konstitutiv unfähig zur richtigen Würdigung der Revolution. Denn diese könne »nur vom Standpunkt der Interessen des Volkes als Ganzem, von einem Standpunkt aus beurteilt werden, der das Volk über alles stellt«[23]. Zudem warf die Redaktion Pasternak vor, einen Helden ins Zentrum des Romans gerückt zu haben, der in mehrfacher Hinsicht ein Verräter – an den Weißen wie an den Roten – sei. Dr. Schiwago sei »essentiell unmoralisch, weil er seine Verpflichtung gegenüber dem Volk verleugne«[24].

Wie aus der Stellungnahme des »Nowy Mir« hervorgeht, wurde als politischer Maßstab nun nicht mehr so sehr Parteitreue – wie in der Spätzeit Stalins – sondern Parteilichkeit im Sinne des Einstehens für ein fiktives Volksinteresse eingeklagt, also an das Ethos der dienenden Intelligenz appelliert, ein Appell, dem sich der Romanheld in der Tat entzog. Denn dieser war eher ein Gegensymbol[25] zu einem recht grob verstandenen Dienstethos, in dem petrinische Staatstradition und bolschewistischer Aufbaumythos eine eigenartige Verbindung eingegangen waren: »Die Prinzipien eines verlogenen Kultes der

Gesellschaft, übertragen auf die Politik« erschienen im Roman als »erbärmlich und unverständlich« (S. 594). Auch wenn der Roman viele Deutungsebenen integriert, stand sein Held doch für die Autonomie von »Leben«[26], für die ungebundene geistige Kreativität des Individuums und – vielleicht gegen die Tradition des 19.Jahrhunderts gewendet – für die Notwendigkeit des »überflüssigen Menschen« jenseits seiner Determinierung durch Gesellschaft und Politik. Das Buch ließ sich zweifellos als Klage über oder gar als Anklage gegen die Destruktivität der totalitären, imperialen und prometheischen Züge des revolutionären Regimes lesen, das dem Individuum keine Freiräume beließ und auch die Intelligenz der »Tyrannei der Phrase« (S. 482) und einem »System perfektionierter Heuchelei« (S. 572) unterworfen hatte.

Von daher war die Einschätzung des Romans als konterrevolutionär und antisowjetisch nur konsequent. Denn das Dogma vom Monolithismus und Kollektivismus ließ eine so weitgehende Spannung oder gar Inkongruenz zwischen der Existenz des Einzelnen und der Gesellschaft als unakzeptabel erscheinen. Gleichwohl hat Pasternaks Buch damit eine Schneise für die Autonomie der Kunst, für ihre Befreiung aus den Fesseln gesellschaftspolitischer Zwänge geschlagen, die mit neuen Methoden und Themen von jüngeren Autoren und Künstlern ausgeweitet werden sollte. Zunächst schien es allerdings, als ob Pasternak völlig isoliert sei. »Ich bin allein. Rings um mich Pharisäer« (S. 617).

Die Kampagne, die nach dem 23. Oktober losbrach, vergröberte und spitzte die Polemik weiter zu: Pasternak als »perfektes Beispiel eines Kosmopoliten«, als »Fremdkörper in der sowjetischen Literatur«, als »Judas«, als »literarischer Wlassow«[27] und schließlich als »Schwein«, das »unser Brot ißt«, so W. Je. Semitschastny, ZK-Sekretär in einer Rede vor der Leitung des Komsomol in Anwesenheit Chruschtschows[28].

Angesichts solcher Attacken mußte die zwar wenig literarisch, dafür aber politisch argumentierende Kritik des »Nowy Mir« geradezu als protegierend gelten, was als Vorwurf auch formuliert wurde[29]. Neben den reflexartigen Anwürfen und Unterstellungen war es vor allem der »wölfische Individualismus«, der dem Helden des Romans (und implizit dem Autor) zum Vorwurf gemacht wurde. Schriftsteller aus dem zweiten Glied scharten sich in ihrem Aufschrei gegen Pasternak unter der Losung des Kollektivismus zusammen: »Der sowjetische Kollektivismus ist die Quelle des patriotischen Bewußtseins des Sowjetvolkes; er ist die Schule erhabener Gefühle und Ideale, des edlen Dienstes am Volke, die Schule, in der der Sowjetbürger aufwächst«[30]. Daher wurde mit Empörung registriert, daß Pasternak den Kolletivismus – »das fundamentale Prinzip unseres Lebens« – als »Herdeninstinkt« verleumde[31]. Der Schriftsteller-Verband zog die Schlußfolgerung aus der angeblichen Selbstisolierung Pasternaks und schloß ihn aus. Vereinzelt wurde auch seine Ausweisung aus der UdSSR gefordert, eine offizielle Verlautbarung in der »Prawda« vom 6. November 1958 ließ sie als Drohung auch bestehen, obwohl Pasternak schließlich die Annahme des Nobelpreises abgelehnt hatte. Als halbe Konzession erklärte er sich zur Redigierung seines Textes bereit. Zudem bedauerte er öffentlich die politischen Begleiterscheinungen der Nobelpreisverleihung[32]. Auch Pasternak konnte sich unter dem Druck, der auf ihn ausgeübt wurde, nicht ganz den Ritualen der Reue entziehen, die O.Iwinskaja zumindest im Nachhinein als »Augenblick der Schande« empfand[33].

Das Eigenartige der Situation von 1958 bestand darin, daß im Unterschied zu den Auseinandersetzungen um Dudinzew und andere kritische Autoren die Affäre Pasternak keine öffentliche Solidarisierung auslöste. Hierfür war eine Vielzahl von Gründen verantwortlich: Der Text des Romans dürfte nur einem kleinen Kreis eingeweihter Literaten zugänglich gewesen sein, sicherlich nicht der Mehrheit der öffentlich auftretenden »Kritiker«. Sujet und Darlegung des Stoffes lagen jenseits der eher sozialpolitischen Kritik der Tauwetter-Literatur. Hinzu kam das als ungewöhnlich empfundene Verfahren, ein Manuskript ohne ausdrückliche Zustimmung der Behörden ins Ausland zu geben. Der westliche Presselärm um den Roman mag weiter eingeschüchtert haben. Das wohl bei vielen – auch kritischen – Autoren noch fest verankerte Freund-Feind-Schema konnte daher, wie bei dem jungen Je. Jewtuschenko, dazu veranlassen, nicht in erster Linie die sowjetische Zensur, sondern die westliche »Ausnutzung seines [Pasternaks] Namens« für den Skandal verantwortlich zu machen[34]. Die damit assoziierte Konnotation des Verrats muß ein verbreiteter Reflex gewesen sein, selbst wenn man sich nicht der öffentlichen Hexenjagd anschloß, die in ihrer Vehemenz und Vulgarität wie ein Rückfall in vergangene Zeiten anmutete.

Wie in früheren Kampagnen ist bei den öffentlichen Auftritten nicht zu unterscheiden, welche Äußerungen authentisch waren und welche aus Opportunismus und Angst erfolgten. Vom Gorki-Literatur-Institut wird berichtet, daß 100 von 300 Studenten einen Aufruf gegen Pasternak unterzeichneten. »Die Unterschriftensammler gingen durch die Wohnheime von Zimmer zu Zimmer. Es war schwierig, ihnen zu entkommen. Einige von unseren Mädchen schlossen sich im Klo oder in der Küche ein. Meine Freundin Alka schmiß sie ganz einfach aus ihrem Zimmer raus. Aber so was können sich nicht alle erlauben«. Später wurden Studenten wegen ihrer offen gezeigten Bewunderung für Pasternak vom Institut relegiert. Nur eine Minderheit zeigte den Eifer, den man von offizieller Seite eigentlich erwartete[35]. S.S. Smirnow, einer der Hauptagitatoren auf der Versammlung der Schriftsteller in Moskau, deren Resolution sich eine Minderheit durch Verlassen des Saales entzog, verteilte später Pasternaks Roman als Gastgeschenk im Ausland. Der Dichter Boris Sluzki beweinte im Kollegenkreis seinen öffentlichen Auftritt[36]. Wie auch in anderen Kampagnen konnten es prominente Literaten wagen, sich dem Druck zu öffentlichen

Stellungnahmen zu entziehen. Einige Schriftsteller, so der Freundeskreis um Bella Achmadullina, überlegten sich sogar Unterstützungsaktionen für den bedrängten Kollegen, wußten aber nicht, wie solche Initiativen in der Praxis aussehen sollten. »Damals war es schon heroisch, zu schweigen und in das Hetzgeschrei nicht einzustimmen«[37].

Die Kampagne ist ebenso abrupt abgebrochen worden, wie man sie angestoßen hatte. Der Grund hierfür dürfte in dem öffentlichen Einsatz Jawaharlal Nehrus für den angegriffenen Dichter liegen[38]. Der KGB nahm sich – wie in anderen weniger prominenten Fällen – auf seine Weise des Falles an. Der Dichter selbst blieb unberührt, doch gelang es ihm kaum noch, Übersetzungsverträge mit Verlagen und Bühnen abzuschließen. Er geriet daher in finanzielle Schwierigkeiten. Nach seinem Tod nahm man stellvertretend an Olga Iwinskaja und ihrer Tochter Rache. Beiden wurde wegen angeblicher Devisenvergehen, die sich aus den Komplikationen um die westlichen Honorare für den Roman ergaben, der Prozeß gemacht. Sie wurden zu Lagerhaft verurteilt. Gleichzeitig stiftete der Schriftsteller-Verband ein Denkmal für Pasternak und setzte eine Nachlaßkommission ein, der im wesentlichen Gegner des Verstorbenen angehörten. Obwohl man ihn nicht aus dem Literaturfonds ausgestoßen hatte, lebte seine Familie in Not. Hier halfen auch Petitionen prominenter Schriftsteller wie Paustowskis, Ehrenburgs und Twardowskis nicht.

Gleichwohl bemühten sich Pasternaks Anhänger und Bewunderer bald nach dessen Tod darum, sein Werk nicht in Vergessenheit geraten zu lassen. Das Argument von der Weltfremdheit und Isolierung des Literaten diente als Brücke, zunächst seine Poesie und Jahrzehnte später die »Einheit« seines Ouevres zu rühmen[39]. Bereits 1965 erschien in der angesehenen Reihe »Bibliothek des Dichters« ein erster Sammelband mit den Gedichten Pasternaks, immerhin in einer Auflage von 40.000 Exemplaren, eingeleitet von Andrei Sinjawski. Erst 1982 folgte ein Prosa-Sammelband. Unter Gorbatschow war dann der Weg geebnet, um auch den skandalumwitterten Roman mit fast dreißigjähriger Verspätung freizugeben, nachdem der Ausschluß des Dichters aus dem Schriftsteller-Verband aufgehoben worden war[40].

15. Der Prozeß beginnt

Pasternaks Begräbnis am 2. Juni 1960 ist als erste politische Demonstration im nachstalinschen Rußland bezeichnet worden. Auf dem Kiewer Bahnhof fanden sich Anschläge mit Hinweisen, wie man nach Peredelkino, dem Literatendorf gelange, wo Pasternak gelebt hatte und bestattet werden sollte. Hierher pilgerten Tausende von Bewunderern, eine Mutprobe, die einige angesehene Autoren wie Paustowski bestanden. Andere, wie Fedin, zogen es vor, sich zu verbergen. Vor allem aber kamen Adepten aus der jüngeren Generation, die sich schon längst aus den Fesseln des Sozialistischen Realismus gelöst hatten. Ihr Selbstverständnis bewegte sich vielfach jenseits des offiziellen Diskurses, auch wenn die großen Themen des Tauwetters, insbesondere der Umgang mit der stalinschen Vergangenheit, sie durchaus berührte. Unter den Sargträgern befanden sich die einige Jahre später berühmt gewordenen Andrei Sinjawski und Juli Daniel.

Die Resonanz, die der 1966 gegen sie inszenierte Prozeß finden sollte, setzt die Existenz von Milieus voraus, die sich nach 1953 herausgebildet hatten. Sie umfaßten politisch aktivistische Gruppen an höheren Bildungs- und Forschungseinrichtungen und überschnitten sich mit zumeist jüngeren Literaten- und Künstlerzirkeln, die sich eher am Rande oder außerhalb der offiziellen Organisationen bewegten.

Seit 1953 hatten der »neue Kurs« und insbesondere Chruschtschows Geheimrede von 1956 an vielen Hochschulen ein neues politisches Interesse entfacht, gewissermaßen auf die bestehenden Verhältnisse einen neuen Blick freigegeben, der nun nicht mehr so leicht durch die Nebelwerfer der Propaganda getrübt werden konnte[1]. Der erwachte studentische Aktivismus verschaffte sich in Wandzeitungen, in Diskussionsklubs und in kultureller Tätigkeit Luft. Er konnte nur mit Mühe vom Komsomol, der Partei und Hochschulinstanzen kontrolliert werden. Angesichts der vielen bürokratischen und politischen Blockaden entstanden vor allem nach 1956 an vielen Hochschulen – und wohl seltener – an Schulen[2] halb verschwörerische Zirkel. Sie begeisterten sich für den polnischen und ungarischen Revisionismus, für das jugoslawische Selbstverwaltungssystem und träumten von einer sozialistischen Erneuerung in der Sowjetunion. Besonders in Leningrad, wo mehrere halbkonspirative Gruppen existierten, wurden im kleinen Kreis die kommentierte Geheimrede Chruschtschows, Thesen zu Ungarn und für einige Monate sogar ein Bulletin herumgereicht, das unterdrückte Nachrichten brachte. In gewisser Weise war es ein weitgehend unbekannt gebliebener Vorläufer der späteren »Chronik der laufenden Ereignisse«[3]. Dieses Schrifttum wurde – nicht nur in Leningrad – ergänzt durch Übersetzungen aus dem Polnischen und Serbokroatischen. In relativ breiten Kreisen zirkulierten zusätzlich bereits Gedichte, Belletristik und philosophische Schriften, vor allem vorrevolutionärer Herkunft, die in der Sowjetunion verboten oder nur schwer zugänglich waren[4]. In Moskau fanden seit dem Juni 1958 (bis 1961) am Majakowski-Denkmal Dichterlesungen und Diskussionen statt. Politische Manifestationen und Gruppenbildungen – oft in enger Verbindung mit kulturellen Aktivitäten jenseits des Sozialistischen Realismus – ließen sich hier nicht verhindern[5]. Die Diskussion um Picasso, dessen Werke 1956 gezeigt wurden, erschien den Behörden bereits als eine politische Manifestation, von der man befürchtete, daß »sie wie in Polen beginnt und wie in Ungarn endet«[6]. Daher erstaunt es nicht, daß das von Igor Golomschtok und Andrei Sinjawski 1960 herausgegebene Buch über Picasso wieder eingezogen und vernichtet wurde[7].

Der ungarische Aufstand war für die jugendlichen Aktivisten jener Jahre ein zentrales Erlebnis. Er provozierte einen »ersten Lebensschrei« der sog. Generation von 1956. Von den meisten Aktivisten ist die sowjetische Reaktion aber wohl nicht als Tragödie »mit einer metaphysischen Dimension« und noch nicht als Ausfluß des imperialen Zuschnitts sowjetischer Machtausübung aufgefaßt worden, wie der Dichter Jossif Brodski – nachträglich – interpretierte[8], sondern als Beleg für die »Entartung« des Sozialismus in der UdSSR. Nicht zuletzt infolge der sowjetischen Intervention bildeten sich an vielen Hochschulen konspirative Studentenzirkel. »Während der ganzen fünfziger und sechziger Jahre schossen, wie Pilze nach dem Regen, Organisationen, Verbände, Gruppen und sogar Parteien verschiedenster Schattierungen aus dem Boden. Es war ... durchaus verzeihlich, daß wir Halbwüchsigen damals glaubten, etwas zu bewirken, als ... wir mit unserem eigenen Schatten konspirierten«[9].

In den fünfziger und frühen sechziger Jahren dominierten zunächst »revisionistische« Zirkel, die an die revolutionäre Tradition der Bolschewiki, vereinzelt auch an die der Sozialrevolutionäre anknüpften und sich dabei an dem orientierten, was sich den gängigen Lehrbüchern entnehmen ließ. Die Namen der Zirkel deuten die politische Zielrichtung an: Der Sozial-progressive Bund (Leningrad)[10], der Bund der Kommunisten (Leningrad)[11], Rote Wölfe (Moskau)[12], der Demokratische Bund der Sozialisten (Kischinjow)[13], der Bund der Communards (Leningrad)[14], Revolutionäre Marxisten (Kuibyschew)[15] eine Gruppe Leuchtturm (Moskau)[16], Ökonomische Gleichheit (Swerdlowsk)[17]. Ihre Programmatik hat ein Aktivist im Rückblick selbstironisch unter den Schlagworten zusammengefaßt: »Das Land den Bauern, die Fabriken den Arbeitern, die Kultur der Intelligenz!«[18]. Ihr Ziel wurde im Titel einer Broschüre des »Kolokol« (Die Glocke), des Organs des Bundes der Communards, festgehalten: Von der Diktatur der Bürokratie zur Diktatur des Proletariats[19]. All diese Gruppen kamen selten über Diskussionen, über das Verfassen und Verbreiten einiger Flugblätter oder gar Flugschriften hinaus. Denn die Kontrolle über die ohnehin als Mangelware geltenden Schreibmaschinen war sehr scharf, und die hektographischen Vervielfältigungstechniken mußten mühsam vorrevolutionären Lexika entnommen werden. Trotz aller Heldengeschichten, die über die im Untergrund kämpfenden Bolschewiki in populärwissenschaftlichen Darstellungen angeboten wurden – über die Technik der vorrevolutionären Untergrundliteratur schwieg sich dieses Schrifttum wohlweislich aus[20].

Wie viele Gruppen dieser Art tatsächlich in der Sowjetunion existiert hatten, erfuhren die Aktivisten zumeist erst, nachdem sie in den Lagern gelandet waren. Hier stießen sie auf Gesinnungsgenossen aus Alma-Ata, aus Bernaul, Swerdlowsk, Kursk oder Tiflis – von den nationalen Gruppen in den Randrepubliken ganz zu schweigen[21]. Unter dem in den fünfziger Jahren vergleichsweise lockeren »Regime« der Lager setzte ein Teil der Aktivisten die konspirative Tätigkeit fort. Einige der überzeugten Marxisten ließen sich auch in die Propaganda gegen religiöse Häftlinge einspannen. Die meisten aber wandten sich überhaupt vom Marxismus ab, darin von den Funktionären der Lager insofern unterstützt, als diesen eine zu intensive Beschäftigung mit dem Marxismus-Leninismus eher unheimlich war[22]. Typisch für den Gesinnungswandel dieser Generation mag die Antwort eines Betroffenen sein. Auf die Frage, ob er immer noch Marxist sei, reagierte er mit den Worten: »Ich bleibe es, solange ich nicht das Gefühl für Humor verloren habe«[23].

Vereinzelt beriefen sich im Lager entstehende Gruppen auf die internationalen Deklarationen über die Menschenrechte oder die Ächtung von Zwangsarbeit aus dem Jahre 1956. Oder sie forderten die Einhaltung der Verfassung, um gegen die Verfolgung politischer Gesinnung in der Sowjetunion zu protestieren[24]. Gleichzeitig aber orientierte sich z.B. der sog. »Bürgerliche Bund«, entstanden in einem Lager der sibirischen Trasse, in seiner Konspiration noch ganz am vermeintlichen Vorbild der vorrevolutionären Bolschewiki oder Sozialrevolutionäre.

Ähnliches gilt auch für einen 1964 in Leningrad gebildeten und 1967 aufgeflogenen Zirkel, der sich selbst großartig als »Allrussischer Sozialchristlicher Bund zur Befreiung des Volkes« (WSChSON) bezeichnete. Als der KGB dessen Mitglieder im Februar/März 1967 verhaftete, verhörte man ca. 60 Personen in Leningrad, Tomsk, Irkutsk und Petrosawodsk[25]. Der WSChSON hatte sich wie eine konspirative Partei mit dem Ziel des bewaffneten Sturzes des Regimes organisiert. Wichtiger als die nicht realisierten Aktionen waren die programmatischen Aussagen. In diese flossen Elemente der revisionistischen Kritik am bestehenden Sozialismus ein, wie sie in Milovan Djilas' »Die neue Klasse« (1957/58) und im Schrifttum der studentischen Gruppen zu finden waren: Die Revolution und insbesondere der Terror der dreißiger Jahre habe eine Klasse an die Macht getragen, die das Volk geistig und materiell enteignet habe. Eine staatsmonopolistische Ausbeutung werde mit totaler Herrschaft kombiniert, in der die Weltanschauung die Funktion einer Staatsreligion übernommen habe. Das Parteiprogramm von 1961 mit seinen utopischen Zielen verstärke noch die totalitären Elemente des Regimes. Das sowjetische System sei eine »krankhafte Ausgeburt« des Kapitalismus, welche nicht aus seinen Widersprüchen herausgeführt, sondern sie intensiviert habe. Dies gelte umso mehr, als die Parteibürokratie nur noch im Eigeninteresse herrsche, ohne – wie in den zwanziger Jahren – von übergeordneten Ideen geleitet zu sein[26]. In diesem Punkt nahm der WSChSON bereits eine Situationsbeschreibung vorweg, wie sie in den siebziger Jahren auch von Dissidenten vorgestellt worden ist: In den Institutionen reproduziere sich eine »tote« Ideologie, die - obwohl sie niemand ihres Inhaltes wegen ernst nehme – gleichwohl das Verhalten der Herrschenden wie Beherrschten bestimme. Alle seien gewissermaßen Gefangene eines Systems, dessen Strukturen mächtiger erschienen als die in ihnen agierenden Menschen.

Innerhalb eines weitgehend noch von marxistischen Denkmustern bestimmten Diskurses bedeutete der WSChSON insofern einen Wendepunkt, als sich seine Zukunftsvorstellungen radikal von marxistischen Kategorien gelöst hatten. Sie nahmen, in ein System gebündelt, ideologische Strömungen vorweg, die sich in Fragmenten, synkretistisch gemischt mit anderen Elementen, in der Partei, im Komsomol und im späteren Dissens wiederfinden lassen. Nicht zufällig wurde der WSChSON auch als »Berdjajew-Kreis« tituliert; denn er bezog sich in seiner ideologischen Neuorientierung zu einem erheblichen Teil auf N. Berdjajews Broschüre »Das neue Mittelalter« (1924). In dieser Schrift hatte der Emigrant in Anlehnung an die in den zwanziger Jahren gängigen Stereotypen der »konservativen Revolution« argumentiert: Liberalismus, Demokratie und Sozialismus seien überholte Prinzipien des materialistischen und rationalistischen 19. Jahrhunderts. Der »Satanokratie« der Bolschewiki stellte er den vage bleibenden Entwurf einer christlich geprägten Gesellschaft ständischen Zuschnitts entgegen. Anregungen hierfür bot möglicherweise das faschistische Italien mit seinen »Bewegungen«, welche nach Meinung Berdjajews das starre Gefüge staatlicher Institutionen sprengten. Daher bezeichnete sich der WSChSON nicht ohne Grund als »Bewegung«[27]. Er befürwortete eine gemischte Wirtschaft, in der das Land »dem ganzen Volke« gehören, aber individuell bearbeitet werden sollte. Die Industrie wäre nach Branchen staatlich oder genossenschaftlich zu organisieren und würde eine eigene Vertretung in einer Wirtschaftskammer erhalten. Das Parlament als gesetzgebende Gewalt sollte berufsständisch zusammengesetzt sein; nach Grundsätzen der Gewaltenteilung besäßen eine Regierung, ein Oberstes Gericht und ein Oberstes Konzil (Werchowny Sobor) getrennte Kompetenzen. Der Oberste Rat wäre eine Art Oberhaus, das sich zu einem Drittel aus Vertretern der orthodoxen Kirche (!), und zu zwei Dritteln aus lebenslänglich gewählten Volksvertretern zusammensetzen würde. Den neuen Staat definierte man als »theokratisch, sozial, repräsentativ und national«, basierend auf christlichen Grundsätzen[28].

Bemerkenswert an diesen Vorstellungen ist nicht nur der Rückgriff auf populistische Vorstellungen (in der Landfrage) und auf faschistisch-korporatistische Modelle der dreißiger Jahre, sondern auch der rigorose Ethnozentrismus, der das Problem des Vielvölkerstaates Sowjetunion souverän mißachtete. Damit wurde in gewisser Weise eine Richtung »russischen« Denkens vorweggenommen, wie es seit den sechziger Jahren teils aggressiv, teils defensiv vorgetragen wird.

Wenn vom WSChSON als Wendepunkt verbreiteten Denkens auszugehen ist, dann nicht deshalb, weil seine Analyse und sein Programm große Verbreitung gefunden hätten. Denn selbst die seit 1968 in Umlauf gesetzte »Chronik der laufenden Ereignisse« wußte nur verhältnismäßig wenig über diesen Kreis. Symptomatisch war dieser Verschwörerzirkel lediglich insofern, als er einem in der Jugend und in Teilen der Intelligenz offenbar verbreiteten Bedürfnis nach neuen ideellen und politischen Orientierungen nachkam. Mitte der sechziger Jahre vermutete die Leitung des Komsomol, daß allein an der Moskauer Universität vierzig mehr oder minder geheime Zirkel existierten. Ihre Zahl für die Sowjetunion insgesamt wurde auf 400 geschätzt: Ihr Spektrum reiche von antistalinistischen über künstlerisch-avantgardistische bis hin zu faschistisch-antisemitischen Gruppen[29]. Hier zeigte sich also eine Diffusion von Ideen, Wünschen und politischen Vorstellungen, auf welche die gelenkten Organisationen und die Allgegenwart der Medien mit ihrem amtlichen Parteijargon offenbar nur einen begrenzten Einfluß hatten. Stattdessen zeichnete sich ein umgekehrter Prozeß ab: Die Medien selbst wurden von diesem »inoffiziellen« Denken erfaßt. Unter der Decke der staatlichen Doktrinen vor allem auf kulturellem und ideologischem Feld setzte sich ein Pluralismus durch, der sich in der Regel nur in Fragmenten zu erkennen gab.

Die neue Unabhängigkeit und innere Freiheit, die sich manche Angehörigen dieser Gruppen erobert hatten, wurden insofern als bedrohlich angesehen, als Behörden und Funktionäre keine geistige und moralische Macht mehr über sie hatten. Ein für das Jahr 1960 sicher untypisches, aber Schule machendes Beispiel war das Verhalten des jungen Dichters Michail Jerjomin, der als Zeuge im Prozeß gegen K.W. Uspenski zum KGB zitiert wurde und Uspenskis Antisowjetismus bestätigen sollte. Daraus entwickelte sich folgender Dialog, der hier ausführlich zitiert werden soll.

U-Richter: Kennen Sie den Schriftsteller K.W. Uspenski?

Jerjomin: Einen solchen Schriftsteller kenne ich nicht.

U-Richter: Nun gut, aber Koszinski.

Je: Einen Schriftsteller Koszinski kenne ich nicht. Ich kenne nur das Mitglied des Schriftsteller-Verbandes, das diesen Namen trägt.

U-Richter: Wie ist das zu verstehen?

Je: Mir gefällt nicht, wie und was er schreibt. …

U-Richter: Haben Sie irgendwann Äußerungen von ihm gehört, die antisowjetischen Charakter trugen?

Je: Ständig.

U-Richter (mit Befriedigung): Aha … Erzählen Sie bitte genauer.

Je.: Was soll ich erzählen? Alles ist doch klar.

U-Richter (gierig): Nun, uns interessieren Details…, erinnern Sie sich zum Beispiel (der Untersuchungsrichter schaut in die Akte), daß er über die Zensur sprach? (Der Untersuchungsrichter liest:) ›Die gegenwärtige Zensur in Rußland ist schärfer als diejenige vor der Revolution‹.

Je.: Das habe ich gesagt.

U-Richter (drohend): Was? Sie?

Je.: Ich.

U-Richter (müde): Gut, welche antisowjetischen Äußerungen Koszinskis haben Sie gehört?

Je.: Sehen Sie, ich schreibe Gedichte. Koszinski hat mich immer dazu aufgerufen, im Geiste des Sozialistischen Realismus zu schreiben. Aber da niemand weiß, was überhaupt Realismus und noch weniger, was Sozialistischer Realismus ist, kann ich solche Appelle nur als antisowjetisch einschätzen, weil in unserer Verfassung …

U-richter (wütend): Hören Sie auf! Wissen Sie, wo Sie sich befinden?

Je.: Selbstverständlich. Beim Untersuchungsrichter der GPU.

U-Richter: Nicht der GPU, des KGB.

Je.: Gibt es da einen Unterschied?[30]

Das Kennzeichen des Milieus, für das hier aus den Erinnerungen K.W. Uspenskis zitiert wurde, unterschied sich von dem frondierender Autoren dadurch, daß es sich für den offiziellen Literaturbetrieb und seine Normen nicht mehr interessierte. Eindeutige Orientierungspunkte dieser unabhängigen Zirkel sind schwer auszumachen. Aber es fällt doch auf, daß sie an Literatur und Kunst der Jahrhundertwende, der zwanziger Jahre und – soweit zugänglich – des Auslandes anknüpften, nicht aber an die Traditionen der durch den Stalinismus korrumpierten Elterngeneration. Im Falle der Literatur bedeutete dies sehr häufig eine Bezugnahme auf die religiös-philosophischen, dezidiert nicht-revolutionäre Tradition der Jahrhundertwende. Mit den Namen N.S. Gumiljows, O. Mandelschtams, A. Achmatowas und M. Bulgakows verband sich die Entstehung eines neuen literarischen – und implizit politischen – Gegenkanons. Er stand der amtlichen Ahnengalerie revolutionärer Tradition entgegen, die sich mit den Namen Tschernyschewski, Gorki und Majakowski schmückte. Nur sehr langsam setzte sich der neue Kanon durch, erreichte aber bis 1985 noch nicht die Hand- und Lehrbücher[31]. Aus diesem Paradigmawechsel erklärt sich auch das Prestige Pasternaks, das nicht nur dem Opfer einer Kampagne, sondern ebenso dem Überlebenden einer zerstörten Generation und Kultur galt.

Ähnliche Beobachtungen ließen sich auch bei Minderheiten in anderen kulturellen Sektoren machen. Auf die unentwegten Polemiken des Komponisten-Verbandes gegen 12-Ton-Technik, serielle Musik, elektronische Experimente, auch gegen den Jazz entgegnete auf einer Theoriekonferenz des Verbandes im Jahre 1965 ein junger Musikwissenschaftler: »Man sollte nicht unentwegt danach streben, der Jugend um jeden Preis in ihren Bestrebungen zu ›helfen‹. Die Jugend hat diese ›Hilfe‹ satt. Vielleicht sollte man fürs erste versuchen, ihr nicht im Wege zu stehen«[32]. Die Kulturfunktionäre verhielten sich gegenüber diesen neuen Trends teils aggressiv, wie die Begegnungen Chruschtschows mit der kreativen Intelligenz zeigten, teils zynisch. Im Oktober 1966 schlug die Vorsitzende des Künstlerverbandes vor, daß – wenn schon das Entstehen von ›formalistischer‹ und ›abstraktionistischer‹ Kunst in der UdSSR nicht zu verhindern sei – der sowjetische Verband westliche realistische Kunst aufkaufen solle[33]. So muß es wohl auch als bewußte Politik angesehen werden, daß in den sechziger und siebziger Jahren Werke avantgardistischer und experimentierfreudiger sowjetischer Komponisten fast nur im Ausland zu hören waren, daß das sowjetische Publikum sich über diese Musik aber nicht ärgern durfte. Ähnliches galt für unkonventionelle Bildhauer und Maler[34]. So blieben den inoffiziellen Literaten- und Künstlerkreisen bei ruhiger Großwetterlage soziale Nischen, in denen sie ein oft recht ärmliches Bohème-Leben führen durften. Ein solches Ambiente des Leningrader Literaten-Milieus hat Jossif Brodski festgehalten: »In ihrem Ethos war diese Generation eine der am stärksten von Büchern geformte in der Geschichte Rußlands, und das Gott sei Dank. Eine Beziehung konnte für immer zerbrechen an einer Bevorzugung Hemingways gegenüber Faulkner; die Hierarchie in jenem Pantheon war unser wahres Zentralkomitee. Angefangen hatte es als eine gewöhnliche Anhäufung von Wissen, wurde aber bald unsere wichtigste Beschäftigung, der alles andere geopfert werden konnte. Bücher wurden die erste und einzige Realität, wohingegen die Realität uns als unsinnig oder lästig galt. Verglichen mit anderen, waren wir scheinbar Versager oder lebten aus zweiter Hand. Wenn man es aber richtig bedenkt, ist ein Dasein, das die von der Literatur gesetzten Maßstäbe ignoriert, minderwertig und lohnt die Mühe nicht. So dachten wir, und ich meine, wir hatten recht. Instinktiv zogen wir das Lesen dem Handeln vor. Kein Wunder, daß unser eigentliches Leben mehr oder minder ein Scherbenhaufen war. Selbst diejenigen von uns, die den Weg durch die schier undurchdringlichen Waldungen der ›höheren Bildung‹ schafften, mit all den unvermeidlichen Gefälligkeiten gegenüber dem System – Lippenbekenntnissen wie Diensten anderer Körperteile –, fielen schließlich den von der Literatur auferlegten

Skrupeln zum Opfer und gaben auf. Wir endeten als Gelegenheitsarbeiter im Haus- und Verlagswesen oder landeten bei geistlosen Tätigkeiten wie Meißeln von Grabsteinen, Ziehen von Blaupausen, Übersetzen technischer Texte, Buchhaltung, Buchbinden, Entwickeln von Röntgenaufnahmen. Von Zeit zu Zeit standen wir plötzlich bei einem der anderen in der Wohnungstür, eine Flasche in der einen Hand, Blumen oder eine Kleinigkeit zum Essen, süß oder salzig, in der anderen, und verbrachten den Abend mit Reden, Herziehen über die Idiotie der Funktionäre eine Treppe höher und rätselten, wer von uns als erster sterben würde«[35].

Indirekt profitierten diese und ähnliche Milieus vom Prozeß der »Enttotalisierung« von Politik und Gesellschaft, vom Wechsel zwischen Liberalisierung und Verhärtung, der im Ergebnis den Zugriff auf die Gesellschaft lockerte. Einerseits stimulierte dieser Wechsel den Aktivismus der politisch interessierten Jugend, wie sich dies in der Produktion der »vierten Generation« auch niederschlug, andererseits waren die Grenzen nicht eindeutig zu definieren, zumindest nicht für die nach eigenem Ausdruck suchenden politischen Aktivisten und für die jungen – oder auch weniger jungen – Literaten und Künstler. Wie undurchsichtig die Situation war, zeigte die Affäre um K.W. Uspenski. Er war Mitglied des Leningrader Schriftsteller-Verbandes. 1960 verhaftete man ihn wegen antisowjetischer Äußerungen und Kontakten zu amerikanischen Stipendiaten. Sein wichtigstes literarisches Sujet war das eigentlich erwünschte und schier unerschöpfliche Thema des Krieges. Uspenski figurierte im Leningrader Milieu aber als Protektor der nachwachsenden Literatengeneration. Seine Verhaftung war als Warnschuß aufzufassen[36]. Am Tag der Urteilsverkündung tauchten im Gerichtssaal zwei damals unbekannte junge Dichter auf: Jossif Brodski und Anatoli Naiman. Sie wurden dem Kreis der »Achmatowa-Waisen« zugerechnet[37].

Aus diesem Künstler- und Literatenmilieu entstanden um 1960 die ersten inoffiziellen Publikationen, vornehmlich mit Gedichten: »Syntaxis«, »Phoenix«, »Bumerang«, »Sphinxe« und andere. Allein in Moskau sollen um 1960 14 solcher Sammlungen, Anthologien oder Zeitschriften im Umlauf gewesen sein. Einer der bekanntesten Herausgeber war Alexander I. Ginsburg. Hier war aber auch Waleri Tarsis aktiv, einer der frühen Dissidenten, dem es 1962 schließlich gelang, zu emigrieren. In diesen Zeitschriften, mit einer Auflage von bis zu 300 Exemplaren, publizierten vornehmlich junge Literaten, die teils in den offiziellen Medien vertreten waren – wie Bulat Okudschawa, Bella Achmadulina, Boris Sluzki, oder solche, die (noch) keine Chance hatten, in den offiziellen Zeitschriften unterzukommen, wie Wsewolod Nekrassow oder Jossif Brodski. In diesem Schrifttum lebte sich literarisches Talent zensurfrei aus, ohne dabei in jedem Fall politische Intentionen zu verfolgen oder gar oppositionell zu sein. Allerdings bestand eine kritische Distanz zum Sozialistischen

Realismus ebenso wie zum realen Sozialismus. Die hier publizierenden Dichter bildeten gewissermaßen den radikalen Flügel der sog. vierten Generation, die von Jewgeni Jewtuschenko, Andrei Wosnessenski und Robert Roschdestwenski mit ihrem Pathos des Neuanfangs oder sozialkritischen Autoren wie Georgi Wladimow und Wassili Axjonow in den offiziellen Medien präsent waren, hier allerdings auch oft gescholten wurden.

Ein wesentliches Merkmal der Manuskriptliteratur war die dezidierte Ablehnung einer Kunst und Literatur, die sich dem »sozialen Auftrag« verpflichtet fühlte, da dieser von Partei und Staat festgelegt wurde. Er hatte bei manchen Autoren der vierten Generation zu einer Art von politischem und modischem Konjunkturrittertum geführt. Dies wollten die Autoren der Manuskriptliteratur für sich nicht gelten lassen. Die Sphären waren aber nicht scharf getrennt, zumal die offiziellen Instanzen je nach der gerade gültigen Parteilinie und den lokalen Kräfteverhältnissen öffentliche Auftritte der Wortführer mal tolerierten, mal kritisierten. Das Wechselbad von Aufbegehren und Unterwerfungsritualen, das Jewtuschenko und Wosnessenski in aller Öffentlichkeit vollzogen, spiegelte diese unsichere Lage in der Kulturpolitik.[38]

Ebenso symptomatisch für das undurchschaubare Spiel von Gewährenlassen und Zuschlagen wie der Fall Uspenski war der vier Jahre später gegen Jossif Brodski inszenierte Prozeß. Brodskis Biographie mag insofern typisch für das inoffizielle Milieu sein, als er schon früh die geordneten Bahnen einer Intelligenz-Karriere verlassen hatte. Er war Schulabbrecher und wechselte häufig die Arbeitsplätze. Seinen Lebensunterhalt fristete er auch mit Übersetzungen. Dabei hatte Brodski sich in literarischen Kreisen bereits einen Namen gemacht. Seine instinktive Scheu vor den Institutionen entsprang offenbar der Einsicht, daß jede Form intellektueller Produktion in den offiziellen Strukturen ein Einverständnis voraussetze, das in seinem Fall nicht gegeben war. Wie sich an vielen Biographien ablesen läßt, konnte das »Mitmachen«, der Zwang zum Kompromiß intellektuelle und moralische Dissonanzen und innere Konflikte erzeugen. Man fühlte sich schuldig, gleichgültig, ob man »dafür« oder »dagegen« war[39].

Wohl nicht zufällig wurde daher an Brodski, der sich offenbar besonders schlecht hat anpassen können, ein Exempel statuiert. Den Anlaß hierfür boten dem Dichter fälschlicherweise zugeschriebene Schmähgedichte. Als Vorwand zur Anklage diente das 1961 verabschiedete, 1963 in Kraft getretene sog. Parasitengesetz. Schon der Name spricht Bände. Zweck des Gesetzes war es, angeblich Arbeitsscheue aus den Großstädten zu verbannen und in unwirtliche Regionen zu deportieren, um sie dort produktiv einzusetzen[40].

Die Anklage und der Prozeß im Februar 1964 erregten in literarischen Kreisen bereits einiges Aufsehen. Immerhin holten sich die politischen Instanzen die Zustimmung des Leningrader Schriftsteller-Verbandes, dessen Leitung vorgab, den Vorwürfen Glauben zu schenken. Nur Daniil Granin besann sich später eines besseren und schloß sich dem inzwischen laut gewordenen Protest an. Für Brodski exponierten sich durch Gespräche und Appelle der Komponist D.Schostakowitsch, die Schriftsteller Samuil Marschak und Kornej Tschukowski, angetrieben von der aktivistischen Journalistin Frida Wigdorowa. Auch Scholochow und A. Surkow wurden eingeschaltet. Während die Prominenz aus Wissenschaft, Literatur, Musik und sogar der ehemalige Diplomat Je.A. Gnedin mit »diplomatischen« Mitteln für Brodski eintraten, lärmten vor dem Gericht jugendliche Freunde und Bekannte, eine Form der moralischen Unterstützung und Solidarisierung, die wenige Jahre zuvor noch unvorstellbar gewesen wäre.

Der Prozeß schien jene Konstellation der Kräfte zu versinnbildlichen, die in anderer Weise auch schon Thema von Dudinzews Roman »Der Mensch lebt nicht vom Brot allein« gewesen war. Ein Vertreter der kreativen Intelligenz stand einer geschlossenen Phalanx des Apparats und einem leicht zu mobilisierenden Pöbel gegenüber. Den Apparat repräsentierten ein keifender Staatsanwalt, eine verhärmte Richterin, die offensichtlich ihre Instruktionen erhalten hatte. »... sie glich einer Hausmeisterin, die über nächtlich krakelende Trunkenbolde erbost ist«[41] und entsprach jenem Typus einer »emanzipierten Sklavin«, deren soziale Gleichberechtigung um den Preis von Konformität und doppelter Belastung durch Haushalt und Beruf erkauft worden ist[42]. Unterstützung holte sich der Apparat durch freiwillige Milizionäre (druschinniki) und ein Publikum herbeigekarrter Bauarbeiter, die gewissermaßen als Chor in dieser Gerichtsburleske figurierten. Durch Zwischenrufe ließen sie ihren Ressentiments gegen die »weißen Händchen« der schmarotzenden Intelligenzler freien Lauf. Sie simulierten auf diese Weise Klassenkampf und die Empörung der Arbeiterklasse. Ihr Verhalten bestätigt jenes Bild vom demoralisierten und erbitterten Proletariat, dessen Schilderung sich immer wieder in den Zeugnissen des späteren Dissens finden läßt und sein Trauma bildete. Hier sei Brodski selber zitiert: »Es war echtes ›Proletariat‹, mit dem ich in der Fabrik zu tun hatte, wo ich mit 15 als Maschinist an der Fräsmaschine anfing. Marx würde sie sofort wiedererkennen. Sie – oder vielmehr ›wir‹ – lebten alle in Kommunalwohnungen, zu viert oder mehr in einem Zimmer, oft drei Generationen zusammen, schliefen umschichtig, soffen wie die Löcher, gifteten einander an oder die Nachbarn in der Kommunalküche oder in der Morgenschlange vor dem Kommunalklo, verprügelten ihre Frauen mit totgeweihter Entschlossenheit, weinten in aller Offenheit bei Stalins Tod und im Kino, fluchten dermaßen häufig, daß ein normales Wort wie ›Flugzeug‹ einem Vorübergehenden als etwas augesucht Obszönes vorkommen mußte, und wurden ein indifferenter grauer Ozean von Köpfen, oder ein Wald erhobener Arme bei öffentlichen Versammlungen wegen dieses oder jenes Ägypters«[43].

Gegen diese Mauer aus Unverständnis und Haß hatte sich Brodski zu behaupten. Während der Chor Dichten und Übersetzen als eine Variante von Nichtstun denunzierte, fand in den Augen des Staatsanwalts und der Richterin Kopfarbeit nur Anerkennung, wenn sie auf staatliche Bestellung erfolgte, gewissermaßen eine polizeiliche Variante des »sozialen Auftrags«.

»Richterin: Und was ist Ihr gelernter Beruf?

Brodski: Ich bin Dichter. Dichter-Übersetzer.

Richterin: Und wer hat attestiert, daß Sie Dichter sind? Wer hat Sie zum Dichter beordert?

Brodski: Niemand (ohne Herausforderung). Wer hat mich zur Spezies Mensch beordert?

Richterin: Und wie haben Sie das gelernt?

Brodski: Was?

Richterin: Dichter. Sie haben nicht versucht, eine Hochschule, wo man dazu ausbildet ... wo man das lehrt ... zu absolvieren?

Brodski: Ich glaube nicht, daß man Dichten durch Hochschulausbildung lernen kann.

Richterin: Wodurch denn sonst?

Brodski: Ich glaube, das ... (etwas verwirrt) ... kommt von Gott«[44].

Der Fall Brodski ging vergleichsweise glimpflich aus: Nach dem Parasitengesetz zu fünf Jahren Arbeitseinsatz im hohen Norden verurteilt, durfte er 18 Monate später nach Leningrad zurückkehren. Die Auseinandersetzungen im Leningrader Schriftsteller-Verband gingen weiter. Zunächst wurden die Autoren und Literaturwissenschaftler, die als Zeugen positiv für den jungen Dichter und Übersetzer ausgesagt hatten, vom Verband gerügt, dann aber konnten sich Brodskis Verteidiger durchsetzen und sogar in geheimer Wahl die alte Verbandsführung ablösen. Daniil Granin wurde zum Ersten Sekretär gewählt[45].

Der Prozeß um Brodski zeigte, daß inzwischen ein selbstbewußtes literarisches Milieu entstanden war, das auch gelegentliche Kontakte zur neu entstehenden Subkultur besaß und nicht mehr ohne weiteres den Anordnungen von oben gehorchte. Das tölpelhafte Agieren des Provinzapparates mag den Sieg der »liberalen« Intelligenz erleichtert haben. Aber auch die literarische Subkultur ließ sich nicht ohne weiteres zum Schweigen bringen. Immerhin 47 jüngere Autoren aus Leningrad verfaßten ein Protestschreiben. Hierin kritisierten sie einerseits das skandalöse Verhalten des Vorsitzenden jener Kommission im Leningrader Schriftsteller-Verband, die junge Schreiber zu fördern hatte; andererseits verwiesen sie auf die politisch und arbeitsrechtlich prekäre Lage junger Literaten. Solange diese nicht Mitglieder des Verbandes seien und sie mithin keine feste »Anstellung« nachwiesen, könnten sie jederzeit wegen »Parasitentums« vor Gericht gestellt werden[46].

Die literarische Subkultur produzierte weitere Skandale. Nachdem Alexander Ginsburg bereits seit 1959 inoffizielle literarische Almanache hatte kursieren lassen, gab im Juli 1965 Waleri Tarsis die Gedichtsammlung »Sphinxe« heraus. Er protegierte damit eine Gruppe etwas vorlauter Literaten und Künstler, die sich SMOG nannte, eine Abkürzung, die sich dreifach auflösen ließ: als »Kühnheit, Gedanke, Bild und Tiefe«, als die »jüngste Gesellschaft von Genies« und als »der gedrängte Augenblick der widergespiegelten Hyperbel«. Neben Gedichtsammlungen verbreitete sie auch die Zeitschrift »Avantgarde«. SMOG soll etwa 40 Mitglieder in mehreren Städten Rußlands gehabt haben. In ihrem Manifest wandten sie sich gegen die »fetten Physiognomien« der sowjetischen Schriftsteller. »Verzweifelt kämpfen wir jetzt gegen alles: den Komsomol, die Spießer, die Tschekisten und die Kleinbürger, die Talentlosigkeit und die Ignoranz - alle sind gegen uns. Aber unser Volk ist für uns, mit uns!«. Als ihre geistigen Bezugspersonen nannten sie Rubljow und Bajan, Radischtschew, Dostojewski, Zwetaewa und Pasternak, Berdjajew und Tarsis. Im April 1965 veranstaltete SMOG vor dem Zentralen Haus der Literaten in Moskau eine kleine Demonstration unter der Losung: »Entjungfert den Sozrealismus!«[47].

Tarsis selber hatte sich seit 1961 um die Ausreise bemüht. Ähnlich wie gleichzeitig A. Jessenin-Wolpin, einer der Väter der Verfassungs- und Menschenrechtsbewegung, hatte er seine Manuskripte ins Ausland gebracht, um sie dort unter eigenem Namen zu veröffentlichen. Die Erzählung »Die blaue Fliege« hatte ein verbreitetes Thema zum Gegenstand: die Konflikte eines Philosophen an einem wissenschaftlichen Institut, dessen Kulturfunktionäre aufrührerische Gedanken nicht tolerieren wollten[48]. Wegen seiner Publikationen im Westen wurde Tarsis in eine psychiatrische Haftklinik eingewiesen, der erste Fall dieser Art von Bestrafung, der allgemeine Aufmerksamkeit erregte. Tarsis hat seine Erfahrungen in der Erzählung »Krankensaal Nr. 7« festgehalten. Sie knüpfte offenbar an Tschechows Erzählung »Krankensaal Nr. 6« an. Erstere kursierte im Samizdat und wurde 1965 in London veröffentlicht. Tarsis war auch einer der ersten, der mit westlichen Korrespondenten Kontakt aufgenommen hatte und Interviews gab. In Begleitung des ominösen Journalisten und mutmaßlichen KGB-Agenten Victor Louis durfte er im Februar 1966 das Land verlassen, das er als »faschistisch« charakterisierte. Möglicherweise hatte man erwartet, daß er im Ausland die verhafteten und angeklagten Schriftsteller Andrei Sinjawski und Juli Daniel wegen der Publikation ihrer Werke unter dem Pseudonym Abram Terz und Nikolai Arschak denunzieren würde. Da dies nicht geschah, entzog das Präsidium des Obersten Sowjets ihm die sowjetische Staatsbürgerschaft, ein Präzedenzfall, der bald Schule machen sollte[49].

Am 8. September 1965 wurden in Moskau die beiden Schriftsteller Sinjawski und Daniel verhaftet. Sinjawski war Literaturwissenschaftler und Kritiker, er arbeitete am Akademie-Institut für Weltliteratur und an der Moskauer Lomonossow-Universität. Er hatte den Auswahlband der 1965 herausgegebenen Gedichte Pasternaks kommentiert und schrieb gelegentlich im »Nowy Mir«. Sein Leidensgenosse Daniel war als Lyriker und Übersetzer bekannt geworden. Ihre seit 1959 im Westen veröffentlichten Erzählungen lösten in literarischen Kreisen Moskaus Aufsehen und Spekulationen aus. Im engeren Sinne politisch waren insbesondere Arschaks Erzählung »Hier spricht Moskau« und Terz‹ »Das Gericht tagt« sowie »Ljubimow«. In »Hier spricht Moskau« ging es um ein fiktives Szenarium, um die Reaktion der Bevölkerung auf einen vom Zentralkomitee proklamierten Tag des Mordes. Auch Terz' phantastische Geschichten drehten sich zum Teil im weiteren Sinne um die Bewältigung des Stalinismus, auch wenn dies immer nur eine – zumeist vordergründige – Ebene des Sujets war. Da es im Strafgesetzbuch keine Vorschriften gab, die das Versenden und Publizieren von Manuskripten im Ausland verboten, mußte der für diesen Fall offensichtlich ungeeignete Artikel 70 des Strafkodexes als Anklagegrund herhalten. Er bestrafte antisowjetische Agitation und Propaganda mit dem Ziel zur Schwächung der Sowjetmacht oder gar der Begehung von Verbrechen gegen den Staat. In halbamtlichen Kommentaren zu diesem Gesetz wurde er insofern eingeschränkt, als er nur angewandt werden sollte, wenn ein Vorsatz nachgewiesen werden könnte[50]. Der fehlende Vorsatz sollte das Hauptargument der Verteidigung im Prozeß gegen Sinjawski und Daniel werden, der im Februar 1966 stattfand. Diese Argumentation allerdings schützte beide Autoren nicht vor der Strafe von sieben bzw. fünf Jahren Strafarbeitslager.

Die Verhaftung Sinjawskis und Daniels im September 1965 war möglicherweise Teil einer weiteren Aktion des KGB. Sie soll in konservativen Kreisen des literarischen Establishments auf volle Zustimmung gestoßen sein, wenn sie aus diesem Milieu heraus nicht geradezu gefordert worden ist[51]. Wenig später wurden die Manuskripte Solschenizyns, die er bei einem Freund aufbewahrt hatte, beschlagnahmt. In der Ukraine verhaftete man »nationalistische« Intellektuelle. Es kursierten bereits Gerüchte über eine geplante Nacht der langen Messer. Als sich die Nachricht von der Verhaftung Daniels und Sinjawskis verbreitete, »suchte ›ganz Moskau‹ ... nach neuen Verstecken für die Samisdatbücher und die verbrecherischen Bücher der Emigrantenverlage«[52].

Die Aktionen des KGB, die – wie üblich – in der Ukraine schärfer ausfielen als im russischen Zentrum, waren zweifellos als Warnsignal an die immer unruhiger werdende Intelligenz zu verstehen. Dabei hatte sich nach dem Sturz Chruschtschows zunächst eher eine Entspannung im Verhältnis zur kritischen Intelligenz angedeutet. In den Moskauer und Leningrader Abteilungen des Schriftsteller-Verbandes waren besonders scharfmacherische orthodoxe Kulturfunktionäre wie A. Prokofjew und W. Kotschetow abgelöst worden. Auch ins Zentralkomitee war der bisher für Kultur zuständige Sekretär Leonid

Ilitschow, der sich 1962/63 an Chruschtschows polternden Ausfällen beteiligt hatte, durch Pjotr Djomitschew und W.F. Schauro ersetzt worden. In der Prawda hatte der Chefredakteur A. Rumjanzew an die Resolution von 1925 erinnert und sogar gegen die doktrinäre »Iswestija« polemisiert[53]. Im wissenschaftlichen Bereich hatte die Lyssenko-Schule ihren letzten hochgestellten Protektor verloren. In der Zeitgeschichte konnte vergleichsweise offen über die Probleme des sowjetischen Verhaltens zu Beginn des »Großen Vaterländischen Krieges« diskutiert werden, d.h. über die faktische Nichtvorbereitung der Sowjetunion auf den deutschen Überfall und über die Rolle Stalins[54].

Die Kontroversen um Stalin schienen aber außer Kontrolle zu geraten. So hatte Ilja Ehrenburg in einer öffentlichen Rede die Literaten dazu aufgefordert, nicht nur über die Repressionen und Leiden zu schreiben, sondern den Gründen für den Stalinkult nachzugehen[55]. In der Moskauer Universität gab es zu Beginn des Jahres 1965 Veranstaltungen und Arbeitsgruppen, die sich mit aktuellen und historischen Problemen befaßten. Sie brachten ungeschminkt Meinungen und Stimmungen zum Ausdruck, die aus der Sicht der Partei unerträglich waren. In einer Veranstaltung »Zynismus und gesellschaftliche Ideale« wurde nicht nur die Verstrickung der mächtigen Erben in die Verbrechen Stalins, sondern auch ihr aktuelles Glaubwürdigkeitsdefizit angesprochen: Seit neuestem würden alle Versäumnisse auf Chruschtschow abgewälzt. »Die Führer der Zeit Stalins und seine Nachfolger unterschieden sich in nichts von den Hitlerleuten, und einer der Redner, ein Künstler, erklärte, daß man sie alle der Reihe nach mit Maschinengewehren erschießen müßte«. Ein Astronomieprofessor, wegen der aufrührerischen Reden der Studenten zum Verhör bestellt, erklärte: »Ich bin Astronom und mein Blick ist auf die Sterne gerichtet. Deshalb maß ich den Auftritten der Studenten keine Bedeutung bei«[56].

Gegen diese ideologischen Disziplinlosigkeiten wurde in der Partei – insbesondere im Bildungsministerium und in den für Kultur, Bildung und Wissenschaften verantwortlichen Sekretariaten des Zentralkomitees – mobil gemacht. Gegen den zum Teil erfolgreichen Widerstand von Beratungsgremien der Hochschulen versuchte man erneut, wegweisende Werke und Axiome Stalins in den Lehrbüchern unterzubringen. Man wollte Stalin als Überwinder der Rechts- und Linksabweichung und als Initiatoren von Industrialisierung und Kollektivierung und nicht zuletzt als Strategen im Zweiten Weltkrieg rehabilitieren. Die besonders in der Belletristik zu beobachtenden Tendenzen zur »Entheroisierung« der sowjetischen Geschichte und des Zweiten Weltkrieges sollten bekämpft werden. In dieser Richtung wirkte – neben Militärs – insbesondere S.P. Trapesnikow, der für Wissenschaft und Bildung zuständige Sekretär im Zentralkomitee. Später sollte von der *trapesnikowschtschina* in den Geistes- und Sozialwissenschaften die Rede sein[57].

Angesichts der Polarisierung, die das Auftreten sich offen zu Stalin bekennender Parteiaktivisten hervorzurufen drohte, setzte sich in der Parteiführung, unter anderem auch unterstützt vom neuen für Ideologie und Propaganda im ZK zuständigen Sekretär Pjotr Djomitschew, eine vermittelnde Linie durch. Sie zeigte sich einerseits im Verbot weiterer Publikationen über Lager und Repressionen der Stalinzeit im Oktober 1964[58], andererseits in einer partiellen Rehabilitierung Stalins, wie sie in Breschnews Rede zum 20. Jahrestag des Sieges über NS-Deutschland zum Ausdruck kam. Hier wurde lediglich Stalins Rolle im Krieg positiv gewürdigt[59]. Diese vermittelnde Position fand ihren endgültigen und wohl »direktiv« zu verstehenden Ausdruck in Breschnews Rede aus Anlaß des 50. Jahrestages der Revolution. »Man fühlt, daß die Autoren dieses Dokuments weder die Stalinisten verärgern wollen, noch die aktiven Gegner des Stalinismus, deren Anzahl insbesondere unter der Intelligenz und der Jugend immer größer wird«[60]. Die Rede kombinierte in halsbrecherischer Weise die »Fehler und Übertreibungen« der dreißiger Jahre mit einem Konzept, das die sowjetische Geschichte als »Triumphzug« des Sozialismus feierte. Die hier vorgegebene rituelle Form der Verdrängung von Geschichte setzte sich allmählich – nach heftigen Kämpfen und Opfern – insbesondere in den Geschichtswissenschaften durch. Sie engte aber auch das Schaffen der Schriftsteller ein. Diejenigen, die an der Aufarbeitung der jüngeren Vergangenheit weiterhin interessiert blieben, wurden in den Untergrund, in den bereits existierenden Samisdat abgedrängt. So spaltete sich das gesellschaftliche Bewußtsein in einen offiziell zelebrierten Triumphalismus auf der einen und in eine rigorose Abrechnung mit der eigenen Geschichte auf der anderen Seite, die aber nur in dem seit Mitte der sechziger Jahre entstehenden Samisdat zum Ausdruck kommen durfte.

Vor dem Hintergrund einer insgesamt unübersichtlichen Situation, welche die Polarisierung zwischen Stalinanhängern und »Entstalinisierern« weiterzutreiben schien, kam dem Prozeß gegen Daniel und Sinjawski eine symbolische Bedeutung zu. Wurde er auf der einen Seite als Warnung vor Freigeisterei gesehen, verstand man ihn auf der anderen Seite offensichtlich als einen ersten Schlag gegen die Entstalinisierer, und von dritter Seite als Signal für eine Renaissance überwunden geglaubter Methoden. Denn der Brodski-Prozeß und die Beschlagnahme von W. Grossmans Roman-Manuskript »Leben und Schicksal« im Jahre 1962 war in weiteren Kreisen unbekannt geblieben. Der Prozeß gegen die beiden Autoren war wohl eher Ausdruck eines Kompromisses in der politischen Führung. Bestraft werden sollten nur »wirkliche Feinde«, wie es der damalige KGB-Chef W.Je. Semitschastny später formulierte[61]. Zudem sollte der Prozeß justizförmig erscheinen. Zu diesem Zweck wurde er dem Vorsitzenden des Obersten Gerichts der RSFSR und späteren Vorsitzenden des Obersten Gerichts der UdSSR L.N. Smirnow übertragen. Dies hatte allerdings nur zur Folge, daß die Gerichtsverhandlungen etwas kultivierter als im Fall Brodski über die Bühne gingen. An der Quadratur des Kreises, einen literarischen Tabuverstoß gerichtlich zu ahnden, änderte sich nichts. Wie die Protokolle der Sitzungen zeigen, handelte es sich vielmehr erneut um die gemilderte Variante eines Schauprozesses, der dem Richter vielleicht die Karriere sicherte, aber ihm und der sowjetischen Justiz insgesamt keine Ehre eintrug. Richter, Staatsanwalt und Gutachter bildeten wieder eine Phalanx. Als Gutachter wurden nur parteifromme Literaturwissenschaftler zugelassen, während Beurteilungen angesehener Literaturwissenschaftler, Schriftsteller und Publizisten, so W.W. Iwanows, K. Paustowskis und L. Kopelews, abgewiesen wurden.

In Sinjawski und Daniel stießen die Ankläger auf einen neuen Typus von Intellektuellen, der sich schon längst von den vorherrschenden Stereotypen und politischen Verhaltensnormen gelöst hatte. Sie stellten sich wie viele inoffizielle Autoren in die scheinbar untergegangene Tradition einer »Metaphysik des ziellos irrenden Geistes«. Sie knüpften an die nun wieder positiv gewendete Figur des »überflüssigen Menschen« an. »In einem Augenblick, in dem die ganze Welt eine klare Vorstellung vom Ziel gewonnen und sich in zwei feindliche Kräfte gespalten hat, tut er (der überflüssige Mensch), als verstehe er nicht und fährt fort, die Farben zu mischen: Er erklärt, es gebe weder Rote noch Weiße, sondern nur arme, unglückliche und überflüssige Menschen«[62].

Hier war eine innere Freiheit gewonnen, die dazu befähigte, sich dem Ansturm offizieller Beredsamkeit und Schuldzuweisungen zu entziehen und auch jener pogromartigen Stimmung zu widerstehen, welche die publizistische Vorverurteilung in den Gerichtssaal hineintrug. Denn in der geschlossenen Welt, in der sich die Angeklagten seit ihrer Verhaftung bewegten, konnten weder die »fahle Ohnmacht« des Rechtsanwalts[63], noch das im Entstehen begriffene inoffizielle Milieu helfen, von dem die Angeklagten zum Zeitpunkt des Prozesses nichts wußten. Dort aber fand die Tatsache, daß sich die Angeklagten nicht den Ritualen von Reue, Selbstkritik und Zerknirschung beugten, daß geladene Zeugen wie Igor Golomschtok das Recht auf Aussageverweigerung in Anspruch nahmen, eine ungeheure Resonanz. Unterwürfige Verhaltensweisen waren so eingefahren, daß ihre Durchbrechung bei den Untersuchungsbeamten und selbst beim Rechtsanwalt mehr Erschrecken als Empörung hervorrief. Dazu Sinjawski in der Erinnerung: »... das Nichtanerkennen meiner Schuld, das ich bereits in meinen Untersuchungsakten wie eine kleine silberne Münze hinterlegt hatte, vor der er [der Rechtsanwalt] zunächst immer wieder zurückschreckte und mir diese Kopeken nicht gönnte, bis ich stur und zornig erklärte, daß ich andernfalls auf seinen Beistand verzichten wollte, worauf er irgendwie zusammenschrumpfte und zugleich einwilligte«[64].

Beide Angeklagten beharrten in ihren Schlußplädoyers auf ihrer Unschuld. Daniel: »Ich bin der Meinung, daß es im Leben der menschlichen Gesellschaft keine verbotenen Themen geben kann«[65]. Sinjawski: »In meiner nichtveröffentlichten Geschichte ›Pchenz‹ gibt es einen Satz, den ich als autobiographisch ansehe: ›... wenn ich nur anders bin, als die anderen Menschen, dann werde ich schon dafür beschimpft‹. Das ist es: Ich bin anders. Aber ich bin kein Feind, ein Sowjetmensch, und meine Werke sind keine feindlichen Werke ... Und vor allem weiß ich nicht, wozu es nötig ist, Feinde zu erfinden, Ungeheuer zu konstruieren, indem man künstlerische Gestalten zu realen macht, sie wörtlich nimmt«[66].

Mit diesen Schlußworten und der Uneinsichtigkeit der Angeklagten hatte der Prozeß seinen erzieherischen Zweck verfehlt. Die Protokolle der Gerichtsverhandlung kursierten zusammen mit anderen Dokumenten, von A. Ginsburg zusammengestellt, in der kritischen Öffentlichkeit.

Ebenso wenig wie die offizielle publizistische Kampagne eine einfache Wiederholung vergleichbarer Vorgänge in der Stalinzeit war, ebenso wenig ähnelten sich die Reaktionen der Opfer, der realen wie der fiktionalen. Während in Bulgakows Roman »Der Meister und Margarita«, in den dreißiger Jahren entstanden, das Opfer einer Kampagne vor Angst halb irre wurde[67], schildert Sinjawski den Prozeß aus der Distanz des unbeteiligten Beobachters als Realinszenierung seiner »Phantastischen Geschichten«: »›Ja, ja‹, antwortete ich zerstreut, ohne den gierigen Blick von dem Geschehen im Saal losreißen zu können,... ›...Aber wer hätte gedacht, daß sie so realistisch sind? Dieser Exhibitionismus! Dieser Mangel an Anstand ...‹ Der Beifall wollte nicht verstummen. Der Beifall wuchs. Klatschend entleert sich der Saal, und seine Entrüstung war mein Lohn, die Bestätigung, daß alles, was ich geschrieben hatte, richtig war, nur viel zu zahm. Gelegentlich überkam mich das Gefühl, im nächsten Augenblick müßte ich selbst über das für mich und Daniel gefällte adäquate Urteil in Ovationen ausbrechen. In Ovationen für die Menschheit und für das Leben überhaupt ... Die Wirklichkeit, man kennt solche Fälle, sparte nicht mit Hyperbeln und erinnerte mich nicht zum ersten Mal daran, wie man sich vor ihr bei gegebener Gelegenheit schützen sollte«[68].

Aus der isolierten Perspektive der Delinquenten konnte es so scheinen, als ob sie ähnlich wie seinerzeit Pasternak oder Brodski bestenfalls hinter den Kulissen Unterstützung finden würden. Aber bereits im Vorfeld des Prozesses zeigte sich eine Spaltung der Öffentlichkeit. An der Moskauer Universität wurden in geisteswissenschaftlichen Instituten Aufrufe verteilt, welche die Studenten zu einer öffentlichen Demonstration auf dem Puschkin-Platz zum Tag der Verfassung, dem 5. Dezember (1965) aufriefen. (Der Tag der Verfassung scheint selbst eine Erfindung der Protestierenden gewesen zu sein.) Hier sollten sie skandieren: Wir verlangen ein öffentliches Gerichtsverfahren ... Tatsächlich kam es zu einer kleinen Demonstration unter der obigen Losung und unter der zweiten, berühmter gewordenen: Achtet die sowjetische Konstitution![69]. Ihr folgten die unvermeidlichen Repressionen gegen einige Kundgebungsteilnehmer. Diese Demonstration, an der wohl hauptsächlich Studenten und Mitglieder der SMOG-Gruppe teilnahmen, gilt als die Geburtsstunde der Verfassungs-, Bürger- und Menschenrechtsbewegung. In den folgenden Jahren sollten immer wieder solche Manifestationen am 5. Dezember auf dem Puschkin-Platz stattfinden, zumeist Schweigedemonstrationen, mit mehr Polizei als Demonstranten.

Die Idee, die Verfassung und später auch die von der Sowjetunion anerkannten Menschenrechte zum Ausgangspunkt von Aktionen und zum Kriterium für die Bewertung des Verhaltens der Behörden zu nehmen, wird dem Mathematiker und Schriftsteller Alexander Jessenin-Wolpin zugeschrieben, Sohn des Dichters Jessenin, in der Stalinzeit und später wiederholt verhaftet, unter anderem wegen der Auslandspublikation von Gedichten und einem »Freien Philosophischen Traktat« (1961)[70]. Auch wenn Jessenin-Wolpin als Erfinder der Konstitutionsbewegung gilt, so konnte er wohl nur Resonanz finden, weil seit 1956 besonders im Strafrecht erhebliche Korrekturen vorgenommen worden waren und die Einhaltung »sozialistischer Gesetzlichkeit« zum Standardarsenal sowjetischer Erziehungskampagnen gehörte. Allerdings eigneten sich die Stalinverfassung mit ihren Widersprüchen und Ungereimtheiten und die in den einzelnen Gesetzeskodizes enthaltenen politischen Generalklauseln kaum dazu, sie zu einem unzweideutigen Bezugspunkt von Rechtsstaatlichkeit zu machen[71]. Hierin ist der Grund dafür zu suchen, daß das, was sich zunächst als Verfassungs- und Bürgerrechtsbewegung konstituierte, allmählich in eine Menschenrechtsbewegung mündete.

Diese Entwicklung fiel zeitlich zusammen mit der Verabschiedung des Internationalen Pakts über die wirtschaftlichen, sozialen und kulturellen Rechte (Sozialrechtspakt) und des sog. Bürgerrechtspakts. Beide wurden im März 1968 von der sowjetischen Regierung unterzeichnet, erhielten allerdings im Lande selbst erst im April 1976 Gesetzeskraft. Zuvor waren sie schon durch das Helsinki-Abkommen, den berühmten Korb III, bestätigt worden[72]. Da diese Pakte aber nicht wirklich in die sowjetische Gesetzgebung integriert wurden, konnten die Menschenrechte notfalls gegen bestehende Gesetze, Vorschriften und Praktiken zumindest moralisch eingefordert werden. 1965 erschien Jessenin-Wolpins Idee zugleich als »genial und verrückt«. »Den des Terrors und der Willkür überdrüssig gewordenen Bürgern schlug er vor, beides einfach zurückzuweisen. Das entspreche dem Gesetz und sei damit ihre Bürgerpflicht. … Aleks Idee lief praktisch darauf hinaus, die Realität nicht anzuerkennen und wie ein Schizophrener in einer imaginären, unseren Vorstellungen entsprechenden Welt zu leben«. Die Einklagung der Bürgerrechte galt als »moralischer Imperativ« und als »amüsantes Experiment, um zu testen, wie die Funktionäre reagieren würden«[73].

Aber nicht nur aus der Subkultur heraus wurde gegen den Prozeß protestiert, sondern es setzten sich, wie bereits angeführt, auch Wissenschaftler und Literaten durch ihre Gutachten für die Angeklagten ein. Auf jeden Fall ließ sich Belletristik nur schwer unter dem Artikel 70 über antisowjetische Agitation und Propaganda fassen, ein Tatbestand, der von den Kritikern leicht auszunutzen war. Der Prozeß zog insofern Weiterungen nach sich, als diejenigen Zeugen, die für Sinjawski und Daniel ausgesagt hatten, ihrerseits Repressalien unterlagen, so u.a. der Literaturwissenschaftler und Lehrer Sinjawskis, Wiktor D. Duwakin. Er wurde aus der Philosophischen Fakultät der Moskauer Universität ausgeschlossen. Der Kunsthistoriker I. Golomschtok wurde mit »Zwangsarbeit an seiner Arbeitsstelle mit 20%igem Gehaltsabzug« bestraft[74]. Unter dem Appell gegen den Ausschluß Duwakins fanden sich mehr als 100 Unterschriften, darunter auch solche von Kandidaten und Doktoren der Wissenschaften, die wohl zumeist der Akademie der Wissenschaften angehörten[75]. Am Akademie-Institut für Weltliteratur, an dem Sinjawski ebenfalls gearbeitet hatte, versuchte man im ersten Anlauf vergeblich, die Mitarbeiter und Verantwortlichen in der Sektion für sowjetische Literatur zu einer Erklärung gegen Sinjawski zu veranlassen. Hier sollte die Mitverantwortung seiner nicht genügend wachsamen Kollegen angeprangert werden. Dies galt besonders für A.G. Dementjew, Mitarbeiter in der Redaktion des »Nowy Mir«, in gewisser Weise das Parteigewissen seines Herausgebers Twardowski. Aber durch einen fulminanten Auftritt von Swetlana Alliluewa wurde eine Verurteilung - fürs erste - verhindert. Dem Direktor des Instituts blieb die neue Sensibilität eines Teils der Mitarbeiter unverständlich, gehe es doch lediglich darum, »daß die Parteimitglieder der Sowjetischen Sektion ihre Schuld bekennen, daß sie auf Sinjawski hereingefallen sind, und einen Brief schreiben, den die höheren Instanzen von uns verlangen«. »Warum wir? Sie, die Direktion, schreiben Sie doch, wenn man es von Ihnen fordert«, parierte einer der Diskussionsteilnehmer[76].

An der Philosophischen Fakultät der Moskauer Universität waren es ebenfalls vor allem Funktionsträger wie Lehrstuhlinhaber oder Dekane, die sich zu einer öffentlichen Verurteilung Sinjawskis und Daniels bereitfanden. Sinjawskis Erzählungen seien erfüllt vom »Haß gegen den Kommunismus, gegen den Marxismus und gegen die ruhmvollen Taten in unserem Land während der ganzen Geschichte des sowjetischen Staates«. Am gleichen Tag gab die »Literaturnaja gaseta« die Entscheidung des Sekretariats des Moskauer Schriftsteller-Verbands über den Ausschluß Sinjawskis aus dem Verband bekannt[77].

Dagegen nutzten eine Reihe von Wissenschaftlern, Literaten und Künstlern, unter ihnen L.A. Arzimowitsch, A.D. Sacharow, die Regisseure O.N. Jefremow (vom Sowremennik-Theater) und Michail Romm, die Schriftsteller-Verbands-Mitglieder W.P. Katajew, W.F. Tendrjakow und B.A. Sluzki sowie der Historiker S.D. Skaskin den letzten Prozeßtag im Verfahren Sinjawskis und Daniels, um in einem Appell an Breschnew vor den Gefahren einer Restalinisierung zu warnen. Vor dem Hintergrund der innerparteilichen Diskussionen galt der Prozeß als Symptom eines politischen Rückfalls. Anderthalb Monate später petitionierten 62 Autoren, alle Mitglieder des Schriftsteller-Verbandes, unter ihnen K.I. Tschukowski, Ilja Ehrenburg, W.W. Schklowski, W.N. Woinowitsch und Bulat Okudschawa für die Freilassung der Verurteilten gegen Bürgschaft[78]. Dieser sehr sowjetische Appell an den 23. Parteitag wurde von Scholochow brüsk zurückgewiesen: »Und besonders schäme ich mich für die, die ihre Dienste anbieten und eine Bürgschaft für die verurteilten Abtrünnigen übernehmen wollen (lebhafter Beifall).... Und ich denke an noch etwas. Wenn diese Bürschchen [d.h. Sinjawski und Daniel] mit ihrem schlechten Gewissen in den wohlerinnerlichen zwanziger Jahren geschnappt worden wären, als man aburteilte, ohne sich um die streng abgegrenzten Paragraphen des Strafgesetzbuches zu kümmern, sondern ›geleitet vom revolutionären Rechtsempfinden‹ (Applaus), dann hätten diese Werwölfe noch ganz was anderes abbekommen (Applaus). Hier aber wird auch noch über die ›Härte‹ des Urteils diskutiert«[79].

In Scholochows confession du foi, zu der er sich auch im Ausland bekannte, zeigte sich wohl ein letztes Mal der inzwischen eingefrorene revolutionäre Rigorismus, der - wie der Applaus auf dem Parteitag zeigte - durchaus auf Resonanz stieß. Scholochow präsentierte sich als der vorbildliche *sowjetische* Literat. Wenige Jahre zuvor hatte er der Regierung eine Liebeserklärung »auf Gegenseitigkeit« gemacht[80]. Ein solches Verhalten wirkte im literarischen Milieu nun schon reichlich altbacken. Lidija Tschukowskaja, deren Erzählung »Sofja Petrowna« wegen der Kursänderung der Partei nicht mehr in der Sowjetunion gedruckt wurde, wohl aber im Samisdat kursierte, antwortete gewissermaßen im Namen einer neu gewonnenen Moral der Intelligenz: »Aus der ganzen ... Geschichte der russischen Kultur kann ich mich nicht an einen Schriftsteller erinnern, der, so wie Sie, öffentlich sein Bedauern nicht darüber ausgedrückt hätte, daß das vom Gericht verkündigte Urteil zu hart, sondern daß es zu milde sei«[81].

16. Der Literaturfunktionär und sein Protegé: A.T. Twardowski und A.I. Solschenizyn

In der Affäre Solschenizyn, die von der Publikation der Erzählung »Ein Tag im Leben des Iwan Denissowitsch« bis zur Ausweisung des Schriftstellers zu einem Dauerthema innerhalb der Kulturszene wurde, kreuzten sich mehrere Entwicklungen des literarischen und politischen Lebens: Veränderungen im Bewußtseinsstand der literarischen Öffentlichkeit, ihre politisch-ideologische Differenzierung und eine zunehmende Bewegungslosigkeit der Ideologiemaschine.

Mit der kurz nach dem 22. Parteitag (Oktober 1961) eingereichten Lager-Erzählung »Ein Tag im Leben des Iwan Denissowitsch«, ursprünglich mit dem Titel einer Häftlingsnummer Schtsch-854 versehen, brach Solschenizyn ein öffentliches Tabu; denn trotz aller Entstalinisierungswellen seit 1953 durften die Lager der Stalinzeit nicht Thema öffentlicher Erörterungen sein[1]. Aber »der Bauer Iwan Denissowitsch konnte dem Oberbauern Alexandr Twardowski und dem Staatsbauern Nikita Chruschtschow nicht gleichgültig bleiben«[2]. Der Herausgeber des »Nowy Mir«, A.T. Twardowski, der von dem literarischen Meisterwerk begeistert war, mußte fast elf Monate taktieren, um die Erzählung schließlich in seiner Zeitschrift unterzubringen. Wie in der Sowjetunion üblich, hatte Solschenizyn, der in Rjasan eine halbe Lehrerstelle mit einem Monatsgehalt von 60 Rubeln innehatte, als Vorschuß 1.440 Rubel von der Redaktion erhalten, zu einem Zeitpunkt, als noch nicht sicher war, ob die Erzählung überhaupt erscheinen könnte. Die Gutachten, die Twardowski erstellen ließ, waren zwar voll des Lobes, aber aus politischen Gründen erschien eine Publikation mehr als unwahrscheinlich. K.A. Fedin, Erster Sekretär des Präsidiums des Schriftsteller-Verbandes der UdSSR, und A.A. Surkow, seit 1958 im Präsidium des russischen Schriftsteller-Verbandes, waren jedenfalls dieser Meinung[3]. Inzwischen hatte Twardowski den Text allen Bekannten zum Lesen gegeben, daher zirkulierte er bereits im Samisdat, selbst in Provinzstädten wie Gorki. Schließlich gelang es dem Chefredakteur, die Erzählung auch W.S. Lebedew, dem Berater für kulturelle Fragen im ZK – Solschenizyn nannte ihn einen »geheimnisvollen Oberliberalen«[4] – zukommen zu lassen. Dieser holte tatsächlich Chruschtschows Erlaubnis ein, und es wurden – noch vor ihrer Publikation – Sonderdrucke für das Zentralkomitee hergestellt. Da die eigentlichen Zensurinstanzen übergangen worden waren, intervenierten sie noch während der Drucklegung und ließen sich erst umstimmen, als sie einen Befehl von oben erhalten hatten[5].

Ob Chruschtschows Zustimmung zur Publikation tatsächlich seiner Impulsivität zu verdanken ist oder ob sie Teil eines Manövers gegen seine Gegner im Zentralkomitee war, mag hier dahingestellt bleiben. Für die letztere These spräche, daß sich A.I. Adschubei, der Chefredakteur der »Iswestija«, kurz vor Erscheinen der Erzählung Solschenizyns eine Veröffentlichung über die Lager angelegen sein ließ. Gleichzeitig konnte auch Je. Jewtuschenkos Poem »Stalins Erben«, das seit dem Oktober 1961 mehrmals öffentlich vorgetragen worden war, auf Chruschtschows Weisung hin am 21. Oktober in der »Prawda« publiziert werden[6]. Es sollte allerdings nicht in spätere Gedichtsammlungen aufgenommen werden.

Eine Gegenüberstellung von Jewtuschenkos Poem und Solschenizyns Erzählung könnte zeigen, in welch unterschiedlicher Weise mit dem Stalinismus abgerechnet wurde. Verkörperte die Vergangenheit für den jungen Dichter Jewtuschenko den Aufbaumythos, »die Fahne über Berlin« und die ungebrochene Autorität der Partei, deren große Ziele – zeitweilig – durch die schlechten Mittel Stalins verdorben worden seien[7], so war die radikale Beschränkung der erzählerischen Perspektive Solschenizyns auf seinen Helden eine implizite Desavouierung des »sozialistischen Lagers« überhaupt.

Ob dies von A.T. Twardowski, der sich von der Sprachgewalt und dem Sujet der Erzählung einfangen ließ, zu jener Zeit erkannt worden ist, mag dahingestellt bleiben. Das Problem der Repressionen, der Gleichzeitigkeit von Terror, Verfolgung und »normalem« Leben in der Stalinzeit hat ihn allerdings seit Einsetzen der Haftentlassungen 1954/55 immer wieder umgetrieben[8]. Auf jeden Fall gebührt ihm das Verdienst, den »Iwan Denissowitsch« herausgebracht zu haben. Damit bestätigten der »Nowy Mir« und sein Redaktionsstab den Ruf der Zeitschrift als Zentrum jener Autoren aus Literatur, Kultur und Wissenschaft, welche den Entstalinisierungsprozeß voranzutreiben suchten. Hier artikulierte sich bis 1970, was Dina Spechler als erlaubten Dissens bezeichnet hat: Damit wird eine Haltung beschrieben, welche die Kritik im Rahmen des Zulässigen formulierte, ohne immer den Anforderungen nach Konstruktivität und Bestätigung der herrschenden Normen zu entsprechen. Insofern war diese Kritik subversiv. Sie fungierte als intellektueller und moralischer Tabubrecher. Unter den sowjetischen Bedingungen einer umfassend kontrollierten und dirigierten Publizistik konnte am ehesten die Belletristik mit ihrer verklausulierten Sprache, mit der Technik der Suggestion und Anspielung und des – wie es im Russischen heißt – »Subtextes« (podtext), der den Leser zum Zwischen-den-Zeilen-Lesen animierte, Meinungen suggerieren, die anderswo der Zensur zum Opfer gefallen wären. Zudem zeigte sich in dem etwas größeren Spielraum, den der »Nowy Mir« und andere sog. dicke Zeitschriften hatten, eine vermutlich eher ungewollte Anpassung an differenzierte Lesebedürfnisse. Die Zeitschriften wurden in gewisser Weise »Intelligenzblätter«, während dem Massenlesepublikum anderer Lesestoff zur Verfügung stand. Eine politische Funktion übernahm die Belletristik allerdings um den Preis, daß literarische Kriterien oft hinter ideologischen und politischen zurückstehen mußten. »Geht es durch oder geht es nicht durch«, beherrschte häufig alle Diskussionen in den Redaktionsstäben[9].

Twardowski war der Sohn eines Dorfschmiedes aus dem Gebiet von Smolensk. Sein Vater wurde mit der Familie im Zuge der »Liquidierung der Kulaken als Klasse« in den nördlichen Ural deportiert. Der junge Twardowski entkam diesem Schicksal, weil er als Dorfkorrespondent in Smolensk bei einer Zeitung arbeitete. Er glaubte zu jener Zeit an die Richtigkeit der Kollektivierung und verleugnete seine Familie[10], ein Verhalten, das ihn später unablässig beschäftigen sollte[11]. Protegiert vom Smolensker Dichter M.W. Issakowski erfuhr der jugendliche Poet schon relativ früh an seiner Verserzählung »Strana Murawija« (Das Land Murawien) (1936) die Mechanismen der Zensur. Trotzdem gefiel die Verserzählung Stalin, und Twardowski wurde noch als Student des Instituts für Philosophie, Literatur und Geschichte (IFLI), wo er seit 1937 studierte, ausgezeichnet. Da er aber um 1930 in Smolensk Mitglied der RAPP gewesen war, wurde er 1937 zusammen mit Freunden als Agent L. Awerbachs und damit als Teil der trotzkistisch-bucharinistischen Abweichung gebrandmarkt. Einer möglichen Verhaftung entkam er durch die rechtzeitige Abreise nach Moskau, wo er schon einige Protektion besaß. Während des Krieges arbeitete er als Korrespondent an der Südwestfront[12]. Twardowski gehörte mithin zu jener Schicht von »Aufsteigern«, die seit den zwanziger Jahren stalinistisch sozialisiert worden waren, den Krieg als Grunderlebnis durchlitten hatten und offensichtlich die Sowjetunion als die beste aller Welten schätzten. Twardowski tat dies trotz aller Schrammen, die auch er hatte hinnehmen müssen, aber zunächst verdrängte. Populär wurde er während und nach dem Krieg mit der Verserzählung »Wassili Tjorkin«, welche humorvoll den Alltag einfacher Soldaten schilderte. Seit 1953 reussierte er mit einer weiteren Verserzählung »Fernen über Fernen«, die sich bereits selbstkritisch mit der Stalinzeit auseinandersetzte. Der Dichter war nun Stalin- und Lenin-Preisträger, er war Mitglied in den Präsidien des sowjetischen und russischen Schriftsteller-Verbandes, des Obersten Sowjet und zeitweilig – bis 1966 – sogar Kandidat des ZK. 1950 bis 1954 und dann wieder seit 1958 wurde ihm die Redaktion des »Nowy Mir« übertragen, eine Position, die vom Schriftsteller-Verband nur mit Zustimmung der politischen Instanzen besetzt werden konnte[13]. In dieser Eigenschaft war er in die Kampagne gegen Pasternak involviert. Allerdings, so schrieb er in seinem Tagebuch, habe man »aus Dummheit« aus Pasternak einen Märtyrer gemacht[14]. Bis Anfang der sechziger Jahre hatte Twardowski vergleichsweise wenig Probleme, die Funktionen eines Literaturfunktionärs und eines aktiven Dichters zu verbinden. Er konnte trotz aller Begabung ein durchaus harscher Zensor sein[15]. Gleichwohl löste er sich mehr und mehr von den herrschenden literarischen Konventionen und politischen Stereotypen. Immer noch unter dem Eindruck des 20. Parteitages notierte er im Dezember

1956 in seinem Tagebuch: »Wir sind einem bestimmten Alter entwachsen, und es ist uns irgendwie unangenehm, ... daß man mit uns umgeht wie mit kleinen Kindern; sie sagen nicht die Wahrheit, sie verbergen das ›Verbotene‹ und drängen uns Gedanken und Vorstellungen auf, die unserem Alter nicht entsprechen.«[16] Die zunehmende Distanz zu den Normen und Umgangsformen des politischen Establishments, in dem er als Redakteur verkehrte, wurde bestätigt und verstärkt durch jene Autoren, die Twardowski protegierte. Sie machten ihn empfänglich für eine kritische Literatur, die er wohl immer als Beitrag zur moralischen Gedundung, vielleicht auch zur politischen Reform des Sozialismus verstand..

Zur selben Zeit, als Solschenizyn den »Iwan Denissowitsch« eingereicht hatte, lagen in der Redaktion auch L. Tschukowskajas autobiographische Erzählung »Sofja Petrowna«[17] und Sch. Medwedews Dokumentation zur Lyssenko-Affäre vor. Solschenizyn empfahl auch den Abdruck von Warlaam Schalamows Kolyma-Erzählungen[18]. Dies alles wurde von Twardowski abgelehnt, offenbar nicht nur, weil es wohl kaum durch die Zensur gegangen wäre. Auch in der Sache Daniel und Sinjawski legte der Chefredakteur noch ganz das desinteressierte Verhalten der Nomenklatura an den Tag[19], obwohl Sinjawski Autor im »Nowy Mir« gewesen war und seine Verhaftung vielleicht auch die Zeitschrift selbst hatte treffen sollen. Es war, so erinnert sich Solschenizyn, als ob Twardowski Politik und Literatur »gleichsam mit verschiedenen Organen wahrnahm«[20].

Die allgemeine Linie des »Nowy Mir« und insbesondere Twardowskis Eintreten für Solschenizyn, als dieser schon längst nicht mehr unumstritten war, hatten jene Konflikte zur Folge, in denen sich Twardowskis professionelles Ethos als Literat und seine Aufgabe als Funktionär nur noch schwer vereinen ließen. Sein Versuch im Jahre 1964, mit der Verleihung des Leninpreises an Solschenizyn ein Signal für die allgemeine Kulturpolitik zu setzen, scheiterte. Das vergleichsweise gut dokumentierte Verfahren dieses Mißerfolges zeigt sehr deutlich die Wandlungen, die sich in der politischen und kulturellen Landschaft der Sowjetunion seit Stalins Tod vollzogen hatten. Während bis 1953 die Preise im wesentlichen von Stalin persönlich, beraten von wenigen Literaten oder Literaturfunktionären, vergeben worden waren, war das Verfahren für die Verleihung der Leninpreise (seit 1961) systematisiert worden. In das Entscheidungsgremium wurden nun Vertreter maßgeblicher Institutionen entsandt, hier vor allem der Schriftsteller-Verbände der Union und der Republiken und anderer Kultur-Verbände, von Redaktionen und gesellschaftlichen Organisationen, aber auch Repräsentanten der politischen Instanzen, insbesondere des Zentralkomitees, des Komsomol und der Kulturbürokratie. Noch bis in den Februar 1964 schien es klar zu sein, daß unter den für den Leninpreis benannten Autoren Solschenizyn der Favorit sein würde. Aber seit Ende des Jahres

1963 hatte sich die Stimmung »irgendwo oben« und in Teilen der Kulturlandschaft geändert[21], d.h. die Presse bereitete darauf vor, daß Solschenizyn als Preisträger nicht in Frage käme. Die Vertreter der politischen Instanzen setzten durch Verfahrensmanipulationen und falsche Behauptungen – Solschenizyn sei in deutscher Kriegsgefangenschaft gewesen, er habe sich unehrenhaft verhalten und wegen krimineller Delikte in der Stalinzeit eine Haftstrafe verbüßt – durch, daß an seiner Stelle ein anderer Autor den Leninpreis für Literatur erhielt. Es half auch nicht mehr, daß Twardowski noch vor der endgültigen Abstimmung den Wortlaut des Rehabilitationsbeschlusses des Obersten Gerichts vom 6. Februar 1957 vorlesen ließ. Dieser Beschluß hatte alle Anklagen, die zur Verurteilung Solschenizyns im Jahre 1945 geführt hatten, für nichtig erklärt[22]. Zwar gehorchte die Mehrheit im Gremium irgendwelchen Anweisungen von oben, Twardowski selbst aber folgte nun bereits mehr seinem professionellen Ethos als politischen Opportunitäten.

Im Nachhinein ist die Ablehnung Solschenizyns als Generalprobe zum Sturz Chruschtschows interpretiert worden. Da der Generalsekretär insbesondere wegen seiner Landwirtschaftspolitik Angriffsflächen bot, ermunterte die Niederlage des angeblichen Protegés Kulturpolitiker und Literaten zum Kampf gegen den Entstalinisierungskurs des »Nowy Mir«. Trotzdem brachten die folgenden Hefte vom Frühjahr und Sommer 1964 eine Fülle von Entlarvungsliteratur, die sowohl den Faktenhunger der Leser über die Vorgänge der Stalinzeit stillten als auch Kritik an aktuellen Zuständen übten. Vielbeachtete Themen waren die Ungerechtigkeiten im Verlauf der Kollektivierung, die Situation in den Lagern Stalins und die verheerenden Folgen der Repressionen und der Zwangsarbeit, die destruktiven Eingriffe in die Wissenschaft und nicht zuletzt die Ursachen der militärischen Niederlagen von 1941. Verbunden war diese Kritik, zumeist in Form von Erzählungen, mit Angriffen auf die gegenwärtigen kleinen Stalins, auf die Fortexistenz blockierender Kontrollen der politischen Instanzen in den Medien bis hin zu Forderungen nach Wiederherstellung von Pluralität in Kunst, Literatur und Wissenschaft nach dem Vorbild der zwanziger Jahre, nach Demokratisierung des öffentlichen Lebens und nach Rechtsstaatlichkeit, um eine Wiederholung des Stalinismus zu verhindern[23]. In sparsamer werdender Dosierung hat Twardowski diese Themen in den folgenden Jahren bis zu seiner Entlassung 1970 im wesentlichen immer wieder aufnehmen lassen.

Die Kunst des Literaturdiplomaten bestand seit Übernahme des Redaktionspostens darin, nicht nur zu entscheiden, was literarisch und unter inhaltlichen Gesichtspunkten annehmbar war, sondern auch darin, den rechten Moment zu finden, wann Romane, Erzählungen, Gedichte und Essays erschienen. Hier lag ein funktionsbedingter Konflikt zwischen Autoren und Redakteuren, wie er sich nicht nur in Solschenizyns Kritik an Twardowski äußerte: Der Außenseiter besaß zumindest bis Mitte der sechziger Jahre kaum einen Einblick in die Raffinessen der literarischen Diplomatie. Bei aller politischen Loyalität teilte Twardowski sicher nicht Chruschtschows vulgäre Ansichten zur Rolle der Literatur. Als er bereits unter Beschuß stand, erläuterte er sein literarisches Credo: » ... wir halten uns an die Linie des Realismus, der wahrhaftigen Darstellung der Wirklichkeit, der Treue zum großen Erbe der russischen klassischen Literatur, welche für die Welt ein unübertroffenes Beispiel realistischer Kunst darstellt. ... Wir sind gegen die raffinierten Kunstgriffe des Modernismus und gegen den zersetzenden ästhetischen Einfluß des Westens«[24]. Twardowski vertrat ein Konzept konventioneller, wenn auch »wahrhaftiger« Literatur, die nicht mehr allzu viel mit dem Kanon des Sozialistischen Realismus zu tun hatte. Dabei akzeptierte er immer noch eine allgemeine Führung der Kunst und Literatur durch die Partei, beanspruchte aber für sich und die Literatur ein weites Maß an Gestaltungsfreiheit. Bei Chruschtschow soll er – im Zusammenhang mit den Verhandlungen um Solschenizyns »Iwan Denissowitsch« – um eine Lockerung der Zensur geworben haben, obwohl er ganz sicher kein prinzipieller Gegner von »redaktura« war[25].

Mit der erneuten konservativen Wende seit Beginn des Jahres 1965 schien auch eine Publikation des seit Ostern 1964 in der Redaktion liegenden Romans »Der erste Kreis der Hölle« von Solschenizyn unmöglich geworden zu sein, obwohl bereits ein Vertrag mit der Redaktion abgeschlossen worden war[26]. Im Juni 1964 hatte eine Sitzung der Redaktion darüber stattgefunden, ob der Roman durchgehe oder nicht. Aber die Diskussionen wurden nicht nur vom taktischen Kalkül bestimmt, sondern sie berührten offensichtlich auch das politische Selbstverständnis der Redakteure: Ähnlich wie bei den internen Verhandlungen um den »Iwan Denissowitsch« und um Solschenizyns zweite Erzählung »Matrjonas Hof«, welche die paradigmatische Wende von der Kolchos- zur Dorfprosa mit ihren industrie- und zivilisationskritischen Elementen anstieß, stellte sich die Frage nach den Kosten des Sozialismus. Twardowskis Resümee der Redaktionsberatung über den »Ersten Kreis«: »Der Inhalt dieses Romans enthält keinen Widerspruch zur Idee des Sozialismus, er läßt lediglich jene Klarheit vermissen, die wir uns wünschen. Der Krieg ist hier erschöpfend dargestellt, aber der Frieden, das viele Gute, was in jenen Jahren geschah, wird überhaupt nicht gezeigt. Wo ist die historische schöpferische Aktivität der Massen? ... Mein bescheidener Wunsch, ein Leserwunsch: wenigstens ein Lichtschein der anbrechenden Morgenröte eines solchen Lebens!«[27].

Selbst für einen professionellen Dichter und Literaturfunktionär wie Twardowski blieb Lebenshilfe – und Sinnstiftung – in weit gefaßten marxistischen Kategorien eine Aufgabe der Literatur, auf die er nicht verzichten mochte. Grundsatzfragen spielten in den Redaktionsdiskussionen ebenso eine Rolle wie kleinliche in vorauseilendem Gehorsam angestellte Überlegungen: Ein Redakteur soll sich besorgt darüber gezeigt haben, »daß die Stufen der Ljubjanka nach dreißig Jahren ausgetreten waren – ›fällt damit nicht ein Schatten auf Dserschinskij?‹«[28]. Angesichts der konservativen Wende seit dem Frühjahr 1965 konnte es nicht erstaunen, daß Gutachter, Zensoren und hauptamtliche Kulturfunktionäre den »Ersten Kreis« nur noch als Verleumdung wahrnahmen.

Der »Nowy Mir« war spätestens seit Beginn der sechziger Jahre zum Symbol eines aufgeklärten, selbstkritischen Sozialismus geworden. Mit einer Auflage von ca. 100.000 Exemplaren dürfte er eine Leserschaft von ungefähr einer halben Million erreicht haben, mit Schwerpunkten selbstverständlich in den russischen geistigen und politischen Zentren des Landes und in den Bildungsschichten, ohne daß diese durchgängig als fortschrittlich im Sinne einer aufgeklärten Geisteshaltung bezeichnet werden könnten. Denn auch konkurrierende Zeitschriften wie der konservativ-stalinistische »Oktjabr«, das »Snamja« (Die Flagge), die »Moskwa« oder die bald nationalistische »Molodaja Gwardija« (Junge Garde) besaßen in der Regel Auflagen, die ebenfalls bei etwa 100.000 Exemplaren lagen. Auch wenn keine dieser Zeitschriften kommerziell vertrieben wurde, sich also die tatsächliche Resonanz im lesenden Publikum nicht messen läßt, spricht vieles dafür, in den sechziger Jahre von einer Meinungsführerschaft des »Nowy Mir« auszugehen. Der hellblaue Einband dieser Zeitschrift wurde so etwas wie ein Erkennungsmerkmal von aufgeklärter Kultiviertheit. Die um ihn gruppierten Autoren- und Literatenzirkel bildeten eine Gesinnungs- und Solidargemeinschaft, die in der Polarisierung gegen andere Strömungen und gegen die Kulturbürokratie zusammenhielt[29].

Die seit Ende der fünfziger Jahre entstandenen informellen Gesinnungs- und Solidargemeinschaften erlaubten es Solschenizyn, als literarischer Untergrundkämpfer zu agieren. »Ich hatte nicht weniger sympathisierende Informanten als die Gegenseite bezahlte«[30]. Die veränderte Situation bestärkte ihn in der Selbstbehauptung gegen Angriffe der konkurrierenden Literatengruppen und der Kulturfunktionäre. Sie veranlaßten ihn nicht, wie es früher üblich gewesen wäre, nachzugeben oder zu »bereuen«.

Unter diesen Gegebenheiten mußten sich auch die für Kultur, Ideologie und Propaganda zuständigen Instanzen neuer Methoden bedienen, um die widerspenstigen Teile der Intelligenz gefügig zu machen oder zu isolieren. Da spätestens seit der Affäre um Pasternak die westlichen Medien einen Chor bildeten, der innenpolitische Skandale lautstark – auch in der Sowjetunion hörbar – begleitete, blieben die öffentlichen Kampagnen im Vergleich zur Stalinzeit eher zurückhaltend und sporadisch. An die Stelle lautstarker Pressefeldzüge traten – analog der Verlesung des Referats Chruschtschows über den Personenkult im Jahre 1956 – Vorträge in geschlossenen Veranstaltungen, in der Regel für Parteiangehörige. Hier wurden Informationen, Gerüchte und – je nach Bedarf – Halbwahrheiten verbreitet. Die Lektoren »übersetzten« oder deuteten, was in der Presse entweder im Parteijargon nur wenig verständlich war oder überhaupt verschwiegen wurde. In mancher Hinsicht mögen diese Veranstaltungen ein Äquivalent zur westlichen Klatschpresse gewesen sein, indem politische Vorgänge personalisiert wurden und den – zumeist – diffamierenden »human touch« erhielten. Der Vorzug einer solchen Art von Information bestand in der Privatheit der Sprache, welche der Rezeptionsfähigkeit des breiten Publikums sicher mehr entsprach als der ideologische Jargon der Medien. Einem wissensdurstigen Publikum wurde scheinbar Spezialwissen (für einen geschlossenen Kreis) vorgelegt, das den Anschein eines Informationsprivilegs vermittelte und damit Loyalität sichern sollte. Andererseits leistete man populären Vorurteilen Vorschub[31]. Im Falle Solschenizyns wechselten sich Berichte über seine jüdische oder adlige Herkunft ab. Beides sollte seine antisowjetische Haltung erklären. Beliebt waren offenbar auch Unterstellungen, wie sie bereits in der Kommission für die Verleihung des Leninpreises vorgetragen worden waren. Man schmückte sie noch weiter aus: Solschenizyn als Gestapo-Agent, sein unehrenhaftes Verhalten in deutscher Kriegsgefangenschaft, kriminelle Delikte als Ursache seiner Verhaftung in der Stalinzeit; später kam der sagenhafte Reichtum hinzu, den sich Solschenizyn mit dem Verkauf des »Archipel Gulag« erworben habe. Verrat- und Agententopoi wie der Vorwurf der Nestbeschmutzung spielten hier wie in anderen Fällen immer eine bedeutende Rolle[32].

Zur Diskreditierung Solschenizyns innerhalb der Nomenklatur wurde auch sein im September 1965 beschlagnahmtes Archiv herangezogen. Bevorzugt ließ man kompromittierende Schriften wie das »Festmahl der Sieger«, das der Autor zur Publikation nie freigegeben hatte, aber wohl auch den »Ersten Kreis« zirkulieren. So entstand eine absurde Situation: Einerseits wurde der Schriftsteller an der Publikation besonders seiner Romane gehindert (auch der »Iwan Denissowitsch« verschwand aus den Bibliotheken), und in öffentlichen Medien und in wissenschaftlich-literaturkritischen Aufsätzen durfte er nicht mehr erwähnt werden[33]. Andererseits verbreitete die Regierung scheinbar oder tatsächlich kompromittierende Schriften aus dem beschlagnahmten Archiv des Autors. Aber Solschenizyn stand seinerseits die Möglichkeit offen, seine verbotenen Schriften in den Samisdat zu geben, so besonders die »Krebsstation«, deren ersten Teil er im Frühjahr 1966 dem »Nowy Mir« vorgelegt hatte. Als dieser Roman im November 1966 in der Prosasektion des Schriftsteller-Verbandes besprochen wurde, fand sich eine Mehrheit, die für seine Publikation plädierte. Zudem versuchte Solschenizyn der Agitation in geschlossenen Veranstaltungen durch eigene Lesungen und Vorträge entgegen zu treten. Er wählte sich hierfür mit Bedacht vor allem die angesehensten naturwissenschaftlichen Institute aus, unter anderem das Kurtschatow-, Nesmejanow- und das Karpow-Institut, in denen er auf Neugier und positive Resonanz rechnen konnte.

Allerdings gelang es nur, im Kurtschatow-Institut aufzutreten, während Vorträge und Vorlesungen in den anderen Einrichtungen verboten wurden[34].

Die öffentliche Mißbilligung traf nun auch Twardowski. Im März 1967 hatte er die Politik seiner Zeitschrift im Sekretariat des Schriftsteller-Verbandes zu rechtfertigen[35]. Gleichzeitig wurde er von Solschenizyn unter Druck gesetzt, der den zweiten Teil der »Krebsstation« vorlegte. Unter literarischen Gesichtspunkten sagte dieser Teil dem Chefredakteur noch mehr zu als der erste. Aber er tat sich schwer damit, daß Solschenizyn nichts vergessen und der Sowjetmacht, als deren Teil er sich selbst fühlte, offenbar nichts verzeihen wolle[36]. Gleichwohl konnte er Autoren, die 1967 Memoiren über ihre Erfahrungen aus der Zeit des Terrors vorlegten, nur noch mit Bedauern mitteilen, daß an ihre Veröffentlichung z.Z. nicht zu denken sei, selbst wenn die Erinnerungen »nicht zur Verzweiflung führen, nicht durch ihre Ausweglosigkeit bedrücken, sondern – im Gegenteil – den Geist aufbauen und den Willen veredeln«, so an den ehemaligen Tschekisten S.O.Gasarjan[37].

Bei dieser Einstellung konnte es nicht verwundern, daß Twardowski nicht mehr als Delegierter für den XXIII. Parteitag (1967) aufgestellt wurde, daß auf dem Parteitag selbst Kritik am »Nowy Mir« laut wurde, die sich in ideologischen Konferenzen weiter verschärfte[38]. In der Armee war die Subskription des »Nowy Mir« (und der »Junost«) bereits verboten worden[39]. Als das Puschkin-Haus in Leningrad Twardowski 1968 als Kandidaten für die Akademie der Wissenschaften (Abteilung Sprache und Literatur) vorschlug, führte das Partei-Gebietskomitee von Leningrad eine »Überprüfung« der ideologischen Arbeit am Institut durch. Trotz dieser Warnung hielt das Puschkin-Haus an der Kandidatur fest, die dann allerdings doch scheiterte[40].

Den Teufelskreis von Verschweigen und entstellender Agitation wollte Solschenizyn mit seinem offenen Brief an den vierten Kongreß des Schriftsteller-Verbandes vom 16. Mai 1967 durchbrechen. In gewisser Weise enthielt das Schreiben dieselben Vorwürfe, wie sie bereits vor knapp 40 Jahren von Jewgeni Samjatin gegen die damalige Schriftsteller-Vereinigung erhoben worden waren: Statt seine Mitglieder zu schützen, ihre Autorenrechte zu wahren und Publikationsmöglichkeiten zu eröffnen, bilde der Schriftsteller-Verband einen Teil der Zensurmaschinerie. Solschenizyn verwies nochmals auf die Opfer der Stalinzeit und die Behinderung der Autoren, um die Beseitigung der Zensur für die schöne Literatur und eine Präzisierung der Schutzgarantien durch den Kongreß zu fordern[41]. Zu diesem Zweck hatte er etwa 250 Briefe verschickt, an Delegierte des Kongresses, an die Leitung des Verbandes, an Redaktionen und an Autoren, die nicht als Delegierte fungierten. Ein Drittel der Briefe, so Solschenizyn, sollen vom KGB abgefangen worden sein. Zudem wurde der Brief im Samisdat verbreitet, »in vielen tausend Exemplaren«, wie Medwedew schreibt[42]. Die Resonanz war auch für den Verfasser selbst überraschend. Der

Verband umfaßte zu jener Zeit 6.600 Mitglieder, am Kongreß nahmen 473 Delegierte teil. Der Brief Solschenizyns kam insofern mehr als ungelegen, als der 50. Jahrestag der Oktoberrevolution zelebriert werden sollte, aber zu befürchten stand, daß trotz allem die Affäre um Daniel und Sinjawski zur Sprache kommen würde. Daher waren die Redebeiträge schon im voraus kontrolliert und abgestimmt, die Redner vor Abweichungen vom Manuskript gewarnt und die Beteiligung von Außenstehenden stark eingeschränkt worden. Auf dem Kongreß wagte es nur eine Delegierte, Solschenizyns Brief zu erwähnen.

Solschenizyns Intervention löste eine Flut von Stellungnahmen aus, die eine öffentliche Diskussion seiner Forderungen verlangten. 84 Verbandsmitglieder unterzeichneten einen kollektiven Appell, insgesamt sollen 100 Schriftsteller in Briefen und Telegrammen Solschenizyn unterstützt haben[43]. Dabei ist aufschlußreich, welche Schriftsteller und Künstler sich nicht beteiligten, welche hinter den Kulissen zu wirken versuchten und welche später offen gegen Solschenizyn und den sich erweiternden Kreis verfemter Autoren agitierten. Die Unterzeichner waren in der Regel einfache Mitglieder ohne amtliche Funktionen, während Inhaber von Redaktionsposten und Funktionsträger im Schriftsteller-Verband sich enthielten, ohne daß dies in jedem Fall eine Mißbilligung von Solschenizyns Vorgehen und seinen Forderungen bedeuten mußte.

Soweit sich bisher die Situation in der Leitung des Verbandes rekonstruieren läßt, befand sich dieses Gremium in einem Entscheidungsnotstand, da offenbar klare Direktiven von oben fehlten. In der Sitzung des Verbandssekretariats vom 22. September 1967 standen sich drei Positionen gegenüber: Überraschenderweise billigte Twardowski Solschenizyns offenen Brief, und er schlug als Ausweg die Publikation der »Krebsstation« und die Herausgabe eines Sammelbandes der bisher publizierten Werke sowie eine Erklärung des Verbandes vor, die den Verleumdungen gegen Solschenizyn entgegentreten sollte. Zugleich könnte dem Verfasser des offenen Briefes für sein ungebührliches Betragen eine Rüge ausgesprochen werden. Eine weitere vermittelnde Position nahm unter anderem K. Simonow ein, der zwar gegen die Publikation des »Ersten Kreises« gewesen war, sich aber für die der »Krebsstation« aussprach. Andere plädierten ebenfalls hierfür, forderten allerdings eine starke Revision des Manuskriptes. A.A. Surkow qualifizierte Solschenizyns Werke als gefährlicher noch als die soeben im Westen publizierten Briefe Swetlana Alliluewas, gefährlicher auch als Pasternaks »Doktor Schiwago« und Anna Achmatowas »Requiem«. W.M. Koschewnikow, seit 1949 Herausgeber des »Snamja«, das W. Grossmans Manuskript an den KGB weitergereicht hatte, und prominentes Mitglied der Leitung des russischen wie des sowjetischen Verbandes, beklagte das »Übermaß an Realismus« und warf Solschenizyn die Erpressung des Verbandes vor. G.M. Markow, seit 1971 Erster Sekretär des sowjetischen Schriftsteller-Verbandes, hatte sich bereits im Juni 1967 bei Solschenizyn darüber beschwert, daß sein offener Brief »bis zu unseren Feinden gedrungen« sei[44]. Er konnte sich bestenfalls zu einer stark zensierten Publikation der »Krebsstation« verstehen. Die Mehrheit dieser Versammlung, auf der einige prominente konservative Mitglieder wie L. Leonow, A. B. Tschakowski und N. M. Gribatschow durch Abwesenheit auffielen, dafür aber ein Vertreter der Kulturabteilung des Zentralkomitees zugegen war, zog es vor, auf der Verwerflichkeit insbesondere von Solschenizyns »Festmahl der Sieger« zu beharren und ihn zu einer Stellungnahme gegen die Kampagne der westlichen Medien aufzufordern, bevor über eine Publikation seiner Werke überhaupt verhandelt werden könne[45].

Obwohl den maßgeblichen Teilnehmern der Sitzung offenbar unklar war, welche Instanz letztlich über die Publikation der »Krebsstation« entscheiden würde, setzte sich in den folgenden Monaten eine Linie durch, die besonders Konstantin Fedin, der Erste Sekretär des sowjetischen Schriftsteller-Verbandes, im Sinne des do ut des vorgetragen hatte: Solschenizyn müsse sich erst von der westlichen Kampagne um seinen Brief an den Verband distanzieren, bevor über seine Forderungen entschieden werde, d.h. hier wurde ein Kotau verlangt, den Solschenizyn auf keinen Fall leisten wollte. Aus dem Bericht Solschenizyns und aus den Briefen an den Schriftsteller-Verband von Mitgliedern, die Einblick in die Entscheidungsprozeduren hatten, gewinnt man den Eindruck, daß die Leitung einen gewissen Spielraum besaß. Wenn sie energisch für die Publikation der Werke eingetreten wäre, hätte sich dies auch bewerkstelligen lassen. Hier kam K.Fedin offenbar eine Schlüsselrolle zu.

Konstantin Fedin, 1892 geboren, hatte mit seinen Altersgenossen die Wechselfälle der Kulturpolitik seit der Revolution durchlitten. 1919 bis 1921 war er Mitglied der Kommunistischen Partei gewesen, dann schloß er sich den Serapions-Brüder an. Aber seit den dreißiger Jahren vollzog er eine Anpassung an den Normenkanon des Sozialistischen Realismus, allerdings hatte auch er sich Kampagnen zu unterziehen. Ende der zwanziger Jahre sah er sich als »Kulaken-Autor« diffamiert[46]. 1944 wurden seine Erinnerungen »Gorki unter uns« von seinen Schriftstellerkollegen als »Verleumdung« (P. Pawlenko) und als »schädlich« (M. Schaginjan) verurteilt. N. Tichonow, ehemaliger Serapionsbruder und zu dieser Zeit Leiter des Schriftsteller-Verbandes, kombinierte im Geiste der Zeit Lob und Schmähung, Zuckerbrot und Peitsche[47]. 1954 soll Fedin Twardowski noch gegen die Kritik von oben verteidigt haben. 1956 beteiligte er sich bereits an der Maßregelung der Almanache »Literarisches Moskau«. 1958 und 1960 (anläßlich des Todes Pasternaks) verleugnete er seine langjährige Freundschaft mit dem soeben verstorbenen Dichter. In Peredelkino waren sie unmittelbare Nachbarn gewesen. »Deine Verwicklungen in diese Angelegenheit gingen so weit, daß Du Dich gezwungen sahst [zu behaupten], Du wärst vom Tode des Dichters ... nicht unterrichtet gewesen. War es von

Deinem Fenster aus wirklich nicht zu sehen, wie Tausende ihm das letzte Geleit gaben, und wie man seinen Sarg auf hoch erhobenen Händen an Deinem Haus vorbeitrug?«[48], schrieben W. Kawerin und A. Twardowski in ihren offenen Briefen, die bald im Samisdat kursierten. Sie unterstellten, daß eine Entscheidung im Falle Solschenizyns von Fedin hätte getroffen werden können, besonders, da maßgebliche Mitglieder im Vorstand des Verbandes, G. Markow, K. Woronkow und S.W. Sartakow offenbar für einen Kompromiß plädierten und die politische Führung nicht festgelegt war[49]: »Gott sei Dank sind die Zeiten vorüber, in denen allein der ›befehlende Zeigefinger‹ die spezifischen Probleme in Kunst und Wissenschaft entschied, ohne sich um die Meinungen und Überlegungen von Menschen zu kümmern, die auf diesem Gebiet führend waren ... Direkte Anweisungen sind heute nicht mehr zu erwarten – es gibt sie nicht, und das ist ein Segen ... das sollten wir uns, furchtlos und ohne Scheu vor der Verantwortung zunutze machen«[50]. Die ungewöhnliche Form des offenen Briefes an Fedin, die Twardowski im Januar 1968 gewählt hatte, bedeutete einen wichtigen Schritt, zeigte sie doch, daß gegen die offiziellen Strukturen inzwischen ein Art von Gegenöffentlichkeit entstanden war, derer man sich in den literaturpolitischen Auseinandersetzungen bedienen konnte. Kawerin erwähnte in seinem offenen Brief bereits das ominöse Schweigen, mit dem die Schriftsteller Fedin begegneten, als der 75. Geburtstag von K. Paustowski gefeiert wurde; und er drohte ihm bei zukünftigen Anlässen eine Begrüßung durch Katzenmusik und Füßetrampeln an[51]. Die bisher vorliegenden Dokumente lassen nicht erkennen, was Fedin zu seiner Haltung bewog. Es fällt auf, daß die 1944 kritisierten Erinnerungen »Gorki unter uns«, im ostdeutschen Aufbau-Verlag 1959 ungekürzt publiziert, in der Sowjetunion 1967 erstmals wieder im Verlag »Molodaja Gwardija« erscheinen durften[52]. Oder täuschten sich die Zeitgenossen über den tatsächlichen Entscheidungsspielraum, den Fedin besaß? Ein Weggefährte räsonierte 1987: »Mehr und mehr festigte sich in mir die Überzeugung, daß Fedins Macht als Leiter des Schriftsteller-Verbandes begrenzt war. Empfehlungen und Initiativen Fedins hingen ehrfurchtsvoll in der Luft und wurden mit Schweigen übergangen«[53].

Fedin hatte sich beim Verbot, die »Krebsstation« zu publizieren, nicht nur mit den politischen Instanzen auseinanderzusetzen. Offenbar stemmte sich auch der führende Kern im Sekretariat des Verbandes gegen Twardowskis Linie und besonders gegen die Veröffentlichung der Werke Solschenizyns. Als ihre prominentesten Gegner wurden L. Leonow, N. Tichonow, A.A. Surkow und S.W. Michalkow, seit 1970 Vorsitzender des russischen Schriftsteller-Verbandes, und insbesondere Scholochow genannt. Nach anfänglichem Lob für den »Iwan Denissowitsch« soll sich Scholochow nicht nur für ein Publikations-, sondern auch für die Verhängung eines Schreibverbotes gegen Solschenizyn ausgesprochen haben[54]. 1968 hatte sich bereits eine Front gegen den »Nowy

Mir« formiert, die sich auch in Übereinstimmung mit der konservativen Politik der Stabilisierung befand, Experimente scheute und das Kapitel der »Bewältigung der Vergangenheit« abschließen wollte. Institutionelle Schwerpunkte dieser sich sukzessiv durchsetzenden Linie waren nicht nur die für Kultur, Wissenschaft und Propaganda zuständigen Sekretäre im Zentralkomitee, sondern auch der konservativ beherrschte russische Schriftsteller-Verband, konkurrierende Zeitschriften und ihre einflußreichen Redakteure, und nicht zuletzt die damaligen Herausgeber der »Literaturnaja gaseta«, A. Tschakowski und J. Barabasch[55].

Statt der frontalen Attacke zogen es die politischen Instanzen vor, Solschenizyn durch die Publikation seiner Werke im Westen zu diskreditieren. Das zentrale, aus der Sicht der politischen Instanzen wohl fehlgeschlagene – weil bekanntgewordene – Experiment dieser Art war die Übergabe des Manuskripts der »Krebsstation« an die Emigrantenzeitschrift »Grani« in Frankfurt[56]. Umgekehrt hatte Solschenizyn diese Möglichkeit als ultima ratio ebenso vorgesehen. Und Twardowski versuchte, mit der Verbreitung von Solschenizyns Manuskripten im Samisdat wie mit ihrer Veröffentlichung im Westen Druck auszuüben. Damit war eine Art Kriegszustand zwischen den literarischen Fronten entstanden, in dem die politischen Gremien die konservative Seite stützten.

Der nächste große Schlag gegen Solschenizyn – und damit indirekt auch gegen den »Nowy Mir« – erfolgte mit dem Ausschluß des Autors aus dem russischen und später aus dem sowjetischen Schriftsteller-Verband. Die formalen Prozeduren verlangten, daß die Ortsorganisation von Rjasan, die ihn nach der Publikation des »Iwan Denissowitsch« aufgenommen hatte, auch wieder ausschloß. Das Verfahren dieses Ausschlusses demonstrierte jene eigenartige Kombination von Willkür und demokratischer Fassade, derer sich nicht nur die leitenden Organe im Schriftsteller-Verband bedienten, um »oben« getroffene Entscheidungen »unten« beschließen zu lassen[57]. Wie hastig und offenbar unkoordiniert man vorging, geht daraus hervor, daß Solschenizyn noch eine Woche vor dem formalen Ausschluß vom Ortsverband einen Arbeitsnachweis erhalten hatte. Nach Angaben der »Chronik der laufenden Ereignisse« war Anfang November 1969 der Sekretär des Verbands von Rjasan (mit sechs Mitgliedern) zu L. Soboljow, dem Vorsitzenden des russischen Verbandes, bestellt worden; von ihm habe er den Auftrag erhalten, den Ausschluß Solschenizyns durchzuführen. Doch nach seiner Rückkehr unterzog sich der erste Sekretär von Rjasan einer Blinddarmoperation, anschließend wurde der Leiter der Agitations- und Propaganda-Abteilung des Partei-Gebietskomitees mit der Durchführung dieser Aktion betraut. Dieser bestellte die verbleibenden fünf Mitglieder der Organisation von Rjasan zu sich und bearbeitete sie. Einem von ihnen wurde eine schon lange in Aussicht gestellte Wohnung versprochen. Einen anderen Autoren ließ man, obwohl schwer krank, mit einer Ambulanz

200 Kilometer nach Rjasan transportieren. Ein weiteres Mitglied, ebenfalls im Krankenhaus, wurde dort besucht, verweigerte aber zunächst die Zustimmung. Vor der eigentlichen Versammlung vergatterte man die anwesenden fünf Mitglieder, und der Leiter der AgitProp-Abteilung versicherte sich ihres richtigen Abstimmungsverhaltens[58]. Solschenizyn beobachtete, daß auf der Sitzung neben den Mitgliedern des Verbandes weitere Personen, offenbar in kontrollierender Funktion, anwesend waren, auch wenn nur die Mitglieder über die vorbereitete Resolution zum Ausschluß Solschenizyns abstimmten. Die Redner entledigten sich ihres Auftrages in unterschiedlicher Weise. Dabei ist nicht zu entscheiden, was ihre persönliche Meinung, was souffliert war, und in welchem Umfang man Rollen verteilt hatte. Das Spektrum reichte von aggressiven bis zu weinerlichen Tönen. Da präsentierte sich ein autoritätshöriger Autor, der beklagte, daß nach der Rezension des »Iwan Denissowitsch« durch Twardowski und Simonow »wir nichts mehr dagegen sagen« konnten und Solschenizyn gegen die Meinung des Redners in den Verband aufgenommen worden sei[59]. Ein anderer Kollege lag ganz auf der (vermuteten) Parteilinie: »Die ideologischen Qualitäten seiner Werke helfen uns nicht, die kommunistische Gesellschaft aufzubauen. Er schwärzt unsere lichte Zukunft an. Sein Inneres ist selbst schwarz. Einen so schwunglosen Menschen darzustellen wie den Iwan Denissowitsch, das konnte nur ein ideologischer Gegner von uns«[60]. Am offensten äußerte seine Bedenken und Gewissensnöte der Schriftsteller Jewgeni Markin, dem eine Wohnung versprochen worden war. Er beklagte das Schwanken der Verbandspolitik. Es müsse »das Gewissen der Menschen belasten, die jetzt zu einer Entscheidung aufgerufen sind«. Er erinnerte an die Angriffe auf Jessenin, an die *schdanowschtschina.* »Wenn Solschenizyn jetzt ausgeschlossen wird, später wieder aufgenommen wird, dann wieder ausgeschlossen wird, dann wieder aufgenommen wird ... an welchen Beschluß sollen sich jene halten, die der heutigen Verhandlung ferngeblieben sind, wo sollen sie einen zweiten Blinddarm hernehmen? ... Meiner Ansicht nach kann man die Satzung des Schriftsteller-Verbandes doppelsinnig interpretieren, das ist ein Stock mit zwei Enden«[61].

Dieser in Gewissensnot unfreiwillige Komik produzierende Redner schloß sich schließlich der Mehrheit an, da Solschenizyn dem Verband von Rjasan – wegen mangelnder Aktivität – ohnehin nie wirklich angehört habe. Später leistete er bei Solschenizyn Abbitte und konnte sogar ein Gedicht veröffentlichen mit den Zeilen: »Ein unfroher Mensch/löst die Schlaufe eines Bandes/und entnimmt dem Ordner ein Dokument/eine Denunziation/eine Verleumdung des Freundes./Was drängst du mich zur Unterschrift, Schuft?/Wir siegen, aber dem Freund wird es schwer«[62]. Dafür wurde Markin später ebenfalls aus dem Schriftsteller-Verband ausgeschlossen. Schließlich gab der Sekretär der Agitprop-Abteilung ein abschließendes autoritatives Statement ab, in dem er Solschenizyn noch einmal seine Weigerung vorwarf, den westlichen Medien eine Abfuhr zu erteilen: »Wir können keinen Frieden miteinander schließen! Wir müssen alle im gleichen Schritt marschieren, zusammengeschweißt, in einer Reihe, alle wie einer, doch nicht unter irgendeiner Knute, sondern nach eigenem Bewußtsein!«[63].

Der Ausschluß Solschenizyns war von der Versammlung in Rjasan am 4. November gefällt worden. Am nächsten Tag bestätigte die Leitung des russischen Verbandes in Moskau diesen Beschluß in Abwesenheit Solschenizyns. Beteiligt waren die maßgeblichen Funktionäre L. Soboljow, G. Markow, K. Woronkow und andere Schriftsteller, unter ihnen D. Granin. Dieser soll sich der Stimme enthalten und die Hinzuziehung Solschenizyns gefordert haben. Daraufhin wurde er vor das Parteikomitee in Leningrad zitiert und seines Postens als Sekretär der Leningrader Verbandssektion enthoben[64]. Sein Name tauchte allerdings wieder bei der Billigung des Ausschlusses Solschenizyns auf [65]. Die Moskauer und Leningrader Sektionen billigten die Verstoßung aus dem Verband. Allerdings versuchten einige der prominenteren Schriftsteller aus Moskau, die vor allem im »Nowy Mir« veröffentlicht hatten, unter anderem G.F. Baklanow, W.N. Woinowitsch, W.E. Maximow, B.A. Moschajew, W.F. Tendrjakow und Ju.W. Trifonow eine Neuaufnahme des Verfahrens vor dem Plenum des Sekretariats des sowjetischen Schriftsteller-Verbandes durchzusetzen. Die Parteimitglieder unter ihnen holten sich aber nur einen Rüffel vom Parteikomitee, vor das sie zitiert wurden[66].

Solschenizyn reagierte mit einem fulminanten Brief an das Sekretariat des russischen Verbandes, in dem er nicht nur das Eilverfahren geißelte, sondern auch den Geist des Klassenkampfes und des Hasses dem einer moralischen Verpflichtung gegenüber der gesamten Menschheit entgegenstellte – gerade angesichts der Möglichkeiten von Atomkriegen und Naturkatastrophen. Um dem zu begegnen, müßten Denken und Reden »natürlich frei sein ... Öffentlichkeit (glasnost) ..., das ist die erste Bedingung für die Gesundheit jeder Gesellschaft, auch unserer. Wer aber in unserer Gesellschaft keine Öffentlichkeit will, dem gilt unser Vaterland nichts ..., der will es nicht von Krankheiten befreien, sondern die Krankheiten nach innen treiben, damit sie dort wuchern«[67].

Trotz der seit 1967 erfolgten Maßregelung zahlreicher Signatare und der deprimierenden Folgen der Invasion in die Tschechoslowakei zirkulierten im Samisdat zwei Briefe mit 39 und 14 Unterzeichnern und ein Brief Schores Medwedews[68]. Sie protestierten alle gegen den Ausschluß. Im Brief der 14 wurden Vergleiche mit der Stalinzeit gezogen: »... als man danach die besten und ehrenhaftesten Schriftsteller hetzte, da beteiligten sich die einen, und die anderen schwiegen. Aber das waren Zeiten, als die Verteidigung eines Schriftstellers durch einen anderen als Kumpanei bezeichnet wurde, während als Zeichen des Wohlverhaltens die Denunziation galt. Damals mochte sich Schweigen als Heldentum erweisen. Heute kann es als Heldentum nicht einmal erscheinen«[69]. Die Reaktionen auf Solschenizyns Ausschluß zeigen, daß 1969 bereits unterschiedliche Strategien gewählt wurden, um einem bedrängten Kollegen zu helfen oder ihm seine Solidarität zu beweisen: Der Versuch, innerhalb des Verbandes aktiv zu werden oder der eher symbolische Akt des Protestes. Im Vergleich zur breiten Resonanz, die der offene Brief an den vierten Schriftsteller-Kongreß gefunden hatte, reagierten nun vor allem Kollegen aus dem Umkreis des »Nowy Mir«. Im Brief der 39 verliehen hauptsächlich »professionelle« Dissidenten ihrer Empörung Ausdruck. Die teils zurückhaltenden, teils symbolischen Aktivitäten hingen sicher auch mit den Inhalten von Solschenizyns offenem Brief an den russischen Verband zusammen. Hier hatte er insofern eine bisher gezogene Grenze überschritten, als er nicht nur Fehler und Mißgriffe kritisierte, sondern auch normative Grundsätze, auf denen die Stabilität des Regimes zu beruhen schien. Seinen ehemaligen Protektor – und wohl nicht nur diesen – schockierte er mit seinem frontalen Angriff[70].

Die Redaktion des »Nowy Mir« hatte sich inzwischen noch an einer anderen Front auf ideologische Kämpfe eingelassen. Auf verlorenem Posten verteidigte sie Grundsätze eines aufgeklärt-reformorientierten Sozialismus gegen einen neu entstehenden fundamentalistischen Nationalismus, wie er sich vor allem in der Zeitschrift des Komsomol, der »Molodaja Gwardija«, und im »Ogonjok« zu erkennen gab. Er ist in dieser frühen Phase unter dem Schlagwort des »Tschalmajewismus« subsumiert worden. Diese neue Richtung, in gewisser Weise Erbe eines verunsicherten und modifizierten Stalinismus aber auch ein fernes Echo des *smenowechowstwo*, verband in synkretistischer Weise christlich-orthodoxe mit den Traditionen des starken Staates. Sie vereinigte zwanglos einen russischen, antiwestlich gerichteten Nationalismus mit dem imperialen Machtanspruch des Vielvölkerstaates, den »erdverbundenen« Konservatismus eines Dostojewski und mit einem Leninismus, dessen autoritär-staatsbildende Funktion gegen den nationalen Nihilismus der revolutionären »Kosmopoliten«, d.h. Trotzkis und der Juden überhaupt hervorgekehrt wurde[71]. Diesen intellektuell insgesamt recht unbemittelten, aber offenbar wirksamen Versuchen, dem Sowjetstaat eine neue Legitimationsbasis zu unterschieben, trat der »Nowy Mir« entgegen. Er bot damit Gegnern aus den verschiedensten Lagern die Gelegenheit, gegen die Zeitschrift mobil zu machen. In der »Prawda«, in »Sowetskaja Rossija«, im »Ogonjok« und in der »Molodaja Gwardija«, selbst in der der Literatur fernstehenden »Sozialistitscheskaja Industrija« protestierten »Arbeiter« und bis dahin obskure Dichter gegen die Zeitschrift und insbesondere gegen Twardowski, gegen deren »klassenfremde Ideologien« und ihre Nähe zum Samisdat. Verteidigende Zuschriften wie die von G. Baklanow, Ju. Trifonow und K. Simonow durften hingegen nicht publiziert werden[72].

Die konzentrischen Angriffe neuer und alter Gegner wurden ergänzt durch eine offenbar immer rigorosere Zensur. Ein ganzes Team von Kontrolleuren war seit Ende der sechziger Jahre damit beschäftigt, die Vorlagen für Twardowskis Zeitschrift »mit so vielen roten Markierungen zu pfeffern, daß man im wörtlichen Sinne nur noch rot sah«[73].

Die Widerspenstigkeit Twardowskis hatte sich schon aus Anlaß der Invasion in die Tschechoslowakei gezeigt. Während die Redaktion der Zeitschrift unter Druck eine Unterstützungs-Resolution verabschiedete, weigerte sich Twardowski, eine solche zu unterzeichnen[74]. Der »Literaturnaja gaseta« und der »Prawda« aus der zweiten Hälfte des August 1968 ist zu entnehmen, daß die Invasion in die Tschechoslowakei kaum enthusiastische Unterstützung im literarischen Milieu fand. Zustimmende Resolutionen und Briefe kamen entweder aus den Sekretariaten und Leitungen der Schriftsteller-Verbände der Union und der Republiken, von Verlagen und Redaktionen oder von eher obskuren »Volkspoeten« und »verdienten Künstlern«. Das Fehlen der Namen prominenter Schriftsteller springt jedenfalls ins Auge. Über die »Eintracht« einer Versammlung Moskauer Schriftsteller für die Hilfe zugunsten der tschechoslowakischen Brüder wurde insgesamt recht einsilbig und stereotyp berichtet[75].

Twardowski zeigte sich auch in anderer Hinsicht nicht unzugänglich für die neuen Usancen im Milieu der frondierenden literarischen Intelligenz. Er hatte sich angewöhnt, BBC zu hören und Samisdat zu lesen. »Dort ist ja die ganze Literatur vertreten. Nicht nur Belletristik, auch Publizistik und wissenschaftliche Literatur!« schwärmte er gegenüber Solschenizyn[76]. Er, der einst zur literarischen Funktionärselite gehört hatte, mußte erleben, daß Fragmente seine Poems »Po prawu pamjati« (Um das Recht auf Erinnerung) von der Zeitschrift »Junost« abgelehnt wurden. Trotz mehrmaliger Versuche gelang es auch nicht, das Werk im Frühjahr 1969 in seiner eigenen Zeitschrift unterzubringen[77]. In diesem Gedicht sprach er zum ersten Mal öffentlich über das Schicksal seines Vaters und kritisch über den »Großen Vater«, also Themen, die wieder tabuisiert worden waren[78]. Er revidierte damit seine offizielle Autobiographie, die er 1966 im ersten Band der Gesammelten Werke veröffentlicht hatte. Dort war von der Kollektivierung sehr vage als von einer Grunderfahrung die Rede. Ihr komme für seine Generation – Twardowski war 1910 geboren worden – jene Bedeutung zu wie für die ältere Generation die der Revolution[79]. In der Werkausgabe, 1966 bis 1971 erschienen, mußte sich Twardowski auch dazu bereit finden, jede Erwähnung seines Protegés Solschenizyn zu streichen und alle Artikel fortzulassen, die er über dessen Erzählungen geschrieben hatte. Als das Poem »Um das Recht auf Erinnerung« im Westen Ende 1969 erschien, hatte sich Twardowski im Sekretariat des Schriftsteller-Verbandes wie ein beliebiger Autor zurechtweisen lassen müssen und wurde zudem als »Kulaken-Schriftsteller« beschimpft[80].

Die Verfehlungen Twardowskis und die ideologischen Auseinandersetzungen, auf die sich der »Nowy Mir« eingelassen hatte, boten den Vorwand, im Zuge der Säuberung der Redaktion auch ihren Leiter im Februar 1970 zum Rücktritt zu veranlassen. Man kann nur spekulieren, ob es ein Zufall war, daß die Bekanntgabe dieser Maßnahme in derselben Nummer der »Literaturnaja Gaseta« erfolgte, in der auch eine wohlwollend-kritische Besprechung von Wsewolod Kotschetows Roman »Tschego sche ty chotschesch« (Was willst du eigentlich?) erschien. In diesem Roman mit seinen klischeehaften Darstellungen deutscher Greueltaten in den besetzten Territorien wurde die Jugend und die Intelligenz als von westlicher Subversion bedroht und verführt vorgestellt. Xenophobe, antisemitische und antiintellektuelle Ressentiments verbanden sich hier mit stalinistischer Diversantenhysterie und dem mißglückten Versuch, einen positiven Helden vorzuführen[81]. Kotschetows Zeitschrift hatte sich bemüht, ein Gegengewicht zum kritischen »Nowy Mir« zu bilden und durch Auflagenmanipulation ihre geringere Resonanz im gebildeten Lesepublikum wettzumachen[82]. Kotschetows Roman, eine Kriegserklärung des talentlosen underdog gegen die liberale Intelligenz, provozierte Proteste und Parodien. Wegen einer solchen Parodie wurde ein Mitarbeiter des Instituts für Weltliteratur sogar aus der Partei ausgestoßen[83]. Der Roman erregte deshalb soviel Aufsehen, weil er nicht nur von einem einflußreichen Literaturfunktionär verfaßt worden war, sondern auch weil er in seiner »klebrigen Mischung aus zotenhaftem Komißton und politischer Schlüpfrigkeit« im Verdacht stand, maßgebliche Strömungen und Stimmungen in der Partei widerzuspiegeln.

In derselben Nummer der »Literaturnaja Gaseta«, in der Twardowskis Ablösung als Chefredakteur angekündigt wurde, erschien auch sein Protest gegen die westliche Publikation seines Poems »Um das Recht auf Erinnerung«. Ganz im Jargon der Propagandasprache ließ er sich vernehmen: »Die Frechheit dieser Aktion, die das Ziel hat, mein Werk anzuschwärzen, entspricht der unverzeihlichen Verlogenheit, das Poem unter dem Titel ›Über dem Staub Stalins‹[84] erscheinen und über das Radio verbreiten zu lassen, da es angeblich in der Sowjetunion verboten sei«[85]. Mit diesem rüden Dementi, das bestätigte, was es verleugnete, hatte der Verfasser wohl dem breiten Publikum zu verstehen geben wollen, daß das auch im Samisdat kursierende Poem von ihm stamme und daß es tatsächlich verboten sei. Gleichwohl ist der Eindruck nicht zu verwischen, daß Twardowski den Fußtritt, den ihm Partei und Schiftsteller-Verband versetzt hatten, mit einem letzten Kotau beantwortete.

17. Protest unter Wissenschaftlern

Die Konflikte um die Entmachtung des Lyssenkoismus, um die Rehabilitierung der Genetik lassen sich mit einem professionellen Interesse erklären, ging es doch darum, wissenschaftlichen Maßstäben in der Forschung Geltung zu verschaffen. Die vergleichsweise breite Front des Wissenschafts-Establishments – besonders der Physiker, Chemiker und Mathematiker sowie der betroffenen Biologen –, die sich seit 1953 unter der Hand oder – seltener – in offener Konfrontation mit den politischen Instanzen in dieser Frage engagierten, konnte sich wohl nur bilden, weil es hier um eine exemplarische Abgrenzung politischer und wissenschaftlicher Kompetenzen ging. In abgeschwächter Form galt Ähnliches für die Gesellschaftswissenschaften, in denen es in der Ära des Spätstalinismus – selbst nach Kriterien eines sehr schlicht verstandenen Marxismus-Leninismus – zu Verzerrungen gekommen war, die diese Disziplinen der Lächerlichkeit preisgaben und sie völlig nutzlos erscheinen ließen.

In all diesen Konflikten, die sehr unterschiedlich verliefen, ging es in erster Linie um die Anerkennung der eigenen Kompetenz gegen eine unsachliche Einmischung von außen. Ohne daß es den Beteiligten immer klar sein mußte, war in diesen Auseinandersetzungen auch ein allgemein-politisches Element enthalten, das leicht auf die Geltung der herrschenden politisch-ideologischen Doktrinen und damit auf die Legitimation des Systems durchschlagen konnte. Ließ sich die Spezifik des Fragens und der Methoden in den Wissenschaften mit ihren inhärenten Zweifeln an allen herrschenden Lehrmeinungen und Vor-Urteilen auf diese beschränken? Wie die historische Erfahrung in der Sowjetunion und anderswo lehrt, war dies durchaus intendiert und möglich.

Man wird davon ausgehen können, daß sich die Mehrzahl gerade auch der Naturwissenschaftler und Mathematiker an diese doppeldeutige, sozial schizophrene Situation gewöhnt hatte, und politisch auch zu desinteressiert und uninformiert war, um hier Dissonanzen überhaupt zu empfinden. Schon in der Stalinzeit schrieb ein ausländischer Beobachter: »Man kann also sagen, daß ein Forscher in der Akademie der Wissenschaften nur wenig vom Kommunismus merkt, vorausgesetzt, er sagt, was er soll und spricht nicht von Politik«[1]. Es gab eine Vielzahl von Einstellungen, die angesichts der Macht des Faktischen dazu veranlaßten, in grundsätzlichem Einklang mit der Umgebung zu leben. Vielfach dürfte die Faszination durch den Beruf die entscheidende Rolle gespielt haben, selbst wenn man unter der Fuchtel Berijas gearbeitet hatte: Man müsse heute (1990) nicht nur »den Deckel des Berija-Systems sehen, der drohend alles überwölbte, sondern auch jene Aura des Guten und der gegenseitigen Hilfe, welche zur Geburt des [Atom-] Wunders verhalf«[2]. K.P. Kapiza, der sich geweigert hatte, unter Berija zu arbeiten, fühlte sich wie ein Süchtiger ohne

Droge, als er nicht mehr forschen durfte; denn nicht derjenige sei ein echter Gelehrter, der wissenschaftlich arbeite, sondern derjenige, der nicht anders könne als zu forschen[3]. Dabei war Kapiza trotz aller Konflikte, die er selbstbewußt mit Behörden und Kollegen ausfocht, von der Überlegenheit und Vernunft des Sozialismus überzeugt[4]. I. Je. Tamm glaubte als ehemaliger Menschewist bei aller Distanz zum Stalinismus an einen »echten« Sozialismus[5]. N.I. Wawilow sah in der Kollektivierung eine Voraussetzung für die Verbindung zwischen Wissenschaft, Technik und Landwirtschaft[6]. Wenig politisch motiviert, sahen junge Wissenschaftler den Rüstungswettlauf mit den USA nach 1945 eher unter sportlichem Vorzeichen: »Überholen wir Oppenheimer!«[7] Der junge Sacharow fühlte sich in den vierziger Jahren als Soldat im wissenschaftlich-technischen Krieg gegen die USA. Später genierte er sich, 1953 in einem Brief an seine Frau die »Menschlichkeit« Stalins gerühmt zu haben[8]. Ähnlich gibt ein anderer Atomphysiker die damalige Stimmung wieder: »Wenn uns die Aufgabe zufällt, die fremde, uns feindliche Welt zu begraben, so tun wir das ohne Zögern«[9]. Diese Einstellung dürfte nicht nur unter der jüngeren Wissenschaftler-Generation verbreitet gewesen sein, ohne daß sie etwa fanatische Kommunisten gewesen wären oder vom Marxismus viel verstanden hätten[10]. A.F. Ioffe repräsentiert vielleicht den Typus des »reinen« Wissenschaftlers. Er vermied selbst nach seiner Diffamierung und Entlassung im Zuge der Antikosmopolitismus-Kampagne ein eingehenderes Nachdenken über politische Fragen[11]. Er gehört bereits jener Mehrheit von Forschern an, die eher verängstigt ihrem Beruf nachgingen, ein Typus im fließenden Übergang zum Wissenschaftsfunktionär, der dem sowjetischen Regime – und jeder seiner Wendungen – ohne Zögern, ängstlich, gläubig oder zynisch folgte.

Nach dem Verzicht der Partei, aus ideologischen Gründen auf Methoden und Fragen in den Naturwissenschaften einzuwirken, blieb ein latentes Spannungsverhältnis bestehen zwischen den wissenschaftlichen Verfahren des trial and error und einem politischen Diskurs, der sich als »wissenschaftlich« ausgab, aber tatsächlich einen zunehmend sakral-rituellen Charakter angenommen hatte[12]. Gleichzeitig gestattete die entspanntere Atmosphäre nach 1956 die Entstehung informeller Milieus, die Intensivierung wissenschaftlicher und gesellschaftlicher Kommunikation, die sich der Kontrolle der Partei entzogen. Über Freigeisterei und Apolitismus besonders an den naturwissenschaftlichen Instituten ist in den sechziger Jahren lebhaft geklagt worden[13]. Hier manifestierten sich diese Tendenzen in der Unterstützung politisch unliebsam aufgefallener junger Kollegen[14] ebenso wie in einer vielfach bezeugten Belebung kultureller und gesellschaftlicher Aktivitäten. Sie konnten es sich leisten, an der Schwelle zur Ächtung stehende Schriftsteller, Barden und Künstler einzuladen[15]. »Chemiker und Mathematiker, Botaniker und Zoologen sind die Engagiertesten an den Universitäten. Sie sind die intelligentesten unter den

Studenten. Ihrem Interesse am öffentlichen, politischen und literarischen Leben … widmen sie ihre freie Zeit«. Es habe ein scharfer Kontrast zwischen den Naturwissenschaftlern und den eher konformistischen und langweiligen Geisteswissenschaftlern bestanden, so ein ausländischer Beobachter in den sechziger Jahren[16]. Oder wie es die Biologin Raissa Berg formulierte: »Die Historiker sind der Möglichkeit beraubt, eine eigene Meinung zu haben«[17]. Auf jeden Fall bildeten auch die Gelehrten und Kulturschaffenden den größten Leserkreis der beiden wichtigsten »liberalen« Zeitschriften, des »Nowy Mir« und der »Junost«. Hier nahm man lebhaften Anteil an ihren Publikationen und Autoren, während der Gegenpol, der »Oktjabr« in diesem Milieu kaum Leser fand[18].

Die sich hier artikulierende Unabhängigkeit läßt sich vielleicht als Folge eines Prozesses begreifen, der – unter entspannteren politischen Bedingungen – eine Konsequenz von Einstellungen war, die sich aus der Beschäftigung mit wissenschaftlichen Problemen und ihren Verfahren ergaben. Dies vollzog sich an Instituten, die Teil staatlicher Wissenschaftseinrichtungen waren, und die nicht einmal jenes Maß an Autonomie besaßen, wie sie sich die Akademie bis 1927 hatte bewahren können. Teils bewußt, teils unbewußt hatten aber gerade die Konflikte um Lyssenko deutlich gemacht, daß eine Abgrenzung zwischen den staatlichen Anforderungen an Wissenschaft und Technik und der Autonomie des wissenschaftlichen Prozesses letztlich eine erfolgversprechendere Kooperation bringen konnte, als die faktische Unterordnung, lediglich gemildert durch die Einbeziehung des wissenschaftlichen Establishments in die politische Führung. Der Physiker P.L. Kapiza hat dieses Problem – nicht zuletzt aufgrund anderer Erfahrungen in England – deutlicher gesehen als viele seiner Kollegen.

Schon seit den dreißiger Jahren hatte er an Molotow, Schdanow, Stalin und andere Politiker eine Art pädagogische Briefe geschrieben, in denen er ihnen die Eigenart der Wissenschaft hatte nahebringen wollen, zu dieser Zeit noch stark mit dem Impuls, der Bürokratie mehr Respekt vor den Forschern abzuverlangen. Besonders wehrte er sich gegen die Mißachtung der Grundlagenforschung und gegen den Anspruch der Politiker, von der Forschung in jedem Fall unmittelbar verwertbare Ergebnisse zu erwarten. Die Tradition pädagogischer Briefe setzte er nach seiner Rehabilitation seit 1953 fort. Bereits in einem ersten langen Brief an Chruschtschow vom Dezember 1955 und in einem späteren Memorandum von 1960 verteidigte er einmal mehr die Berechtigung und Notwendigkeit der Grundlagenforschung gegen die Neigung der Politiker, primär die angewandte Forschung zu fördern. Die Denkschrift von 1960 stand im Zusammenhang mit der 1961 dann auch durchgeführten Entlastung der Akademie der Wissenschaften von Instituten angewandter Forschung und der Entstehung des Komitees beim Ministerrat für Wissenschaft und Technik, das für diesen Bereich fortan verantwortlich sein sollte[19]. Politisch brisanter war der

Anspruch, die bürokratische Bevormundung der Wissenschaften zu beseitigen. »Allein die scientific community kann die Grundlagenforschung verstehen, steuern, fördern und bewerten. Nur indem die Grundlagenforschung unter die Kontrolle gesellschaftlicher Organisationen wie die der Akademie der Wissenschaften gegeben wird, kann man eine normale und gesunde Entwicklung erwarten«[20]. Die hier geforderte Autonomie der Akademie der Wissenschaften stieß offenbar auf wenig Resonanz. Gleiches galt für Kapizas Appell, die Geistes- und Sozialwissenschaften von Dogmatismus und bürokratischer Kontrolle zu befreien. Wissenschaft und wissenschaftliche Einsichten, so belehrte er 1955 Chruschtschow, ließen sich nicht dekretieren. Wie die Natur- so bedürften auch die Geisteswissenschaften der kontroversen Diskussionen. »Die wissenschaftliche Idee entsteht und festigt sich nur im Kampf mit anderen Ideen, und nur auf diese Weise kann sie zur Wahrheit werden. Wenn dieser Kampf aufhört, werden die Errungenschaften der Wissenschaft zu Dogmen. ... Ein Dogma mag großartig und bedeutend sein, aber es bleibt statisch. Am eindrücklichsten ist dies bei uns mit der materialistischen Philosophie geschehen. Jetzt haben wir zu einem erheblichen Teil die einst lebensvollen Errungenschaften der Klassiker des Marxismus in eine Reihe von Dogmen verwandelt, und deshalb hörte die Philosophie auf, sich zu entwickeln«[21]. Auch später noch sollte Kapiza beklagen, daß eine »große Mannigfaltigkeit an staatlichen Strukturen« bestehe, »die in den Gesellschaftswissenschaften nur das als Wahrheit anerkennnen, was die Zweckmäßigkeit dieser Strukturen beweist«. Die Geistes- und Sozialwissenschaften befänden sich in Fesseln wie die Naturwissenschaften im Mittelalter[22]. Die Etablierung einer Wissenschaftsphilosophie nach 1956[23] scheint ihn ebenfalls nicht recht befriedigt zu haben. 1969 sollte er bitter feststellen, daß der sowjetische Marxismus am Aufschwung linker Bewegungen des Westens nicht beteiligt und offenbar unfähig sei, sich ohne staatlichen Schutz in gleichberechtigtem Wettbewerb mit konkurrierenden Strömungen zu behaupten[24]. Die Gesellschaftswissenschaftler fürchteten zwar Diskussionen »wie der Teufel das Weihwasser«[25], aber der Rückstand der Geistes- und Sozialwissenschaften bleibe ein gefährliches Element, das zu Konflikten zwischen Bürokratie und Intelligenz führen müsse. Die Intelligenz sei Produzent und Konsument geistiger Erzeugnisse. Ihre Unterdrückung gefährde die von Kapiza prinzipiell nicht in Frage gestellte Überlegenheit des sozialistischen Systems.

Die Briefe und Denkschriften bauten Brücken zum politischen Establishment. Sie formulierten ein Selbstbewußtsein, das sich der Bedeutung der Wissenschaftler als Motoren der wissenschaftlich-technischen Revolution durchaus bewußt war und – ohne dies immer explizit zu formulieren – mehr Autonomie für die Wissenschaft forderte. Ziemlich offen stellte Kapiza dabei – allerdings mit Berufung auf den Westen – die führende Rolle der Arbeiterklasse in Frage.

Er nahm hier auf, was in der Diskussion um die wissenschaftlich-technische Revolution ohnehin angelegt war: daß der Intelligenz mit den technischen und wissenschaftlichen Veränderungen eine zentrale Rolle für den Fortschritt zuwachse. Sie werde zur einzig relevanten Klasse, so ein anderer Autor wenig später[26]. Noch umfassender, auch die kulturelle Dimension einbeziehend, deutete der Orientalist Grigori Pomeranz ihre Rolle: Die Intelligenz sei das »auserwählte Volk des 20. Jahrhunderts«[27].

Ein ähnlicher Anspruch wurde auch aus dem Bereich der noch in ihren Kinderschuhen steckenden soziologischen Forschung laut. Verklausuliert wurden die ideologische Bevormundung und Mißachtung der Geistes- und Sozialwissenschaften kritisiert, indem als Zustand ausgegeben wurde, was in Wirklichkeit eine Forderung war: »Der Aufbau des Kommunismus bedingt die wachsende Rolle der Gelehrten in den Gesellschaftswissenschaften. Sie sind aufgerufen, Prinzipien und Methoden und das gesamte Leitungssystem ökonomischer, sozialer, politischer und geistiger Prozesse auszuarbeiten und zu vervollkommnen. Unter den Bedingungen des Sozialismus erfüllen die Gesellschaftswissenschaften ... die Funktion einer theoretischen Grundlegung der Leitung der Gesellschaft«[28]. Noch in der verknöcherten Wissenschaftssprache und unter typisch technokratischen Aspekten ist hier sowohl ein Führungsanspruch der Intelligenz herauszulesen als auch die Kränkung, daß den sozialwissenschaftlichen Disziplinen nicht jene Position zugebilligt wurde, auf die sie nach den normativen Aussagen des Marxismus-Leninismus eigentlich einen Anspruch hatten.

Trotz dieses Konflikts war keineswegs ausgemacht, daß er zu einer politischen Aktivierung des Wissenschaftsmilieus führen müßte. Bisher waren Auseinandersetzungen – wie Kapizas Weigerung, sich an der Entwicklung der Atombombe unter der Fuchtel Berijas zu beteiligen[29], Sacharows Einsatz für ein Ende der überirdischen Atombombentests[30] und nicht zuletzt die Auseinandersetzungen um den Lyssenkoismus – weitgehend hinter verschlossenen Türen innerhalb des Wissenschaftsestablishments und der politischen Führung ausgetragen worden.

Mehrere Gründe veranlaßten im Milieu der Naturwissenschaftler zum Protest. Im engeren Sinne professionelle Beschwerden spielten zwar eine Rolle, aber sicher nicht an erster Stelle. Die Behinderungen seitens der Wissenschaftsbürokratrie, die Kämpfe um die materielle Ausstattung der Labors und Institute, der kräftezehrende Verschleiß bei den Qualifikationsprozeduren, die Kontrolle und Zensur auch der naturwissenschaftlichen Publikationen, die vielfältigen Informationsbarrieren und der engherzig kontrollierte Kontakt zum Ausland bildeten Alltagsbeschwerlichkeiten, die offenbar wenig zu Protest und zur Politisierung veranlaßten. Schores Medwedews Bericht über die Zensurpraktiken im Kontakt mit dem Ausland und über die politische Kontrolle der

Wissenschaftler verdeutlichte lediglich das Ineinandergreifen politischer Zensur und der Einschränkung der Wissenschaftsfreiheit, den Widerspruch zwischen offiziellen Deklarationen und der Praxis[31]. Weiter ging Walentin Turtschins Versuch, die ideologischen Annahmen und institutionellen Zwänge des Marxismus-Leninismus aus »naturwissenschaftlicher« Sicht einer Analyse zu unterziehen und hieraus Ansätze für kritische Reformvorschläge zu gewinnen[32]. Beide Schriften erklärten und beschrieben zwar eine Reihe grundsätzlicher Probleme, mit denen v.a. Wissenschaftler in der Sowjetunion zu kämpfen hatten, aber sie stellten keinen Aufruf zum Handeln dar[33]. Wichtiger war, daß Berufskollegen wegen allgemein gesellschaftlicher Aktivitäten belangt wurden. Darauf folgte eine so große Solidarisierungswelle, daß der »Korporation« der Naturwissenschaftler von anderer Seite vorgeworfen wurde, sich nur um das Wohlergehen der eigenen Zunft zu kümmern und dabei die allgemeinen Belange und die Gefahren für weniger prominente und geschützte Unterzeichner von Petitionen aus dem Blick zu verlieren[34].

Tatsächlich verkehrte dieser Vorwurf eher Anlaß und Ursachen. Denn es waren vor allem die Diskussionen um die Rehabilitierung Stalins und um den Prozeß gegen Daniel und Sinjawski, welche im wissenschaftlichen Milieu die spezifische Problemlage haben bewußt werden lassen: die relative Privilegierung der Naturwissenschaften mit ihren Freiräumen und die engen Grenzen der allgemeinen geistigen Freiheit. Nicht zufällig taten sich Repräsentanten aus den Wissenschaften, auch den Geistes- und Sozialwissenschaften, Literaten und Künstler zu den maßgeblichen Appellen zusammen: zum Aufruf der 21 gegen die Einfügung der Artikel 190/1 und 190/3 in den Strafkodex der RSFSR. Diese Ergänzungen widersprächen den »leninschen Prinzipien sozialistischer Gerechtigkeit«[35]. Ähnlich kam ein Entwurf zustande, der die Verbreitung von Informationen gesetzlich definieren und absichern sollte, ohne die Zensur ganz aufzuheben. Das Papier wurde von 167 Wissenschaftlern, Literaten und Künstlern unterzeichnet. Hierbei waren auch prominente Akademie-Mitglieder wie W.L. Ginsburg, P.L. Kapiza, I.L. Knunjanz, M.A. Leontowitsch, A.D. Sacharow und I.M. Gelfand beteiligt[36]. Und am 14. Februar 1966 protestierten 25 Personen aus dem wissenschaftlichen und kulturellen Establishment, darunter L.A. Arzimowitsch, P.L. Kapiza, I.M. Majski, A.D. Sacharow, S.D. Skaskin und I.E. Tamm, gegen eine »Rehabilitierung« Stalins durch die Partei[37].

Im Sommer 1968 folgten Andrei Sacharows »Gedanken über Fortschritt, friedliche Koexistenz und intellektuelle Freiheit«. Noch beseelt vom Fortschrittsoptimismus der sechziger Jahre plädierte er angesichts der Drohung gegenseitiger nuklearer Vernichtung der Supermächte für eine Kooperation zwischen Ost und West. In der Sowjetunion beklagte Sacharow einmal mehr die Einschränkung der Gedankenfreiheit »durch den verkalkten Dogmatismus bürokratischer Ideologie und deren Lieblingswaffe, die ideologische Zensur«[38]. Er wiederholte hierbei die Forderungen, die bereits in den einzelnen Appellen der Vorjahre enthalten gewesen waren und entwarf zugleich für die Zukunft eine Vision der Konvergenz der sozialistischen und kapitalistischen Systeme, gewissermaßen ihren »Wandel durch Annäherung«: Demokratisierung in der Sowjetunion und Verstärkung der sozialen Elemente in den Strukturen westlicher Gesellschaften. Überwölbt wurden diese Forderungen nach gegenseitiger Kooperationsfähigkeit durch die Vision einer sciento- und technokratischen Zusammenarbeit der Supermächte zur Lösung der Weltprobleme – von der Erhaltung der »Geohygiene« bis zur Überwindung des Hungers in der sog. Dritten Welt. Sacharow dürfte mit seinem Memorandum verbreitete Stimmungen im akademischen Milieu vor allem der Naturwissenschaftler artikuliert haben. Ihr sollte später als konkurrierende Strömung Solschenizyns fundamentale Kritik der (sozialistischen) Industriezivilisation mit Rückhalt in der eher kulturell ausgerichteten Intelligenz zur Seite treten[39].

Wohl schon ganz ohne Hoffnung auf Gehör richteten 1970 Sacharow, W.F. Turtschin und Roy Medwedew eine Denkschrift an die Parteiführung, in der noch einmal ein umfassendes Reformkonzept vorgestellt wurde: Unter Beibehaltung der führenden Rolle der Partei sollten in Wirtschaft, Politik und Kultur Prozesse der »Demokratisierung« eingeleitet werden mit dem Ziel von mehr Autonomie und mehr Mitspracherechten. In diesem Zusammenhang wurde der Rückstand der Sowjetunion in Ausbildung und Erziehung, in Wissenschaft und Technik beklagt, besonders auch in jenen technisch-wissenschaftlichen Bereichen – wie in der Herstellung und in dem Einsatz von Computern –, die offensichtlich zukunftsweisend waren[40]. Die Autoren konnten nur wiederholen, was unter kritisch gesinnten Wissenschaftlern und Intellektuellen inzwischen zum Gemeinplatz geworden war: Demokratisierung und Informationsfreiheit seien die Voraussetzungen für Reformen. Isolierte Vorhaben wie die Wirtschaftsreform von 1965 müßten scheitern, wenn sie ohne weitergehende politische Veränderungen blieben. In diesem Rahmen kam man auch auf die Rolle der Intelligenz zu sprechen. »Informations- und Schaffensfreiheit sind für die Intelligenz Voraussetzung ihrer Tätigkeit und ihrer gesellschaftlichen Funktion. Das Streben der Intelligenz nach Erweiterung dieser Freiheit ist legitim und natürlich. ... Unter den Bedingungen der Industriegesellschaft, in der die Rolle der Intelligenz immer wichtiger wird, kann ein solcher Zwiespalt [zwischen Staat und Intelligenz] nicht anders denn als Selbstmord bezeichnet werden«[41].

Obwohl die Verfasser nur artikulierten, was wohl relativ verbreiteten Meinungen im gehobenen akademischen Milieu entsprach, scheint auch dieses Manifest keine weitere Resonanz gefunden zu haben[42]. Hier gilt, was bereits im Zusammenhang mit der entstehenden Bürger- und Menschenrechtsbewegung ausgeführt worden ist: Auf die wissenschaftlichen Institutionen wurde ein so starker politischer Druck ausgeübt, daß sich die »Protestanten« zwischen der Fortsetzung ihrer wissenschaftlichen Tätigkeit oder ihrem moralisch-politischen Engagement zu entscheiden hatten. Wählten sie die »Karriere« eines Dissidenten, waren sie von ihrem Beruf und damit von der Grundlage der materiellen Existenz abgeschnitten. Es hing von den politischen Instanzen ab, ob der Staat als »Gesamt-Arbeitgeber« den entlassenen Wissenschaftler in einer Nische ruhen ließ oder ihn mit Hilfe der sog. Parasitengesetze und wahlweise anderer Strafrechtsnormen in die Enge trieb, bis er schließlich im Lager, im Gefängnis, in der psychiatrischen Haftanstalt (Psichuschka) endete und eine »unfreiwillige Reise« in die Verbannung oder Emigration antrat[43]. Konnte ein Literat, ein Künstler oder ein Philosoph zur Not seiner Profession in der Nische oder im »Untergrund« nachgehen, so war dies für einen Naturwissenschaftler, Techniker oder selbst für einen Historiker oder Soziologen, von Instituten, Labors, Bibliotheken und Archiven abgeschnitten, so gut wie ausgeschlossen.

In den Geistes- und Sozialwissenschaften griffen ideologisch-normative Vorgaben ungleich stärker in die unmittelbare Arbeit – in ihre Themenstellung und Methoden – ein als bei den Naturwissenschaftlern. Geht man davon aus, daß die Mehrheit der »bürgerlichen« Geisteswissenschaftler »durch das Leben selbst umerzogen worden war«[44], daß der Kontinuitätsbruch in diesen Fächern ungleich stärker als bei den Naturwissenschaften gewesen ist, daß die seit den zwanziger Jahren nachwachsende Generation von vornherein auf marxistisch-leninistische Positionen festgelegt war, mußte eine Ablösung von den tradierten Normen und Dogmen schwer fallen. Es hing hier vielfach vom Grad der Professionalität ab, in welchem Umfang die politische Entstalinisierung für eine »Entkatechisierung« der Disziplinen genutzt wurde. Der Rückgriff auf die sog. leninschen Normen und auf Kontroversen der zwanziger Jahre eröffnete Spielräume, die das thematische Spektrum und die Methoden erweitern konnten. Gleichwohl blieben Parteilichkeit und die Vorgaben des kanonisierten Marxismus-Leninismus verbindlich, auch wenn sie im einzelnen interpretierbar waren. Nachwuchswissenschaftler mußten wissen, daß sie sich in Fächern zu behaupten hatten, die eine legitimatorische Funktion besaßen. Sie stimmten wohl in der Regel mit den herrschenden Normen überein. Nur unter dieser Voraussetzung ließ sich die Gleichzeitigkeit von »wissenschaftlicher Diskussion, doktrinärer Denunziation und administrativer Einmischung«[45] ertragen. Nach den Turbulenzen des Tauwetters war es vor allem der seit 1965 installierte ZK-Sekretär S.P. Trapesnikow, zuständig für Wissenschaft und Unterricht, der, gestützt auf eine Phalanx zuverlässiger Parteikader, hartnäckig und letztlich erfolgreich dafür sorgte, daß insbesondere die zeitgeschichtliche Forschung in doktrinärem Sinne eingeebnet wurde und auf ihren triumphalistischen Grundton eingestimmt blieb[46]. Andere Fächer, wie die sich neu etablierende

Soziologie oder die politischen Wissenschaften wurden weniger gebeutelt, sie konnten auch Strategien entwickeln, um dem »wissenschaftlichen Kommunismus« zu entgehen oder ihn durch Detail- und Auftragsforschung zu unterlaufen[47].

All diese Gründe mögen erklären, warum es in den Geistes- und Sozialwissenschaften aus professionellen Gründen nicht in dem Ausmaß zu Konflikten gekommen ist wie in der Literatur. Soweit es Auseinandersetzungen gab, waren sie vornehmlich Teil des Kurswechsels nach 1964 und ordneten sich ein in die ideologischen Gefechte zwischen Neostalinisten und »Entstalinisierern«. Hierher gehörten die nachträgliche Diffamierung und schließliche Eliminierung von Alexandr Nekritschs Buch über die Rolle Stalins zur Zeit des deutschen Überfalls auf die Sowjetunion[48], das Publikationsverbot einer Teamarbeit des Historischen Instituts der Akademie zur Kollektivierung – ein Feld, auf dem sich Trapesnikow selbst besondere Kompetenz zuschrieb[49] – sowie die administrative Bereinigung des schon alten und vor 1970 wieder aufgenommenen Streits um die Voraussetzungen der Revolution von 1917[50]. Mit Ausnahme des Falles Nekritsch, der sich dem Dissens anschloß, wurden all diese aus der unmittelbaren Forschung und Arbeit hervorgegangenen Auseinandersetzungen administrativ ausgetragen. Sie endeten mit Versetzungen und Degradierungen, blieben aber wohl ohne strafrechtliche Folgen im engeren Sinne.

Vergeblich versuchten Historiker in die schon seit Jahren unter Literaten und Literaturkritikern laufende Debatte um die Theorie der »zwei Wahrheiten« einzugreifen. Hier ging es darum, ob die Wahrheit des Faktums der Wahrheit des Wesentlichen entgegengestellt werden dürfe, also um eine bescheidene sowjetische Variante eines Werturteilsstreits[51]. Literaten, Geistes- und Sozialwissenschaftler waren in gleicher Weise sehr praktisch betroffen, da die Wahrheit des oft häßlichen Faktums zugunsten der großen historischen Perspektive unterdrückt oder umgedeutet werden sollte, so die Forderung von Parteitheoretikern. Besonders gefährlich, so klagten protestierende Historiker, sei es, wenn das kleine Faktum zugunsten historischer Perspektiven und – in der Alltagspraxis – zugunsten tagespolitischer Bedürfnisse oder schlicht zum Wohlgefallen mächtiger Personen umgebogen werde. Vergleichsweise mutig wurde hier bereits das Deutungsmonopol der Partei und ihrer Vollzugsorgane von Historikern infrage gestellt, die sich zweifellos als Marxisten begriffen[52]. Der Appell blieb wie so viele andere ohne Echo, aber offenbar auch ohne repressive Folgen. Grundsätzliche Fragestellungen, die auch das professionelle Ethos unter den Bedingungen von ideologischen Vorgaben und Zensur aufwarfen, konnten nach 1965 öffentlich nicht mehr diskutiert werden. Die Kombination des Berufs mit einem nonkonformen politischen oder moralischen Engagement, welches die eigene Berufsausübung in einen weiteren gesellschaftlichen Zusammenhang stellte, war damit weitgehend blockiert.

Die Gefahr erzwungenen Fachidiotentums und eines moralischen Protests, der sich zunehmend darauf beschränken mußte, sich selbst und die Gesinnungsgenossen gegen staatliche Willkür zu schützen, machten die Tragik der Dissidentenbewegung aus, für die der Physiker Sacharow zum Symbol wurde. Als Wissenschaftler und »Vater der H-Bombe« engagierte er sich für ein Ende der überdischen Atombombentests, schaltete sich in die Diskussion um die Abrüstung ein und sah sich schließlich dazu gezwungen, vor Gerichtsgebäuden für zu Unrecht angeklagte Dissidenten zu demonstrieren oder, soweit dies erlaubt wurde, bei Gerichtsverhandlungen durch seine Anwesenheit »Öffentlichkeit« herzustellen. Der Kleinkrieg der Behörden engte seine Handlungsmöglichkeiten seit seiner Verbannung nach Gorki im Januar 1980 aufs nackte physische und moralische Überleben unter der totalen Kontrolle des KGB ein[53].

Wie Sacharow so sah sich die gesamte Bewegung für partielle Reformen und die Verteidigung der Menschenrechte (welche die Artikulationsfreiheit notwendig einschloß) dem Dilemma ausgesetzt, auf eine Bewegung zur Selbstverteidigung reduziert zu werden[54]. Die so erzwungene Diktatur der Gesinnungsethik des in Bedrängnis geratenden Dissens konnte daher seit Anfang der siebziger Jahre kaum auf weitere Unterstützung in den wissenschaftlichen Institutionen wie in der weiteren Gesellschaft rechnen. »Die Predigt zielt in die Dunkelheit. ... insgesamt bleibt ungewiß, wer einen hört«[55]. Die meisten Wissenschaftler hörten zweifellos weg. Und selbst dort, wo sie die Appelle Sacharows aus Gorki aufnahmen, mußte ein taktisches Verhalten angesichts der Grundsätzlichkeit der Auseinandersetzung hilflos wirken. Die einen schwiegen und entzogen sich der Konfrontation. Andere wie Kapiza intervenierten noch einmal und mußten sich einer Beweisführung bedienen, die nun schon fast unangemessen erschien. In einem Brief an den KGB-Chef Ju.W. Andropow argumentierte Kapiza 1980, daß bereits Lenin »andersdenkende« Wissenschaftler wie Pawlow toleriert und gar gefördert habe, daß Wissenschafler vom Profil Sacharows oder des in Lagerhaft befindlichen Mathematikers Juri Orlow pfleglich behandelt werden müßten, da ihre Kreativität unersetzlich sei. Über ihre häretischen Ansichten sollte man einfach hinwegsehen, dann blieben sie auch wirkungslos. Denn Unzufriedenheit sei ein wichtiges Stimulans für schöpferische Arbeit. Daher empfahl er Andropow in Sachen Sacharow und Orlow die Benutzung des »Hinterausgangs«, um die peinlichen Affären aus der Welt zu schaffen, also eine Lösung, die letztlich auf eine Privilegierung für »wertvolle« Wissenschaftler hinauslief, ohne die grundsätzlichen Probleme auch nur anzusprechen, die mit dem Dissens aufgeworfen wurden[56]. Hier taten sich gefährliche Risse auf zwischen einer oft rigoristischen moralischen Attitüde, die auch den Leidensweg durch die Lager und *psichuschki* in Kauf nahm, taktischem Lavieren und einer nur noch zynisch verstandenen Professionalität, die demoralisieren konnte, weil sie sich dem Staat »bewußtlos« auslieferte.

Andererseits verlieh dieser Leidensdruck dem seit Ende der sechziger Jahre aufflammenden Streit um das Selbstverständnis der Intelligenzija sein besonderes Pathos: die Intelligenz nicht als Spezialistentum mit höherer Ausbildung, nicht als politisch instrumentalisierbares Fachidiotentum, sondern als Träger einer moralisch gesättigten Geistigkeit, die mehr als ein materielles oder professionelles Interesse der Gebildeten repräsentieren wollte. Mit Abscheu wurden die diffamierenden Etikettierungen aus den dreißiger Jahren als schwankend und unsicher zurückgewiesen[57]. Stattdessen nahm man wieder eine Generalkompetenz in allen öffentlichen Fragen für sich in Anspruch, auch das Recht auf Widerspruch, darauf »die Wahrheit« zu sagen – und die Konsequenzen zu tragen. Das Credo des Dissidenten und des »echten« *intelligent* lagen so dicht nebeneinander[58]. Eingebettet in eine breite Diskussion um Geschichte und Gegenwart der Sowjetunion fand eine notwendigerweise diffus bleibende Debatte um den Stellenwert der Intelligenz statt. Der z.T. sehr selbstkritisch, z.T. mit exaltierten Argumenten geführte Diskurs über ihr Versagen in Vergangenheit und Gegenwart, über ihre moralischen Verstrickungen, über die Notwendigkeit ihrer Regeneration als Voraussetzung einer Gesundung des öffentlichen Lebens bildeten den Hintergrund eines neuen Selbstbewußtseins, das insbesondere dem Dissens in all seinen Schattierungen eine intellektuelle und moralische Legitimation lieferte[59]. Sie setzte auch Maßstäbe für jene Wissenschaftler, die dem moralischen Rigorismus des Dissens nicht entsprechen mochten, sich ihm aber doch nicht ganz entziehen konnten.

Exkurs: Rekrutierung des Protestpotentials

Daß sich an den anfänglichen Protesten und Bittschriften zunächst prominente Mitglieder der Akademie beteiligten, hat sicher auch viele jüngere Wissenschaftler dazu motiviert, sich der sog. Petitionskampagne anzuschließen. Im Zusammenhang mit dem »Prozeß der Vier«, d.h. gegen die Verfasser des Weißbuches in Sachen Daniel und Sinjawski, wurden insgesamt fast 800 Unterzeichner von Petitionen und Protesten gezählt. Von ihnen waren 45% Wissenschaftler, 22% Künstler und Literaten, 22% gehörten der Kategorie der sog. Spezialisten an, 5% waren Studenten und 6% bezeichneten sich als Arbeiter[60]. 70% der Signatare kamen aus Moskau, der Rest verteilte sich auf die Ukraine (19%), Akademgorodok (6%) und andere Gebiete[61]. In den folgenden Jahren bis 1982 haben sich die Relationen für die seit Ende der sechziger Jahre als Menschen- und Bürgerrechtsbewegung (ohne religiöse und nationale Gruppierungen) bezeichneten Milieus nur wenig verändert. Zählt man die seither bekannt gewordenen Repressionsopfer – 580 Personen, bei 534 von ihnen liegen nähere Angaben vor –, so sank der Anteil der Wissenschaftler von 50 auf 43%, während der Anteil der anderen Gruppen im Lauf der siebziger Jahre zunahm. Wichtiger war eine breitere regionale Streuung, allerdings bei Abnahme der Zahl von offen, d.h. mit Name und Adresse Protestierenden[62].

Quantitativ nahm das Engagement für die Bürger- und Menschenrechte zwar ab, aber es wurde nie völlig unterbrochen. Es ist vielmehr davon auszugehen, daß die verhältnismäßig kleine Zahl von Aktivisten sich aus konstanten oder gar vermehrenden Zirkeln rekrutierten, die z.T. erst durch die Repressionen geschaffen wurden. Aber selbst wenn man das sympathisierende Umfeld der Aktivisten mit 10 oder mehr multipliziert, wird – in Relation zur Gesamtzahl der Wissenschaftler, Künstler und Literaten – deutlich, daß die Protestierenden selbst auf dem Höhepunkt der Petitionskampagne 1967/68 nur eine verschwindende Minderheit ausmachten. Sie stieß in den gehobenen Bildungsschichten allerdings eher auf verängstigte Abwehr als auf aktivistische Gegenattacken. Neben Literaten und Künstlern, die stärker als die Wissenschaftler ihre spezifischen Berufsprobleme zum Gegenstand des Protests gemacht hatten, dominierten unter den Wissenschaftlern solche aus den mathematisch-naturwissenschaftlichen Disziplinen – entprechend dem vorhandenen Übergewicht.

Eine amerikanische Studie über die beteiligten Naturwissenschaftler und Mathematiker hat das Profil eines Samples von 565 Unterzeichnern und Dissidenten aus diesen Berufsgruppen untersucht. Dabei zeigt sich, daß unter den Aktivisten dieser Jahre die Gruppe im Alter zwischen 24 und 41 dominierte, knapp ein Drittel bewegte sich im Alter zwischen 28 und 32 Jahren, ein weiteres Drittel im Alter über 40 Jahren. Im Vergleich zur Bezugsgruppe waren die jungen Doktoren der Wissenschaften überrepräsentiert. Unter den 226 identifizierbaren Protestanten mit akademischen Graden waren die Vertreter der mathematisch-naturwissenschaftlichen Fächer sehr stark vertreten, vermutlich eine Folge ihres massiven Einsatzes gegen die Zwangspsychiatrierung des Mathematikers A.I. Jessenin-Wolpin (im Februar 1968) und und des Biologen Schores Medwedew (im Mai 1970).

Die wichtigsten Rekrutierungsfelder der frondierenden Wissenschaftler waren die Institute der Akademie der Wissenschaften der UdSSR, gefolgt von Universitäten und Lehranstalten unter Aufsicht des Hochschulministeriums. Vergleichsweise schwach vertreten waren die Forschungsstätten der Branchenministerien mit dem Profil eher angewandter Forschung. Unter den identifizierbaren Petenten (und Dissidenten) waren immerhin 79 Professoren und Dozenten, 47 sog. Ältere und 19 sog. Jüngere Wissenschaftliche Mitarbeiter, 31 Ingenieure, 29 Leiter von Instituten, Abteilungen und Labors sowie 14 (Korrespondierende) Mitglieder der Akademie[63]. Unter den protestierenden Wissenschaftlern führte – wie nicht anders zu erwarten – Moskau mit 61%, in weitem

Abstand gefolgt von Kiew, Leningrad, den Zentren der baltischen Republiken und den kleineren wissenschaftlichen Städten, hier insbesondere Akademgorodok bei Nowossibirsk.

Ein weiteres auffallendes Merkmal ist der relativ hohe jüdische Anteil unter den Signataren. Er dürfte etwa ein Drittel betragen haben[64]. Die Gründe hierfür müssen in der prekären Situation von Juden in der Sowjetunion gesehen werden. Zwischen 1960 und 1973 sank ihr Prozentsatz unter den wissenschaftlichen Arbeitern von 9,5 auf 6,1%. Unter den Doktoren und Kandidaten bewegte sich ihr Anteil allerdings noch zwischen 14% (Doktoren) und 8% (Kandidaten). In Moskau selbst lag 1973 der jüdische Anteil höher als im nationalen Durchschnitt: unter den wissenschaftlichen Arbeitern insgesamt bei fast 11%, unter den Kandidaten bei fast 13% und bei den Doktoren um 20%[65]. Was das Verhältnis zwischen Doktoren und Kandidaten nahelegt, wird in den Relationen unter den Studenten noch deutlicher: Hier war der jüdische Anteil von 3,2% (1960/61) auf 1,4% (1976/77) gesunken[66]. Dies bedeutete, daß der nachwachsenden jüdischen Generation der Zugang zu höherer Bildung zunehmend erschwert wurde – eine Situation, die nicht nur mit der ungünstigen demographischen Entwicklung der jüdischen Population zu erklären ist.

Einiges Aufsehen erregten 1978 mehrere Dokumentationen über die Benachteiligung jüdischer Bewerber für die Mechanisch-Mathematische Fakultät der Moskauer Universität, ebenso wie das systematische Vorgehen gegen jüdische Wissenschaftler am Mathematischen Institut der Akademie der Wissenschaften und ihre Diskriminierung durch die Attestats-Kommission, welche akademische Grade zu bescheinigen hat[67]. Der teils offene, teils latente Antisemitismus, verbunden mit offensichtlichen Hürden, die der wissenschaftlichen Ausbildung entgegenstanden, erklärt hinreichend vor allem den starken Auswanderungsdruck und – bei einer Minderheit – die Disposition zum Protest[68].

Vor diesem Hintergrund kam dem Anspruch auf Emigration als Teil des weiteren Rechts auf Freizügigkeit eine besondere Bedeutung zu. Aktualisiert wurden sie seit 1972 durch das Jackson-Vanik-Amendment im amerikanischen Kongreß. Hierbei ging es um die Gewährung der Meistbegünstigungsklausel in den Handelsbeziehungen zwischen den USA und der UdSSR. Sie sollte von amerikanischer Seite nur dann gewährt werden, wenn die sowjetische Regierung das Recht der Juden auf Emigration garantiere. Während die Brüder Medwedew und – mit anderen Argumenten – auch Solschenizyn der Fixierung auf die Emigrationsfrage und der Verbindung von äußerem Druck auf die Sowjetunion und der implizierten Privilegierung der Juden wenig abgewinnen konnten, sahen Sacharow und sein Kreis im äußeren Druck eine Möglichkeit, Grundrechten – hier dem auf Freizügigkeit – zum Durchbruch zu verhelfen[69].

Bis 1968 hatte die Petitionskampagne unter den Wissenschaftlern ihren Höhepunkt erreicht, in den folgenden Jahren pendelte sie sich auf etwa 100

Protestierende ein, mit jeweils 25 bis 30 Neuzugängen und etwa einer gleichen Anzahl, die – sei es infolge von (angedrohten) Repressionen, sei es aus anderen Gründen – ausschied. Allerdings ist ein wichtiger Unterschied zur Zeit von 1966-68 festzustellen: Mit Ausnahme Sacharows haben sich Angehörige des Wissenschaftsestablishments nach 1968 kaum noch an Protesten oder gar an systematischer angelegten Aktivitäten beteiligt; denn eine Fortsetzung dieser öffentlichen Manifestationen ging entweder mit dem Verlust des Arbeitsplatzes einher oder war – wie im Fall einiger bekannter Wissenschaftler – kaum noch mit einer normalen Forschungstätigkeit vereinbar. Dies galt insbesondere für Personen, die in Bereichen eher experimenteller und angewandter Wissenschaft tätig waren. Sie standen spätestens seit 1968 vor der Wahl, ihrem Gewissen zu folgen oder an ihrem Beruf festzuhalten, der sich außerhalb der Institutionen nicht ausüben ließ[70].

18. Das »gesunde Kollektiv« und die Abtrünnigen

Die Gärung, welche seit 1966 auch die wissenschaftlichen Einrichtungen erfaßt hatte, muß in den politischen Instanzen erhebliche Beunruhigung ausgelöst haben. Da offene Repressionen im Stil der Stalinzeit nicht erwünscht waren, drängte man die Parteigremien vor Ort und die Institutsleitungen dazu, die Signatare von Petitionen zum Widerruf zu veranlassen, sie auf Versammlungen zu verurteilen und – je nach Schwere des Falles – zu degradieren oder gar zu entlassen. Darüber hinaus konnten Publikations- und Berufsverbote praktiziert werden. »Auf der Bühne entfaltete sich der tragische Kampf Vereinzelter gegen das System, der Chor aber sang hinter den Kulissen: ›Sie sind edelmütig aber naiv, man kann mit der Peitsche kein Beil zerschlagen, sie führen einen Mäusetanz auf, wozu die Katze reizen‹«[1]. Wie eine Reihe von Berichten über diese Verfahren nahelegen, blieb den lokalen Entscheidungsträgern offensichtlich ein gewisser Spielraum, der vom Grad der Willfährigkeit sowie von hinhaltenden Taktiken der beteiligten Personen und Gremien abhing. Ein totaler Durchgriff ist jedenfalls nicht realisiert, wohl auch nicht für erforderlich gehalten worden. Die Art der Behandlung betroffener Berufskollegen hing von vielen Faktoren ab – von der Stellung des Delinquenten in der sozialen Hierarchie, von seinem Rückhalt in einer Institution, vom internationalen Prestige, vom Verhalten der Vorgesetzten, der Kollegen und von den be- oder verurteilenden Gremien. Diese hatten in gewisser Weise Sowjetdemokratie zu simulieren. Nachgiebigkeit oder Hartnäckigkeit des Angeklagten spielten selbstverständlich auch eine maßgebliche Rolle.

Wissenschaftler in Leitungspositionen an den Akademien, die – im Unterschied zu den Hochschulen – ideologisch explizit nicht festgelegt waren[2], hatten gleichwohl eine politische Überwachungs- und Erziehungsfunktion wahrzunehmen[3]. Das »kollektivistische« Prinzip kam insofern zur Geltung, als Vorgesetzte auch in Forschung und Wissenschaft für das politische Verhalten ihrer Untergebenen verantwortlich gemacht werden konnten[4]. Für Normenverstöße – wie die Unterzeichnung von Petitionen, die Aufbewahrung oder Verbreitung von Samisdat u.ä. – wurde mithin nicht nur der Normenbrecher zur Ordnung gerufen oder bestraft, sondern auch die jeweilige Leitung oder gar das »Kollektiv«. Man konnte sie wegen mangelnder Wachsamkeit oder der Vernachlässigung ihrer Erziehungsaufgaben belangen. »Keine spezialisierten Kontrollorgane können jenes Arsenal kameradschaftlicher, freundschaftlicher Einwirkungen ersetzen, über welches das Kollektiv verfügt«, hieß es über die »Formierung der sozialistischen Persönlichkeit«[5].

Wenn das Kollektiv aus der Perspektive der politischen Instanzen als – auch politisches – Kontrollorgan gedacht war, so hatte diese Einrichtung unter den vergleichsweise gelockerten Beziehungen seit den fünfziger Jahren vielfach auch die nicht unbedingt erwünschte Funktion der *perestrachowka*, der gegenseitigen Absicherung, übernommen. Sie gewährleistete Schutz besonders in den Betrieben[6], aber auch in den wissenschaftlichen Einrichtungen gegen die Kontrolle von außen oder gegen Zumutungen der höheren Instanzen. Das Protektionsnetz, wie es in der politischen Sphäre immer wieder beobachtet worden ist, scheint nach diesem Prinzip ebenso funktioniert zu haben wie die Korruptionsketten[7]. Die Abgeschlossenheit der Institutionen und Milieus erleichterte einen Trend zu ständischer Formierung der Gesellschaft[8], die einen totalitären Durchgriff und die zentralistische Steuerung von Wirtschaft und Gesellschaft vielfältig erschwerte. Dies galt für die Wirtschaft, deren Reformansätze an den blockierenden Mechanismen des Selbstschutzes scheiterten[9]. Dies galt bis zu einem gewissen Grad auch für die politische Sphäre, wo es – mit erheblichen menschlichen Kosten – gerade noch gelang, den Schein von politischem Monolithismus aufrechtzuerhalten, ohne ideologische Konformität erzwingen zu können.

Der Hebel, der angesetzt wurde, um die frondierenden Wissenschaftler zur Ordnung zu rufen, bestand im Einsatz der lokalen Partei-Instanzen, der Vorgesetzten und – im Sinne der kollektiven Haftung – der Instituts- oder Parteiversammlungen. Sie hatten die in der Regel vom KGB oder den höheren Parteigremien vorgegebenen Entscheidungen in einem häufig nur widerwillig exekutierten »Diskurs« zu legitimieren. Bereute oder widerrief der Delinquent seine beanstandete Handlung, so war der Fall in der Regel erledigt. Verteidigte er seine Position oder zeigte er sich insgesamt als widerspenstig, traten die Ausschüsse und Versammlungen in Aktion, die wohl zumeist nach vorgegebenem Muster arbeiteten. »Alles ist bereits vorher entschieden. Die Versammlung ist nur die feierliche Zeremonie, in der angenommen, beschlossen, unterstützt, gebilligt« – oder eben verurteilt wurde[10]. Schon Wladimir Woinowitsch hat in seiner Satire »Iwankiada« das unzulängliche Funktionieren dieser Mechanismen aufs Korn genommen. Seine Schilderung entsprach offenbar der Realität, wenn man die dokumentierten Fälle durchgeht.

Welche Qualen nicht nur die Opfer, sondern auch die Täter dieser Hexenjagd – zumindest im Milieu der Intelligenz – litten, läßt sich am Beipiel des damaligen Präsidenten der Akademie der Wissenschaften der UdSSR M.W. Keldysch demonstrieren. Er hatte – akademisch milde – die aufmüpfigen Wissenschaftler angesichts der imperialistischen Machenschaften wegen ihrer »ungenügenden politischen Reife« bezichtigt und routinemäßig seinen Dank an die Partei erstattet. Dabei hatten seine Schwester, sein Neffe und sein Schwager ebenfalls Bittschriften unterzeichnet[11]. Als Direktor des Instituts für angewandte Mathematik beteiligte sich Keldysch an der Verurteilung von zehn Institutsmitgliedern: »Unsere Partei demokratisiert sich, aber die Aktivitäten einiger Gelehrter behindern diesen Prozeß. Es werden auch die Kontakte zu den ausländischen Wissenschaftlern erschwert, denn jetzt kann man viele Wissenschaftler nicht ins Ausland schicken«, klagte er. Nachdem der Präsident der Akademie den Protestbrief eines amerikanischen Wissenschaftlers wegen der Zwangspsychiatrierung A. Jessenin-Wolpins erhalten hatte, ließ er darauf antworten: »Man kann einem Menschen nicht das Recht auf Heilung verweigern«, und er zwang seinen Schwager, den Mathematiker P.S. Nowikow, ebenfalls Akademie-Mitglied, den Brief mit zu unterzeichnen. »Keldysch soll Nowikow fast angeschrien haben, und dieser gab schließlich nach«[12].

Jene Unterzeichner und Protestanten unter den Wissenschaftlern, die auf eine dauerhafte moralische Unterstützung ihrer höher gestellten Kollegen gerechnet hatten, sahen sich oft allein gelassen. Schores Medwedew, der 1962 mit seinem Manuskript über den Aufstieg der Lyssenko-Schule nach seiner Zwangspsychiatrierung eine breite Unterstützung im Establishment der Akademie gefunden hatte, blieb in der Folgezeit isoliert, obwohl in seinen Aktionen professionelle und allgemein bürgerliche Forderungen noch nahe beieinander lagen. Sein Engagement für einen freien Wissenschaftsaustausch mit dem Westen und seine geradezu kriminalistischen Nachforschungen über die Kontroll- und Zensurpraktiken beim Verkehr mit dem Ausland fanden offenbar wenig Beifall im Milieu der Akademie[13].

In einem Überblick, der Einzelfälle bestenfalls exemplarisch beleuchten kann, ist es nicht leicht, bei den unter Druck und Drohungen geführten Auseinandersetzungen zwischen Authentizität und Mimikry in den vorgetragenen Argumenten zu unterscheiden. Nicht jeder Vorwurf an die Unterzeichner, der mit der Parteilinie übereinstimmte, war erzwungen. A. Sacharow mußte sich bei der Verteidigung des soeben zwangspsychiatrierten Sch. Medwedew von A.P. Alexandrow, dem späteren (1975-86) Präsidenten der Akademie der Wissenschaften, wegen seiner Kontakte zum Westen anhören, daß er selbst geistig nicht gesund sei. Bei der Bitte um Unterstützung für Wladimir Bukowski empfahl der inzwischen gefeierte A. N. Tupolew, Sacharow möge sich lieber in psychiatrische Behandlung begeben[14]. Neben den eher vulgären Anschuldigungen – Nestbeschmutzung, Undankbarkeit gegenüber Partei, Staat und Kollektiv – und dem Ärger, den der Protest dem Institut oder Laboratorium einbrachte, spielte eine wesentliche Rolle die Tatsache, daß die Unterzeichner nolens volens die westlichen Medien als Informationskanäle benutzt hatten. Sie setzten sich damit dem – offenbar immer noch überzeugenden oder doch einschüchternden – Vorwurf aus, mit den Imperialisten zusammenzuarbeiten oder sich von ihnen mißbrauchen zu lassen. Kamen zusätzliche Vorwürfe – eine nach Maßgabe der Parteinormen zweifelhafte politische Vergangenheit, angebliche Devisenvergehen oder gar »Untergrundarbeit« hinzu – wurden damit oft selbst sympathisierende Kollegen zum Schweigen gebracht[15]. Trotz aller Aggressivität und Kränkung, die sich in den Partei- und Institutsversammlungen entladen konnten, war deutlich erkennbar, daß die Kampagne zur Umerziehung, Einschüchterung und Bestrafung der frondierenden Wissenschaftler von außen in die Institute hineingetragen und nicht einem politischen Disput der Wissenschaftler untereinander entsprungen war. Gleichwohl versicherten sich die politischen Instanzen einer »demokratischen« Legitimation zur moralisch-politischen Verurteilung der Abweichler und Unterzeichner, indem das »Kollektiv« mobilisiert und nicht nur auf Polizeimethoden zurückgegriffen wurde. Auf diese Weise »entsteht etwas der Demokratie diametral Entgegengesetztes. Jede ›Initiative von unten‹ hat nicht die Verteidigung der Interessen des Individuums oder einzelner Gruppen zum Ziel, sondern – gegen diese – die Verteidigung der Interessen des Staates«[16]. Die angeblich demokratischen Versammlungen standen unter Druck. Die von den Protestierenden aufgeworfenen Probleme wurden in der Regel nicht debattiert, sondern formale Aspekte – Parteidisziplin, die erzieherisch-moralische Position des Wissenschaftlers, sein bisheriges politisches Verhalten – drängten sich in den Vordergrund dieser aufgeherrschten Diskurse. Die Anforderungen kollektiver Haftung brachen dabei immer wieder durch. Drei Zitate aus solchen Diskussionen, welche die zugleich erzieherische und kollektive Verantwortlichkeit für die »Angeklagten« simulierten: »Entweder Meltschuk [der Delinquent] hilft uns, ist mit uns, oder er ist es nicht. Dann ist er mit denen, die gegen uns sind ... Du respektierst nicht unser Kollektiv. ... Wir wissen sehr wohl, daß die Welt zweigeteilt ist – und Du wendest Dich unseren Feinden zu«[17]. »Wir haben unsere Aufmerksamkeit nicht nur auf die wissenschaftlichen Aktivitäten der Dozenten zu richten, sondern auch auf ihre politischen«[18]. »Wir erziehen und müssen unsere

Genossen nach der kommunistischen Moral erziehen. Jeder von uns trägt die Verantwortung für die Ansichten des anderen. Einer für alle, alle für einen. So ist es! Wir tragen die Verantwortung für den Kurs unseres Landes«[19].

Die Abschwächung der Protestwelle in den wissenschaftlichen Einrichtungen seit 1969/70 war sicher in erster Linie eine Folge der angedrohten und vollzogenen Strafen, in zweiter Linie aber möglicherweise auch eine Konsequenz daraus, daß der Protest im Milieu der wissenschaftlichen und künstlerischen Intelligenz inzwischen eine so grundsätzliche Dimension erhalten hatte, daß er tatsächlich politisch polarisierte oder zumindest verängstigte. Maßstäblich für den Konflikt zwischen politisch-moralischen Überzeugungen und dem professionellen Interesse, das nicht in jedem Fall mit Egoismus und Karrierismus gleichzusetzen ist, war der öffentlich ausgetragene Konflikt zwischen Sacharow und W. A. Engelhardt, Direktor des Akademieinstituts für Molekularbiologie. Engelhardt hatte sich seiner Zeit gegen den Lyssenkoismus eingesetzt. 1973 und 1975 aber beteiligte er sich an den öffentlichen Aufrufen gegen Sacharow. Während einer Auslandsreise warnte er die ausländischen Fachkollegen davor, sich für den prominenten Dissidenten einzusetzen; denn dadurch werde dessen persönliche Sicherheit und die seiner Familie gefährdet. Sacharow wies diese sicherlich von den politischen Instanzen inspirierte »Fürsorge« zurück und beharrte auf seinem Recht, gesellschaftliche Probleme öffentlich und ohne Absprache mit den Behörden zu erörtern[20].

Das geringe Vertrauen in die Überzeugungskraft der offiziellen Argumente und besonders der Methoden veranlaßte die politische Führung schon seit Mitte der sechziger Jahre dazu, eine stärkere ideologische Kontrolle in den wissenschaftlichen Einrichtungen anzumahnen. Hierbei stellte man besondere Anforderungen an die Gesellschaftswissenschaftler, welche ihre naturwissenschaftlichen Kollegen »erziehen« sollten. Zugleich aber wurden erstere wegen ihrer mangelnden Praxisnähe, wegen ihres Theoriedefizits und schließlich wegen ihrer mangelnden Militanz in der Entlarvung bürgerlicher und reformistischer Ideologien gescholten[21].

1970 und 1971 waren das P. N. Lebedew-Akademie-Institut, an dem Sacharow arbeitete, und das Akademie-Institut für Ökonomie Ziel der ideologischen Kritik. Sie wurden des »Apolitismus« bezichtigt. Die dortigen Parteiorganisationen hätten ihre Kontrolle auch über die wissenschaftliche Arbeit zu verstärken, »Gelehrte mit Autorität« sollten für die Partei geworben werden, und die Zusammenarbeit zwischen Geistes-, Sozial- und Naturwissenschaften sei insbesondere in den Fragen einer philosophischen Grundlegung der Naturwissenschaften zu intensivieren. Man kann sich angesichts der Erfahrungen mit dem Lyssenkoismus die Ängste der Naturwissenschaftler bei der Vorstellung ausmalen, die »Philosophen« könnten wieder auf naturwissenschaftliche Probleme angesetzt werden. Den Erlassen war zu entnehmen, daß der Maßstab für die künftige Auswahl der wissenschaftlichen Kader sowohl ihre Qualifikation als auch ihre politische Loyalität zu sein habe[22].

Die ZK-Resolution vom 25. September 1970, welche die Parteiarbeit am Lebedew-Institut bemängelte, wiederholte mithin das schon früher geäußerte Mißfallen der Parteiführung über die Naturwissenschaftler. Gleichwohl kam dieser Resolution eine über den Einzelfall hinausgehende exemplarische Bedeutung zu, da nun wieder die seit den fünfziger Jahren vernachlässigte Aufsicht der Partei in den Instituten gestärkt werden sollte[23]. Die tatsächliche Wirkung dieser Beschlüsse ist angesichts der Vielfalt des Beziehungsgeflechtes zwischen Institutsdirektoren, Parteimachthabern und eingespielten Verhaltensweisen unter den Mitarbeitern kaum auszumachen. Emigrantenbefragungen deuten jedenfalls nicht darauf hin, daß die Parteizellen in den Instituten einen maßgeblichen Einfluß gewannen[24]. De facto ging es offensichtlich mehr darum, durch formale Mitgliedschaft in der Partei politische Disziplin oder zumindest Stillhalten zu erzwingen, als um wirkliche Überzeugungsarbeit. Ein Institutsdirektor mußte keineswegs ideologische Vorträge halten. »Nein, man erwartet etwas ganz Anderes. Die Untergebenen zu erziehen, bedeutet, ihnen ein Beispiel im richtigen Verhältnis zu den Mächtigen beizubringen. Als Minimum schließt dies das garantierte Schweigen zu Fragen ein, über die man zu schweigen hat, und selbstverständlich unbedingte Erfüllung aller ›Empfehlungen‹ der Parteiorgane« – wohl weniger der Parteizellen innerhalb der Institute als vielmehr der übergeordneten Instanzen[25].

Entscheidende Bedeutung kam allem Anschein nach der Reorganisation der Attestationskommission (WAK) zu, welche die akademischen Grade zu vergeben hatte. Schon 1972 besagte eine Instruktion an die WAK, daß akademische Grade wegen »unpatriotischen Tätigkeit« aberkannt werden konnten[26]. Hierzu zählten wohl in erster Linie der Wunsch nach Emigration und der – erzwungene oder freiwillige – Verlust der sowjetischen Staatsbürgerschaft. Offensichtlich konnte die Aberkennung der akademischen Grade auch bei politischer Verurteilung verfügt werden. Dem Scheine nach ergriffen hierbei die wissenschaftlichen Einrichtungen die Initiative, so u.a. im Fall Kronid Ljubarskis, Juri Orlows und des Philosophen A. Sinowjew[27]. 1974 wurde die WAK der Aufsicht des Hochschulministeriums entzogen und dem Ministerrat unterstellt. Einerseits sollte mit dieser Maßnahme ein stärkerer Praxisbezug in der Arbeit des wissenschaftlichen Nachwuchses gewährleistet, also dem Grundsatz von der Wissenschaft als »Produktivkraft« stärker Geltung verschafft werden, andererseits wurde damit die Hoffnung auf eine effektivere Kontrolle der Leistung und des »richtigen« Verhaltens der Kandidaten verbunden. Denn die Verleihung akademischer Grade erforderte nun stärker als früher die Prüfung auch der »gesellschaftlichen« Tätigkeit, d.h. der öffentlich gezeigten Gesinnung[28].

Eine ebensolche Signalwirkung wie die ZK-Resolutionen zur Parteikontrolle über die wissenschaftlichen Einrichtungen und über den Nachwuchs dürften die öffentlichen Stellungnahmen angesehener Wissenschaftler gegen Sacharow gehabt haben. Gleichzeitig mit der Kampagne gegen Solschenizyn wurden vor allem Naturwissenschaftler gegen ihren Kollegen mobilisiert. Im August 1973 unterzeichneten vierzig Gelehrte einen öffentlichen Aufruf, in dem Sacharow Entspannungsfeindlichkeit und »Anschwärzung« der Sowjetunion vorgeworfen wurde. Er habe sich zum »Instrument feindlicher Propaganda gegen die Sowjetunion« machen lassen[29]. Sachliche Argumente wurden hier ebensowenig vorgetragen wie im zwei Jahre später folgenden Protest gegen die Verleihung des Nobel-Friedenspreises an den inzwischen prominenten Dissidenten. Diesen Aufruf hatten 72 Gelehrte unterzeichnet[30]. In der ersten wie in der zweiten Stellungnahme waren vor allem bekannte Wissenschaftler aufgeboten worden, die zugleich führende Verwaltungspositionen einnahmen und somit einem besonderen Loyalitätszwang unterlagen. Parteimitglieder waren zu über 50% beteiligt. Bei den wenigen Geistes- und Sozialwissenschaftlern handelte es sich fast ausschließlich um solche, die seit den zwanziger Jahren über Parteikarrieren aufgestiegen waren. Im zweiten Aufruf war offensichtlich Wert darauf gelegt worden, daß sich auch die Akademiepräsidenten aus den Republiken erklärten.

Der Stimmungswandel im akademischen Milieu im Vergleich zu den sechziger Jahren wird deutlich, wenn man bedenkt, daß zu dieser Zeit noch die Aufnahme des notorischen Stalinisten S.P. Trapesnikows, des ZK-Sekretärs für Wissenschaft, in die Akademie verweigert worden war[31], und auch solche Sozialwissenschaftler nur mit Mühe und durch Druck von außen ihren Platz in der Akademie fanden, die mehr durch Gesinnungstüchtigkeit als durch fachliche Kompetenz glänzten[32].

Das Spektrum der Verhaltensweisen der Unterzeichner von 1973 und 1975 muß von willfähriger Loyalitätsbezeugung bis zum »Anstieg des Blutdrucks« angesichts der Notwendigkeit gereicht haben, solche öffentlichen Erklärungen unterschreiben zu müssen. Manche Wissenschaftler entzogen sich dieser Zumutung durch Krankheit, Abwesenheit und ähnliche Ausweichmanöver. Kolportierte Gerüchte über angebliche Drohungen, im Weigerungsfalle Institute aufzulösen, waren sicherlich willkommene Rechtfertigungsgründe für mehr oder minder erzwungene Manifestationen, belegen aber zugleich, in welch geringem Maße aus Überzeugung gehandelt wurde[33].

19. Samisdat

Die seit den fünfziger Jahren im studentischen, im literarischen und auch im wissenschaftlichen Milieu geführten Auseinandersetzungen verliefen segmentiert, sie spielten sich in vergleichsweise engen Zirkeln ab. In den nationalen Medien brachen sie sich bestenfalls in gelegentlichen Kampagnen, die den Nicht-Eingeweihten kaum verständlich gewesen sein dürften. Die ideologische »sowjetische« Sprache der Massenmedien war nur begrenzt »massenwirksam«, und die traditionelle mündliche Agitation, in Revolution und Bürgerkrieg entstanden, in der Stalinzeit ritualisiert, entsprach nicht mehr dem steigenden Bildungsniveau v.a. der städtischen Bevölkerung[1]. So lag es nahe, daß sich in einer entspannteren politischen Atmosphäre neue und differenziertere Kommunikationsformen durchsetzten. Während die offizielle Sprache der Medien in der rituellen Äquilibristik von Selbstlob und punktueller Kritik erstarrt war, benutzte – wie bereits ausgeführt – die Partei das System der geschlossenen Versammlungen, Vorträge und Aussprachen, um dem Parteivolk in »normaler« Alltagssprache die richtige Deutung sozialer und politischer Probleme nahezubringen. Nicht nur im intellektuellen Milieu entstand ein Bruch zwischen offizieller und privater Sprache mit der unterschiedlichen Fähigkeit, den Parteijargon abzumildern und in der privaten Rede ganz zu vermeiden. Ausländer beobachteten bereits nach dem Krieg, daß es den sowjetischen Kollegen peinlich war, politische Gespräche zu führen, da sie hierfür in den Parteijargon hätten wechseln müssen[2]. Nach 1956 erschien die offizielle Sprache zunehmend unangemessen, um viele Aspekte der Realität auszudrücken. Dieser Prozeß vollzog sich sehr langsam und in unterschiedlichen Phasen.

Zudem gab es soziale und sprachliche Bereiche, die wohl nie von der offiziellen Bewußtseinsindustrie und ihrem Jargon erreicht worden sind. Hierher gehörte einerseits die Sprache der Kriminellen, deren Lieder sich nach 1956 großer Beliebtheit erfreut haben müssen. Es gab die in sich hermetisch geschlossene Welt der Volkssekten und Gläubigen in und außerhalb der Lager, es gab spätestens seit 1953 die bis in die Perestroika hinein anhaltende Flut von Anekdoten, Witzen, Epigrammen, Lied- und Gedichtfolklore, welche der Realität und der offiziellen Rede ihren Narrenspiegel vorhielten. Wie empfindlich hierauf reagiert wurde, zeigte sich darin, daß die Behörden Sammlungen dieser Art von »Volksvermögen«, sofern sie bekannt wurden, beschlagnahmten[3].

Angesichts der Unmenge an Schrifttum jeder Art, das seit der Stalinzeit verboten, tabuisiert oder kaum zugänglich war, und angesichts einer offiziellen Propagandasprache, welche die potentielle Vielfalt und Unbegrenztheit von Sprechen und Denken einschnürte, gewannen Lieder, Gedichte, Anekdoten und Witze die Bedeutung eines emotionalen und intellektuellen Ventils. Es ließ die offizielle Sprache und das Prokrustesbett ideologisch-sprachlicher Standardisierung erträglich werden.

In der Stalinzeit standen manchmal unverbunden nebeneinander der inbrünstige Glaube an die gängigen Dogmen und eine den Memorierenden selbst oft schwer erklärbare Anziehungskraft, welche die Lyrik verfemter Autoren ausübte[4]. Auch danach konnten der freie Gedanke im Vers und ein noch sehr stereotypes politisches Denken friedlich koexistieren. Es bedürfte einer besonderen Analyse, um die Wirkungsmacht von Versen und Gedichten – abgeschrieben und im intimen Freundeskreis vorgetragen – nachzuvollziehen. In Milieus, welche an der intellektuellen Dürre und Uniformität der öffentlichen Rede litten, eröffnete die Lyrik mit ihren verschlüsselten Bildern, ihrer indirekten Rede, mit ihren Anspielungen und ihrer Bedeutungsvielfalt unkontrollierbare Felder intellektueller und moralischer Erfahrung. In den zunächst heimlich verbreiteten, dann auch öffentlich zelebrierten Gedichten lag ein Element der Widerständigkeit, der Aufsässigkeit, auch des Widerspruchs, Elementen, denen sich administrativ nur schwer beikommen ließ. Daher wurde der sich in öffentlichen Dichterlesungen und Rezitationen manifestierende Druck nach dem anderen Wort von den Behörden teils kanalisiert, z.B. durch Einführung eines »Tages der Poesie« seit 1958, teils unterdrückt. In diesem Kontext ist der Hunger nach Gedichten, die Lust an der Entdeckung tabuisierter Autoren, des Abschreibens und Weitergebens von Texten zu verstehen. »In allen Moskauer Behörden und Büros waren die Schreibmaschinen bis zum äußersten ausgelastet: Für den eigenen Gebrauch oder für Freunde schrieb man Verse von Gumiljow, Mandelschtam, der Achmatowa und von Pasternak«[5].

Am Boom der Gedichte waren auch nachwachsende Poeten beteiligt. Teils besangen sie enthusiastisch den Entstalinisierungskurs und badeten in der Gunst des Publikums – so Je. Jewtuschenko oder A. Wosnessenski –, teils zirkulierten jene Texte unkontrolliert, die vom offiziellen Literaturbetrieb nicht so ohne weiteres zu vereinnahmen waren. Herausragende Namen waren Boris Sluzki, Naum Korschawin, Jossif Brodski, Bella Achmadullina, um nur einige wenige zu nennen.

Eine noch größere Breitenwirkung sollte seit Mitte der sechziger Jahre der sog. Magnitizdat erzielen. Auf Tonbändern und später auf Kassetten wurden die vielfach verbotenen Lieder der Barden A.Galitsch, B.Okudschawa, Juli Kim und W.Wyssozki weitergegeben. »Das Lied hat sich den Weg um die zwischen Literatur und Volk errichtete Mauer (unüberwindlich wie die von Berlin) gebahnt und innerhalb weniger Jahre die heimatliche Erde buchstäblich an sich gezogen«[6]. »Für uns«, so erinnert sich W. Bukowski, war »Galitsch kein Geringerer als Homer. Jedes seiner Lieder ist eine Reise durch das Labyrinth der Seele des Sowjetmenschen«[7].

Demgegenüber war die Rezeption und Verbreitung von Prosatexten – von der Publizistik über Memoiren und Darstellungen aller Art bis zu Romanen – ungleich schwieriger. Dies galt einerseits für die Beschaffung und andererseits für die Technik der Vervielfältigung und Verbreitung. Nach einer Schätzung von L. Alexejewa sollen in den späten fünfziger und frühen sechziger Jahren allein in der Belletristik dreihundert Titel verbotener, verfemter und schwer zugänglicher Autoren kursiert sein[8]. Hierzu zählten in erster Linie Titel von Autoren, die seit den späten zwanziger Jahren in der Sowjetunion nicht mehr aufgelegt worden waren und in den Bibliotheken unter Verschluß gehalten wurden[9].

Nach den Erinnerungen von Emigranten fanden schon seit Beginn der sechziger Jahre relativ weite Verbreitung und nachhaltige Wirkung M. Djilas' »Neue Klasse«, A. Koestlers »Sonnenfinsternis«[10] und Berdjajews Schriften. Unter ausländischen Romanen, zumeist in miserabler Übersetzung, blieben in Erinnerung Hemingways »Wem die Stunde schlägt« und Orwells Anti-Utopien. Kafkas »Prozeß« zirkulierte ohne Autor-Angabe und wurde daher für einen Schlüsselroman über die Prozesse der dreißiger Jahre gehalten[11]. Merkwürdigerweise wird Samjatins »Wir« nie erwähnt. Von den russischen Schriftstellern war aus naheliegenden Gründen Pasternaks »Dr. Schiwago« begehrt, Texte von Nabokow und Bulgakow, Publikationen der Verlage »Tschechow« in New York und »Possew« in Frankfurt. Sehr viel begrenzter muß die Zugänglichkeit russisch-sprachiger Zeitschriften der Emigration gewesen sein. Das Abhören russisch-sprachiger Radiosendungen aus dem Ausland war offenbar bis zum Beginn der sechziger Jahre wenig verbreitet.

Das Zirkulieren verbotener, tabuisierter oder schwer zugänglicher Literatur aller Art entsprang in erster Linie dem Wunsch, Vorenthaltenes kennenzulernen, ohne daß diesem Bedürfnis unbedingt die Identifizierung mit dem Gelesenen zugrunde gelegen haben muß. Gleichwohl schuf das damit einhergehende Brechen von Tabus, schufen der Austausch unerlaubter Lesestoffe gewissermaßen die Infrastruktur, welche die Protestbewegung seit dem Daniel- und Sinjawski-Prozeß für sich nutzen konnte. Unverbunden und ohne Kenntnis voneinander waren Milieus entstanden, die ein kritisches Potential bildeten. Sie fanden zusammen, als mit dem Prozeß und der gleichzeitigen Beschlagnahme von Solschenizyns Archiv ein nicht nur kulturpolitischer Rückschlag drohte.

Lenin war seiner Zeit nicht müde geworden, die Presse als Zentrum der revolutionären Bewegung, als Agitations- und Propaganda-Instrument und als kollektiven Organisator einzusetzen[12]. Der Verlust des ursprünglich revolutionären Impulses schien in der Rückschau verbunden zu sein »mit dem obligatorischen Hersagen einiger Beschwörungsformeln, Worten, zumeist sinnentleert und doch betäubend. Dies läßt sie noch ähnlicher werden mit magischen

Ritualen. Das Wort als Symbol und als Zeichen tritt in den Vordergrund und vernichtet dabei das, was es meint. Das Bezeichnende (Signifikant) tötet das Bezeichnete (Signifikat)«[13]. Überzeugungen wurden mithin immer mehr durch Worthülsen und Verhaltensrituale ersetzt. Die tradierte Form der Agitation und Propaganda erlebte man nicht nur als unglaubwürdig sondern auch als aggressiv. Der Samisdat muß daher als teils bewußte, teils unbewußte Abkehr vom Wort als Instrument von Agitation und Propaganda im leninschen Verständnis gesehen werden. Er ließe sich als eine eher diskursive Kommunikationsform des entstehenden Dissens bezeichnen. Samisdat wollte in seinem ursprünglichen Selbstverständnis nicht agitieren. Wie der Begriff – wörtlich als Eigenverlag zu übersetzen – besagt, wollten Individuen etwas aussprechen, wollten etwas festhalten, was in den offiziellen Medien keine Aufnahme fand. Mit der Entstehung des Samisdat entbrannte ein eigenartiger Kampf um das Wort und um die öffentliche Rede. »Das Wort ist für uns immer noch zu lebendig, zu feurig, zu materiell, zu wirksam seinem inneren Gehalt nach, als daß man sich ihm gegenüber lässig verhalten könnte wie im Westen«[14]. Von beiden Seiten, von den Zensurinstanzen wie den für den Samisdat Schreibenden und ihn Rezipierenden, gewann daher die geschriebene und öffentliche Rede eine manchmal geradezu magische Macht, die wie es Sinjawski ironisch formulierte, des Schutzes der Zensur bedürfe[15]. Noch war das Ungleichgewicht der Kräfte zu groß, als daß Mitte der sechziger Jahre vom Kampf um die Hegemonie über die Begriffe gesprochen werden könnte. Aber der Samisdat wurde ein Symptom für die Brüchigkeit des staatlichen Informations- und Meinungsmonopols und seiner standardisierten Sprache.

Die Wortbildung »Samisdat« selbst wird dem Schriftsteller Nikolai Glaskow zugeschrieben, der seine in Heften niedergelegten Gedichte mit dem Aufdruck »Sam-sebja-isdat« (Eigenverlag) versah[16]. Der Zweck war, den eigenen Gedanken Ausdruck zu geben und sie Freunden und Gleichgesinnten – und später – anonymen Lesern vorzulegen. Der Wunsch nach fast zweckfreier Selbstartikulation stellte sich dem zwanghaften Überzeugen-Wollen entgegen. Denn dies war das wesentliche Element von offizieller Agitation und Propaganda.

Samisdat wird daher in den Selbstzeugnissen der Beteiligten immer wieder als »demokratische« Form der Kommunikation bezeichnet, demokratisch deshalb, weil sich in ihm ein freier, nicht aufgeherrschter Diskurs manifestierte. Es konnte, sofern man sich vom »inneren Zensor« befreit hatte, alles geschrieben werden. Verbreitet und rezipiert wurde aber nur, was bei Lesern, Gleichgesinnten oder Gegnern, auf Neugier und Interesse stieß. Im Lesen, Gefallen, Abschreiben und Weitergeben bestand sein Mechanismus. Es gab allerdings auch Skripte, die »nicht gingen«, obwohl ihre Autoren sie gern im inoffiziellen Umlauf gesehen hätten. Dies wird z.B. A. Beks Erzählung »Die Ernennung« nachgesagt, die aus Zensurgründen nicht veröffentlicht worden war[17]. Technische Gründe konnten die Verbreitung verhindern. Sie trafen v.a. fremdsprachige, zu umfangreiche oder »schwierige« Texte.

Samisdat war in seiner Hoch-Zeit seit Mitte der sechziger bis Anfang der siebziger Jahre aber mehr als das Verfassen und Zirkulieren-Lassen von Texten. Sich an seiner Herstellung und Verbreitung zu beteiligen, bedeutete nun eine teils im Bekanntenkreis sichtbare, teils öffentliche Manifestation von Zivilcourage. In diesem Sinne war er »hinterhältig«. Gleichgültig wie man zu dem Geschriebenen stand, »erhieltest du Samisdat nur unter der Bedingung, daß du drei weitere Kopien anfertigtest, um sie unter Freunden zu verteilen. Andernfalls hätte ich sie dir nicht gegeben. Ich kenne deinen Hunger auf Information ... Es ist das Engagement, in irgendeiner Weise mußt du aktiv sein«, so der schon militantere Anspruch in der Erinnerung Bukowskis[18], wie er aber wohl eher untypisch war. Statt der bisherigen Haltung des Schweigens und Bescheidwissens oder der verbreiteten »Zweisprachigkeit« – das eine privat, das andere öffentlich sagen –, wurde mit der Beteiligung am Samisdat in bestimmten, für wesentlich gehaltenen Problemen die Einheit von Denken und Sprechen, von privater und öffentlicher Rede hergestellt. »Die Dissidenten wollten *eine* Sprache sprechen in einer Gesellschaft, die nur eine schizophrene Existenz erlaubt«[19]. Die Beteiligung am Samisdat konnte mithin ein Akt moralischer Revolte, ein Schrei des Herzens sein, weil sich die habituelle Schizophrenie – bezeichnenderweise von Solschenizyn und anderen als »Lüge« apostrophiert – nicht mehr ertragen ließ. Der Samisdat war ein erster Gehversuch von Individuen und Gruppen, die der Bevormundung durch Staat und Partei müde waren und begannen, ohne Genehmigung »von oben« eigene Aktivitäten zu entfalten. Hierfür reichte zunächst der Besitz einer Schreibmaschine. Das Ethos des Selbstverlegers hat W.Bukowski in einer Hymne auf die Schreibmaschine festgehalten: Sie mache »eine völlig neue Form des Verlagswesens möglich – den Samisdat: Man schreibt selbst, redigiert selbst, man zensiert selbst, verlegt selbst, man verteilt selbst und sitzt auch selbst die Strafe dafür ab«[20]. Die Andersdenkenden vollbrachten somit »eine Tat von genialer Einfachheit – in einem unfreien Land begannen sie, sich wie freie Menschen zu benehmen und eben dadurch die moralische Atmosphäre und die das Land beherrschende Tradition zu verändern«[21].

Fast schon triumphierend schrieb der Autor G.Wladimow im Zusammenhang mit Solschenizyns offenem Brief an den 4. Kongreß des Schriftsteller-Verbandes 1967: »... es existiert bereits eine solche Freiheit. Sie ist umgesetzt nicht in der offiziell anerkannten, zensierten Literatur, sondern in den Aktivitäten des sog. Samisdat ... Von Hand zu Hand, von Leser zu Leser gehen sieben oder acht Kopien der unveröffentlichten Werke von Bulgakow, Zwetajewa, Mandelschtam, Platonow und anderen heute noch lebenden Autoren, deren Namen ich aus verständlichen Gründen nicht nenne«[22].

In kaum zu kalkulierender Weise konnten mit der Beteiligung am Samisdat Schwierigkeiten am Arbeitsplatz, Berufsverbote und eventuell sogar strafrechtliche Folgen verbunden sein. In schwereren Fällen drohte den Herstellern und Organisatoren von unzensiertem Schrifttum die Verurteilung zu Lagerhaft[23]. Milder verfuhren die Gerichte in der Regel mit den Schreiberinnen, die sich häufig auf der Zeugenbank wiederfanden; umfangreiche Texte wurden auf mehrere, meist weibliche Schreibkräfte verteilt, diese tippten sie teils gegen Bezahlung, teils »zur Rettung der Seele« ab. Ein solches Verfahren erforderte einen erheblichen Aufwand, da Papier und Farbbänder unauffällig beschafft werden mußten, und die Auftragsvergabe nur über anonymisierende Ketten möglich war[24]. Analoge Prozeduren wurden später auch von der »Chronik der laufenden Ereignisse« zur Informationsweitergabe und zur Verbreitung benutzt. Hier hieß es in einer Anweisung an potentielle Informationsgeber und an Leser: »Gib die Information derjenigen Person, von der du die Chronik erhalten hast, und diese Person wird die Information an diejenige weitergeben, von der sie die Chronik erhalten hat usw. Versuche aber nicht, die ganze Informationskette zurückzuverfolgen, sonst wird man dich für einen Polizeiagenten halten«[25].

Dieses System war bereits eine relativ hoch entwickelte Form mehr oder minder konspirativer Herstellung und Verbreitung von Samisdat, die vor allem auf persönlichem Einsatz und bestenfalls bei technischen Arbeiten auf Bezahlung basierte. Als potentielle Käufer traten im wesentlichen Wissenschaftler, v.a. wohl Naturwissenschaftler auf, oft zugleich Unterzeichner von Petitionen, und ihre Freundeskreise. In der frühen Phase bis Mitte der siebziger Jahre entsprach der Preis in der Regel den Selbstkosten. Darüber hinausgehende Preise dienten der »Unterstützung der Sache«[26]. Erst seit den siebziger Jahren hat es Personen gegeben, die mit Samisdat aller Art kommerziell handelten. Dieses »Geschäft« war dann bereits Teil der Schattenwirtschaft, der Samisdat eine der vielen Mangelwaren[27].

Während mit Ausnahme der »Chronik« die Texte und die um 1970 entstehenden ersten Zeitschriften und Serien namentlich gekennzeichnet waren, erfolgten die Herstellung und Weitergabe in der Regel halb konspirativ und nur innerhalb des Kreises von Gesinnungsgenossen. Die Techniken der Vervielfältigung entsprachen den jeweiligen – in der Regel sehr begrenzten – Möglichkeiten. Für umfangreiche Texte und aus dem Ausland kommende, aber in der Sowjetunion verfaßte Bücher – den sog. Tamisdat, den »dortigen Verlag« – griff man auch auf die photographische Wiedergabe zurück[28]. Manchmal wurden sogar ausländische Rundfunksendungen aufgezeichnet, abgeschrieben und vervielfältigt[29]. Bis zu Beginn der siebziger Jahre scheinen häufiger Kopiergeräte in den wissenschaftlichen Einrichtungen benutzt worden zu sein. Dies geschah selbst in sog. Geheiminstituten, manchmal gar mit wissender Duldung der

Vorgesetzten[30]. Auch Parteizugehörigkeit und eine Leiterposition schützten nicht vor Neugier oder gar vor Sympathie mit den Aktivisten des Samisdats und Dissens. Sacharow ließ seine Schrift »Gedanken über Fortschritt, friedliche Koexistenz und geistige Freiheit« im »Objekt« abschreiben, mit dem kalkulierten Risiko, daß es den politischen Instanzen zugeleitet würde. Er ließ sie dann über Roy Medwedew in den inoffiziellen Umlauf geben[31].

Um literarische Texte zirkulieren zu lassen, von denen anzunehmen war, daß sie die Zensur nicht oder nur verstümmelt passieren würden, wandte man u.a. folgende Methode an. Die Autoren ließen sie bei Verlagen oder Redaktionen registrieren. Sie konnten vielfach damit rechnen, daß sie hier von interessierten Mitarbeitern vervielfältigt und verbreitet würden. Ungewollt widerfuhr dies Solschenizyns Manuskript »Ein Tag im Leben des Iwan Denissowitsch«, das als »Schtsch-854« bereits im Samisdat kursierte, bevor es im »Nowy Mir« dann doch gedruckt wurde. Dies geschah ebenfalls mit dem Manuskript L. Tschukowskajas »Sofja Petrowa«, ebenso mit A. Martschenkos »Meine Aussagen«. Ähnliches scheint auch für Bulgakows unzensierte Version von »Meister und Margarita«, für zum Druck vorbereitete, dann aber doch nicht freigegebene Texte von O. Mandelschtam und für F. Iskanders Erzählungen zutreffen, hier insbesondere für jene Abschnitte, die von der Begegnung des Helden Sandro mit Stalin erzählen. Auch teils offiziell, teils im Samisdat »publizierende« Poeten wie Boris Sluzki nutzten die Möglichkeit der Registrierung, um ihre anfechtbaren Texte in Umlauf zu bringen, ohne deshalb kriminalisiert zu werden[32].

Zunächst wurden Mitte der sechziger Jahre Petitionen und Beschwerden an die zuständigen Instanzen geschickt, in der vagen Hoffnung auf Gehör. Um öffentlich Druck auszuüben, ließ man sie häufig zugleich zirkulieren. Daran mochten in Einzelfällen selbst Mitarbeiter in den Behörden interessiert sein, die für die Verbreitung der Eingaben sorgten. Seit Ende der sechziger Jahre wurden sie dann gezielt ausländischen Korrespondenten zugespielt, damit sie über die westlichen Medien in der Sowjetunion Verbreitung fänden[33].

Die Beteiligung am Samisdat war nicht nur ein Akt innerer Befreiung – er »hat mich vom Affen zum Menschen gemacht«[34] –, er konstituierte auch neue Gesinnungsgemeinschaften. Das Abhören westlicher Rundfunksender und das Samisdat-Lesen »spielten für mich eine große Rolle. Hierbei ging es nicht nur um neue Informationen, denn dies war ... Information zum Nachdenken. Das Lesen von Sam- und später von Tamisdat war alles zusammen: Freunde, Nachdenken, ein Sich Finden des Kreises von Gleichgesinnten, – das war einfach Leben«[35].

Die Nachfrage nach Samisdat, insbesondere die nach skandalträchtigen Manuskripten wie Solschenizyns Romanen oder später nach Büchern wie dem »Archipel Gulag« war in der Regel größer als das Angebot. Daher wurden

Bücher oder Manuskripte nur für befristete Zeiten ausgeliehen. Dann versammelte sich ein kleiner Kreis von Freunden und las die Nacht hindurch. Im Falle nicht-gebundener Manuskripte reichte man die einzelnen losen Blätter weiter. Bei Büchern wurde entweder wechselweise laut vorgelesen oder mehrere Augenpaare glitten schweigend über die Seiten[36]. Im Umfeld vor allem naturwissenschaftlicher Institute gab es bereits private Sam- und Tamisdat-Bibliotheken mit Dutzenden oder gar Hunderten von Titeln. Hier versammelte man sich zumeist am Wochenende, nur um Samisdat zu lesen[37]. Einem besonderen Kreislauf gehörten Bücher und Manuskripte religiösen Inhalts an. Sie sollen v.a. von Priestern auf dem Lande (!) gesammelt, manchmal schon gehortet worden sein[38].

Auch wenn es im Bereich des eher für die gehobene Intelligenz bestimmten Samisdat Zentren der Vervielfältigung und Verbreitung gab, blieben die selbstverlegten Publikationen doch unterhalb der Schwelle systematischer Produktion und Verbreitung. Vor allem die repressiven Verhältnisse verboten die Ausbildung eines unabhängigen Verlagswesens, auch eines gut funktionierenden Vertriebssystems, wie es sich z.B. in Polen nach 1976 etablierte[39]. Erstaunlicherweise war es in der Sowjetunion ein eher nicht-intellektuelles Milieu, die Glaubensgemeinschaft der Baptisten-»Iniziatiwniki«, eine Abspaltung von der offiziell registrierten baptistischen Kirche, die seit 1971 einen Untergrundverlag »Christianin« (Der Christ) unterhielt. Gelegentlich wurde er von der Polizei ausgehoben, um an neuen Orten seine Tätigkeit mit wechselndem Personal wieder aufzunehmen. Der Verlag produzierte Bibeln, religiöse und erbauliche Texte aller Art, auch Periodika. 1983 und 1984 wurden in Estland, Lettland, Kasachstan, Dnepropetrowsk und Krasnodar Lager mit Tonnen von Papier und Druckstöcke konfisziert[40]. Auch die Zeugen Jehovas scheinen über ein gut organisiertes System von Produktion und Vertrieb ihres Periodikums »Der Wachturm« verfügt zu haben. Es erreichte regelmäßig, wenn auch verspätet sogar die Lager[41]. Möglicherweise existierte im Kaukasus ein ähnliches Netz zur Verbreitung islamischer Literatur. Jedenfalls wurde 1985 in Baku eine Gruppe verurteilt, die in staatlichen Druckereien eine große Menge muslimischer Literatur in arabischer Schrift hergestellt hatte[42].

Angaben über die quantitative Seite des Samisdat sind bisher nicht möglich. Das dichteste Netz seiner Verbreitung ist in den Hauptstädten, in den wissenschaftlichen Zentren im Umfeld der Akademie-Institute sowie dort zu vermuten, wo Wissenschaftler, Literaten und Künstler ihre Erholungsstätten fanden. Die »unerforschlichen Wege des Samisdat« führten auch in die russische Provinz. »Ich glaube, es gab … keine Bezirksstadt, in der nicht Samisdat umlief, sei es auch nur in begrenztem Umfang. Er existierte in Belgorod, in Orjol, in Tjumen und in Archangelsk«, erinnert sich Boris Wail[43]. Immerhin ergab eine Befragung unter sowjetischen, zumeist jüdischen Emigranten, die in der Regel städtischen Mittelschichten angehörten, daß ein Drittel von ihnen irgendwie mit Sam- oder Tamisdat in Berührung gekommen war[44].

Nach übereinstimmender Aussage vieler Emigranten wurde der Samisdat seit Mitte der siebziger Jahre zunehmend durch den Tamisdat teils ergänzt, teils verdrängt. Sowohl Beschwerdeschriften als auch Manuskripte ließ man zunehmend direkt in den Westen bringen. Als Sendungen über Radiostationen oder als Bücher kehrten sie in die Sowjetunion zurück. Der Übergang zum Tamisdat signalisierte zum einen das Ende der breiten bürgerrechtlichen Protestwelle und die Verdrängung der Aktivisten aus den wissenschaftlichen Instituten oder Kultur-Verbänden; er bedeutete zum anderen eine Verdichtung der Kontakte zum Westen, eine gewisse Professionalisierung in der konspirativen Weitergabe von Schrifttum aller Art. Tam- und Samisdat wurden in vielen Fällen ununterscheidbar, als vom Ausland kommende russische Bücher oder Teile von ihnen kopiert oder abgeschrieben wurden, oder die Bücher selber kursierten. Dem Tamisdat fehlte häufig das Element eigener Aktivität bei der Vervielfältigung und Weitergabe. Er wurde gelesen, vielleicht gehortet und kommerziell vertrieben, seine Rezeption war Ausdruck eines oft folgenlos bleibenden Konsums, nicht mehr einer aktiv werdenden Gesinnung.

Eine auch nur annähernd zuverlässige Rangliste der im Sam- und Tamisdat umlaufenden Werke aufzustellen, ist kaum möglich. In den späten sechziger und frühen siebziger Jahren wurde immer wieder die inzwischen (seit 1964/65) in den offiziellen Medien verbotene Lagerliteratur erwähnt, seien es Memoiren, sei es Belletristik: die Erinnerungen Nadeschda Mandelschtams und Jewgenija Ginsburgs. Die erste Fassung ihrer »Krutoi marschrut« (deutsch: Gratwanderung) soll angeblich in 5.000 Exemplaren kursiert sein[45]. Seltener werden erwähnt die Memoiren der ehem. Sozialrevolutionärin Jekaterina Olizkaja[46] und einer Nina Hagedorn, die ihren Bericht als eine Art »Lehrbuch über das geistige Überleben unter Lagerbedingungen« verstanden wissen wollte[47].

Die Beschlagnahme-Aktionen des KGB, die seit Beginn der siebziger Jahre im Zusammenhang mit Durchsuchungen, Verhören und Verhaftungen erfolgten, förderten zutage, was als nicht erlaubtes Schrifttum galt. Die Chronisten dieser Vorgänge hielten die wesentlichen Titel und Autoren fest, allerdings mit der Tendenz, nur ohnehin Bekanntes zu nennen. Wenn in Einzelfällen Hunderte von Titeln konfisziert wurden, so mag diese Angabe eine ungefähre Vorstellung vom Umfang und der Heterogenität der zensurfreien Zikulation vermitteln. In diesen Materialien waren literarische und – selten – wissenschaftliche Texte, vielfach Publizistik, Beschwerden, Petitionen, Tamisdat aller Art, aber auch sowjetisches Schrifttum enthalten, z.B. die Protokolle der Schauprozesse der dreißiger Jahre oder Chruschtschows Geheimrede vom XX. Parteitag der KPdSU[48]. Relativ verbreitet waren um 1968 auch Übersetzungen aus der tschechoslovakischen Publizistik. Unter den beschlagnahmten tschechischen oder slovakischen Texten tauchte immer wieder das sog. Manifest der 2.000 Worte auf, von L. Vaculik redigiert. Es warnte bereits im Juni 1968 vor einem Ende des Reformprozesses in der CSSR und wurde als Mißtrauenserklärung gegen Partei und Bürokratie verstanden[49].

Zu den Bestsellern unter den Literaten zählten zweifellos Solschenizyns Werke. Sie waren offenbar auch weit über den Kreis der frondierenden Intelligenz hinaus verbreitet. Dies galt insbesondere für den ersten Band des »Archipel Gulag«, der nur noch als Tamisdat zirkulierte. Auf dem Schwarzmarkt sollen die Exemplare dieses Buches Preise bis zu 80 Rubel erzielt haben[50]. In den Erinnerungen russischer Emigranten tauchen neben Solschenizyns literarischen und publizistischen Schriften W. Grossmans »Alles fließt ...« auf, eine Erzählung, welche die Kollektivierung zum Gegenstand hat, G. Wladimows »Der treue Hund Ruslan«, die Geschichte eines entlassenen Lagerhundes, der seine Rolle als Wachhund weiterspielte, die autobiographisch gefärbten Erzählungen Lidija Tschukowskajas oder W. Woinowitschs »Leben und Abenteuer des Iwan Tschonkin«[51]. Ihre Veröffentlichung im Westen hatte der Autor zwar verurteilt, gleichwohl erhielt er vom Schriftsteller-Verband einen »strengen Verweis«. Die Satire, so hieß es, sei »volksfeindlich«, denn sie verspotte »das werktätige Volk und die Nation der Sieger«[52]. Relativ spät zirkulierte – vermutlich nur über den Tamisdat – Wenedikt Jerofejews »Reise nach Petuschki«, eine Erzählung über eine Bahnfahrt im Alkohol-Delirium – und nicht zuletzt A. A. Sinowjews Schlüsselroman-Satiren[53]. Der Tamisdat bot somit Autoren eine risikoreiche Alternative zur Publikation in der Sowjetunion. Die Verlockung, im Ausland zu veröffentlichen, war eine Chance und eine Gefahr. Eine Chance, wenn der Autor im Westen Aufsehen erregte und schon allein dadurch einen gewissen Schutz genoß; eine Gefahr, wenn ein Schriftsteller auch im westlichen Literaturbetrieb nicht reussierte. Dann konnte er ins Bodenlose fallen. Eine weitere Verlockung, der nicht nur Literaten erlagen, bestand in der vermeintlichen Freiheit, »dort« alles sagen zu können, eine Freiheit, die zu Vielschreiberei und intellektueller Disziplinlosigkeit verführte und ihre Grenzen zumeist in den finanziellen Engpässen westlicher Verleger fand.

Da literarischer Tamisdat zumindest im Moskauer Schriftsteller-Milieu auf großes Interesse stieß – für Moskau heißt es sicher übertreibend, daß ca. 80% der dortigen Schriftsteller Tamisdat lasen –, mag er ein Korrektiv zum offiziellen Literaturbetrieb gewesen sein und zugleich als Druckmittel gegenüber den Kulturfunktionären gewirkt haben, als Warnung, die Zensurschraube nicht zu überdrehen[54].

Der literarische Sam- und Tamisdat bildete nur einen, wenn auch vermutlich den wichtigsten Strom eines sich den herrschenden Normen entziehenden Denkens. An seine Seite trat eine nun gründlichere historisch-politische Aufarbeitung der Stalinära. Sie griff auf Materialien sowjetischer und ausländischer Herkunft zurück. Gewissermaßen eine Fortsetzung und Vertiefung von M.Djilas »Neuer Klasse« bildete die anonyme Schrift »Transformation des Bolschewismus«. Sie basierte auf Parteidokumenten und deutete die sowjetische Geschichte nach marxistischen Kriterien als Übergang von der Diktatur des Proletariats zur Diktatur der Bürokratie[55]. Teils einer historischen, teils einer ontologischen Deutung des sowjetischen Sozialismus verpflichtet waren auch Schriften wie »Sozialismus und Staat« (um 1968 von einer Studentengruppe in Gorki erstellt)[56], »Der Untergang des Kapitals«[57], oder die »Geschichte des Politbüros des ZK der KPdSU«[58]. Um 1970 liefen im Samisdat zunächst einzelne Kapitel, später das ganze Buch Robert Conquests »The Great Terror« (1968) um, und, in ähnlichem Geist gehalten, das Buch des Emigranten der »zweiten Welle« (nach 1945) A. Awtorchanow »Technologie der Macht«[59]. Beide Bücher sind auf die despotischen und terroristischen Züge des Stalinsystems fixiert. Sie sollen – neben L. Schapiros »Geschichte der KPdSU« (engl. 1960) und Klaus Mehnerts »Der Sowjetmensch« (1958) – Aufnahme auch in den sog. Behörden-Samisdat gefunden haben, d.h. sie waren in russischer Übersetzung einem beschränkten Kreis sowjetischer Führungskader zugänglich[60]. Um die gleiche Zeit wurde auch Roy Medwedews, stark auf den Erinnerungen alter Bolschewiken basierendes Werk »Vor dem Gericht der Geschichte« in Umlauf gebracht. Dieses Projekt hatte Medwedew seit 1956 in Angriff genommen, spätestens seit 1969 gelangte es zumindest in Teilen in den Samisdat[61]. Es fand aber wohl nicht die Verbreitung wie Awtorchanows »Technologie der Macht« und der seit 1973 kursierende »Archipel Gulag«.

Eine zunächst eher am Rande stehende Begleiterscheinung des Samisdat war seit Ende der sechziger Jahre das Auftauchen rechtsradikal-faschistischer Schriften und Appelle. Sie kultivierten völkische Untergangsstimmungen, rassistische Herrschaftsansprüche und die Sehnsucht nach einem autoritären Staat. Hier wurden die Revolution, noch mehr der Stalinismus und der Zweite Weltkrieg als »Kulmination nationaler Energie« gefeiert[62]. Es war nur konsequent, daß vor diesem Hintergrund bald auch wieder die »Protokolle der Weisen von Zion« und selbst Hitlers »Mein Kampf« kursierten[63].

Im Mittelpunkt der Aufmerksamkeit stand aber an der Wende von den sechziger zu den siebziger Jahren der politische Essay. Der hier anhebende Diskurs diente der politischen Selbstverständigung und bemühte sich um eine Bestandsaufnahme der damaligen Situation in der Sowjetunion. Der Reigen wurde eröffnet mit A. Amalriks »Kann die Sowjetunion das Jahr 1984 erleben?« (1966-67). Diese Schrift schockte mit einem Katastrophen-Szenario, dem befürchteten Ausbruch eines sowjetisch-chinesischen Krieges. Sie hielt zugleich die konkurrierenden ideologischen Strömungen im Dissens und in der Intelligenz fest[64]. Diesem Essay folgten A. Sacharows »Gedanken über Fortschritt, friedliche Koexistenz und intellektuelle Freiheit« (1968)[65]. Roy Medwedews »Buch über die sozialistische Demokratie« (1972) revidierte die herrschenden marxistisch-leninistischen Normen und plädierte für mehr Mitbestimmung in den bestehenden Institutionen[66]. Ebenfalls für Reformen »von oben«, verbunden mit der Forderung nach dem Streikrecht – ein für den intellektuellen Dissens mit seiner Furcht vor dem »Volk« eher ungewöhnliches Ansinnen – trat der Mathematiker Juri Orlow ein, Aktivist von Amnesty International und der späteren Helsinki-Gruppe. 1975 vertiefte er seine Vorschläge in dem Essay »Ist ein nicht-totalitärer Sozialismus möglich?«[67]. Solschenizyns »Fastenbrief«, sein »Offener Brief an die sowjetische Führung« (1973) und der von ihm und seinem Freundeskreis herausgegebene Sammelband »Aus den Schollen hervor« (1974) enthielten wohl die schärfste Absage an die bestehenden politischen Verhältnisse, an den Sozialismus, an den megalomanischen Industrialismus wie an die Tradition westlicher Aufklärung überhaupt. Solschenizyn rechnete insbesondere auch mit der teils feigen, teils kompromißbereiten Haltung der neuen Bildungsschichten (obrasowanschtschina) ab und hielt ihr, unter Berufung auf die Autoren der »Wechi«, das Ideal »wahrer« Intelligenz vor[68]. Die polarisierende Wirkung insbesondere von Solschenizyns Abrechnung zeigte sich in der von R. Medwedew herausgegebenen Zeitschrift »Das XX. Jahrhundert«, die zu einem erheblichen Teil der Auseinandersetzung mit Solschenizyn gewidmet war[69], in einem Gegenmanifest, als »Selbstbesinnung« (1975?)[70] betitelt und wohl nur als Tamisdat zirkulierend, und in einer Flut von Streitschriften, in den Materialbänden des Radio Liberty nachzulesen[71]. Sie ließen deutlich werden, daß unter der Decke vermeintlich uniformen Denkens in der Sowjetunion sehr unterschiedliche ideologische und politische Strömungen verbreitet waren. Der Samisdat formulierte zumeist nur schärfer und polemischer, was – verhalten und mit Kotaus vor der Partei und dem Leninismus – auch im periodischen Schrifttum zu lesen war.

Neben den »klassischen« Samisdat der Appelle, Petitionen, Stellungnahmen und Essays trat seit Beginn der siebziger Jahre ein Samisdat der Periodika. Er besaß in dem von Roy Medwedew zusammengestellten, nachträglich so genannten »Politischen Tagebuch« (1964-1971) einen Vorläufer. Es begleitete und kommentierte das Tagesgeschehen in Politik, Gesellschaft und Kultur, es publizierte Erinnerungen, Stellungnahmen, Protokolle, Rezensionen und Nachrichten, die in den offiziellen Medien keinen oder nur einen verzerrten Niederschlag gefunden hatten. Das »Tagebuch« wurde nur in wenigen Kopien hergestellt und zirkulierte in einem kleinen Kreis – 40 bis 50 Personen – , die zum Moskauer Establishment gehörten. Genannt werden u.a. A.T. Twardowski, der Filmregisseur Michail Romm, Andrei Sacharow. Diese Personen fungierten als Leser, oft aber auch als Lieferanten von Materialien. Das »Politische Tagebuch« bildete, obwohl seine Existenz einem weiteren Publikum und offenbar auch dem KGB unbekannt blieb, insofern einen Prototypus, als es einem relativ kleinen Kreis als Medium der Selbstverständigung diente. Es sollte, wie R. Medwedew später schrieb, »verschiedene Theorien und Konzeptionen ausarbeiten und entwickeln ... Sein Ziel war es, nicht nur zu informieren, sondern auch zu kritisieren, zu analysieren, die Realität zu studieren«[72].

Ähnlich ließen sich auch die Absichten anderer Initiatoren der später zirkulierenden inoffiziellen Zeitschriften beschreiben. Aus technischen und politischen Gründen konnten sie quantitativ mit den lizensierten »dicken Journalen« nicht konkurrieren. Sie blieben zumeist auf engere Kreise beschränkt. Autorschaft und Leserschaft dürften in vielen Fällen weitgehend identisch gewesen sein. Die Zeitschriften, von denen manchmal nicht viel mehr als ihre Titel und ungefähre Orientierungen (im Westen) bekannt geworden sind, beanspruchen daher nicht Aufmerksamkeit, weil sie typische und verbreitete Meinungen, Stile und Orientierungen artikulierten, sondern weil sie die Vielfalt von Ausdruckswünschen manifestierten, die in den offiziellen Medien mit ihrer Zensur, ihrer Neigung zur Konvention und zur Einebnung des Individuellen keinen Platz fanden.

Die folgende Vorstellung von einigen über dreißig russisch-sprachigen Zeitschriften[73] beansprucht weder Vollständigkeit noch eine auch nur annähernd erschöpfende Charakterisierung. Diese Aufgabe muß Spezialmonographien vorbehalten bleiben. Das erste Unternehmen dieser Art scheint Wladimir Ossipow, ein ehemaliger Teilnehmer an den öffentlichen und dann verbotenen Dichterlesungen auf dem Majakowski-Platz, in Angriff genommen zu haben, als er das national-konservative »Wetsche«, dann gefolgt von zwei Heften der »Semlja« herausbrachte[74]. Wenig später folgte eine in radikalerem Geist gehaltene Serie »Moskowski Sbornik« (3 Bände, 1974-75), herausgegeben von L. Borodin, einem ehemaligen Aktivisten des WSChSON. Dem eher reformerisch-sozialistischen Spektrum gehörten das von Roy Medwedew herausgegebene »XX. Jahrhundert« an (1975-78), ebenso »Auf der Suche« (»Poiski«) und die ihm folgende Zeitschrift »Auf der Suche und Gedanken« (»Poiski i rasmyschlenija«) (1978-1981, 16 Hefte), herausgegeben von P. Abowin-Jegides u.a.[75] Der sozialistischen Tradition verpflichtet waren auch der »Lewy poworot« (Linkskurve), seine Fortsetzung »Sozialismus und Zukunft« und die »Varianten« (mindestens 15 Hefte, 1978-81), herausgegeben von einer Gruppe, die 1982 unter dem Etikett der »Affäre der Sozialisten« bekannt wurde[76]. Ergänzend wäre noch die Zeitschrift »Pojedinok« (Duell) (1979, 9 Hefte), herausgegeben von Juri Denissow[77] zu nennen.

Eine Serie »Zu Verteidigung der ökonomischen Freiheiten« (1978-79, 8 Hefte), herausgegeben von Wiktor Sokirko (pseud.: Burschuademow), konzentrierte sich auf die Beschreibung und Analyse von sozial-ökonomischen Problemen, kritisierte aber auch die antikommerzielle Einstellung unter der

Intelligenz wie unter der Bevölkerung insgesamt: Beide bedienten sich, so der Vorwurf, der billigen staatlichen Angebote, beklagten sich aber über die Bevormundung durch Staat und Partei. Die Verfasser plädierten – wie der Name der Serie nahelegte – für die Freiheit ökonomischer Betätigung als Teil einer moralischen Gesundung der Gesellschaft. Unter diesem Aspekt ließen sich selbst der Korruption und dem Schwarzmarkt einige positive Seiten abgewinnen, galten sie doch als Elemente individueller und eigenständiger Aktivität[78]. Der wirtschaftliche Zusammenbruch Polens und die zugleich disziplinierte Mobilisierung der dortigen Arbeiterschaft veranlaßten zu wenig ermutigenden Vergleichen mit der Sowjetunion, die sich in einer analogen desolaten Lage befinde: »Organisierte polnische Streiks wird es bei uns offensichtlich in den nächsten zehn bis fünfzehn Jahren nicht geben, stattdessen werden Streiks entstehen, die mit Aufruhr und Pogromen verbunden sind, die zusammen mit der wachsenden Korruption, mit nationaler Feindschaft und der Inkompetenz des Apparats den Prozeß der Auflösung vollenden werden«[79]. Die Angst vor den Folgen der politischen Atomisierung gerade auch in der sowjetischen Arbeiterschaft war ein fast obsessives Thema der intellektuellen Kritiker[80].

Die hier in einem sehr weiten Sinne als links und als liberal zu bezeichnenden Zeitschriften zirkulierten in begrenzter Anzahl offensichtlich in denselben Kreisen Moskaus. Manche ihrer Autoren und Mitarbeiter hatten sich im Umfeld des »XX. Jahrhunderts« bewegt und sich dann wegen Meinungsverschiedenheiten getrennt. Ein sachlicher Punkt der Auseinandersetzungen vor allem mit Roy Medwedew scheint die Frage über die Reformfähigkeit des Systems und den Grad des notwendigen »Drucks von unten« gewesen zu sein. Gemeinsam blieb ihnen – wie auch anders gerichteten Periodika – der »Kampf um das Recht auf Wahlfreiheit, auf die verlorene Bedeutung des Wortes und des Gegenstandes, ... auf ein ganz normales menschliches Leben, in dem weder das Glück, noch die Ordnung und schon gar nicht die »lichte Zukunft« garantiert sind«[81]. Die »linken« Zeitschriften und ihre Gruppen unterschieden sich insofern von der Menschenrechts-Bewegung, als sie das marxistische Erbe ernster nahmen als letztere und daß sie das Nachdenken über grundsätzliche soziale und politische Reformen zum hauptsächlichen Gegenstand ihres Schrifttums machten. Schon aus Gründen des eigenen intellektuellen und auch materiellen Überlebens teilten sie mit der Menschenrechts-Bewegung die Forderung nach Einhaltung der Grundrechte. Rechtsstaatlichkeit, die Entflechtung politischer und ökonomischer Gewalten, Dezentralisierung der Wirtschaft bis hin zu ihrer Reprivatisierung (besonders im Dienstleistungsbereich), eine Demokratisierung des öffentlichen Lebens bildeten den Minimalkonsens auch in diesen Zeitschriften und Gruppierungen, die seit Mitte der siebziger Jahre entstanden waren. Man könnte von einer »Sozialdemokratisierung« der Linken sprechen[82]. Es fehlte der revolutionär-leninistische Gestus, der in den fünfziger und sechziger Jahren noch einen Teil der studentischen Opposition beseelt hatte.

Der Wunsch nach zensurfreier, unkontrollierter Selbstäußerung blieb eine konstante Antriebskraft, die jenseits politischer Manifestationen zu immer neuen Anläufen führte, zumeist kurzlebige Periodika oder Sammelbände unterschiedlichsten Profils und Niveaus zusammenzustellen. Hierher gehörte ebenso ein handschriftliches Studentenjournal »Sexual-Demokrat« aus Woronesch[83] wie der viel Lärm aufwirbelnde literarische Sammelband »Metropol« (1978/79). Ein spontaner Einfall der Schriftsteller Wiktor Jerofejew und Wassili Axjonow beim Zahnarzt führte eine Reihe teils geächteter, teils soeben noch geduldeter Autoren zusammen, um zu beweisen, »daß wir selbst, wir hier in Moskau, im Herzen unserer Kultur (einen Sammelband) herausgeben. Wir hielten ihn nicht für Samisdat, sondern diese zwölf Exemplare«, aufwendig gestaltet, »sollten eine Erstausgabe sein«. Dies geschah z.T. aus Trotz gegen den Tamisdat und die Emigration, aber »wir begriffen natürlich, daß nichts daraus wird. Es bestanden schwache Hoffnungen, daß die Führung sich auf irgendeinen Kompromiß einläßt«[84]. Tatsächlich wurden Autoren und Herausgeber gemaßregelt, »bearbeitet« und schikaniert. Die Autoren Jewgeni Popow und Wiktor Jerofejew büßten ihre Mitgliedschaft im Schriftsteller-Verband ein, W. Axjonow und andere Autoren verließen ihn daraufhin aus Protest[85]. Die Affäre um den Sammelband »Metropol« war ein später Versuch, durch ein fait accompli einen Dialog mit den Mächtigen in Gang zu setzen. Andere Anläufe dieser Art endeten entweder im unentschiedenen Gewährenlassen, immer mit Schikanen verbunden, oder in Integrationsversuchen, die auf Unterwerfung hinausliefen. So soll der KGB (!) von Leningrad einer Gruppe inoffizieller Literaten vorgeschlagen haben, ihre Vorstellung über einen Beitritt zur Leningrader Sektion des Schriftsteller-Verbandes vorzulegen[86]. In Moskau bot sich nonkonformen Künstlern nach der berüchtigten Freiluft-Ausstellung, die am 15. September 1974 mit Bulldozern niedergemacht wurde, die Möglichkeit, sich dem Schutz des Städtischen Komitees für Künstlerische Graphik anzuvertrauen. Bald fungierte auch dieses Komitee nur noch als Kontrollorgan[87].

Andere Literaten, Künstler und »professionelle« Dissidenten hatten Dialog-Versuche schon längst aufgegeben. Verbunden war dies in der Regel mit dem Herausfallen aus den Institutionen in Literatur, Wissenschaft und Kunst und einem eigenartigen, immer gefährdeten Schwebezustand: Soweit es möglich war, verdiente man seinen Unterhalt als Heizer, Fahrstuhlführer und Ähnliches, um nicht Opfer der sog. Parasiten-Gesetze zu werden. Gleichzeitig war man eingebunden in eine manchmal exklusive Gemeinschaft von Freunden und Gleichgesinnten. Dies waren die Rahmenbedingungen, aus denen heraus sich die sog. Zweite Kultur entwickelte, ein unscharfer Begriff, der sowohl alternative Lebens- und Vergemeinschaftungsformen als auch intensive – kaum staatlich kontrollierte – Tätigkeiten in kulturellen und sozialen Bereichen umfaßte. Zur Zweiten Kultur gehörten die erstaunlich langlebige Hippie-Bewegung[88], seit Beginn der achtziger Jahre friedensbewegte Gruppen[89] ebenso wie die »Seminare« intellektueller Zirkel, die im offiziellen Kultur- und Wissenschaftsbetrieb nicht geduldet wurden. Was sie von diesem unterschied, war neben der Authentizität und Spontaneität vor allem die Distanz zum »Futternapf der Macht«[90]. Während der Einfluß auf die Wissenschaft aus naheliegenden Gründen nur gering sein konnte, erkämpften sich Literatur und Kunst, die unter solchen Bedingungen besser existieren konnten als fast jede Form wissenschaftlicher Arbeit, eine normative Kraft, an der sich auch die »offizielle« Seite zu orientieren begann. Der Zweiten Kultur blieb allerdings der Zugang zu einem weiteren sowjetischen Publikum zumeist versagt, ein Defizit, das durch gelegentliche westliche Besucher und Käufer kaum ausgeglichen werden konnte.

Wie alle anderen Initiativen blieb auch der Anlauf zu einer Frauenbewegung in Ansätzen stecken. Neben den stark religiös-philosophisch geprägten Zeitschriften »Nadeschda« (Hoffnung) (H.1-10, 1976-82) und »Marija« (H.1-3, 1981-2) fand weitere Beachtung der Sammelband »Frau in Rußland« (1979), der sich vor allem mit der sozialen Lage der Frauen, ihren Deformationen im Sozialismus und den Kosten der forcierten Integration ins Berufsleben beschäftigte[91]. Auch hier trat wieder das sehr vom Dissens geprägte Motiv der geistigen Emanzipation in den Vordergrund. »Wir sahen ein, daß soziale Veränderungen weder den Mann noch die Frau befreien werden, wenn sie nicht in Verbindung mit der Hauptsache geschehen: mit dem geistigen Umschwung, der in jeder Seele und in der ganzen Gesellschaft vor sich geht«[92]. Das sowjetische System erschien unter diesem Aspekt als das »totale Böse«, die formelle Gleichheit sei nur die Gleichheit der Sklaven, sie habe die Frauen in emanzipierte »Hexen« verwandelt, die sich im »häuslichen KZ« und im Beruf abquälten. Die sowjetische Gesellschaft sei eine »pseudomatriarchalische Antiutopie«, der »bolschewistische Hermaphroditismus« entweibliche die Frau und kastriere den Mann[93] – so die fulminante Abrechnung, mit der sich die Frauen den »ganzen Albtraum des sowjetischen Lebens« von der Seele schrieben[94]. Kurz vor der erzwungenen Ausreise eines Teils der Leningrader Frauengruppe richtete der dortige Club Marija im Mai 1980 einen – wohl ungehörten – Appell an die Frauen und Mütter der Sowjetunion und Afghanistans, ihre Männer, Brüder und Söhne dem Schlachtfeld in Afghanistan zu entziehen[95].

Ganz der Zweiten Kultur gehörten einige Zirkel in Leningrad an, die – vergleichsweise wenig gestört – ihren eigenen literarischen, philosophischen und künstlerischen Interessen nachgingen. Über Jahre hinweg edierten sie eine Reihe »dicker Journale«. Wichtigste Initiatoren waren hierbei der Dichter Wiktor Kriwulin und die philosophierende Soziologin Tatjana Goritschewa.

Unter den Augen des KGB organisierten sie seit 1974 informelle Versammlungen und Diskussionen, in denen über Philosophie, Religion, die neuesten Strömungen in Literatur und Kunst, auch über die zweite Kultur debattiert wurde. T. Goritschewa erinnert sich: »Mehr Sorgen als noch mit dem KGB hatten wir mit den Ängsten und Psychosen unserer Leningrader Intellektuellen. Einige konnten sich lange nicht an den Gedanken gewöhnen, daß wir frei existierten. Zweifel fingen an: Ist dies Seminar vielleicht eine Provokation?«[96].

Zu den wichtigsten inoffiziellen Leningrader Periodika gehörten seit 1974 die Zeitschrift »37« (nach der Hausnummer der Wohnung T. Goritschewas), in der ersten Zeit in Auflagen von immerhin 200 Exemplaren verbreitet[97]. Aus dem gleichen Milieu heraus entstand seit 1981 der »Obwodny kanal« (Abwasserkanal)[98]. Diese Zeitschrift widmete sich sowohl der Literatur selbst als auch der Literaturkritik mit wissenschaftlichem Anspruch. Seit 1976 existierte in Leningrad ebenfalls das literarisch-künstlerische Periodikum »Tschassy« (Stunden). Bis zum Dezember 1987 kamen 66 Hefte heraus[99]. Im gleichen Jahr organisierten die Dichter Wadim Netschajew und Marja Nedobrowa das Periodikum »Archiv«, das sich der inoffiziellen Kunst annahm und auch Gedichte publizierte[100]. Unter dem Namen »Sewernaja potschta« (Nördliche Post) erschien seit 1980 in Leningrad eine Zeitschrift, die ebenfalls Literatur und Literaturkritik vereinigte[101]. Welches künstlerische Potential inzwischen »aus dem Untergrund« zur Selbstdarstellung drängte und wie erfinderisch hierbei vorgegangen wurde, belegt die Geschichte der Zeitschrift »A – Ja« (Alpha – Omega), zwischen 1979 und 1986 zwar in Paris, aber unter weitgehender Direktive Moskauer Künstler herausgegeben, die ihr Material irgendwie in den Westen verbrachten[102].

In ähnlicher Weise verfuhren seit 1976 die Herausgeber der Sammelbände »Pamjat« (Gedächtnis) (Bd. 1-5, New York/Paris/Moskau 1976/78 – 1981/82), seit 1986 gefolgt von »Minuwscheje« (Vergangenes). Hier wurden Erinnerungen und historische Materialien publiziert, einschließlich derjenigen von Oppositionsgruppen aus den fünfziger und sechziger Jahren. Erwähnt werden mag auch noch das offenbar kurzlebige »Prestuplenije i nakasanie« (Verbrechen und Strafe), das sich den »Helden« des NKWD und der Stalinzeit widmete[103].

1979 startete bereits ein erster Versuch – nach vier Heften offenbar wieder eingestellt –, in einem Referatsjournal unter dem Titel »Summa« den inzwischen unübersichtlich gewordenen »Markt« von inoffiziellen Zeitschriften und Sammelbänden einschließlich von Schrifttum aus der Emigration zu erfassen und zugänglich zu machen[104].

Der Samisdat hat seit seiner Entstehung einen bemerkenswerten Wandel durchgemacht, der punktuell die Pluralisierung der sowjetischen Gesellschaft widerspiegelte. Angestoßen durch das Bedürfnis nach zensurfreiem Ausdruck eigener Befindlichkeiten wurde er Mitte der sechziger Jahre zum Medium des

Protests, der Appelle und Anklagen. Diese Funktion sollte er bis in die Zeit der Perestroika hinein behalten, wie die Materialsammlungen von Radio Liberty bezeugen. Darüberhinaus aber entwickelte er sich zu einem Kommunikationsnetz vieler kleiner Zirkel, die hier jenen freien Diskurs führten – manchmal auch zelebrierten –, der in den lizensierten Medien nicht oder nur begrenzt – und immer mit ideologischen Kotaus verbunden – möglich war. Insbesondere an der inoffiziellen Leningrader Kulturzeitschriften läßt sich ablesen, daß sich hier intellektuelle Zirkel Ausdruck verschafften und verständigten, die auch in einer freieren Medienlandschaft sicher kein Massenpublikum gefunden hätten. Gleichwohl ist die erzwungene Isolierung, die Unmöglichkeit, sich einem breiteren Publikum wenigstens in den gehobenen Bildungsschichten präsentieren zu können, als Mangel erlebt worden. Die Existenz dieser Gruppen und Zeitschriften belegt die unzureichende Differenzierung, den fehlenden Pluralismus des »offiziellen« Kulturbetriebes. Er räumte weder der urbanen Jugendkultur noch avantgardistischen und unkonventionellen Strömungen, die sich allzuweit vom biederen Realismus verschiedenster Schattierungen entfernten, noch der ungeschminkten sozialen und politischen Kritik jenen Raum ein, dessen jede Gesellschaft bedarf, wenn sie nicht in Erstarrung verfallen will. Der Samisdat wurde daher zur bunten, manchmal grellen Kehrseite einer vergleichsweise grau und eintönig wirkenden Kulturfassade, welche die Ungereimtheiten des sowjetischen Lebens verdecken sollte.

20. Die »Chronik der laufenden Ereignisse« und die Menschenrechtsbewegung

Eine entscheidende Frage blieb, ob aus der Protestbewegung und dem sie begleitenden Samisdat Kristallisationskerne sozialer oder gar politischer Selbstorganisation entstehen würden. Obwohl dieses Problem von den zunehmend aus den Institutionen verdrängten Aktivisten wohl nicht in aller Klarheit benannt wurde, hatten die seit 1966 ablaufenden Prozesse, die Petitionen, die ihnen folgende »Bearbeitung« der Signatare und die Strafaktionen von Behörden und Justiz das Problem der Grundrechte und Rechtsgarantien als vordringlich aufgeworfen. Bereits die Verhaftungen und Prozesse der fünfziger Jahre hatten gezeigt, daß die Behörden und die Justiz im Unterschied zur Stalinzeit bemüht waren, trotz der Unbestimmtheit vieler Gesetze und der in ihnen enthaltenen Generalklauseln ein Mindestmaß an formalen Prozeduren einzuhalten. Außerdem waren in den späten fünfziger Jahren einige Reformen im Justizwesen vollzogen worden[1].

Angesichts des politischen und ideologischen Monopolanspruches der Partei herrschte Rechtsunsicherheit aber in all jenen Bereichen, welche diesen Monopolanspruch berührten. Der sukzessive Beitritt der Sowjetunion zu den verschiedenen internationalen Rechtspakten ist von der sowjetischen Führung ganz offensichtlich primär als außenpolitisches Instrumentarium verstanden worden und nicht als bindende Verpflichtung für das eigene Verhalten im Innern. Ernster genommen wurden bestenfalls die legitimatorisch wichtigen sozialen Rechtsansprüche – auf Arbeit, Ausbildung, Erholung und Wohnung –, kaum aber die klassischen »bürgerlichen« Grundrechte auf Glaubens-, Meinungs-, Informations- und Versammlungsfreiheit sowie das Recht auf Freizügigkeit, in der Verfassung von 1936 und 1977 ohnehin nur mit Generalklauseln versehen. Aber gerade diese Rechtsansprüche bildeten seit dem Prozeß gegen Daniel und Sinjawski die Forderungen von Seiten des Dissens – und der diskriminierten Religionsgemeinschaften.

Wenn daher der Einsatz für Rechtsstaatlichkeit zunächst einem Kampf gegen Windmühlen zu gleichen schien, initiierte diese Idee Aktivitäten, die alle Versuche zur Organisation politischer Gruppen überdauern sollten[2]. Unter formalen Gesichtspunkten konnte die Forderung nach Achtung der Gesetze seitens derjenigen, die sie erlassen hatten, nicht gut als antisowjetisch klassifiziert werden. So schien es jedenfalls. Zugleich bedurfte der Austausch von Informationen über Willkürmaßnahmen der Behörden nur sehr loser Strukturen, die in der Regel schon in Freundschafskreisen und Gesinnungsgemeinschaften bestanden. Aus einem Appell an die UNO, in dem 15 Unterzeichner die Mißachtung der Menschen- und Bürgerrechte in der UdSSR beklagten, ist Ende Mai 1969 die erste »Initiativgruppe zur Verteidigung der Menschenrechte in der UdSSR« hervorgegangen. In der Folgezeit trat sie immer wieder mit kollektiven Aufrufen zunächst an die westlichen kommunistischen Parteien, dann an die UNO, an die Internationale Liga für Menschenrechte oder an den Internationalen Kongreß für Psychiatrie hervor. Diese Initiativgruppe war zunächst bis 1972 aktiv. Ihr letztes Mitglied T. Welikanowa wurde im August 1980 hauptsächlich wohl wegen ihrer Beteiligung an der »Chronik der laufenden Ereignisse« zu vier Jahren Lager strengen Regimes und zu fünf Jahren Verbannung verurteilt[3].

Etwas festere Strukturen nahm das am 4. November 1970 in Moskau gegründete Komitee für Menschenrechte an. Auf Initiative des Physikers Waleri N.Tschalidse setzte es sich das Ziel, die Behörden oder betroffene Personen in Fragen der Menschenrechte zu beraten und ihre theoretischen Probleme zu erörtern. Dabei wollte man einerseits von den Prinzipien der Allgemeinen Erklärung der Menschenrechte ausgehen, andererseits aber auch die »Besonderheiten des sowjetischen Rechts« und »die Schwierigkeiten des Staats auf diesem Gebiet« berücksichtigen[4]. Gründungsmitglieder waren – neben Tschalidse – A. Sacharow und der Physiker A.N. Twerdochlebow, später traten dem

Komitee der Mathematiker Igor Schafarewitsch und als Experten Alexandr Jessenin-Wolpin sowie Boris Zukerman bei. Letzterer spezialisierte sich auf den Mißbrauch der Psychiatrie. Sie alle waren keine ausgebildeten Juristen.

Das ein wenig weltfremd wirkende Arbeitskonzept des Komitees ging offensichtlich auf die Inspiration Tschalidses zurück. Bis 1967 war er öffentlich nicht hervorgetreten. Seither versuchte er, einerseits eine »wissenschaftliche« Einstellung als Beobachter und Analytiker beizubehalten, indem Rechtsfragen »erforscht« werden sollten, andererseits engagierte er sich, indem er seine wissenschaftlichen Ergebnisse als Dienstleistung der Allgemeinheit zur Verfügung stellte. Von 1969 bis 1972 gab Tschalidse eine Serie von 15 Bänden heraus, die »gesellschaftlichen Problemen« gewidmet waren und sich weitgehend mit theoretischen und praktischen Aspekten des Rechts befaßten[5]. Tschalidse hatte sich ein erzieherisches Ziel gesetzt: Da der sowjetische Staat aus einer Volksrevolution hervorgegangen sei, sah er in ihm viele Elemente einer von ihm gefürchteten bäuerlichen Volkskultur aufbewahrt mit ihrer angeblichen Neigung zu Willkür und Lynchjustiz, ihrer kollektivistischen Mißachtung des Individuums. »Zunächst war es wichtig, sich von der schweren Last der Unfreiheit zu befreien, von der Sklaverei, der Unduldsamkeit und vom Glauben an die Möglichkeit einer vollkommenen Gesellschaftsstruktur«[6]. Im Recht sah er daher ein Instrument zur Zivilisierung, zur Anerkennung der Würde des Individuums und zum Schutz von Minderheiten. Ohne sich dessen wohl bewußt zu sein, knüpfte Tschalidse damit an alte Intelligenzija-Traditionen von Kulturträgertum an.

Diese selbst gesetzte Mission stieß allerdings nur auf ein begrenztes Echo. Weder wollten sich die staatlichen Behörden beim Menschenrechts-Komitee Rat holen, noch stieß das Komitee auf sehr viel Verständnis. Gleichwohl war hier noch am ehesten mit einer Resonanz zu rechnen, da die Kenntnis der sowjetischen Gesetze doch einige Vorteile versprach. So gab A. Jessenin-Wolpin bereits 1969 einen Leitfaden für rechtskonformes Verhalten bei Verhören heraus[7]. Im September 1972 begründete Tschalidse seinen Austritt aus dem Komitee: »Die einen dachten und die anderen wünschten, daß das Komitee die Führungsrolle in der sog. Demokratischen Bewegung übernehme. Andere wiederum hatten gehofft, daß das Komitee den Ansatzpunkt für eine politische Opposition in der Sowjetunion bilden könne.« Daß es tatsächlich dazu beitragen wollte, den Behörden bei der Realisierung der Menschenrechte beizustehen, sei vielfach für ein Aushängeschild gehalten worden, hinter dem sich etwas Anderes verberge[8]. Tschalidse war müde und emigrierte bald in die USA, wo er seine Tätigkeit als Experte in Menschenrechtsfragen fortsetzte, zugleich mehrere Zeitschriften herausgab, die dem Dissens im In- und Ausland Gehör verschaffen sollten; u.a. verlegte sein Verlag »Chronika« seit 1974 den Tamisdat der »Chronik der laufenden Ereignisse«.

Tschalidse resignierte zu einem Zeitpunkt, als der Samisdat nicht nur mit politisch-ideologischen Positionspapieren überschwemmt wurde, sondern auch eine anonym bleibende »Demokratische Bewegung« ihr Programm für eine Demokratisierung der Sowjetunion und ihre Umwandlung in eine echte Föderation vorlegte. Sie gab taktische Anweisungen zur Organisation einer Opposition[9]. In der Auseinandersetzung zwischen dieser Bewegung und den Anhängern der Bürger- und Menschenrechte zeigte sich das Dilemma einer jeden autonomen Tätigkeit. Die »Demokratische Bewegung« warf den Aktivisten der Komitees, den Petenten und Sympathisanten der »Chronik der laufenden Ereignisse« vor, daß sie ohne Programm, ohne Organisation seien, daß sich ihre Handlungen in moralischen Gesten erschöpften. »Die liberalen Romantiker handelten, indem sie sich von Emotionen und moralischen Motiven leiten ließen. Sie wollten nur ihre Seele retten, ihr Gewissen reinigen und sich dafür selbst opfern«. Allein Meinungsfreiheit zu fordern, sei Ausdruck »ständischer Interessen der schöpferischen Intelligenz«[10]. Damit seien die Massen nicht zu gewinnen, die von anderen Sorgen bedrängt würden. Die Intelligenz müsse eine gemeinsame Sprache mit dem Volk finden. Zu diesem Zweck forderte die »Demokratische Bewegung« ein Programm, das zugleich wissenschaftlich und volkstümlich sein solle, das auf gründlichen soziologischen Analysen zu beruhen habe. Dabei wurde als Beispiel auf M. Djilas' »Neue Klasse« und J.Burnhams »Revolution der Manager« (1945) verwiesen. An taktischen Überlegungen hatte die »Demokratische Bewegung« allerdings auch nicht mehr zu bieten, als ein höchst konspiratives Organisationskonzept, das unter sowjetischen Bedingungen völlige Inaktivität oder – wie es Bukowski in anderem Zusammenhang formuliert hatte – ein Spiel mit dem eigenen Schatten bedeutet hätte.

Die Anhänger der moralischen Revolte bezweifelten die Möglichkeit eines politischen Programms, das auch noch »wissenschaftliche« Ansprüche erhebe. In einer so informationsfeindlichen Gesellschaft wie der sowjetischen seien »wissenschaftliche« Programme irreal. Die Kritiker stellten auch in Frage, ob die »Massen« einer progressiven Bewegung folgen würden. »In einer Gesellschaft, in der die Mehrheit in elementarer Weise davon überzeugt ist, daß der Staat nicht nur die Fähigkeit besitzt sondern auch das Recht hat, mit den Menschen zu machen, was er will, und der Mensch keine Rechte hat, wurde (mit dem offenen Protest) eine erste Lehre in bürgerlichem Rechtsbewußtsein erteilt«. Man setzte also auf den Demonstrationseffekt und nicht auf Programme und Organisationen. Eine Intelligenz, so hieß es weiter, die mit dem Bösen konfrontiert sei und diesem nicht im Sinne Gandhis den Gehorsam verweigere, verdiene nichts Besseres als die Sklaverei. So lautete das Resumee auch mit Bezug auf Albert Einstein[11].

Zwar hat es in den folgenden anderthalb Jahrzehnten wiederholt Versuche gegeben, politische Organisationen außerhalb der oder gegen die Partei zu gründen. Aber es gelang immer nur, bestenfalls Flugblätter, programmatische Erklärungen oder kurzlebige Zeitschriften herauszugeben. Der Zwang zur Konspiration und ein in der Regel verständnisloses Umfeld ließen alle derartigen Versuche nicht einmal in einem Umfang wirksam werden wie die Aktivitäten der Menschenrechtsgruppen und ihre Publikationen. Da diese nicht im engeren Sinne politisch waren, hatten sie nach Überwindung einer ersten Befangenheit auch keine Probleme, die ausländischen Medien als Lautverstärker für sich arbeiten zu lassen.

Das langlebigste »Organ« der Menschenrechts-Bewegung sollte die »Chronik der laufenden Ereignisse« werden, mit Unterbrechung in den Jahren 1972 bis 1973 von 1968 bis 1982 in 64 Heften herausgegeben. Als Motto wählte sie den Artikel 19 der Erklärung der allgemeinen Menschenrechte über die Informationsfreiheit. Ihr Selbstverständnis erklärte sie aus den spezifischen Zensurbedingungen in der Sowjetunion: »Die ›Chronik‹ ist keinesfalls eine illegale Veröffentlichung, aber ihre Herstellungsbedingungen sind durch die eigenartigen Auffassungen über Legalität und Informationsfreiheit bestimmt, wie sie sich in langen Jahren in einigen sowjetischen Organen entwickelt haben«[12]. Die »Chronik« entsprach insofern nicht ganz dem »klassischen« Samisdat, als die Herausgeber, zunächst v.a. die Lyrikerin N. Gorbanewskaja, später sie ablösende andere Personen im Schatten blieben. Wegen Verhaftung und Zwangsemigration wechselte der Stab der engeren Mitarbeiter häufig. 1972 schien es, als ob es dem KGB mit der Verhaftung Pjotr Jakirs und Wiktor Krassins, der vermeintlichen leader des Dissens, gelingen würde, dieses Periodikum zum Schweigen zu bringen. Die Untersuchungsbeamten des KGB und Juri Andropow persönlich waren geschickt genug, beide Symbolfiguren des Dissens zu demoralisieren, einmal durch »Bearbeitung« und Erpressung, aber auch durch Ausnutzung einer »mystischen Furcht«[13], welche die beiden ehemaligen Lagerinsassen immer noch beherrschte. Sie verrieten ihre Gesinnungsgenossen, sie gaben die Verstecke von Büchern und Filmrollen sowie die Kommunikationswege (auch ins Ausland) preis. Nach Angaben Krassins waren die KGB-Beamten besonders versessen darauf, Awtorchanows »Technologie der Macht« habhaft zu werden. Entprechend seinen Hinweisen wurden Konfiskationen in Moskau, Leningrad, Kiew, Tallinn, Melitopol, Swerdlowsk und Nowossibirsk durchgeführt[14]. Der entscheidende Schlag schien allerdings damit geführt zu werden, daß P. Jakir und W. Krassin am 5. September 1973 öffentliche Reue-Bekenntnisse ablegten. Sie distanzierten sich von ihrer »antisowjetischen« Tätigkeit und forderten zudem ihre ehemaligen Gesinnungsgenossen auf, von ihren Irrtümern abzulassen[15]. Letztlich ist dieser Versuch einer Desorientierung der Menschenrechts-Bewegung im engeren Sinne und des Dissens im allgemeinen gescheitert. Die Gärung in Teilen der Intelligenz war zu diffus, zu wenig strukturiert, der

Zusammenhalt insbesondere der aus den Institutionen Verdrängten andererseits zu stark, als daß der Zusammenbruch Einzelner, der immer wieder zu verzeichnen war, die Bewegung insgesamt hätte zerstören können.

Gleichwohl ist es bemerkenswert, daß der KGB und die Partei-Instanzen abgesehen von der Strafandrohung nichts unversucht ließen, die Delinquenten auch »moralisch« zu besiegen, und sie zu veranlassen, öffentlich ihre Verfehlungen einzugestehen. Diese Versuche standen in der Tradition des Erziehungsauftrags der Partei und der damit einhergehenden Selbstkritik, der sich im Zweifelsfall alle zu unterziehen hatten. Ein weiterer prominenter Fall aus der »Dissidentenszene« war das Schicksal Iwan Dsjubas, der in der ukrainischen Bewegung aktiv gewesen war. Er wurde wegen seines 1965 verfaßten, dann im Westen publizierten Buches »Internationalismus oder Russifizierung?«[16] zunächst (1972) mit Verfahrenstricks aus dem ukrainischen Schriftsteller-Verband ausgeschlossen, dann schließlich im März 1973 angeklagt und zu fünf Jahren Lager strengen Regimes verurteilt. Bereits während der Auseinandersetzungen im Schriftsteller-Verband hatte er sich von den ausländischen Herausgebern distanziert. Im Untersuchungsgefängnis will er dann seine Arbeit einer kritischen Überprüfung unterzogen haben, mit dem Resultat, daß er in Zukunft nur noch in einem Industriebetrieb arbeiten wollte, »um die Atmosphäre eines Arbeitskollektivs zu spüren und in seinem Leben aufzugehen«[17]. Der tuberkulosekranke Dsjuba wurde daraufhin begnadigt.

Der angebliche oder tatsächliche Mißbrauch im Ausland veröffentlichter Schriften, die in der UdSSR nicht oder nur verstümmelt erscheinen durften, blieb ein immer wieder angewandtes Mittel der Behörden, um Autoren einzufangen. Einige Schriftsteller wie A.T. Twardowski, Je. Jewtuschenko, A.A. Wosnessenski und W. Woinowitsch ließen sich teils aus Überzeugung, teils aus taktischen Gründen auf öffentliche Distanzierungen von ihren Auslandspublikationen (und deren Herausgebern) ein. Andere mag schlicht die Angst dazu veranlaßt haben. So distanzierte sich Warlaam Schalamow, der Kolyma überlebt hatte, von seinen im Ausland erschienenen düsteren autobiographischen »Erzählungen aus Kolyma« in der »Literaturnaja Gaseta« mit dem Argument, ihre Problematik sei »schon lange vom Leben abgesetzt«[18]. Der Fall des Leningrader Schriftstellers Wladimir Maramsin erregte einiges Aufsehen. Er hatte eine mehrbändige Gedichtsammlung Jossif Brodskis zusammengestellt und sich in den westlichen Medien zu Problemen der sowjetischen Literaturpolitik geäußert. Nach Durchsuchungen, Verhören und Anklagen gegen ihn und seinen Freundeskreis distanzierte er sich öffentlich von den westlichen Medien, hier insbesondere von »Le Monde« und bekannte sich »mit fremder Stimme« vor Gericht für schuldig[19].

Im Jahre 1980 unternahm der KGB erhebliche Anstrengungen, um die Redaktion der Zeitschrift »Poiski« zu zerschlagen. Die Herausgeber wurden bedroht, z.T. verhaftet und vor Gericht gestellt. In diesem Fall wurden sogar Experten aus Akademie-Instituten hinzugezogen, um den »verleumderischen« Charakter des Periodikums zu belegen. Das Verhalten der verhafteten Redakteure war unterschiedlich. Während Juri Grimm und Waleri Abramkin sich nach den »Regeln« des Dissens verhielten, die Rechtmäßigkeit der Anklage selbst, die Rechtsförmigkeit des Verfahrens bestritten und sich im Sinne der Anklage für unschuldig erklärten[20], wählte der dritte Angeklagte Wiktor Sokirko (pseud. Burschuademow) einen Mittelweg: Er distanzierte sich vom angeblichen Mißbrauch seiner Publikationen im Ausland, hielt diese selber wie seine Veröffentlichungen in den »Poiski« aber nicht für verleumderisch, bestenfalls für »schädlich«. Als »Liberaler« glaubte er an die Notwendigkeit und – unter den gegebenen Verhältnissen der sozialen und ökonomischen Krise der Sowjetunion – an die Legitimität einer »starken Macht«. Daher erkannte er seine Verurteilung durch das Gericht als »Urteil des Volkes« an[21]. Mit dieser halsbrecherischen Position, die er mit der mangelnden Resonanz des Dissens in der Bevölkerung rechtfertigte, stieß er allerdings auf heftige Kritik aus dem ehemaligen Freundeskreis.

Diese und andere Fälle änderten aber kaum etwas an der grundsätzlichen Distanz zwischen den Aktivisten der Menschenrechtsbewegung und den Vertretern der Macht. Die Rituale öffentlicher Reue, wie immer sie individuell begründet sein mochten, wurden nun zu sehr als Instrumente der Demoralisierung durchschaut, als daß sie in diesen Kreisen noch eine Wirkung hätten erzielen können. Selbstkritik als Ritual scheint auch in den Bildungsschichten allmählich aus der Mode gekommen zu sein, während die öffentliche Bloßstellung in der Arbeiterschaft immer noch als wirksames Disziplinierungsmittel galt, effektiver jedenfalls als Lohnabzüge und andere Strafen[22]. Erst seit Beginn der Perestroika waren es nun ehemalige Stalinisten und »Konformisten«, die teils aus Überzeugung, teils eingefahrenen Konventionen folgend, auf Versammlungen und in den Medien mit »Selbstkritik« auftraten[23].

Im Jahre 1974 fand sich ein neues Team, das die aufopferungsvolle Redaktion der »Chronik« auf sich nahm. In den folgenden Jahren traten neue Aktivisten auf den Plan, welche die durch Verhaftung und Zwangsemigration dezimierten Herausgeber ersetzten. Die »Chronik« wurde gewissermaßen das »Zentralorgan« der Diskriminierten und Verfolgten. Ihr Informationsnetz weitete sich aus, sie berichtete zunehmend auch aus der russischen Provinz und verfügte über Kontakte zu den teils nationalen, teils religiösen Gruppen im russischen Zentrum wie in der fremdnationalen Peripherie. Zum festen Bestandteil ihrer Informationen gehörten Berichte über die »Bearbeitung« von Signataren in wissenschaftlichen Einrichtungen, über Auseinandersetzungen in den künstlerischen Verbänden, v.a. aber über Durchsuchungen, Verhöre, Verhaftungen und Prozesse, Meldungen aus Gefängnissen, Lagern und Psychiatrischen Haftkliniken, Informationen über die Aktivitäten diskriminierter Gruppen, über nationale Manifestationen, über die Auseinandersetzungen um die Ausreise von Juden und Deutschen, über die Rückkehrwünsche der Krimtataren, Mescheten u.a. im Zuge des Zweiten Weltkriegs deportierter Völker.

Die Anzahl der als Informanten, Überbringer und Redakteure tätigen engeren und weiteren Mitarbeiter der »Chronik« wurde zu Beginn auf etwa 200, gegen Ende auf etwa 400 Personen geschätzt. Mit der Zusammenstellung der Nachrichten und ihrer Redigierung dürften maximal 40 Personen beschäftigt gewesen sein[24]. Die informelle Struktur des weiteren Netzes der »Chronik« war der Grund, daß selbst (emigrierte) Mitarbeiter keinen genauen Überblick besaßen – und besitzen wollten. Ähnliches gilt für die Verbreitung des Periodikums. Auch hier gibt es nur sehr vage Schätzungen, die auf einige Tausende von Exemplaren hinauslaufen. Dabei war immer gesichert, daß ein Exemplar ins Ausland gelangte[25].

Die Tätigkeit der »Chronik« wurde schließlich ergänzt durch die »Chronik zur Verteidigung der Rechte in der UdSSR«. Sie berichtete über Menschenrechts-Probleme und wurde vom inzwischen in die USA emigrierten W. Tschalidse mit Unterstützung von Amnesty International herausgegeben. Zwischen 1973 und 1981 erschienen 42 Lieferungen[26]. 1974 belebte sich auch die »Initiativgruppe zur Verteidigung der Menschenrechte«, jetzt unter aktiver Beteiligung A. Sacharows[27].

Nachdem sich bereits im September 1973 die »Gruppe 73« bekannt gemacht hatte, die zunächst Kindern von Häftlingen helfen wollte und im September 1974 als »Moskauer Gruppe« von Amnesty International anerkannt wurde[28], verkündete der Mathematiker Juri Orlow unter der Schirmherrschaft A. Sacharows am 12. Mai 1976 die Gründung einer »Moskauer Gruppe zur Realisierung der Helsinki-Vereinbarungen«, ein Beipiel, dem im November 1976 und im Januar 1977 analoge Gruppen in Litauen, der Ukraine, Georgien und Armenien folgten[29].

Im sog. Korb 3 des Helsinki-Abkommens, das auch in der Sowjetunion veröffentlicht worden war, sahen Ju.Orlow und seine Gesinnungsfreunde einen Anknüpfungspunkt, unter Berufung auf internationale und von der Sowjetunion anerkannte Abkommen die Sicherung von Grundrechten durchzusetzen und dafür auch in organisierter Weise einzutreten. Die Helsinki-Gruppen, bald wie die bekanntgewordenen Herausgeber der »Chronik« Verfolgungen ausgesetzt, veröffentlichten Dokumente über die Rechtsbrüche der Behörden[30]. Eine weitere vergleichsweise effizient arbeitende Gruppe unter Alexandr Podrabinek bildete die 1977 bis zum Februar 1981 tätige »Arbeitskommission zur Untersuchung des Einsatzes der Psychiatrie für politische Zwecke«. In den Jahren zuvor hatte die Zwangspsychiatrierung des ehemaligen Generals Pjotr Grigorenko, der sich besonders für die Rückkehr der Krim-

Tataren in ihre alte Heimat eingesetzt und sich in die Diskussion um den deutschen Überfall auf die Sowjetunion eingeschaltet hatte[31], des ukrainischen Aktivisten Leonid Pljuschtsch und des Gerontologen Schores Medwedew für weltweites Aufsehen gesorgt[32]. Nun wurde durch die »Arbeitskommission« versucht, dem Problem systematisch beizukommen. Sie konnte 24 umfangreiche Lieferungen herausgeben, in Einzelfällen – mit Hilfe des internationalen Echos – die Freilassung von zwangspsychiatrierten Häftlingen erzwingen und zur internationalen Ächtung der Sowjetunion in diesen Fragen beitragen[33].

Die Menschenrechts-Bewegung übte einen Demonstrationseffekt auch auf andere Gruppen inner- wie außerhalb der gehobenen Intelligenz aus. Im »Christlichen Komitee zur Verteidigung der Rechte der Gläubigen in der UdSSR« (seit Dezember 1976), in der »Initiativgruppe zur Verteidigung der Rechte der Invaliden in der UdSSR« (seit Mai 1978), in der »Freien Überberuflichen Vereinigung der Werktätigen« (SMOT) (seit Okt. 1978), häufig als Gewerkschaft mißverstanden[34], fanden sich Gruppierungen zusammen, die unter Mißachtung und Willkür der Behörden litten. Sie handelten nach dem Beispiel der Menschenrechts-Bewegung, gaben Informationsbulletins und Dokumentationen heraus, um trotz des erheblichen persönlichen Risikos für sich selbst auf allgemeine Probleme hinzuweisen und Druck auf die Behörden auszuüben. In ähnlicher Weise verfuhren auch national bewußte und ausreisewillige Juden und Deutsche. Die Aktivitäten der eher urbanen und der Intelligenz angehörigen Juden überschnitten sich auch personell mit denen der Menschenrechts-Bewegung im engeren Sinne. Dadurch erhielt insbesondere die Frage der Ausreise als Symbol des Rechts auf Freizügigkeit einen zentralen – wenn auch nicht unumstrittenen – Stellenwert im Einsatz für die Durchsetzung von Grundrechten[35].

Als Teil der Menschenrechts-Bewegung muß auch die erstaunlich breite Diskussion um die neue Verfassung von 1977 gesehen werden. Was immer die Gründe gewesen sein mögen, welche die politische Führung dazu veranlaßt hatten, sich diesem lange ruhenden Thema zu widmen, so mobilisierte sie offenbar erstaunlich viele Personen, die der Menschenrechts-Bewegung fernstanden. Im Samisdat zirkulierten jedenfalls viele Stellungnahmen, deren zentrales Thema die klassischen bürgerlichen Grundrechte waren[36].

Erst seit der sowjetischen Invasion in Afghanistan im Dezember 1979 und im Zuge der Verschlechterung der Ost-West-Beziehungen sah sich die sowjetische Führung veranlaßt, massiv gegen die verschiedenen Gruppen vorzugehen und ihre prominentesten Aktivisten zu verhaften. Die Verbannung Sacharows nach Gorki im Januar 1980 bildete nur das sichtbarste Signal für das Ende relativer Duldsamkeit[37]. Das Ziel dieser Aktionen war offenbar die Zerschlagung der Kommunikationswege im inoffiziellen Milieu selbst sowie der Verbindungen ins Ausland. 1981 wurden auch die unter Publikationsverbot stehenden Autoren davor gewarnt, ihre Werke im Ausland zu veröffentlichen[38]. Tatsächlich gelang es dem KGB, die erkennbaren Strukturen der Menschenrechts-Bewegung zu zerstören: Nach der Verhaftung T. Welikanowas und A. Lawuts war kein Mitglied der 1969 gegründeten »Initiativgruppe für die Verteidigung der Menschenrechte« mehr in Freiheit. Im September 1982 löste sich die Moskauer Helsinki-Gruppe auf, nachdem die Gruppen in der Ukraine, in Georgien und Armenien schon längst dezimiert worden waren. Die »Chronik« lieferte im Sommer 1982 ihr letztes Heft aus. Allerdings wurden die Sammlung wie die Übermittlung von Informationen über Rechtsbrüche der Behörden und Nachrichten über die Hafteinrichtungen seit 1983 von einem handlicheren Bulletin bis zum Oktober 1985 fortgesetzt. Seine Herausgeber waren Iwan Kowaljow und Sergei Grigorjanz[39]. Eine totale Unterdrückung inoffizieller Nachrichten ist somit auch nach 1982 nicht erreicht, wohl auch nicht angestrebt worden.

Welche beispielgebende Wirkung der Samisdat trotz seiner begrenzten Zirkulation besaß, wurde nach 1986 erkennbar, als sich mit der »Explosion von Öffentlichkeit« nicht nur die staatliche Medienlandschaft neu orientierte, sondern parallel dazu zahllose – nun informell genannte – Gruppen entstanden, deren erstes Ziel die Herausgabe einer eigenen Zeitschrift war. Allein in Moskau und Leningrad existierten gegen Ende 1988 mehr als 35 derartige Periodika. Einige von ihnen (besonders in Leningrad) konnten bereits auf eine beachtliche Vergangenheit (seit Ende der siebziger bzw. seit Beginn der achtziger Jahre) zurückblicken[40]. Im Sommer 1989 wurden in der Sowjetunion schon über 320 solcher – sicher auch kurzlebiger – Periodika gezählt[41]. Ihre Themen reichten von literarisch-kulturellen über religiöse, ökologische bis hin zu nationalen und politischen Schwerpunkten. Weniger professionell als die offiziellen Zeitschriften gestaltet, rechtlich und materiell in einem zumeist unsicheren Zustand brachten sie doch in ihrer »ungekämmten Sprache«[42] lange unterdrückte Bedürfnisse nach autonomer Aktivität und Artikulation zum Ausdruck. An diesem Boom waren Vertreter der Zweiten Kultur ebenso maßgeblich beteiligt wie ehemalige Dissidenten und Vertreter politischer Gruppen der frühen achtziger Jahre. Aus der Sicht von 1992 bildeten die informellen Gruppen und ihre Zeitschriften nur ein Übergangsphänomen von der anfangs gelenkten Perestroika bis zum Zusammenbruch der Sowjetunion. Ihre alten Strukturen hielten den Belastungen der neuen Öffentlichkeit und der Freiheit nicht stand.

Resümee

Die Geschichte der russisch-sowjetischen gehobenen Intelligenz erhält ihre besondere Färbung vor dem Hintergrund des soziokulturellen Dualismus und seiner revolutionären Transformation. Bis ins letzte Drittel des 19. Jahrhunderts hatten die Schichten von Besitz und Bildung, eng verwoben mit der Welt des Adels und der Behörden, einer in Traditionen verharrenden – weitgehend ländlichen – Bevölkerung gegenübergestanden. Die seither folgenden Schübe forcierter Industrialisierung und Kommerzialisierung in der Landwirtschaft veränderten Einstellungen und Verhaltensweisen in der Bevölkerung insgesamt, aber auch das Profil der Bildungsschichten. Die Professionalisierung erfaßte die Bildungsberufe im engeren Sinne als auch die Beamtenschaft, ohne daß sich die administrativen und politischen Strukturen den modernen Anforderungen hinreichend anpaßten. Hieraus entstanden vielfältige Spannungen. Die Angehörigen der professionellen Intelligenz forderten entsprechend ihren Leistungen auf dem Markt wie in den Behörden eine Anerkennung ihres herausgehobenen Status, während in der politischen Sphäre zwar mit der Intelligenz weitgehend Übereinstimmung in den allgemeinen Entwicklungsperspektiven bestand, nicht aber über den Grad von Partizipation und Autonomie in den einzelnen Tätigkeitsfeldern. Es lag in der Natur der Autokratie mit ihrem absoluten Gehorsamsanspruch, daß die Konflikte mit den Angehörigen der Bildungsschichten nicht primär als Auseinandersetzungen um professionelle Interessen wahrgenommen wurden, sondern als ein Kampf um Mittel und Wege der gesellschaftlichen Transformation. Letztlich ging es um einen Führungsanspruch in diesem Prozeß. Von den Angehörigen der professionellen Intelligenz wurde er im Ausbau ihrer sozialen und politischen Position, auch in ihrer Rolle als primäre Kulturträger vorgestellt, von den Revolutionären als politischer und sozialer Umsturz.

Obwohl sich die professionelle und revolutionäre Intelligenz eher in der Analyse als in der historischen Realität voneinander abgrenzen lassen, sind doch deutliche Unterschiede in den Lebensläufen und beruflichen Karrieren zu beobachten. Gehörten die ersteren aus der Sicht der Bevölkerung eher den herrschenden Schichten an, so waren die letzteren durch politische Verfolgung, Verbannung und Emigration, generell durch eine unsichere soziale Existenz geprägt, die sie als Sprecher plebejischer – proletarischer oder bäuerlicher – Erwartungen prädestinierte. Die sozialistische Rhetorik der intellektuellen

Bolschewiki, verbunden mit einer konsequenten Praxis, entsprach am ehesten den Wünschen und Aspirationen der bisher unterprivilegierten und durch den Krieg ausgelaugten Bevölkerung. Gleichzeitig reproduzierten und verschärften sich im ideologischen Fanatismus der Bolschewiki Herrschaftstraditionen, die an autoritäre Dispositionen in den Unterschichten anknüpften. Der politische Erfolg der Revolutionäre und ihres Massenanhangs gründete sich dabei auf den Zerfall der bürgerlichen Gesellschaft, die sich vor 1914 zu etablieren schien und die vorherrschende Perspektive gerade auch für die professionelle Intelligenz gewesen war.

Der zivilisatorische Zusammenbruch Rußlands seit dem Ende des Weltkrieges und die bolschewistische Diktatur erzwangen eine Neurorientierung, welche die soziale und materielle Existenz, den beruflichen Status und z.T. den Kern der Arbeit der Angehörigen der Bildungsberufe erfaßte. Während die Bolschewiki mit beispielloser Härte im Bürgerkrieg die »Liquidierung« der besitzenden Schichten »als Klasse« betrieben, erzwangen pragmatische Erwägungen einen vergleichsweise vorsichtigen Umgang mit den Trägern eines technischen und kulturellen »Kapitals«, das die proletarische Diktatur besonders in einem rückständigen Land nicht entbehren konnte. Es sollte geschont, ausgenutzt, aber politisch unterworfen und kontrolliert werden. Der für die Intelligenz nun aufkommende Begriff der »bürgerlichen Spezialisten« implizierte eine Konzeption, nach der die Angehörigen der Bildungsberufe auf ihre Funktion als Träger vor allem technischen Wissens reduziert wurden. Jede allgemeine Kompetenz, die einen wesentlichen Bestandteil ihres bisherigen Bewußtseins ausgemacht hatte, wurde ihnen verweigert. Man könnte von einer auf das Fachliche beschränkten Kulturträger-Funktion sprechen, die vor allem die technische Intelligenz nolens volens akzeptierte. Mit der Nutzung naturwissenschaftlich-technischen Wissens bei relativer Privilegierung ihrer Träger war ein Modell gefunden, das sich nur mit großen Schwierigkeiten auf die Kultur-Intelligenz übertragen ließ. In diesem Sektor gab es sehr unterschiedliche Verfahrensweisen, die von der Vertreibung bis zu einem Programm der »Umerziehung« reichten. Diese wurde beispielhaft an den nicht-kommunistischen Literaten als »Mitläufern« durchexerziert. Als gemeinsamer Nenner im Umgang mit den verschiednen Bildungsberufen läßt sich eine »funktionalistische« Sichtweise von Technik, Wissenschaft und Kultur erkennen: Sie sollten dem »Proletariat« dienen, wie sie angeblich zuvor dem »Kapital« gedient hatten.

Die grundsätzliche Vorstellung vom Wesen und der Aufgabe der professionellen Intelligenz ist freilich von der Praxis zu unterscheiden. Denn hier wurden den Angehörigen der Bildungsberufe je nach ihrem strategischen Stellenwert für die neue Führung ganz unterschiedliche Freiräume gewährt. Die Einbindung der Techniker, Ingenieure und eines Großteiles der Naturwissenschaftler in den Obersten Volkswirtschaftsrat bedeutete Schutz und – im

Vergleich zur oft untergeordneten und zudem unsicheren Marktstellung im Zarenreich – auch einen sozialen Aufstieg. Das entgegengesetzte Beispiel liefern die Hochschulen, die ihrer Autonomie beraubt wurden, um die sie bis 1917 so verzweifelt gekämpft hatten. Allein die Akademie der Wissenschaften konnte ihre Autonomie wahren, diese aber – im Maße ihrer wachsenden Bedeutung – nicht ausbauen. Sie blieb eine bürgerliche Festung, die erst gegen Ende der Neuen Ökonomischen Politik »gestürmt« wurde. Das traditionelle Prestige, das die schöne Literatur in Rußland genoß, bewahrte ihr zunächst erhebliche Spielräume, bevor auch sie in den unmittelbaren Dienst für den Aufbau des Sozialismus gestellt wurde.

Die Atempause, die der professionellen Intelligenz von der bolschewistischen Führung gewährt wurde, kann mit zwei Umständen erklärt werden. Sie war einerseits auf taktische Überlegungen, andererseits aber auf eine gemeinsame Verwurzelung in kulturellen Normen zurückzuführen, die dem Respekt vor dem fachlichen Wissen und der Notwendigkeit von Freiräumen für intellektuelle Kreativität – wenn nicht in der Theorie, so doch in der Praxis – verpflichtet war. Die wachsende politische und ideologische Intoleranz, die merkwürdigerweise mit der Konsolidierung des Regimes einherhing, zeigte sich in der Sucht, Wissenschaft, Technik und Kultur stromlinienförmig auf die Politik auszurichten. Die funktionalistische Sicht auf die Rolle der Intelligenz, wie sie bei den Bolschewiki der ersten Generation angelegt war, wurde nun exzessiv auf die Spitze getrieben. Soweit es heute schon erkennbar ist, waren Initiatoren dieses Prozesses weder die zumeist bürgerlichen Experten noch die inzwischen älter werdenden intellektuellen Bolschewiki, sondern die nachwachsende Partei-Intelligenz. Ihre geistige und berufliche Unterlegenheit kompensierte sie durch einen militanten Dogmatismus und einen unbändigen Machtwillen, der alle moralischen Standards beiseite ließ. Es war, als ob der Bürgerkrieg noch einmal inszeniert werden sollte. An dieser Entwicklung waren die älteren Bolschewiki mit ihrer Rechthaberei, ihrem Fanatismus und ihrer politischen Skrupellosogkeit gewiß nicht schuldlos, ihre Repräsentanten waren aber Ende der zwanziger Jahre offenbar mehr Getriebene als Treibende. Die Reaktionen der Angehörigen der gehobenen Bildungsschichten auf den »Kulturfeldzug«, soweit sie nicht dessen Opfer wurden, reichten von Selbstgleichschaltung bis zu offenem Widerspruch. Ihn ungestraft zu äußern, bedurfte freilich des Rückhalts in Gruppen und Institutionen, die aus der Sicht des Regimes – wie die Akademie der Wissenschaften – eine strategisch wichtige Position einnahmen.

Die totalitären Ansprüche aus dem Milieu der Partei-Intelligenz ließen sich im »Kulturfeldzug« nicht in der Weise realisieren, wie dies beabsichtigt gewesen sein mag. Er zerstörte in Wissenschaft, Technik, Forschung und Kultur zwar das bisherige prekäre Ungleichgewicht zwischen politischer Sphäre und den Freiräumen für die Bildungsberufe, mündete aber in eine neue Ordnung, die den revolutionären Visionen nur partiell entsprach. Diese neue Ordnung war zwar totalitär in dem Sinne, daß sie die totale Verfügbarkeit über die Menschen und ihre Arbeit beanspruchte und insofern alle Tätigkeiten – auch die intellektuellen – instrumentalisierte. Aber die inhaltlichen Normvorgaben waren so flexibel gestaltet, daß nicht nur »Linke« im weitesten Sinne und Marxisten-Leninisten im engeren Sinne zur Kooperation aufgefordert waren. Die seit Durchsetzung der Planwirtschaft erfolgte machtstaatliche Wende des politischen Systems und der damit einhergehende politisch-ideologische Doktrinenwandel integrierte auch eher konservative, vor allem »patriotische« Elemente, die wohl als Angebot an bürgerliche Spezialisten zu verstehen waren. Stalin persönlich »rehabilitierte« die ehemals bürgerlichen Spezialisten in Naturwissenschaften und Technik, nachdem sie hinreichend »neutralisiert« worden waren. Allmählich wurden auch die zwischen 1929 und 1931 repressierten Historiker in den Forschungs- und Lehrbetrieb zurückgeholt. Die Schriftsteller-Elite der Stalinzeit zeigt – nach den kulturell-politischen Maßstäben der zwanziger Jahre – eine außerordentlich bunte Zusammensetzung. Vor diesem Hintergrund bildet der sich sukzessiv durchsetzende Lyssenkoismus gewissermaßen einen Irrläufer des Proletkultes und Kulturfeldzuges, der die neue Qualität von Wissenschaft im Sozialismus zu repräsentieren hatte. Die in ihm zum Tragen kommende Wissenschaftsmagie mag man als die kulturelle Manifestation der Aufsteigerklasse deuten. Der Lyssenkoismus war aber auch Ausdruck der von Stalin später beklagten geistigen *araktschejewschtschina*, die er in despotischer Manier selbst beförderte. So fanden unter Stalin Gruppen sehr unterschiedlichen Profils ihren Platz in den neuen Geistes- und Funktionseliten. Sicher hatte dies seinen Preis. In der Stalinzeit wurde er als »Umschmiedung«, in der späteren sowjetischen Historiographie delikater als »Umerziehung« bezeichnet.

Der Preis, der tatsächlich zu zahlen war, bestand in der totalen Unterwerfung und Verfügbarkeit. In reinster Form kamen die Normen des Stalinsystems in der *scharaga* zum Ausdruck: Techniker und Wissenschaftler, ihrer Freiheit beraubt, wurden auf ihre berufliche Funktion reduziert. Sie waren im System der Zwangsarbeit zwar privilegiert, dies war nur die unvermeidbare Voraussetzung für eine halbwegs erfolgreiche technische oder wissenschaftliche Arbeit. Über deren Ergebnisse konnten sie nicht verfügen. Cum grano salis läßt sich eine strukturelle Analogie zwischen der Enteignung der Bauern durch Kollektivierung und der Enteignung der Intelligenz insofern herstellen, als ihre Arbeitsergebnisse – gewissermaßen ihr Besitz – »kollektiviert« wurden. Wenn in der bürgerlichen Gesellschaft geistiges Eigentum zwar vermarktet, aber in der Regel rechtsförmig weitergegeben, d.h. verkauft wird, so regelte das Stalinsystem die Übertragung geistigen Eigentums durch ein Privilegiensystem, das zwar fürstlich belohnen konnte, nie aber Rechtsansprüche garantierte. Maßstab der Belohnung und Zuteilung waren in einem sehr weit zu verstehenden Sinne politische Aspekte, die in der Stalinzeit schwer zu durchschauen, nach 1953 aber sehr viel berechenbarer wurden.

Angesichts der Komplexität von Gesellschaft sind die Normen des Stalinsystems von der Praxis zu unterscheiden. Sie konnte in den einzelnen Berufsfeldern sehr unterschiedlich ausfallen. In Kunst, Literatur, den Sozial- und Geisteswissenschaften griffen Kontrolle und Steuerung und die »Kollektivierung« geistigen Eigentums in die intellektuelle Arbeit unmittelbarer (und destruktiver) ein als in den meisten Naturwissenschaften und in den technischen Prozessen. Gab es für die letzteren bis zu einem gewissen Grade »objektive« Erfolgskontrollen, die sich in der Industrie oder – nicht zuletzt – in der Rüstung niederschlagen mußten, so hat eine engherzige Auffassung von kultureller Tätigkeit, die auf ihren erzieherischen, propagandistischen und mobilisierenden Nutzen fixiert war, intellektuelle Freiräume weitgehend zerstört. Dies ist häufig einem exzessiven ideologischen Doktrinarismus zugeschrieben worden. Man sprach für die Stalinzeit, aber auch noch für die späteren Jahrzehnte von einer alle Kreativität erstickenden »Ideokratie«. Ihr Merkmal war aber – besonders in der Stalinzeit – kein in sich konsistentes ideologisches Gebäude, sondern ein flexibles System relativ beliebiger, undurchschaubarer und vor allem wechselnder Doktrinen, die kampagnenartig verbreitet wurden. Diese unberechenbaren Wechsel setzten Künstler, Literaten und Gelehrte, die sich öffentlich manifestierten, einer geradezu existentiellen Gefährdung aus, selbst wenn man prinzipienfest mit der Linie schwankte.

Wenn unter Modernisierung nicht nur Industrialisierung, Urbanisierung und die Zunahme von Komplexität in technischen Verfahren und Organisation verstanden wird, sondern auch die damit einhergehende Transformation oder gar Zunahme individueller Freiräume, von Optionen und Teilhaberechten, so läßt sich Modernisierung unter Stalin als ein extrem einseitiger und brutaler Prozess definieren. Ihm war das komplementäre Element individueller und gesellschaftlicher Autonomie zugunsten einer totalen öffentlichen Verfügbarkeit verloren gegangen. Die Kosten dieser partiellen Modernisierung lassen sich am auffälligsten an den Menschenopfern erkennen. Fast unmöglich ist es, unterdrückte oder behinderte Entwicklungschancen in Wirtschaft, Technik, Forschung und Kultur, ganz allgemein, an menschlicher Kreativität nicht nur in der intellektuellen Arbeit nachzuweisen. Auch für sie gilt – wie für die Wirtschaft im allgemeinen – die Frage nach den Grenzen von Unterdrückung und Ausbeutung. Hier konnte nur der Frage nachgegangen werden, welche »Strategien« und Möglichkeiten es für die Angehörigen der Bildungsberufe gab, zu überleben und professionelle Interessen durchzusetzen. Hierzu zählten die Reduktion eigener Aspirationen auf enge fachwissenschaftliche Ziele, Flucht in die Arbeit, vielfältige Formen der Verdrängung und Denkverbote, verbunden mit zumindest gelegentlichen Manifestationen von Unterwerfungsritualen und Loyalitätsbezeugungen. Unter solchen Bedingungen ließen sich in der entstehenden Privilegienhierarchie auch professionelle Ambitionen voranbringen oder durchsetzen. Denn auch das Stalinsystem bot durch materielle Belohnung und symbolische Anerkennung intellektueller Leistungen und auf der Ebene allgemeiner Politik – durch Antifaschismus, Patriotismus, Machtstaatlichkeit, Sozialismus und »Friedenskampf« – vielfältigere Möglichkeiten zu politischen Identifikationen, als dies zumindest zur Zeit des Kulturfeldzuges der Fall gewesen war.

Die dreißiger und vierziger Jahre waren gekennzeichnet durch die Neuformierung der Institutionen der gehobenen Bildungsberufe und durch ihre gleichzeitige Paralyse infolge eines fast permanent inszenierten Ausnahmezustandes mit seinen terroristischen Elementen. Erst seit den fünfziger Jahren stabilisierten sich die unter Stalin geschaffenen Einrichtungen und verbürokratisierten gleichzeitig. Anstelle forcierter Maßnahmen trat eine evolutionäre Entwicklung: die Ausweitung des Bildungssystems und das exzeptionelle Wachstum der Bildungsberufe. In einer Gesellschaft des stetigen – wenn auch wechselnden – Mangels an Konsumgütern und Dienstleistungen boten die sozial herausgehobenen Einrichtungen, die Akademien und Verbände der Kultur-Intelligenz, subsidiäre Absicherung, ähnlich wie die Firmen und Behörden für ihre Mitarbeiter. Akademien und Verbände stellten Arbeitsplätze zur Verfügung oder fungierten manchmal fast als Arbeitgeber. Damit verstärkte sich eine Tendenz zu ständisch-institutioneller Einhegung, die mit der Stabilisierung von Milieus einhergehen konnte. Die einst zweifellos mit der Etablierung dieser Einrichtung verbundene politische und ideologische Kontrolle der Bildungsberufe gewann seit den fünfziger Jahren insofern eine andere Dimension, als terroristische Maßnahmen entfielen. Loyalität wurde nun gesichert über eine kontrollierte Rekrutierung und Sozialisation mit milderen, wenn auch wohl systematischeren Formen der Indoktrination, über die mehr oder minder freiwillige Teilnahme an Aktivitäten der Partei oder »gesellschaftlicher Organisationen« und nicht zuletzt durch ein vielfältig gestuftes System der Belohnung.

Stand die professionelle Intelligenz in den zwanziger und dreißiger Jahren weitgehend außerhalb der Partei, so ist seit den fünfziger Jahren ihre zunehmende Integration in diese zu beobachten, mit der Folge, daß keine Schicht einen so hohen »Sättigungsgrad« an Parteimitgliedschaft wie die Bildungsberufe aufwiesen. Hier läßt sich in gewisser Weise von einer Kooptation von Intelligenz durch die Partei sprechen, ein Vorgang, der Politik im weitesten Sinne professioneller (und vielleicht weniger brutal) werden ließ, andererseits die Berufseliten so eng an die Partei band, daß ihre Bewegungsmöglichkeiten äußerst beschränkt blieben. Die Situation hatte sich auch dadurch verändert, daß sich mit der allgemeinen Anhebung des Bildungsniveaus in den Generationen, die seit Ende der fünfziger Jahre nachrückten, das Bildungs- und Mentalitätsgefälle zwischen den Aufsteigern in ihrer Funktion als Verwaltern und den Bildungsberufen im engeren Sinne abschwächte. Was blieb, waren Differenzen, die sich eher aus der Ausübung unterschiedlicher Funktionen und weniger aus der sozialen Herkunft und ihren Ausprägungen in der Mentalität ergaben.

Daher wird spätestens seit den sechziger Jahren eine eindeutige soziologische Abgrenzung der Bildungsschichten, gemessen an formalen Kriterien etwa von Hochschulabschlüssen, immer schwieriger. Die Berufstätigkeit war für die Selbstwahrnehmung wichtiger als der allgemeine Bildungshintergrund, der für Tätigkeiten in Verwaltung, Partei und Wirtschaft ebenso befähigte wie in der Wissenschaft. Die Schlagworte von der Verwissenschaftlichung industrieller und administrativer Prozesse und der Industrialisierung von Wissenschaft und Teilen der kulturellen Sphäre unterstreichen diesen Trend, auch wenn in der Sowjetunion die Neigung bestand, zukünftige Entwicklungen als schon gegeben zu behaupten.

Warum es angesichts dieser Professionalisierungsschübe gerade auch in den Eliten nicht zu einer realistischeren Wahrnehmung der eigenen Probleme und Mängel und zu umfassenderen Reformen der politischen und institutionellen Strukturen gekommen ist, hat viele Ursachen. Sie reichen von der Transformation – aber nicht der Überwindung – von Rückständigkeit über die der Planwirtschaft inhärenten Mängel, von der Monopolisierung ökonomischer und politischer Macht, in der die intellektuellen Berufe zu ihrem Anhängsel wurden, bis hin zu Traditionen in der politischen Kultur. Dies wirkte sich auch auf die Institutionen der gehobenen Intelligenz aus. Trotz gelegentlicher Phasen der Liberalisierung blieben sie zu sehr herrschaftliche Einrichtungen, anstatt kreativen Tätigkeiten optimale Bedingungen zu schaffen. Jeder Anlauf, diesem Ziel näher zu kommen, stand unter dem Verdacht der politischen Unzuverlässigkeit oder doch wenigstens des Skandals, der politisch administriert werden mußte. Auch in diesen Einrichtungen existierte ein ausgefeiltes System von positiven und negativen Sanktionen, deren vorrangiges Ziel Wohlverhalten und nicht optimale Leistungen waren.

Die sehr herausgehobe Position der intellektuellen Eliten in Forschung, Literatur und Kunst und ihre Integration in die seit Stalin geschaffenen Institutionen verbieten eine simple Gegenüberstellung von Geist und Macht. Vielmehr ist vor dem Hintergrund der Einschüchterung und der vielen Tabus seit der Stalinzeit von sukzessiven, allerdings ungleichzeitigen und ungleichmäßigen Lernprozessen in den unterschiedlichen Milieus auszugehen. Angesichts der sozialständischen Segmentierung der gehobenen Bildungsberufe und der Kontrollen in den Medien blieben die einzelnen Ablösungsprozesse vom Stalinismus zunächst relativ isoliert. Dies galt für den revolutionär gestimmten

Protest unter Studenten in den fünfziger Jahren, für den Einsatz der Naturwissenschaftler gegen die Lyssenko-Schule und selbst für die Auseinandersetzungen unter Literaten, Filmemachern und Künstlern um die Grenzen künstlerischer Freiheit. Nur das enge Verständnis von parteilicher Kontrolle ließ diese Veränderungswünsche als politisch gefährlich erscheinen. Dabei ist auch von Lernvorgängen in der Partei auszugehen, die – wie ausgeführt – ein enges Kommunikationsnetz mit den verschiedenen Berufsgruppen aufgebaut hatte. Wie in der Akademie so läßt sich auch im Schriftsteller-Verband eine so dichte Penetration von politischer Sphäre und berufsständischen Interessen beobachten, daß zumindest in den Eliten ein Konsens zu unterstellen ist, der die Grenzen des Zulässigen immer neu absteckte. Denn trotz der Zurschaustellung einer monolithischen Fassade demonstrierten die Konflikte unter den Naturwissenschaftlern und insbesondere diejenigen im Milieu der Schriftsteller, daß sich jenseits der erwarteten politischen Unterwerfung ein ideologischer Pluralismus etabliert hatte, der selbst in der Partei Resonanz fand. Die Auseinandersetzungen um die Zeitschrift »Nowy Mir« exemplifizierten die Grenzen des jeweils Zulässigen, aber auch die Erweiterung der intellektuellen Spielräume, eine Erfahrung, die politisch teils befriedete, teils in Resignation trieb.

Der »Nowy Mir« ist darüberhinaus insofern zu einem wichtigen Untersuchungsobjekt geworden, als sich an seinem Beispiel – wie an dem anderer Zeitschriften – belegen läßt, wie sich Ansätze zu einer neuen Öffentlichkeit herausbildeten. Angesichts fehlender Möglichkeiten zu autonomer Organisation kristallisierten sich um exponierte Periodika Gesinnungsgemeinschaften heraus. Wie Leserumfragen erkennen lassen, bestand eine lose Korrelation zwischen ideologischer Orientierung beim Abonnement einer Zeitschrift und sozialen Positionen, gemessen an beruflicher Tätigkeit und institutionellen Bindungen. Innerhalb der Angehörigen der Bildungsberufe war also eine Differenzierung politisch-ideologischer Orientierung entstanden, die z.T. sogar polarisierende Ausmaße annahm. Die Partei, in der die Bildungsberufe so massiv präsent waren, hatte diese unterschiedlichen Orientierungen auszugleichen, ohne daß hierfür entsprechende Mechanismen zur Regelung von Konflikten bestanden.

Die politische Führung, gestützt auf Funktionseliten, versteifte sich daher darauf, Konflikte, die über ein professionelles Interesse hinausgingen und Fragen der Legitimation des politischen Systems berührten, durch Strafandrohung oder tatsächliche Verfolgung zu unterdrücken. Der offene Protest und die Entstehung des Dissens markieren hierbei die wechselnden Grenzen der im öffentlichen Raum geduldeten Freiheiten. Ihre Manifestationen und der amtliche wie der gesellschaftliche Umgang mit ihnen geben also Einblicke in die Mechanismen des nachstalinschen Regimes. Hier liegt ein wesentlicher Grund, warum ihnen in einer Studie über die Intelligenz so große Aufmerksamkeit zuteil wird. Das »andere Denken«, der offene Widerspruch und seine Verdichtung zum Dissens stehen dabei zweifellos im Zusammenhang mit der Enttäuschung, daß die öffentlichen Auseinandersetzungen und die mit ihnen einhergehende ideologische Lockerung (seit dem 22. Parteitag 1961) im Interesse eines innerparteilichen Ausgleichs und der innenpolitischen Stabilisierung zurückgenommen werden sollten. Inzwischen waren aber in den verschiedensten Milieus Ansprüche entstanden, deren Artikulation sich nicht mehr ohne weiteres verhindern ließ. Im Vordergrund standen zunächst die »Bewältigung« der Vergangenheit und daraus resultierende Folgeprobleme, dann aber sehr bald grundsätzlichere Fragen. Es hing sicherlich mit den repressiven Reaktionen von seiten der Partei und des Staates zusammen, daß bürgerliche Rechte – wie Glaubens-, Meinungs- und Versammlungsfreiheit und das Recht auf Freizügigkeit – ins Zentrum des Protestes gerieten. Sie konnten über Jahrzehnte hinweg nicht zum Schweigen gebracht werden. Daß sich der Protest hierauf und nicht auf materielle oder andere Probleme fixierte, wirft ein Schlaglicht auf das nachstalinsche System. Trotz Aufweichung seiner »ideokratischen« Elemente und größerer Bewegungsräume für die Individuen wurden bis hin zur Selbstblockade ungeheure Ressourcen verschwendet, um unkontrollierte öffentliche Manifestationen zu verhindern.

Die Fixierung der »Protestanten« auf bürgerliche Freiheiten ging zweifellos aus spezifisch intellektuellen Bedürfnissen hervor. Das Beharren auf der authentischen öffentlichen Rede, auf Information und ihrer Weitergabe, der Verzicht auf Untergrundtätigkeit etwa im Sinne bolschewistischer Organisationstechniken und Agitation war ein bewußter Akt der Beschränkung auf die der Intelligenz eigenen Mittel, hier besonders der Fähigkeit zu systematischer Artikulation. Der Dissens nahm in seinen Protest zwar spezifische Probleme der Bildungsberufe auf, überschritt sie aber mit seiner moralischen Revolte und war daher ungeeignet, ihr Interessenvertreter zu werden. Z.T. gewollt blieb der Dissens im vorpolitischen Raum stehen, verharrte auf der Stufe eines fast vorindustriell zu nennenden Informationsnetzes, des Samisdat, und ist über Ansätze zu autonomer Organisation nicht hinausgekommen. Dies hatte die genannten inneren, aber auch in den Umständen liegende Gründe: das umfassende Kontrollnetz von Partei, Staat und KGB, die Verdrängung der Manifestanten aus den Institutionen und die einschüchternde Wirkung auf potentielle Sympathisanten besonders in der Intelligenz.

Den harten, wenn auch selektiven Sanktionen der Machtorgane war allein mit einem moralischen Rigorismus zu widerstehen, der sicherlich immer nur Sache einer Minderheit ist. Offene Parteinahme für den Dissens erforderte Selbstaufopferung, zumindest den Verzicht auf eine Karriere, oft auch auf jede Tätigkeit im erlernten Beruf. Hierbei sind freilich Unterschiede zu beobachten. Historiker, Soziologen, Chemiker und Physiker, soweit sie nicht nur »theoretisch« am Schreibtisch arbeiteten, disqualifizierten sich professionell, wenn sie ihren Arbeitsplatz und damit den Zugang zu Labors, Instrumenten, Archiven und manchmal sogar zu Bibliotheken verloren. Ein Teil der Künstler, Literaten und Geisteswissenschaftler konnte zur Not beruflich auch in der Isolation ohne Rückbindung an eine Institution überleben. Das soziale Profil der Dissidenten scheint hiervon allerdings weniger geprägt worden zu sein als durch ein anderes Kriterium: die Aufspaltung der wissenschaftlichen und künstlerischen Berufe nach ihrer Funktion in eher »produzierende« und eher »administrierende«; denn es waren vor allem »Produzenten«, die den Schritt zur offenen Manifestation wagten. Gleichwohl blieb der Protest ein Minderheitenphänomen in einer Situation, die von der Mehrheit der Künstler, Literaten und Wissenschaftler nicht nach den scharfen Maßstäben der Dissidenten beurteilt wurde. Die systembedingte habituelle Schizophrenie, das »doppelte Denken« und die »doppelte Sprache«, aus der sich die Manifestanten befreiten, war für die Mehrheit offenbar nicht so unerträglich, daß man ihnen um jeden Preis entkommen mußte. Zudem gab es Möglichkeiten, den äußeren Konformitätsdruck abzumildern oder ihm manchmal aus dem Weg zu gehen. Darüber hinaus ist bei der Mehrheit trotz aller Kritik im Einzelnen doch wohl von einer grundsätzlichen Übereinstimmung mit dem Regime auszugehen, sei es auch um den Preis vieler internalisierter Denkverbote und dessen, was W. Turtschin als »Trägheit der Angst« bezeichnet hat. Angesichts der Flexibilität des Regimes vermochte es der Dissens nicht, sich zum Sprecher professioneller Interessen zu machen. Alltagskämpfe um Ausstattung und allgemeine Arbeitsbedingungen, um Information, Publikation und um die so prestigeträchtigen Auslandskontakte und -reisen wurden offensichtlich abgelöst von politischen Fragen wahrgenommen. Arbeitsteilung und Spezialistentum, das System der Privilegien und institutioneller Einhegung führten eher zu Auseinandersetzungen um Rang und Status als um die Wahrnehmung eines allgemeinen Interesses, das die engere Berufstätigkeit überschritten hätte, – eine Verhaltensweise, die sicherlich nicht nur für die Sowjetunion typisch ist.

Die Isolierung der Dissidenten in Lagern und Strafanstalten, durch Emigration oder Abdrängung in die Subkultur der Heizer und Fahrstuhlführer bedeutete einen – wohl kaum meßbaren – Vitalitätsverlust für die Verbände der Kultur-Intelligenz ebenso wie für die Forschungseinrichtungen; denn kritische Impulse, derer auch Organisationen bedürfen, wurden unterdrückt statt konstruktiv aufgenommen. Der fachliche Rückstand und die Innovationsfeindschaft nicht nur in den Geistes- und Sozialwissenschaften waren offensichtlich der Preis der Verdrängung und Verfolgung intellektueller Minderheiten, deren Denkanstöße einer breiteren Öffentlichkeit vorenthalten blieben.

Im Dissens entstand eine moralische Gegenelite, deren beispielgebendes Verhalten nur begrenzte Resonanz fand. Während die professionelle Intelligenz sich eher abwartend verhielt, erfüllte der russische Dissens seine Funktion als Ethosgruppe gegenüber – aus der Sicht Moskaus – eher peripheren Gruppen: religiösen Minderheiten und Streuvölkern, wohl auch gegenüber nationalreligiösen Bewegungen v.a. in Litauen und der Ukraine. Nicht zufällig ging es hier ebenfalls um Grundrechte, die im Symbolischen und Sprachlichen angesiedelt waren und das »ideokratische« Selbstverständnis des nachstalinschen Regimes berührten.

Es lag in der Natur des intellektuellen und moralischen Protestes, daß er in grundsätzlicher Kritik stecken bleiben mußte, ohne konkrete Schritte zur Veränderung zu benennen. Es muß einer Geistes-, Ideologie- und einer Geschichte wissenschaftlicher Disziplinen überlassen bleiben, in welchem Maße das »andere Denken« Teil eines sich allmählich vollziehenden allgemeinen Paradigmawechsels in den gebildeten Schichten gewesen ist oder in welchem Umfang er diesen Wandel angestoßen hat. Diese Funktion dürfte in den einzelnen Bereichen sehr unterschiedlich zu bemessen sein: Seine Impuls gebende Bedeutung in der Belletristik, die zugleich öffentliche Maßstäbe setzte, war zweifellos ungleich größer als in den meisten wissenschaftlichen – auch den geisteswissenschaftlichen – Disziplinen. Auf der Ebene allgemeiner Normen formulierte der Sam- und Tamisdat auf jeden Fall schärfer und kompromißloser als das kontrollierte Schrifttum. Hier wäre besonders auf die Abwendung von den Maßstäben des Klassenkampfes und die Hinwendung zu universalistischen Werten zu verweisen, Prozesse, die mit dem Funktionswandel des Marxismus-Leninismus zur »Reichsideologie«, seiner Ritualisierung und inhaltlichen Entleerung zu tun hatten. In den Diskussionen um die sozialistische Industrialisierung und die sie begleitenden kulturellen Zerstörungen (und Wandlungen) hat der Dissens offenbar erste Anstöße gegeben. Auch das Problem der imperialen Struktur der Sowjetunion und die Entdeckung »nationaler« Werte und der Religion wurden im inoffiziellen Schrifttum schärfer zur Debatte gestellt als dies – aus naheliegenden Gründen – in den »dicken« Zeitschriften möglich war. Die »kulturökologischen« Bewegungen seit den achtziger Jahren mit ihren teils kulturell-restaurativen, teils ökologischen Bestrebungen scheinen ihren intellektuellen Ursprung in den Debatten um das »Russische« im Sowjetimperium gehabt zu haben. Vergleichsweise früh wurden im Dissens die politischen Implikationen der Planwirtschaft mit der ihr inhärenten Neigung zur kontraproduktiven Machtakkumulation zum Thema gemacht und dabei die Reformfähigkeit des Systems relativ gering eingeschätzt. Ganz dem inoffiziellen Schriften-Kreislauf vorbehalten blieb die Bedeutung der repressiven Aspekte des nachstalinschen Regimes, welche die Dissidenten hautnah an sich erfuhren. Sie wurden so Zeugen einer moralischen Auszehrung des sowjetischen Systems. Daß die politische Klasse mit dem geballten Wissen der professionellen Intelligenz, die dem Regime verhaftet war, blind und hilflos den inneren Gefährdungen und dem Verfall gegenüberstand, war die Nemesis eines Machtwahns. Er hatte die Bürger im allgemeinen und die Intelligenz im besonderen so bevormundet, eingehegt und demoralisiert, daß alle Warnsignale ungehört verhallten.

Anmerkungen

Einleitung

1 Vgl. nach wie vor maßgeblich Beyme, K.v., Intellektuelle, Intelligenz, in: Sowjetsystem und demokratische Gesellschaft, Bd. 3, Freiburg 1969, 186-208.

2 Milosz, Cz., Verführtes Denken, Frankfurt 1974; Konrád/Szelényi, Intelligenz; Hirszowicz, M., Bureaucratic Leviathan. A Study of the Sociology of Communism, Oxford 1980, 117 ff.; Bauman, Z., Intellectuals in East Central Europe: Continuity and Change, in: Eastern European Politics and Societies 1, 1987, 2, 162-186.

3 Szawiel, T., Struktura spoleczna i postawy a grupy etosowe, in: Studia Sociologiczne 1982, 1/2, 157-178.

4 Pethybridge, Spread.

5 Ticktin, H., Political Economy of the Soviet Intellectual, in: Critique 2 (Glasgow o.J.), 5-21.

6 Geyer, Zwischen Bildungsbürgertum, 208.

7 Müller, Intelligencija; Pollard, Consciousness.

8 Bering, Die Intellektuellen.

9 Conze/Kocka, Bildungsbürgertum, 11 ff.; Engelhardt, U., »Bildungsbürgertum«. Begriffs- und Dogmengeschichte eines Etiketts, Stuttgart 1986.

10 Iwanow, W., Die russische Idee, Tübingen 1930, 14.

I. Revolution und Vereisung

1. Vor dem Sturm

1 Raeff, Origins.

2 Marker, Publishing, 44; allgem. vgl. Vucinich, Science.

3 Raeff, M., Enlightenment In Russian Thought, in: Garrard, Eighteenth Century, 25-47; Cracraft, J., Feofan Prokopovich, in: ebd., 75-105; Gleason, Ideals; Madariaga, Russia, 327 ff.

4 Marker, Publishing; Papmehl, Freedom; Jones, Novikov.

5 Okenfuss, M.J., The Jesuit Origins of Petrine Education, in: Garrard, Eighteenth Century, 106-130; Wittram, Peter I, 170 ff.; Madariaga, Russia, 488 ff.; Black, Citizens; Polz, Th. Jankovič.

6 Madariaga, Russia, 521 ff.; Ryo, I.L., Moscow Freemasons and the Rosicrucian Order. A Study in Organization and Control, in: Garrard, Eighteenth Century, 198-232.

7 Jakuschkin, I.D., in: Aus der Dekabristenzeit, 41.

8 Turgenieff, Rußland, II, 14, 108; Dudek, Dekabristen, 331.

9 M. Lunin, In: Dudek, Dekabristen, 336.
10 Lincoln, A Re-examination; Beyrau, Militär, 198 ff.; Brower, The Problem; D'jakov, O social'nom oblike; Antonov, K voprosu; Kappeler, Zur Charakteristik.
11 Besancon, Origins, 104.
12 Müller, Intelligencija; Pollard, Consciousness.
13 Venturi, Roots, 225.
14 Hans, History; Alston, Education; Brower, Training; Brim, Universitäten.
15 Zitate: Alston, Education, 32; Groh, Rußland, 126; Kopelev, L., Deržava i narod, Ann Arbor 1982, 46 und Losskij, N.O., Charakter russkogo naroda, Frankfurt 1957, 66.
16 Pintner/Rowney, Officialdom.
17 Rašin, Gramotnost', 70 ff., 76 ff.; Hans, History, 235 ff.; Kassow, Students, 369, 408 ff.
18 Brooks, When Russia Learned, 61, 112; Ferenczi, Funktion, 378 f.; Rigberg, Efficacy, 334 f.; Machonina, Pečat', 11 ff.
19 Ruud, Fighting Words; Walkin, Controls; Rigberg, Efficacy; Choldin, Fence.
20 Lemke, Nikolaevskie žandarmy, 483.
21 Zit. nach Berlin, Russ. Denker, 235.
22 Brooks, Readers, 102.
23 Zit. nach Ferenczi, Funktion, 363.
24 Neben Walicki, Controversy u. dort angegebener Literatur vgl. immer noch anregend Gerschenkron, Problem.
25 Lawrow, Briefe, 155.
26 Geyer, Lenin.
27 Borcke, Ursprünge; Pipes, Revolution, 341 ff.; Rakovski, Towards, 105 ff.; Konrad/Szelényi, Intelligenz, 109 ff., 133 ff.
28 Rieber, Merchants, 285 ff.; Schlögel, Jenseits, 199 ff.; Clowes u.a., Between Tsar, 93 ff.
29 Erman, Sostav.
30 Löwe, Die Rolle; Dmitriev, Sojuz sojuzov.
31 Frieden, Physicians, 16 ff., 39 f.; Rowney, Transition, 33 ff., 43 ff.
32 Frieden, Physicians, 23 ff.; Hutchinson, Politics, 28 ff., 182 ff.
33 Yaney, Urge, 389 ff.
34 Bailes, Technology, 28 f., 33 ff.; Späth, Fachvereinigungen, 383 ff.; idealisierend: Krystanovskaja, Inženery.
35 Satina, Education; Johanson, Women's struggle.
36 Spieler, Autonomie, 195 ff.; Kassow, Students, 343 ff.
37 Brooks, When Russia Learned, 225 ff., 334 ff.
38 Krug, Physicians, 102 ff.
39 Schlögel, Vechi.
40 Oberländer, Vechi; Brooks, Vekhi; Schlögel, Jenseits, 67 ff.
41 Zu den kulturellen Trends der Jahrhundertwende vgl. im Überblick Read, Religion; Kuvakin, Religioznaja filosofija; Stavrou, Russia; Katkov/Oberländer, Rußlands Aufbruch.
42 Kolakowski, Marxismus, II, 500 ff.

43 Lane, Roots, 32 ff.; Perrie, Composition; Hildermeier, Sozialstruktur; Brym, Jewish Intelligentsia.

44 Shlapentokh, Intellectuals, 24.

45 Vgl. exemplar. Bradley, Muzhik; Haimson, The Politics; Kingston-Mann/Mixer, Peasant Economy; Eklof, Ways of Seeing.

46 Beyrau, Militär, 433 ff.; Wildman, The End.

47 Haimson, Das Problem; ders., Changements; Perrie, Peasant Movement.

48 Hildermeier, Revolution; Bonwetsch, Revolution.

49 Luks, Intelligencija.

2. Die Intelligenz in der Revolution

1 Znamenskij, Intelligencija, 32 ff.

2 Beyrau, Intelligenzia.

3 Beyrau, Intelligencija, Volk.

4 Die niedrigeren Angaben bei Fedjukin, Partija, 38, die höheren bei Znamenskij, Intelligencija, 314.

5 Ličnyj sostav, IX.

6 Ličnyj sostav, 16.

7 Vseross. perepis' Lief. 1, 20 f.

8 Ličnyj sostav, XIV.

9 Znamenskij, Intelligencija, 9, nennt folgende Zahlen für die Schicht der Gebildeten (in tausend): Lehrer: ca. 195; Studenten: ca. 127; Ärzte: ca. 33; freie Berufe: ca. 20-30; künstler. Berufe: ca. 15; Wissenschaftler und Hochschullehrer: ca. 10. Eine halbwegs angemessene Bewertung des Anteils von Gebildeten unter den Bolschewiki ist deshalb schwierig, weil Vergleichszahlen für die anderen Parteien fehlen.

10 Lenin an Gor'kij 15.9.1919, in: Lenin, PSS, Bd. 51, 47 f.

11 Iz istorii VČK, 235, 346-347; Melgunow, Roter Terror, 304.

12 Lenin, Tezisy po tekučemu momentu (1918), in: Lenin, PSS, Bd. 36, 382.

13 Lenin, Entwurf des Programms der KPR(B) (1919), in: Lenin, Werke, Bd. 29, 97 f.

14 Lenin, Otvet na otkrytoe pis'mo specialista (1919), in: Lenin, PSS, Bd. 38, 219.

15 Zit. nach Gimpel'son, Vel. Oktjabr', 275; Fedjukin, Partija, 62 ff.

16 Fedyukin, Revolution, 80 ff.; Kavtaradze, Voen. specialisty; Hagen, M.v., Soldiers in the Proletarian Dictatorship: The Red Army and the Soviet Socialist State, 1917-1930, Ithaca/N.Y. 1990.

17 Lunačarskij, Ob intelligencii, 11.

18 Gimpel'son, Vel. Oktjabr', 282; Süß, Arbeiterklasse, 25 f.

19 Sorokin, Leaves, 277 ff.; Ipatieff, Life, 276 f., 299 f., 366, 393; Solschenizyn, Archipel I, 315 ff.

20 Zitat bei Lunačarskij, Ob intelligencii, 12; Solschenizyn, Archipel I, 322 ff.; Ul'janovskaja, Formirovanie, 120.

21 Ipatieff, Life, 257, 311; Vernadskij, Pjat' pisem, 445.

22 Vucinich, Empire, 103 ff.; Bailes, Science, 149 ff.

23 Vucinich, Empire, 110 ff.; Lewis, Science, 6 ff. Medvedev, Science, 10 ff.

24 Gimpel'son, Vel. Oktjabr', 276; Fedyukin, Revolution, 97; Ul'janovskaja, Formirovanie, 63.

25 Gimpel'son, Vel. Oktjabr', 162 ff.; Novikov, Ot Moskvy, 303 ff.; Čudakova, Žizneopisanie, 7, 23; Paustowskij, K., Die Zeit der großen Erwartungen, in: ders., Erzählungen vom Leben, München 1981, 570 ff.

26 Gimpel'son, Vel. Oktjabr', 281; Nienhaus, U., Revolution und Bürokratie, Frankfurt 1980, 23 ff., 182 ff.

27 Novikov, Ot Moskvy, 299 f.; Haumann, Beginn, 109 ff.; Bailes, Technology, 19 ff.; Bailes, Gastev.

28 Haumann, Beginn, 169.

29 Zit. nach Fedyukin, Revolution, 63 f.; vgl. Haumann, Beginn, 47 ff., 57 ff.; Schlögel, Jenseits, 278 ff.

30 Lunačarskij, Ob intelligencii, 16-17.

31 Bailes, Technology, 59.

32 Ul'janovskaja, Formirovanie, 39.

33 Ul'janovskaja, Formirovanie, 47; Bailes, Science, 148; vgl. die analog lautende Resolution der Akademie der Wissenschaften v. 15.9.1917 (a.St.), in: Pamjat' 4, 465.

34 Sorokin, Leaves, 229 ff.; Bailes, Technology, 53; Popovskij, Nauka, 17 f.; Lewis, Science, 7 (spricht von zwölf Opfern unter den »akademiki«).

35 Vucinich, Empire, 95.

36 Vucinich, Empire, 95 ff., 108 ff.

37 Vucinich, Empire, 98.

38 Novikov, Ot Moskvy, 300; Vucinich, Empire, 75.

39 Znamenskij, Intelligencija, 157 ff., 272 ff.; Fitzpatrick, Commissariat, 72 ff.; Anweiler/Ruffmann, Kulturpolitik, 34 ff.

40 Als Beispiel sei auf das Tagebuch des Historikers Ju.V. Got'e verwiesen: Emmons, Time.

41 Zitiert nach Fitzpatrick, Commissariat, 73.

42 Ul'janovskaja, Formirovanie, 113 f.

43 Fedyukin, Revolution, 180 ff.; Fitzpatrick, Commissariat, 220 ff.

44 Sorokin, Leaves, 272 (Zitat); Bailes, Science, 144.

45 Mereschkowski u.a., Das Reich; Iz glubiny.

46 Berdjaev, Samopoznanie 276 f.

47 Sorokin, Leaves, 240 ff., 273, 284, 298; Schlögel, Jenseits, 445 ff.

48 Lenin, O značenii voinstvujuščego materializma (1922), in: Lenin, PSS, Bd. 45, 33; ders., Predislovie (1922), in: ebd., 52.

49 Fedjukin, Bor'ba, 176 f.

50 Fedjukin, Bor'ba, 175 f., mit Bezug auf Lenin an Dzeržinskij v. 17. Mai 1922, in: Lenin, PSS, Bd. 54, 265 f.; dagegen sieht Agurskij, Ideologija, 175, in Zinov'ev den Urheber der Ausweisung.

51 Solschenizyn, Archipel I, 355; Fedjukin, Bor'ba, 175 ff; Schlögel, Jenseits, 479 ff.

52 Zitiert nach Agurskij, Ideologija, 93.

53 Smena vech, 68.

54 Potechin, in: Smena vech, 177.

55 Vernadskij, Ja verju, 217 f.; Bailes, Science, 160.

56 Schlögel, Jenseits, 96 ff.

57 Zitate aus Iz glubiny, 292, 57, 125, 215, 185, 313, 219, 326, 63, 314; vgl. Stal, »De profundis«.

58 Mereschkowski u.a., Reich, 17, 13.

59 Iz glubiny, 222 f., Mereschkowski u.a., Reich, 28 ff.

60 Agurskij, Ideologija, 24 ff.; zur politischen Einschätzung der Revolution und der Bolschewiki durch die politische Emigration vgl. Burbank, Intelligentsia.

61 Zit. nach Čudakova, Zižneopisanie, 8, 49.

62 Fedyukin, Revolution, 156.

63 Agurskij, Ideologija, 169 f.; Čudakova, Zižneopisanie, 8, 57.

64 Agurskij, Ideologija, 165.

65 Rede Stalins v. Dez. 1925, zit. nach Agurskij, Ideologija, 212.

66 Agurskij, Ideologija, 228 ff.

67 Dies gegen Agurskijs Annahmen. Vgl. Agursky, Existait-il une infiltration.

68 Stalin, Die Oktoberrevolution und die Taktik der russischen Kommunisten (Dez. 1924), in: ders., Fragen, 116.

3. Die Belagerung der Wissenschaften

1 Bailes, Technology, 63.

2 Fitzpatrick, Commissariat, 34 ff.

3 Krug, Physicians, 66 ff.; Hutchinson, Politics, 143 ff.

4 Trotzki, Literatur, 113 ff.; Bailes, Gastev; Anweiler/Ruffmann, Kulturpolitik, 195 ff.; Lorenz, Kulturrevolution; Gorzka, A.Bogdanov.

5 Ivanova, Formirovanie, 55 ff.

6 Leonova, Opyt, 34; Avtorchanov, Kuznicy.

7 Leonova, Opyt, 30.

8 Leonova, Opyt, 49, 51 f.

9 Vucinich, Empire, 85.

10 Ivanova, Formirovanie, 97 ff.

11 Fedyukin, Revolution, 173.

12 Fedyukin, Revolution, 208; vgl. Perčenok, Akademija, 173.

13 Fedyukin, Revolution, 208; Bailes, Technology, 139.

14 Fitzpatrick, Revolution, 83.

15 Fedjukin, Partija, 119 f.; Ul'janovskaja, Formirovanie, 122 f.

16 Fedyukin, Revolution, 178 ff.

17 Fedjukin, Partija, 121; Fitzpatrick, Stalin, 379.

18 Bailes, Technology, 138, 218.

19 Fitzpatrick, Stalin, 378; Fedjukin, Bor'ba, 155.

20 Vucinich, Empire, 87.

21 Shteppa, Historians, 16; Barber, Historians, 12.

22 Enteen, Scholar, 75 ff.

23 Petruševskij, D.M., Očerki iz ekonomičeskoj istorii srednevekovoj Evropy, Moskau 1928.

24 Shteppa, Historians, 54; Enteen, Scholar, 84 f.

25 Tarle, Evgenij, Evropa v epochu kapitalizma, Moskau 1927.

26 Shteppa, Historians, 58 ff.; Enteen, Scholar, 86.

27 Barber, Historians, 38.

28 Bračev, Delo; Perčenok, Akademija, 210 ff.

29 Bračev, Delo, 127.

30 Perčenok, Akademija, 210 f., 215 f.

31 Barber, Historians, 97.

32 Enteen, Iaroslavskii; Maslov, »Kratkij kurs«.

33 Enteen, Scholar, 136.

34 Barber, Establishment, 141-164.

35 Stalin, Fragen, 438.

36 Barber, Historians, 116.

37 Barber, Historians, 42 ff., 121 f. Angeblich sollen nach 1934 ca. zwei Drittel der am Institut der Roten Professur ausgebildeten Historiker »repressiert« worden sein. Gerasimenko, G., Bez viny vinovatye?, in: LG Nr. 48 v. 29. Nov. 1989, 12.

38 Zu den theoretischen und politischen Implikationen dieses Streits vgl. Mendel, A.P., Dilemmas of Progress in Tsarist Russia. Legal Marxism and Legal Populism, Cambridge 1961; Walicki, Controversy; Hildermeier, M., Neopopulismus und Industrialisierung, in: JGO 22, 1974, 3, 358-389.

39 Löwe, H.-D., Lenins Thesen über Kapitalismus und soziale Differenzierung in der vorrevolutionären Bauerngesellschaft, in: JGO 32, 1984, 1, 72-113; Kerblay, B., Chayanov and the Theory of Peasantry as a Specific Type of Economy, in: Shanin, T. (Hg.), Peasants and Peasant Societies, Harmondsworth 1971, 150-160, Shanin, T., The Awkward Class, Oxford 1972, 45 ff.

40 Tschajanow, A.W., Reise meines Bruders Alexej ins Land der bäuerlichen Utopie, Frankfurt 1981.

41 Solomon, Debate, 150 ff.

42 Solomon, Debate, 158; Baljazin, Vozvraščenie, 166; Kabanov, Čajanov, 163 f.

43 Medvedev, K sudu, 240; Jasny, N., Soviet Economists of the Twenties. Names to be Remembered, Cambridge 1972.

44 Solomon, Debate, 167; Baljazin, Vozvraščenie, 167.

45 Stalin, Fragen, 342, 335, 353.

46 Medvedev, K sudu, 436.

47 Joravsky, Marxism, 93 ff.

48 Joravsky, Marxism, 81.

49 Joravsky, Marxism, 192.

50 Joravsky, Marxism, 123 ff.; vgl. zusammenfassend Kolakowski, Marxismus III, 82 f.

51 Joravsky, Marxism, 206 f.

52 Joravsky, Marxism, 87.

53 Kolakowski, Marxismus II, 511; vgl. Joravsky, Marxism, 31 ff.

54 Zitate bei Joravsky, Marxism, 261, 260. Die spätere, äußerst dürftige Selbstrechtfertigung Judins, Mitins u.a. stalinistischer »Philosophen« über ihre Arbeit an der »Philosophischen Front« vgl. Pol. dnevnik I, 22 ff.
55 Joravsky, Marxism, 244.
56 Semenova, Sem'ja idej, 199; Bailes, Science, 163 ff.
57 Joravsky, Marxism, 243.
58 Vucinich, Empire, 156.
59 Joravsky, Marxism, 244.
60 Bailes, Science, 174 ff.; vgl. allgemein Kara-Murza, Sov. nauka, 57 ff.

4. Die Umerziehung der literarischen Mitläufer

1 Eimermacher, Dokumente, 72 f.
2 Agurskij, Ideologija, 3 ff., 16 ff.; Trotzki, Literatur, 49; Reck, Pil'njak, 99 ff.
3 Gorkij, M., Unzeitgemäße Gedanken über Kultur und Revolution, Frankfurt 1974.
4 Mandelstam, Wölfe, 98 f., 110 f.; dies., Generation, 72, 325.
5 Mereschkowski u.a., Reich, 73 ff.; Mandelstam, Generation, 65 f., 80 f.; Čudakova, Žizneopisanie, 7, 23, 26; Schlögel, Jenseits, 431 ff.
6 Stephan, »Lef«, 1 ff.; Wilbert, Entstehung, 51 ff.
7 Eimermacher, Dokumente, 95.
8 Eimermacher, Dokumente, 24 ff.; Lorenz, Kulturrevolution, München 1969; Read, Culture, 111 ff.
9 Trotzki, Literatur, 113 ff.
10 Eimermacher, Dokumente, 34.
11 Zit. nach Kratz, Geschichte, 180; Trotzki, Literatur, 40 ff.
12 Eimermacher, Dokumente, 153 (Zitat); Kratz, 130; Trotzki, Literatur, 102 f.
13 Stephan, »Lef«, 22 ff.
14 Hofmann, Bauernthema, 69 ff.
15 Kratz, Geschichte, 318.
16 Zur Organisationsgeschichte vgl. maßgeblich Kratz, Geschichte, und den Beitrag P. Hübners In: Anweiler/Ruffmann, Kulturpolitik, 193 ff.
17 Eimermacher, Dokumente, 212 (Zitat), 149 ff., 168 ff., 173 ff.
18 Eimermacher, Dokumente, 227.
19 Eimermacher, Dokumente, 227, 204.
20 Eimermacher, Dokumente, 231.
21 Eimermacher, Dokumente, 211.
22 Eimermacher, Dokumente, 199.
23 Eimermacher, Dokumente, 203.
24 Eimermacher, Dokumente, 311; Fogelevič, Direktivy, 50.
25 Eimermacher, Dokumente, 310.
26 Čukovskij, Iz dnevnika, 11, 148.
27 Polonskij, Na vzgljad, 210.

28 Hübner, in: Anweiler/Ruffmann, Kulturpolitik, 202 f.
29 Eimermacher, Dokumente, 330.
30 Eimermacher, Dokumente, 334.
31 Glavnoe upravlenie po delam petčati i izdatel'stv. Kenez, Birth, 338 ff.; Simmons, Origins; Chronika 14, 434 ff.
32 Fedjukin, Bor'ba, 168 f.; Kenez, Birth, 247 f.
33 Brooks, When Russia Learned, 296 f., 321 f., 325 ff.; vgl. A.Tolstoi, in: Pisateli, 10, 15 ff.
34 Brooks, Breakdown, 170.
35 Sorokin, Leaves, 273 f., 298; Fedjukin, Bor'ba, 165 f.; Kenez, Birth, 246.
36 Džimbinov, 248.
37 Kenez, Birth, 19 ff.; Pethybridge, Spread, 111 ff., 140 ff.
38 Korolenko, Iz dnevnikov, 385.
39 Eimermacher, Dokumente, 104.
40 Eimermacher, Dokumente, 103.
41 Eimermacher, Dokumente, 166, 301.
42 Sejfullina, in: Pisateli, 53.
43 Zu den nach wie vor ungeklärten Hintergründen der Erschießung Gumiljows vgl. zuletzt Terechov, G.A., Vozvraščajas' k delu N.S. Gumileva, in: NM 1987, 12, 257-258 und kritische Stellungnahme dazu: Spisok rastreljannych, in: NM 1989, 4, 263-269.
44 Mandelstam, Generation, 170.
45 Pisateli, 152 f.
46 Čudakova, Žizneopisanie, 8, 34, 43, 47, 52 (Zitat).
47 Čudakova, Žizneopisanie, 8, 54, 56 f.
48 Proffer, Bulgakov, 184 ff.
49 Proffer, Bulgakov, 190; Čudakova, Žizneopisanie, 8, 52.
50 Proffer, Bulgakov, 194; Čudakova, Žizneopisanie, 8, 64 f.
51 Proffer, Bulgakov, 199.
52 Proffer, Bulgakov, 201.
53 Čudakova, Žizneopisanie, 8, 66.
54 Sinko, Roman, 314 f.
55 Reck, Pil'njak, 102 f.
56 Reck, Pil'njak, 44.
57 Reck, Pil'njak, 42; s. Znamja 1987, 12, 105-128.
58 Reck, Pil'njak, 43 ff., 48 f.(Zitat).
59 Eimermacher, Dokumente, 369, 418.
60 Brown, Prolet. Episode, 87 ff., 99 ff.
61 Zit. nach Lapidus, in: Fitzpatrick, Revolution, 196.
62 Eimermacher, Dokumente, 361, 366.
63 Eimermacher, Dokumente, 370, 382.
64 Eimermacher, Dokumente, 171; Stephan, »Lef«, 57 ff.
65 Brown, Prolet. Episode, 64, 102 ff.
66 Reck, Pil'njak, 148 f.
67 Pisateli, 83.
68 Reck, Pil'njak, 82 ff.

69 Zit. nach Scheffler, Zamjatin, 49.

70 Pisateli, 64 ff.

71 Scheffler, Zamjatin, 62, 80.

72 Scheffler, Zamjatin, 155 ff., bes. 186 ff.; Seemann, K.-D., Der Versuch einer proletarischen Kulturrevolution in Rußland 1917-1922, in: JGO 9, 1961, 2, 179-222.

73 L. Lunz, in: Die Serapionsbrüder von Petrograd, Frankfurt 1963, 8; Schlögel, Jenseits, 469 f., 473.

74 Reck, Pil'njak, 109.

75 Reck, Pil'njak, 128 ff.

76 Reck, Pil'njak, 134 ff.

77 Reck, Pil'njak, 173.

78 Scheffler, Zamjatin, 77 f. (Zitat); Reck, Pil'njak, 151 ff.

79 Scheffler, Zamjatin, 267 ff.; Eimermacher, Dokumente, 422.

80 Eimermacher, Dokumente, 430; Brown, Prolet. Episode, 200 ff.

81 Eimermacher, Dokumente, 423.

II. Wissenschaften und Kultur im Sozialismus

5. Sozialer Aufstieg und »Neue Ordnung«

1 Graham, Academy, 82 ff.; Vucinich, Empire, 124 f.

2 Vernadskij, Pjat' pisem, 436.

3 Perčenok, Akademija, 174 ff., 179 ff., 223 ff.

4 Vernadskij, Pjat' pisem, 434.

5 Levin, Catastrophe, 261-79; Bračev, Delo, 117-29; Perčenok, Akademija, 209 f.; Vernadskij, Pjat' pisem, 429.

6 Vucinich, Empire, 130.

7 Graham, Academy, 129; Bailes, Science, 166 f.

8 Ul'janovskaja, Formirovanie, 146.

9 Bailes, Technology, 196, 253; Schröder, »Neue« Arbeiter, 508 f.; McClelland, Proletarianizing, 122 ff.

10 Schröder, »Neue« Arbeiter, 512 f.; Fitzpatrick, Stalin, 377 ff.

11 Zit. nach Fedjukin, Partija, 135.

12 Schneider, Sozialer Hintergrund, 275 ff.; Bialer, Stalin's Successors, 81 ff.

13 Segbers, Sowjetunion.

14 Dudinzew, Der Mensch, 152; vgl. A. Bek, Die Ernennung, Frankfurt 1972.

15 Kul't. stroitel'stvo, 1940, 209.

16 Bailes, Technology, 230.

17 Barber, Establishment, 141 ff.; Maier, Stachanov, 147 ff.; Löhmann, Stalinmythos, 225 ff.

18 Medvedev, K sudu, 239; Kumanev, Sud'by, 28 (ohne Beleg); Waksberg, Gnadenlos, 60 ff.; maßgebl. f.d. westlichen Forschungsstand Fitzpatrick, Cultural Revolution; Bailes, Technology, 69 ff.

19 Kopelew, Götzen, 276.
20 Jasny, Soviet Economists; Baljazin, V., Vozvraščenie, in: Okjabr' 1988, 1, 146-171.
21 Bailes, Technology, 70, 150; Medwedew, K sudu, 242.
22 Bailes, Technology, 140 ff; Fitzpatrick, Ordzhonikidze, 153 ff.
23 Daniels, Gewissen, 404 ff.; Reiman, Geburt, 145 ff.
24 Zit. nach Fitzpatrick, Stalin, 380.
25 Stalin, Fragen, 416, 418. Rede v. 13. Juni 1931.
26 Anweiler/Ruffmann, Kulturpolitik, 53 ff.
27 Ul'janovskaja, Formirovanie, 144; Popovskij, Nauka, 32 ff.; Barber, Historians, 137 f.; Joravsky, Marxism, 247.
28 Bailes, Technology, 140.
29 Bailes, Technology, 200.
30 Löhmann, Stalinmythos, 225 ff.
31 Fedjukin, Partija, 168.
32 Kadry prosveščenija, 48 ff.; Löhmann, Stalinmythos, 272 ff.

6. Institutionalisierte Unsicherheit: Zensur und Kampagnen

1 Fogelevič, Direktivy, 124 ff., 146 ff.
2 Proffer, Neizdannyj Bulgakov, 85 ff.
3 Eimermacher, Dokumente, 379.
4 Proffer, Neizdannyj Bulgakov, 85.
5 Sinko, Roman, 170 f.
6 Sinko, Roman, 132, 248.
7 Simonov, Glazami, 4, 68; 3, 50; 4, 77, 93.
8 Heller, Stacheldraht, 125 f.
9 Simonov, Glazami, 4, 76, 62, 83 f.
10 Simonov, Glazami, 3, 49 ff.
11 Dewhirst/Farrell, Censorship, 17; Kozakov, Risunki, 29.
12 Jelagin, Künstler, 69 ff.; Mandelstam, Wölfe, 146 ff.; Iwinskaja, Lara, 86 ff.; Heller, Stacheldraht, 213.
13 Bulgakov, Pis'ma, 170 ff.; Zitate: 174, 190.
14 Mandelstam, Wölfe, 199 ff., 207 ff.
15 Bulgakov, Pis'ma, 146 ff., 153, 175 f.; Prišvin, 1930 god, 173 ff.
16 Fogelevič, Direktivy, 12 ff.; Fainsod, Smolensk, 366 ff.
17 Bernstejn, A., Dva fil'ma i 630 metrov »kul'ta«, in: Ogonek 1988, 25, 10-11; Simonow, Glazami, 4, 71 ff.
18 Seton, Eisenstein, 351; Kul't. stroitel'stvo, 1940, 197.
19 Simonov, Glazami, 4, 71; Uhlenbruch, Annexation, 266-87.
20 Woinowitsch, Abenteuer, 154.
21 N. Kljuev v poslednie gody, 171.
22 Prišvin, 1930 god, 179.
23 Fadeev, Za 30 let, 192.
24 Prišvin, 1930 god, 145.

25 Sinko, Roman, 34 ff.
26 Pasternak, Materialy, 515 ff.; Pasternak, Izbrannoe, II, 282 ff.
27 Reck, Pil'niak, 185 ff., 187 (Zitat).
28 Günther, Verstaatlichung, 188.
29 Tekstologija, 174.
30 Günther, Verstaatlichung, 95 ff.
31 Busch, Gladkov's Cement; Friedberg, M., Soviet Literature and Retroactive Truth, in: PC 3, 1954, 31-39; ders., Soviet Belles Lettres; ders., Russian Classics.
32 Scheffler, Zamjatin, 88.
33 Pasternak, Materialy, 612.
34 Simmons, Writer, 80 ff.
35 Günther, Verstaatlichung, 118 f.
36 Shteppa, Historians, 91 ff.; Oberländer, Sowjetpatriotismus, Köln 1976.
37 Artizov, Kritika M.N.Pokrovskogo.
38 Pis'ma A.M.Pankratovoj, in: VI 1988, 11, 54-74; Novye dokumenty o soveščanii istorikov v CK WKP(B) (1944 g.), in: VI 1991, 1, 188-205.
39 Pasternak, Schiwago, 601; ähnl. Mandelschtam, Generation, 59; Berggol'c, Tetradi, 180.
40 Šaragin, Šaraga, 99.
41 Fadeev, Za 30 let, 258 ff.; Tolstoj, Sobr. soč. 10, 560.
42 Schmitt/Schramm, Realismuskonzeptionen, 124 f.
43 Tolstoj, Sobr. soč. 10, 202.
44 Fedyukin, Revolution, 225.
45 Fadeev, Za 30 let, 597; vgl. Reck, Pil'niak, 194.
46 Fadeev, Za 30 let, 104.
47 Simonov, Glazami, 3, 31.
48 Beschlüsse des Zentralkomitees der KPdSU(B) zu Fragen der Literatur und Kunst (1946-1948), Berlin 1952.
49 Doklad T. Ždanowa, O žurnalach »Zvesda« i »Leningrad«, Royal Oak, Michigan 1978.
50 Doklad, 16 f.
51 Schwarz, Musik, 355 ff.
52 Schwarz, Musik, 350 ff.
53 Fadeev, Za 30 let, 335 ff., 344 ff., 352 ff., 365 ff.
54 Lipkin, Stalingrad, 33.
55 Fadeev, Za 30 let, 595 f.; Lipkin, Stalingrad, 41 f.
56 Gladkov, Vstreči, 50 f.(Zitat); Iwinskaja, Lara, 166; Levitin-Krasnov, Rodnoj prostor, 15.
57 Tekstologija, 228 ff.
58 Swayze, Control, 44.
59 Fadeev, Za 30 let, 327.
60 Tekstologija, 275.
61 Preobraženskij, Ja ljublju, 3, 173.
62 Preobraženskij, Ja ljublju, 4, 183 f.
63 Predsmertnoe pis'mo Aleksandra Fadeeva, in: LR Nr. 39 v. 28.9.1990, 14.

7. Literatur für den Massenleser

1 Brooks, When Russia Learned, 295 ff.,337 ff.
2 Eimermacher, Dokumente, 105.
3 Scheffler, Zamjatin, 72.
4 Eimermacher, Dokumente, 199.
5 Eimermacher, Dokumente, 311.
6 Eimermacher, Dokumente, 378.
7 Eimermacher, Dokumente, 378; Izdat. delo, 186.
8 Schmitt/Schramm, Realismuskonzeptionen, 390.
9 Günther, Verstaatlichung, 18 ff.
10 Robin, R., Le realisme socialiste: Une esthetique impossible, Paris 1986.
11 Thun, Adressatenwechsel, 18 ff.
12 Dies eine extrem einseitige geistesgeschichtliche Deutung bei Groys, B., Gesamtkunstwerk Stalin. Die gespaltene Kultur in der Sowjetunion, München 1988, bes. S.28 ff. u. S.73.
13 Thun, Adressatenwechsel, 90.
14 S. die abrechnende Würdigung Majakovskijs bei Karabčievskij, J., Voskresenie Majakovskogo, München 1985.
15 Tolstoj, Sobr.soč. 10, 152.
16 Hofmann, Bauernthema, 92 ff; Thun, Adressatenwechsel, 94 ff.; Brooks, Studies.
17 Thun, Adressatenwechsel, 80.
18 Schmitt/Schramm, Realismuskonzeptionen, 103 ff., 366.
19 Schmitt/Schramm, Realismuskonzeptionen, 133 ff.; Sinko, Roman, 313 f.
20 Schmitt/Schramm, Realismuskonzeptionen, 35, 229, 239 ff., 275, 412 f.; Günther, Verstaatlichung, 69 ff.
21 Fadeev, Za 30 let, 140.
22 Schmitt/Schramm, Realismuskonzeptionen, 409; vgl. auch 112, 117.
23 Brooks, When Russia Learned, 44.
24 Rašin, Gramotnost', 44 f.
25 Kul't. stroitel'stvo 1940, 7.
26 Kul't. stroitel'stvo 1940, 9.
27 Brooks, When Russia Learned, 61; Kul't. stroitel'stvo 1940, 209.
28 Kul't. stroitel'stvo 1940, 205, gibt für 1913 allerdings sehr viel niedrigere Werte an als Brooks für 1914.
29 Kul't. stroitel'stvo 1940, 209.
30 Kul't. stroitel'stvo 1940, 211.
31 Kul't. stroitel'stvo 1940, 212.
32 Kul't. stroitel'stvo 1940, 210.
33 Brooks, Breakdown, 169.
34 Kul't. stroitel'stvo 1940, 209.
35 Izdat. delo 1923-1931, 101, 113.
36 Kul't. stroitel'stvo 1940, 228.
37 Fadeev, Za 30 let, 139.
38 Sinko, Roman, 187 f.

39 Tolstoj, Sobr. soč. 10, 362.
40 Pisateli, 11 ff.
41 Tolstoj, Sobr. soč. 10, 365 ff., 545.

8. Wissenschaft und Wissenschaftsmagie: Der Fall Lyssenko

1 Vucinich, Empire, 147, 189, 389 f.(Anm.1); Kim,, Kul'tura, 225, 279 f.
2 Kim, Kul'tura, 271, 279; Lewis, Science, 16 ff., 22 ff., 92 ff.
3 Kim, Kul'tura, 281.
4 Sominskij, Ioffe; Popovskij, Vavilov, 47 ff.; Barwich, Atom, 36.
5 Lewis, Science, 115 ff.; Kapica, Pis'ma o nauke, 120 ff., 254 ff.
6 Vernadskij, Verju, 215.
7 Kapica, Pis'ma o nauke, 86 ff., 93 ff., 120 ff., 159 ff., 232 ff.
8 Popovskij, Vavilov, 70, 107; Vucinich, Empire, 172 f.; Kapica, Pis'ma o nauke, 120 ff., 174 f., 178 f.

9 Joravsky, Lysenko, 116 f., 317 ff.; laut O.Kudrjavcev, Leiter des Instituts für Staat und Recht, sollen unter Stalin ca. 50 Akademie-Mitglieder »repressiert« worden sein. RL Research Bulletin 489/88 v. 30. Okt. 1988; wie alle derartigen Angaben nach 1985 bedürfen sie noch genauerer Aufschlüsselung, sowohl was den Begriff »repressiert« als auch, was die Disziplinen und den Status der betroffenen Personen betrifft.

10 Kapica, Pis'ma o nauke, 124 ff.

11 Huxley, Genetics; Medwedjew, Lyssenko; Joravsky, Lysenko; Lecourt, Science; Dubinin, Dviženie.

12 Medwedjew, Lysenko, 38, 267, Anm.2; Joravsky, Lysenko, 99; Dubinin, Dviz^enie, 162 ff.; Popovskij, Vavilov, 89 ff.

13 Angaben bei Popovskij, Vavilov, 128, 51.

14 Lecourt, Science, 57 ff.; Dubinin, Dviženie, 113 ff., 170 ff.; Popovskij, Vavilov, 40 ff., 89 ff.

15 Medwedjew, Lyssenko, 165 ff.; Lecourt, Science, 62 ff.; Popovskij, Vavilov, 109.

16 Medwedjew, Lyssenko, 27 f., 68; Joravsky, Lysenko, 117 ff.; Popovskij, Vavilov, 94 ff.

17 Die wesentlichen Thesen Lyssenkos und ihre »philosophischen« Implikationen vgl. Huxley, Genetics, 64 ff.; Wetter, Philosophie, 80 ff.; Kolakowski, Marxismus III, 154 ff.

18 Medwedjew, Lyssenko, 64, 93 ff; Dubinin, Dviženie, 59 ff., 81, 105 f.; Berg, Suchovej, 44 ff.

19 Joravsky, Lysenko, 103.

20 Lecourt, Science, 121 f., 137 ff.

21 Zitiert nach Popovskij, Vavilov, 123; vgl.auch Medwedjew, Lyssenko, 75 ff.; Joravsky, Lysenko, 103 ff.

22 Kapica, Pis'ma o nauke, 151.

23 Medwedjew, Lyssenko, 77.

24 Medwedjew, Lyssenko, 27, 29 f.

25 Popovskij, Vavilov, 94.

26 Huxley, Genetics, 26 f.; Medwedjew, Lyssenko, 66; Popovskij, Vavilov, 114.
27 Joravsky, Lysenko, 219, 382 Anm. 31.
28 Popovskij, Vavilov, 149.
29 Lysenko und seine Anhänger bezeichneten sich nach dem erfolgreichen Züchter I.V.Mitčurin als seine Adepten und erhoben ihn nach seinem Tod im Jahre 1935 zum großen Wissenschaftler und Theoretiker.
30 Medwedjew, Lyssenko, 83.
31 Huxley, Genetics, 26 f.; Medwedjew, Lyssenko, 96 f.
32 Popovskij, Vavilov, 127.
33 Popovskij, Vavilov, 129.
34 Adams, Science, 173-204.
35 Popovskij, Vavilov, 187.
36 Popovskij, Vavilov, 167 ff.
37 Popovskij, Vavilov, 169; Berg, Suchovej, 90 ff., 97.
38 Später wurde Vavilov zu zehn Jahren Haft begnadigt. Er starb in der Haft am 29. Jan. 1943.
39 Popovskij, Vavilov, 176 ff.
40 McCutcheon, Purge.
41 Medwedjew, Lyssenko, 100 ff.
42 Joravsky, Lysenko, 49 ff.; Lecourt, Science, 43 (Zitat).
43 Ashby, Wissenschaftler, 197.
44 Brooks, When Russia Learned, 259 ff.
45 Huxley, Genetics, 101, 103 (Zitate); Medwedjew, Lyssenko, 179; Lecourt, Science, 96.
46 Iz istorii bor'by, 4, 137 ff.
47 Iz istorii bor'by, 6, 157 ff.
48 Medwedjew, Lyssenko, 124 ff.
49 Die Lage in der biologischen Wissenschaft, Moskau 1949, 34.
50 Medwedjew, Lyssenko, 128.
51 Lage, 19, 33.
52 Josifu Vissarionoviču Stalinu. Akademija nauk SSSR, Moskau 1949, 12.
53 Ashby, Wissenschaftler, 94 f.; Kapicas Bekenntnis zur Internationalität der Wissenschaft in einem Schreiben an A.A. Ždanov vom Mai 1948 zeugte von erheblichem Mut, zumal er seit 1946 aller Ämter enthoben war. Kapica, Pis'ma o nauke, 275 f.
54 Iz istorii bor'by, 4, 125 ff.; 6, 157 ff.
55 Lage, 758.
56 Huxley, Genetics, 231 f.
57 Lage, 775 f.
58 Medwedjew, Lyssenko, 135 ff.; Sacharov erklärte sich auf Befragen gegen Lysenko und hatte weiter keine Schwierigkeiten, wohl aber ein jüdischer Kollege. Sacharov, Leben, 167. In den geschlossenen Einrichtung wurde auf diese ideologischen Bekenntnisse offenbar kein großer Wert gelegt, vgl. Medvedev, Science, 46.
59 Medwedjew, Lyssenko, 140, 162 f.; Joravsky, Lysenko, 140 f.
60 Medwedjew, Lyssenko, 165 ff.; Joravsky, Lysenko, 141, 146 f., 154, 156 f.; Dubinin, Dviženie, 352; Berg, Suchovej, 198.

61 Vucinich, Empire, 194, 248 ff.
62 Barwich, Atom, 64 ff; Medvedev, Science, 46 ff.
63 Bailes, Soviet Science, 20-37. Vgl. auch den Roman V. Grossmans, Žizn i sud'ba, Lausanne 1980. Ein durchgehendes Thema des Romans ist das Verhältnis zwischen Freiheit und wissenschaftlicher Kreativität.
64 Kolakowski, Marxismus, III, 158 ff.
65 Joravsky, Stalinist Mentality, 575-600.
66 Medwedjew, Lyssenko, 148 f.; Joravsky, Lysenko, 153; Dubinin, Dviženie, 382.
67 Kapica, Pis'ma o nauke, 317 f.; Sacharow, Leben, 226.
68 Lecourt, Science, 100 ff., 158 ff.
69 Zur Etablierung der Genetik in der Akademie der Wissenschaften vgl. zusammenfassend Adams, Biology, 161-188.
70 Medwejew, Lyssenko, 216; Joravsky, Lysenko, 145.
71 Dubinin, Dviženie, 180 f.; Berg, Suchovej, 166 ff., 190 f., 243.
72 Joravsky, Lysenko, 162.
73 Medwedjew, Lyssenko, 299 (Zitat); Sacharow, Leben, 273 ff.
74 Adams, Biology, 179.
75 Medwedjew, Lyssenko, 11 ff.; Sacharow, Leben, 277.
76 Popovskij, Vavilov, 20 ff.
77 Berg, Suchovej, 47.
78 Dubinin, Dviženie, 44.
79 Dubinin, Dviženie, 90 f.; Joravsky, Marxism, 260 ff.
80 Dubinin, Dviženie, 56 ff., 106 ff.; Berg, Suchovej, 46 ff.; Adams, Science, 184 ff.
81 Lage, 27, 35 ff.
82 Dubinin, Dviženie, 435. Hierzu bekannte er sich auch noch in der dritten Auflage seiner Erinnerungen (Moskau 1989, 424 f.), in der er freilich ausführlicher als zuvor auf die Repressionsopfer einging und die Kanonisierung N.I.Vavilovs weiter trieb, als dies ohnehin schon üblich ist.

9. Intellektuelle Zwangsarbeit

1 Waksberg, Gnadenlos.
2 Solschenizyn, Archipel II, 58 ff.; Heller, Stacheldraht, 82 ff.
3 Solschenizyn, Archipel II, 74 ff; Heller, Stacheldraht, 128 ff.
4 Belomor; zum Lager vgl. Orlova, Černye pjatna.
5 Belomor, 157.
6 Belomor, 125 ff.
7 Mandelstam, Wölfe, 90.
8 Granin, Mimoletnoe javlenie.
9 Mandelstam, Wölfe, 46 ff., 300 f.
10 Šaragin, Šaraga, 76; Solschenizyn, Archipel II, 94.
11 Simonov, Glazami, 3, 19; vgl. auch Avdeenko, Otlučenie.
12 Belomor, 327.
13 Belomor, 27 ff., 89 ff., 155 ff.

14 Ipatieff, Life, 467 ff., 487 ff.

15 Kopelew, Götzen, 277 f.

16 Solschenizyn, A., Im ersten Kreis, Frankfurt2 1982.

17 Ihre zusammenfassende Auswertung vgl. bei Felix, La Science.

18 Neben Šaragin, Felix und Kopelew vgl. Panin, Notebooks; Barwich, Atom; Ardenne, Mein Leben; Albring, Gorodomlia.

19 Rabsila kann doppelt gelesen werden als »Arbeitskraft« (rabočaja sila) oder als »Sklavenarbeit« (rabskaja sila). In dieser Doppelbedeutung von Solženicyn verwendet.

20 Holloway, Entering.

21 Barwich, Atom, 98.

22 Barwich, Atom, 113 f.

23 Kopelew, Tröste, 73 ff., 110 f.; Sacharow, Leben, 206; Albring, Gorodomlia, 122 ff.

24 Ardenne, Mein Leben, 193; Barwich, Atom, 47 f., 118, 137; Sacharow, Leben, 173 f. P.L. Kapica lehnte die Zusammenarbeit mit Berija und seinen Funktionären im Besonderen Komitee für die Atombombenfrage ab. Seine Begründung in einem Brief an Stalin v. 25. Nov. 1945: »Die Genossen Berija, Malenkov und Voznesenskij führen sich ... wie Übermenschen auf, besonders Genosse Berija. Es ist richtig, daß er den Dirigentenstock führt. Das ist nicht schlecht, aber danach sollte die erste Geige ein Gelehrter spielen. Denn die Geige gibt dem ganzen Orchester den Ton an. Die Hauptschwäche des Genossen Berija besteht darin, daß der Dirigent nicht nur mit dem Stock schwingen, sondern auch die Partitur lesen können sollte. Damit steht es aber bei Berija schlecht«. Kapica, Pis'ma o nauke, 243.

25 Albring, Gorodomlia, 165, 168 f.

26 Kopelew, Tröste, 209 ff.

27 Felix, La Science, 67 ff.; Solschenizyn, Archipel, II, 557 ff; Hofmann, Arbeitsverfassung, 266 ff.

28 Kopelew, Tröste, 9.

29 Solschenizyn, Archipel, II, 461 ff.; Panin, Notebooks, 271 f.

30 Beyrau, Militär und Gesellschaft, 72 ff., 434 f.

31 Nicht ohne eine gewisse Schläue sollen Bauern in der Umgebung des »Objekts«, in dem Sacharov arbeitete, dieses als »Kommunismus auf Probe« bezeichnet haben. Sacharow, Leben, 141.

32 Ardenne, Mein Leben, 243; Kopelew, Tröste, 151 f., 183 f., 209 ff.

33 Barwich, Atom, 46.

10. Die Verbände der Kultur-Intelligenz

1 Guldberg, Artists, 3-23.

2 Schwarz, Musik, 185 ff., 343 f., 353 f.

3 Bol'šaja Sovetskaja Enciklopedija, Bd. 24/1, Moskau 1976, 266 ff.

4 Murray, Union, 173.

5 Preobraženskij, Ja ljublju, 3, 168, 179.

6 Fadeev, Predsmertnoe pis'mo, 14.

7 Simonov, Glazami, 3, 47 ff., 59 ff.
8 Tvorčeskie sojuzy, 134, 126.
9 Walker, Soviet Book, 80.
10 Tvorčeskie sojuzy, 123.
11 Gorbačev, N., Vschodja na tribunu, in: ML Nr. 17/18 v. 14. Apr. 1989.
12 Tvorčeskie sojuzy, 135, 140.
13 Kaverin, Stol, 24 ff.; Solschenizyn, Eiche 385.
14 Murray, Union, 340.
15 Walker, Soviet Book, 78 ff.
16 Garrard, Union, 174.
17 Schwarz, Musik, 537 f., 749, 726 ff., 775 ff.
18 Kraski žizni protiv bescvetnosti, in: LG Nr. 4 v. 27. Jan. 1988, 8.
19 Tvorčeskie sojuzy, 135, 140; Dewhirst/Farrell, Censorship, 98.
20 Solschenizyn, Eiche, 120.
21 ML Nr. 26 v. 16. Juni 1989.
22 Garrard, Union, 121 ff.
23 Jelagin, Künstler, 76 ff
24 Evtušenko, Avtobiografija, 88.
25 Swayze, Control, 241 ff.; Walker, Soviet Book, 72 ff., App. I.
26 Pol. dnevnik, I, 51 ff.
27 Solschenizyn, Eiche, 34, 167.
28 Evtušenko, Avtobiografija, 86.
29 Koenen, Gesänge, 136 (Zitat); vgl. Caronjot, Les Unions, 443.
30 Simonov, Glazami, 4, 49 ff., 66.
31 Evtušenko, Avtobiografija, 89 f.; Lipkin, Stalingrad, 34 f.; Steininger, Literatur, 42.
32 Garrard, Union, 109.
33 Rabin, Tri žizni, 58, 99 f., 117, 125 ff.
34 Kedrov, K., Chočetsja v eto verit', in: ML Nr. 2 v. 13. Jan. 1989.
35 Stadnjuk, I.F., Doklad mandatnoj komissii, in: LG Nr. 27 v. 1. Juli 1981, 5; Gorbačev, N.A., Doklad mandatnoj komissii, in: LG Nr. 26 v. 25. Juni 1986, 6.
36 LG Nr. 2 v. 11. Jan. 1989, 4.
37 ML Nr. 15 v. 31. März 1989.
38 Marčenko, V., Etot bespoščadnyj jazyk statistiki, in: ML Nr. 6 v. 3. Febr. 1989.
39 Wishnevsky, J., The VIIth Congress of Soviet Writers, in: RL Research Bulletin 264/1986 v. 15. Juli 1986; Vystuplenija učastnikov sezda, in: LG Nr. 27 v. 2. Juli 1987, 3-11.
40 Matlock, Organs, 382-399.
41 Fadeev, Za 30 let, 189 ff.
42 Sverkin, M., Strichi tragedii, in: LG Nr. 15 v. 12. Apr. 1989, 5; Garrard, Union, 51 f.
43 Kopelew, Im Willen, 176; ähnliche Zahlen bei Medvedev, K sudu, 445. Hier wird die Zahl von 600 verfolgten Autoren allerdings nur auf die Zeit zwischen 1936 und 1939 bezogen.
44 Garrard, Union, 48 f.
45 Sojuz reptilij, in: Strana i mir 1985, 6, 83-95, 88 f.

46 Michajlov, A., Cel' – tvorčestvo, in: Pravda Nr. 333 v. 28. Nov. 1989, 4.
47 Murray, Union, 48; Tvorčeskie sojuzy, 75, 92.
48 ML Nr. 2 v. 13. Jan. 1989.
49 Schwarz, Musik, 367 ff., 512 f., 577 ff., 789 ff.
50 Schwarz, Musik, 781.
51 Schwarz, Musik, 508 f., 529 ff., 564 ff., 574 ff.
52 Tvorčeskie sojuzy, 23.
53 LG Nr. 4 v. 25. Jan. 1989, 1; LG Nr. 13 v. 29. März 1989, 1.
54 Murray, Union, 327.
55 Garrard, Union, 81 ff.
56 Chruschtschow, Reden, 251 ff.
57 Solschenizyn, Eiche, 76.
58 Solschenizyn, Eiche, 117 f.; Pol. dnevnik, I, 123; II, 11.

11. Tonnenideologie in Aktion: Der Buchmarkt

1 Hübner, Schwarzhandel; Mehnert, Über die Russen, 29 ff.; Šeregi, Struktura, 116-126.

2 Levinson, Starye knigi, 43-50.

3 Die sowjetische Statistik ist in der Art der Quantifizierung mit der westlichen Statistik nicht immer vergleichbar, neigt zudem zu inflationären Angaben. Siehe Friedberg, Output, 151-177.

4 Walker, Soviet Book, 120.

5 Šeregi, Struktura, 123 f.

6 Kliger, Kak ugodit', 41-50.

7 Nenašev, N., Čto ja čitaju segodnja, in: LG Nr. 1, v. 4. Jan. 1989, 3.

8 Istoriki i pisateli o literature i istorii, in: VI 1988, 6, 3-114.

9 Kliger, Kak ugodit', 48; Kac/Makarenkov, Rynok, 55-60; Knižnoe obozrenie Nr. 1 v. 6. Jan. 1989, 3.

10 Garrard, Book Hunger, 72-81.

11 RL Research Bulletin 264/86 v. 15. Juli 1986. Die verschiednen Aussagen über die Makulatur in den öffentlichen Bibliotheken sind nicht einheitlich, laufen aber alle darauf hinaus, daß ca. ein Drittel bis ein Viertel der den Bibliotheken zugewiesenen Bücher als »tote Last« gelten. Šeregi, Struktura, in: SI 1986, 3, 116.

12 Vladimirov, N., Avtory i tiražy, in: Izvestija Nr. 196 v. 15. Juni 1987, 3; Vigiljanskij, V., Graždanskaja vojna v literature, in: Ogonek 1988, Nr. 43, 6-8.

13 Kliger, Kak ugodit', 49.

14 Zahlen für 1989: Argumenty i fakty Nr. 24 v. 17.23. Juni 1989, 3.

15 Strukturnye izmenenija tiražej žurnal'noj periodiki, in: SI 1988, 6, 60-63.

16 Diskussionsbeitrag A.Ja.Markovs in: Istoriki i pisateli, in: VI 1988, 6, 40.

17 Vladimirov, Avtory; Otvet na pis'mo v KiK pri CK KPSS, in: ML Nr. 20 v. 26. Apr. 1989.

18 Il'ina, N., Literatura i massovyj tiraž, in: NM 1969, 1, 210-229.

19 Il'ina, N., Zdravstvuj, plemja molodoe, neznakomoe, in: Ogonek, 1988, 2, 23-26.

20 Mehnert, Über die Russen, 49 f.

21 Gol'denberg, Čitatel'skie strasti, 89-91; Pol. dnevnik I, 581-85.

22 Garrard, Union, 278.

23 Walker, Soviet Book, 31.

24 Walker, Soviet Book, 40.

25 Nenašev, M.F., Put' k čitatelju, in: Slovo 1989, 5, 20-23.

26 S pervoj ňaučnoj sessii Instituta knigi, in: LR Nr. 21 v. 26. Mai 1989, 11.

27 Rede D.S.Lichačevs auf dem Kongreß der Volksdeputierten, in: LG Nr. 23 v. 7. Juni 1989, 3; Verchovnyj Sovet. Diskussii o kul'ture, in: LG Nr. 27 v. 5. Juli 1989, 3.

28 Knižnoe obozrenie Nr. 27 v. 7. Juli 1989, 3.

29 Gorokhov, Publishing, 258 ff.

30 Dewhirst/Farrell, Censorship, 65; skeptisch gegenüber diesen Schätzungen Choldin/Friedberg, Red Pencil, 65.

31 Ferenczi, Funktion, 362-398.

32 Dewhirst/Farrell, Censorship, 55 f.; Gorokhov, Publishing, 84; Medvedev, Science, 116 ff.

33 Vgl. hier die z.T. grotesken Schilderungen des Regisseurs Jurij Ljubimov: Ljubimov, Ju., V takich uslovijach ja bol'še rabotat' ne budu, in: SM 1984, 1-2, 127-138; Interv'ju s Juriem Ljubimovym, in: Kontinent 44, 1985, 411-443; Beseda s Juriem Ljubimovym, in: Strelec 3, 1986, 10, 34-39.

34 Medvedev, Science, 126 f.; Marcenko, V., Etot bespoščadnyj jazyk statistiki, in: ML Nr. 6 v. 3. Febr. 1989; Cukova, Ju., Pod skrip vetrjanych mel'nic, in: LG Nr. 10 v. 8. März 1989, 12.

35 Dewhirst/Farrell, Censorship, 83.

36 Wishnevsky, J., Censorship in these days of glasnost', in: RL Research Bulletin 495/88 v. 3. Nov. 1988; Tolz, V., The Development of glasnost'in 1988, in: Report on the USSR 1, 1989, 5, 7-10; Fedotov, M.A., Glasnost' i cenzura. Vozmožnost' sosuščestvovanija, in: SovGos i Pravo 1989, 7, 80-89.

37 Efirov, »Belye pjatna«, 71-82.

38 Lakshin, Solzhenitsyn, 81 f.

39 Solschenizyn, Eiche, 151; A.Voznesenskij, in: Pravda v. 27. Juni 1986, 3.

40 Zavgorodnjaja, I., Novye belye pjatna, in: Izvestija Nr. 230 v. 17. Aug. 1988, 6; s.a.Kasack, W., Veraltete Literatur wird aussortiert, in: FAZ Nr. 191 v. 18. Aug. 1988, 3; Džimbinov, 243-252.

12. Hypertrophes Wachstum: Bildungsexplosion und die technisch-wissenschaftliche Intelligenz

1 Lavigne, La formation, 445-60; Rutkevič, Intelligencija, 37 ff.; Bljachman/Škaratan, NTR, 176 f., 290 ff.; Sokolova, I.F., Manuil'skij, M.A., Kak stat' ministrom, in: SI 1988, 1, 16-25.

2 Harasymiw, Nomenklatura; Schneider, Himtergrund; ders./Rahr, Biographien.

3 Gvishiani u.a, Intelligentsia, 39.

4 Kapiza, Experiment, 367.

5 Zalygin, S., Wie die Umleitung der sibirischen Flüsse gestoppt wurde, in: Hufschmid, Glasnost, Bd. 1, 26-60; Jarošenko, V., Partii interesov, in: NM 1990, 2, 113-141.
6 Gorbatschow, Zurück, 33 ff.
7 Gvishiani u.a., Intelligentsia, 26.
8 Blachman/Škaratan, NTR, 285 ff.
9 Hufschmid, Glasnost, Bd. 1, 122 ff.
10 Heller u.a., Weg, 65 ff.; Ionin, L.G., Konservativnyj sindrom, in: SI 1987, 5, 19-30.
11 Sochor, Beitrag; Evans, Decline.
12 Zorin/Alekseev, Vremja; Pol. dnevnik, II, 647.
13 Zorin/Alekseev, 8 f.
14 Turčin, Inercija, 15.
15 Šubkin, Bjurokratija, 162-186; s.a. Heller u.a., Weg, 89 ff.
16 Vgl. exemplarisch Urban, M., M.A.Suslov's »Na putyach stroitel'stva kommunizma«, in: Critique 13, 1981, 166-171; Etkind, E., Nekrasov, V., Brezhnev the Writer, in: Survey 23, 1977-78, 4(105), 94-108.
17 Bukovskij, Pacifisty, 88.
18 Hufschmid, Glasnost, Bd. 3, 80 ff.
19 Gvishiani u.a., Intelligentsia, 56, 58; Matthews, Top Incomes, 13.
20 Popovsky, Three Letters, 155.
21 Ashby, Wissenschaftler, 15; Medvedev, Science, 130.
22 Thomas/Kruse-Vaucienne, Science, 189 ff.; Thomas, Militarization.
23 Chruščev, Vospominanija, 256; Novikov, V gody, 2, 107.
24 Zemcov, Partija, 114; Berg, Suchovej, 237; Polikanov, Razryv, 57, 65; Popovskij, Nauka, 49 ff.; Zvorykin, Kollektiv, 74 f., 104.
25 Mongili, Les institutions, 227 ff.
26 Popovskij, Nauka, 68 ff.; Nekritsch, Angst, 139 ff.; Janevič, Institut, 2, 146 ff.
27 Gloeckner, Intelligenzia.
28 Krystanovskaja, Inženery; Shlapentokh, Intellectuals, 12, 15.
29 Amelin, Intelligencija, 117 ff.; Rutkevič, Intelligencija, 46; Gloeckner, Intelligenzia, 493.
30 Bljachman/Škaratan, NTR, 284 ff.; Lubrano/Solomon, Social Context, 138 ff.; Maramsin, W., Der Natschalnik.
31 Maslennikov/Mindeli, Naučnye potencialy, 55 ff.
32 Parry, New Class, 299; Teckenberg, UdSSR, 123 ff.
33 Kelle/Kugel', Kadry, 191 ff.
34 Scharff, Wissenschaftsorganisation.
35 Nar. obr., 245; Kneen, Scientists, 11.
36 Rutkevič, Intelligencija, 60 ff.
37 Ivanov, Razvitie, 140 f.; Teckenberg, Stabilität, 314 ff.
38 Lubrano/Solomon, Social Context, 44; Kneen, Scientists, 22 ff.; Vucinich, Empire, 192.
39 Thomas/Kruse-Vaucienne, Science, 101 ff.; Teckenberg, Organisation, 45 ff.
40 Kelle/Kugel', Kadry, 119, 205 f., 209.
41 Kapica, Pis'ma o nauke, 54, 63 f.

42 Kneen, Scientists, 28.

43 Kapica, Pis'ma o nauke, 37, 317.

44 Lubrano/Solomon, Social Context, 58; Ashby, Wissenschaftler, 17 f.; Scharff, Wissenschaftsorganisation, 17 ff.

45 Kuvakin, Obespečenie; Petrenko, Zakonodatel'stvo, 197 ff.

46 Miller, Politics, 156 ff.

47 Nar. obrazovanie, 245; Lubrano/Solomon, Social Context, 44; Lewytzkyj, »Sovetskij narod«, 164.

48 Kelle/Kugel', Kadry, 97, 106.

49 Sbytov u.a., Razvitie, 62; Vucinich, Empire, 284 ff.

50 Kapiza, Experiment, 172 f.

51 Nesvetajlov, Bol'naja nauka, 44 ff.

52 Ashby, Wissenschaftler, 17; Kneen, Scientists, 48, 54 f.; Vucinich, Empire, 308 ff.; Zvorykin, Kollektiv, 55 f., 68; Sbytov u.a., Razvitie, 30 ff.; Kelle/Kugel', Kadry, 173 ff.

53 Sbytov u.a., Razvitie, 103 ff., 128; Kneen, Scientists, 49 f.

54 Sbytov u.a., Razvitie, 63; Kelle/Kugel', Kadry, 103; Kneen, Scientists, 41 ff.

55 Agursky, Military Complex; Medvedev, Science, 79 ff., 110 ff., 119 ff.; Medwedjew, Sowjetbürger, 180 ff., 206 ff.; Sacharow, Leben, 105 f.; Kapica, Pis'ma o nauke, 218 ff., 307 f., 364 ff.

56 Petrenko, Zakonodatel'stvo, 165.

57 Sbytov u.a., Razvitie, 57.

58 Lubrano/Solomon, Social Context, 69 ff.; Kneen, Scientists, 55 f.; Teckenberg, Organisation, 41 ff.

59 Gehälter in Positionen der Wissenschaftshierarchie zu Beginn der siebziger Jahre:

Direktor einer Hochschule	500 – 700 R.
Direktor eines Forschungsinstituts	500 – 700 R.
Lehrstuhlinhaber	425 – 625 R.
Dozent u. analoge Position in Forschungseinrichtungen	300 – 350 R.
Ältere Wiss. Mitarbeiter	200 – 250 R.
Wiss. Mitarbeiter	135 – 150 R.
Jüngere Wiss. Mitarbeiter	105 – 125 R.

Vereinfacht nach Matthews, Top Incomes, 8.

60 V CK KPSS, sovete ministrov SSSR i VCSPS: O soveršenstvovanii oplaty truda naučnych rabotnikov, in: Pravda 16. Juli 1985, Nr. 197, 1-2.

61 Teckenberg, Stabilität, 302; Sbytov u.a., Razvitie, 173 ff.

62 Vucinich, Empire, 147.

63 Meissner, Gefüge, 552.

64 Churchward, Intelligentsia, 92; Cocks, P. u.a. (Hg.), The Dynamics of Soviet Politics, Cambridge/Mass. 1976, 129; Meissner, Neuere Daten, 726 f.

65 Kneen, Scientists, 73; Meissner, Neuere Daten, 552; Shlapentokh, Intellectuals, 42.

66 Kneen, Scientists, 78.

67 Bljachman/Škaratan, NTR, 262 f.; Vucinich, Empire, 130; Kneen, Scientists, 77; Fedjukin, Partija, 207 ff.

68 Pljušč, Na karnavale, 11.
69 Polikanov, Razryv, 55.
70 Berg, Suchovej, 243 ff.; Shlapentokh, Intellectuals, 25 ff., 45 ff.
71 Turčin, Inercija, 41.
72 Sinowjew, Kommunismus, 356 f.

III. Selbstbefreiung im Zwangsstaat

13. Tauwetter und Spätfröste

1 Sinjawski, Gute Nacht, 279.

2 Simonov, Glazami, 4, 108; vgl. Gedichte auf Stalins Tod in den Nummern der LG jeweils im März 1953 und 1954.

3 Swayze, Control, 62 ff.; Seemann, Literaturpolitik, in: JGO 1965, 1, 45 ff.

4 Vajl, Opasnyj, 56 ff.; Babenyševa, Cena, 255-83; Garrard, Union, 97 ff.

5 Na ložnom puti. O romane V.Grossmana »Za pravoe delo«, in: LG Nr. 23 v. 21. Feb. 1953, 3-4.

6 Frankel, Novyi Mir, 9 ff.; Lipkin, Stalingrad, 24 ff.

7 Pol. dnevnik, I, 213 ff. Zitat: 214.

8 Simonov, K., Pamjati A.A.Fadeeva, in: NM 1956, 6, 3-6, 5.

9 Simonov, K., Literaturnye zametki, in: NM 1956, 12, 239-57, 251.

10 Ssachno, Aufstand, 94 f.

11 Dudinzew, Der Mensch, 69. Die folgenden Seitenangaben im Text beziehen sich auf den Roman.

12 Dudincev, Ne chlebom, 203. Hier der Begriff des »inakomysljaščij«, der später auf die Dissidenten angewendet werden sollte.

13 Ssachno, Aufstand, 138; Paustovskij, Iz pisem, 198.

14 Rothberg, Heirs, 47, 254 f.

15 Pol. dnevnik, I, 603 ff.

16 Frankel, Novyi Mir, 102.

17 O romane V.Grossmana »Za pravoe delo«, in: LG Nr. 27 v. 3. März 1953, 3.

18 Tvardovskij, Iz rabočich tetradej, 7, 139.

19 Ssachno, Aufstand, 148.

20 Swayze, Control, 61.

21 Frankel, Novyi Mir, 100 ff.; Swayze, Control, 196 f.

22 LG v. 8. Okt. 1957, 2; s.Swayze, Control 197 f.

23 Sofronov u.a., in: LG v. 8. Okt. 1957, 2.

24 Ssachno, Aufstand, 142 ff.; Dement'ev, A., Zametki kritika, in: NM 1958, 11, 228-41, bes. 233 ff.

25 Chruschtschow, Reden, 91. Die folgenden Seitenangaben im Text beziehen sich ebenfalls auf diese Ausgabe.

26 Der »sozialistische Humanismus« als Lehre des Hasses wurde verschiedentlich aufs Korn genommen. Vgl. Amalrik, Aufzeichnungen, 79; Samsonowa, Moral, 39-47; Evans, Decline, 17.

27 Dve vstreči N.S.Chruščeva, in: VP 180; Rothberg, Heirs, 61 ff.

14. Pasternak in der Falle

1 Iwinskaja, Lara, 86 ff. Mandelstam, Wölfe, 146 ff.

2 Iwinskaja, Lara, 84; Gladkov, Vstreči, 54.

3 Iwinskaja, Lara 96 (Zitat), 83; Pasternak, Materialy, 461, 467 f.

4 Iwinskaja, Lara, 148.

5 Gladkov, Vstreči, 63 f.

6 Iwinskaja, Lara, 147 ff.; Zitat: 159.

7 Iwinskaja, Lara, 160; Gladkov, Vstreči, 135.

8 Iwinskaja, Lara, 122 ff.

9 Pasternak, B., Über mich selbst, 78; ders., Puti, 458.

10 Pasternak, Materialy, 585, 591 ff., 603 f., 610 f.

11 Pasternak, Materialy, 598 f., 601.

12 Iwinskaja, Lara, 246; D'Angelo, Pasternak, 489.

13 D'Angelo, Pasternak, 490; lt. Pasternak, Materialy, 628 f., habe Pasternak das Manuskript D'Angelo nur zur Lektüre übergeben.

14 Iwinskaja, Lara, 252 ff.; Pasternak, Materialy, 628 f.; allerdings habe der Staatsverlag für Literatur (Goslitizdat) bereits im Juni 1957 Feltrinelli mitgeteilt, daß der Roman in der UdSSR nicht veröffentlicht werde: Pasternak, Materialy, 640.

15 Dewhirst/Farrell, Censorship, 13, 17.

16 Pasternak, Materialy, 500 ff., 514 ff., 532, 585, 595 f.

17 Zit. nach Conquest, Pasternak Affair, 78 f.

18 Surkov, Vsegda s partiej ..., in: LG v. 28. Nov. 1957, 1.

19 Pasternak, Materialy, 632 f.

20 Conquest, Pasternak Affair, 139.

21 Ssachno, Aufstand, 202; Gerschenkron, Notes on Doctor Zhivago.

22 Die im Text folgenden Seitenzahlen in Klammern beziehen sich auf die deutsche Fassung von B.Pasternaks Roman »Doktor Schiwago«, Frankfurt 1958.

23 Conquest, Pasternak Affair, 150.

24 Conquest, Pasternak Affair, 159.

25 Mallac, Pasternak, 298 ff.

26 Živago von živoj = lebendig.

27 Zitate aus einer Versammlung Moskauer Schriftsteller nach Judgement on Pasternak, in: Survey 60, 1966, 134-163. Reihenfolge der Zitate: 143, 136, 138, 160.

28 Conquest, Pasternak Affair, 175 f.

29 Judgement, 135.

30 Conquest, Pasternak Affair, 164.

31 Judgement, 136.

32 Conquest, Pasternak Affair, 179 f.; als Kandidat für den Nobelpreis war Pasternak bereits seit 1946 im Spiel gewesen. Der Roman soll bei der Verleihung von 1958 für das Nobelpreis-Komitee keine Rolle gespielt haben. Pasternak, Materialy, 647.

33 Ivinskaja, Lara, 293.

34 Evtušenko, Avtobiografija, 121.

35 Conquest, Pasternak Affair, 100; Iwinskaja, Lara, 275, 277, 311.

36 Iwinskaja, Lara, 312 ff.

37 Iwinskaja, Lara, 277, 296 (Zitat); analog Kaminskaya, Judgement, 163.

38 Pasternak, Materialy, 650.

39 So die Argumentationslinie D.S. Lichačevs in Pasternak, Puti, 3 ff.; vgl. Mallac, Pasternak, 276 ff.

40 Neue Zürcher Zeitung v. 24. Febr. 1987; Kasack, in: OE 37, 1987, 2, 104, A 76.

15. Der Prozeß beginnt

1 Pimenov, Vospominanija, in: Pamjat' 2, 221.

2 Vajl, Opasnyj, 66 ff.; Bukowskij, Wind, 117 ff.

3 Vajl, Opasnyj, 159.

4 Pimenov, Vospominanija, in: Pamjat' 2, 225 ff., Vajl, Opasnyj, 150, 159 ff.

5 Steininger, Literatur,99 f.; Osipov, Tri otnošenija, 55 ff.

6 Vajl, Opasnyj, 142.

7 Sinjawski, Gute Nacht, 224; Dewhirst/Farrell, Censorship, 71.

8 Kasack, J. Brodski, in: OE 38, 1988, 3, 181.

9 Bukowskij, Wind, 127.

10 Gidoni 49.

11 Roždestvenskij, Materialy, in: Pamjat' 5, 249 ff.

12 Ders., 254.

13 Ders., 276 ff.

14 Peskov, Delo, in: Pamjat' 1, 269 ff.

15 Vajl, Opasnyj, 240 f.

16 Osipov, Tri otnošenija, 65.

17 Vajl, Opasnyj, 235.

18 Pimenov, Vospominanija, in: Pamjat' 2, 246.

19 Peskov, Delo, in: Pamjat' 1, 269.

20 Vajl, Opasnyj, 67 ff., Roždestvenskij, Materialy, in: Pamjat' 5, 276 ff.

21 Vajl, Opasnyj, 235, 278.

22 Gidoni, Solnce, 252; Vajl, Opasnyj, 295 ff., Roždestvenskij, Materialy, in: Pamjat' 5, 243.

23 Roždestvenskij, Materialy, in: Pamjat' 5, 276.

24 Luchterhand, UN-Menschenrechtskonventionen, 21; Vajl, Opasnyj, 139 f., 238 ff.; Gidoni, Solnce, 73 f.

25 Chronika 1, 18.

26 Dunlop, VSChSON, 35 ff., 50 f., 55.

27 Dunlop, VSChSON, 78; Berdjajew, N., Das neue Mittelalter, Darmstadt 1927.

28 Dunlop, VSChSON, 74 ff.; Amalrik, Aufzeichnungen, 72 ff.

29 Pol. dnevnik I, 125, II, 153 f.

30 Koscinskij, Iz vospominanij, in: Pamjat' 5, 60 f.

31 Sinjawski, Gute Nacht, 348 ff.; Etkind, Hinrichtung, 206.

32 Schwarz, Musik, 755.

33 Pol. dnevnik I, 126.

34 Schwarz, Musik, 686 f., 749, 775 f.; Amalrik, Aufzeichnungen, 12, 16 ff.; ders., Unfreiwillige Reise, 9 ff.; Gleser, Kunst; Rabin, Tri žizni.

35 Brodsky, Erinnerungen, 40 f.

36 Koscinskij, Iz vospominanij, in: Pamjat' 5, 42-82.

37 Malzew, Russ. Literatur, 197.

38 Steininger, Literatur, 212 f.; Seemann, Literaturpolitik, in: JGO 13, 1965, 1, 56 ff.

39 Brodsky, Erinnerungen, 15.

40 Bilinsky, A., Parasitengesetze in der Sowjetunion, in: Jahrbuch für Ostrecht 1961, 2, 111-146; ders., Novellierung der Parasitengesetze in der UdSSR, in: ebd. 1965, 2, 201-209.

41 Etkind, Hinrichtung, 123.

42 Goričeva, T., Ved'my v kosmose, in: Marija 1, 1981, 9-13.

43 Brodski, Erinnerungen, 21 (Zitat); s.a. Gidoni, 14; Bukowskij, Wind, 112 f.; Zahaykevich, M.Kh., Psychology, 88 ff.

44 Etkind, Hinrichtung, 125; Gordin, Delo Brodskogo, 148.

45 Etkind, Hinrichtung, 140 ff.

46 Gordin, Delo Brodskogo, 164 f.

47 SMOG, in: Grani 1966, 61, 14-17; zur Gruppe vgl. Levitin-Krasnov, Rodnoj prostor, 21 ff.; Alekseeva, Istorija, 244 f.

48 Malzew, Russ. Literatur, 35.

49 Rothberg, Heirs, 168 ff.

50 ai. Politische Gefangene, Frankfurt 1980, 22 ff.

51 Garrard, Union, 140 ff.

52 Solschenizyn, Eiche, 121, 131.

53 A. Rumjancev, Partija i intelligancija, Pravda, 21. Febr. 1965; s.a. Schwarz, Musik, 718 f., 725.

54 Rothberg, Heirs, 161.

55 Rothberg, Heirs, 144.

56 Pol. dnevnik II, 12, 14, 15.

57 Pol. dnevnik I, 51, 119 ff.; II, 15 f.; 1988 sprach Ju. Afanas'ev von der trapeznikovščina. Istoriki i pisateli o literature i istorii, in: VI 1988, 6, 3-112, 73; vgl. V.D.Polikarpovs Klagen über Trapeznikovs »direktive« Artikel in der »Pravda« in den Jahren 1965 und 1966 über den nicht existenten Stalinkult ,ebd. 94 f.; zur positiveren Würdigung Trapeznikovs unter den Naturwissenschaftlern vgl. Joravsky, Lysenko, 310; Lubrano/Solomon, Social Context, 83 ff.; Sacharow, Leben, 339 ff.

58 Pol. dnevnik I, 52.

59 Pravda, 9. Mai 1965.

60 Pol. dnevnik II, 70.

61 Pol. dnevnik I, 125.

62 Terz, Was ist sozialistischer Realismus?, 139, 141.

63 Sinjawski, Gute Nacht, 51.

64 Sinjawski, Gute Nacht, 48.

65 Weißbuch, 207.

66 Weißbuch, 317.

67 Bulgakow, M., Meister und Margarita, München 1983, 142 ff.
68 Sinjawski, Gute Nacht, 21 f.
69 Weißbuch, 44; Alekseeva, Istorija, 250 f.
70 Malzew, Russ. Literatur, 30 ff.
71 Westen, K., Rechtsreformen nach dem Tode Stalins, in: Boettcher, E. u.a. (Hg.), Bilanz der Ära Chruschtschow, Stuttgart 1966, 189-209; Barry, D.D. u.a. (Hg.), Soviet Law After Stalin, Bd. 1-2, Leiden 1977-78.
72 Luchterhand, UN-Menschrechtskonventionen, 21.
73 Bukowski, Wind, 250; Tökes, Dissent, 119.
74 Weißbuch, 391 f.
75 Weißbuch, 392-394.
76 Janevič, Institut, in: Pamjat' 2, 142.
77 Weißbuch, 344.
78 Weißbuch, 372 f.
79 Weißbuch, 378.
80 Dve vstreči N.S. Chruščeva, in: VP 6, 1982, 192.
81 Weißbuch, 380.

16. Der Literaturfunktionär und sein Protegé

1 Lakshin, Solzhenitsyn, 4.
2 Solschenizyn, Eiche, 29.
3 Lakshin, Solzhenitsyn, 18.
4 Solschenizyn, Eiche, 75.
5 Solschenizyn, Eiche, 42 ff.
6 Evtušenko, Avtobiografija, 138 ff.
7 Schramm, Jewtuschenko, 233 ff.
8 Tvardovskij, Iz rabočich tetradej, 7, 166 f., 175; 8, 123, 151, 155 f.
9 Solschenizyn, Eiche, 60.
10 Shlapentokh, Intellectuals, 50.
11 Vgl. exempl. Tvardovskij, Iz rabočich tetradej, 7, 132 ff.; 8, 146 f., 179 ff.
12 Lakšin, Otkrytaja dver', 117 ff.
13 Lakšin, Otkrytaja dver', 214 ff; Tvardovskij, Iz rabočich tetradej, 8, 174 ff..
14 Tvardovskij, Iz rabočich tetradej, 9, 168.
15 Paustovskij, Iz pisem, 202; Kaverin, Stol, 118 ff.
16 Tvardovskij, Iz rabočich tetradej, 7, 190.
17 Dts.: Tschukowskaja, L., Ein leeres Haus, Zürich 1967.
18 Dts.: Schalamow, W., Kolyma. Insel im Archipel, München 1975; ders., Geschichten aus Kolyma, Frankfurt 1983.
19 Pol. dnevnik I, 195.
20 Solschenizyn, Eiche, 285.
21 Medwedjew, Zehn Jahre, 32; Lakšin, Otkrytaja dver', 204 ff.
22 Medwedjew, Zehn Jahre, 32; Lakšin, Otkrytaja dver', 209 ff.

23 Spechler, Dissent, 155 ff.

24 Pol. dnevnik, I, 185.

25 Solschenizyn, Eiche, 53, 164; Lakšin, Otkrytaja dver', 201; Pol. dnevnik, I, 187.

26 Solschenizyn, Eiche, 91 ff., 117 ff.

27 Solschenizyn, Eiche, 104; vgl. das Gutachten K. Simonows, das er wohl für das ZK erstellte, es aber auch Solschenizyn zugänglich machen wollte: »... ich akzeptiere den Roman nicht in seiner Hauptthese, in seinem Unglauben an die innerlich gesunde Grundlage unserer Gesellschaft, die auch ... in den schwersten Zeiten ihrer Entwicklung, so in den späten Jahren Stalins, vorhanden war«. Ne priemlju roman v ego neverii. Vokrug žizni i tvorčestva A.S. Solženicyna, in: Izvestija CK KPSS 1990, 12, 145-151, 149 (Zitat).

28 Solschenizyn, Eiche, 100 (Zitat), 112 ff.

29 Vajl, Opasnyj, 329; Glazov, Vrata, 141; Frankel, Novyi Mir, 145 ff.; Spechler, Dissent, 245 ff.; Shlapentokh, Intellectuals, 115 f.

30 Solschenizyn, Eiche, 311.

31 Zaslavsky, In geschlossener Gesellschaft, 82 f.; Hollander, Communication, 247 ff.

32 Solschenizyn, Eiche, 113, 120, 133, 137 u.a, bes. 569 f., 630 ff. Daß diese Formen vulgär-denunziatorischer Verunglimpfung allmählich auch publikationsfähig wurden, belegt Jakovlev, N.N., CRU protiv SSSR, Minsk 1983[3], 245 ff.: hier gegen den, von A.Ginzburg verwalteten und von Solschenizyn gestifteten Hilfsfonds für politische Häftlinge und ihre Familien, oder S.279 ff. gegen Elena Bonner, die zweite Ehefrau Sacharovs, gewissermaßen als dessen »böser Geist«. Die Wirkung von Jakovlevs Pamphlet bekam Ju.Orlov noch in der Verbannung im fernen Jakutien zu spüren. Orlow, Leben, 326 ff.

33 Solschenizyn, Eiche, 589; Ssachno/Grunert, Literatur, 135; zur Technik der Entfernung der Schriften verfemter und emigrierter Autoren vgl.Korsch, Purge, und einzelne Beispiele in Chronika, 35, 58 ff.; 48, 145; 51, 173.

34 Solschenizyn, Eiche, 175.

35 Pol. dnevnik, I, 184 ff.; Spechler, Dissent, 221.

36 Solschenizyn, Eiche, 191.

37 Pol. dnevnik, I, 196.

38 Pol. dnevnik, I, 193; II, 81.

39 Pol. dnevnik, II, 122.

40 Pol. dnevnik, II, 374.

41 Solschenizyn, Eiche, 553.

42 Solschenizyn, Eiche, 553 ff., 199, 206; Medwedjew, Zehn Jahre, 76.

43 Labedz, Solzhenitsyn, 116 ff.

44 Solschenizyn, Eiche, 207.

45 Solschenizyn, Eiche, 220 ff.

46 Labedz, Solzhenitsyn, 169; Ssachno/Grunert, Literatur, 134.

47 Ozerov, Fedin, 223.

48 Ssachno/Grunert, Literatur, 137; Ozerov, Fedin, 216 f.

49 Solschenizyn, Eiche, 237 ff.

50 Ssachno/Grunert, Literatur, 134.

51 Ssachno/Grunert, Literatur, 137.

52 Ozerov, Fedin, 223.

53 Ozerov, Fedin, 221.

54 Solschenizyn, Eiche, 225; Ssachno/Grunert, Literatur, 128; Medwedjew, Zehn Jahre, 84.

55 Spechler, Dissent, 271.

56 Solschenizyn, Eiche, 249 ff.

57 S. analoge, wenn auch nicht so gut dokumentierte Verfahren im Falle Ivan Dzjubas: Chronika, 11, 326; A.A.Galičs: Chronika, 23, 338, 340; 24, 385; Galič, A., General'naja repeticija, Frankfurt 1974, 136 ff.; V.Kornilovs u.a.: Chronika, 45, 74 f.; V.Nečaevs: Chronika, 48, 146 f.; 49, 79 f.

58 Labedz, Solzhenitsyn, 229 f.; Chronika, 12, 356 f.

59 Solschenizyn, Eiche, 596.

60 Solschenizyn, Eiche, 600.

61 Solschenizyn, Eiche, 599.

62 NM 1971, 10, 98; Chronika, 24, 385; Medwejew, Zehn Jahre, 114.

63 Solschenizyn, Eiche, 607.

64 Medwedjew, Zehn Jahre, 115.

65 Chronika, 11, 278, 282.

66 Chronika, 11, 278; Solschenizyn, Eiche, 324.

67 Solschenizyn, Eiche, 610.

68 Labedz, Solzhenitsyn, 233 ff.

69 Chronika, 11, 283 f.

70 Solschenizyn, Eiche, 329.

71 Maßstäblich für das konfuse Ideen-Gemisch vgl. Čalmaev, Neizbežnost', in: MG 1968, 9, 259-89, teilweise in engl. bei Dunlop, Faces, 318 ff.; vgl. allgem. dazu Yanov, Right, 39 ff.; Dunlop, Faces, 38 ff.

72 Kriki, in: Posev 1969, 10, 49-52; Lakšin, Otkrytaja dver', 227 f.

73 Lakshin, Solzhenitsyn, 81.

74 Solschenizyn, Eiche, 279; Lakšin, Otkrytaja dver', 222.

75 LG v. 28. Aug. 1968, 2; Pravda v. 22.-27. Aug. 1968; Pol. dnevnik, II, 279.

76 Solschenizyn, Eiche, 277.

77 Scammel, Solzhenitsyn, 684; Lakšin, Otkrytaja dver', 225.

78 Po pravu pamjati, in: Posev 1969, 10, 52-55; NM 1987, 3.

79 Tvardovskij, A.T., Avtobiografija, in: ders., Sobr. soč., Bd. 1, Moskau 1966, 5-18, 12.

80 Solschenizyn, Eiche, 333.

81 Kočetov, V., Čego že ty chočeš'?, in: Oktjabr' 1969, 9-11; dazu die Rezension von Ju.Andreev in LG v. 11. Febr. 1970, 6.

82 Medwedjew, Zehn Jahre, 68.

83 Chronika, 12, 370; 14, 439; Pol. dnevnik, I, 574 ff., 778 ff.

84 Zumindest in »Posev« trägt es in den richtigen Titel.

85 Brief Tvardovskijs v. 4. Febr. 1970, in: LG v. 11. Febr. 1979, 3.

17. Protest unter Wissenschaftlern

1 Ashby, Wissenschaftler, 24.

2 Gol'danskij, V.I., Za železnymi stavnjami sekretnosti, in: Zvezda 1990, 9, 145-146, 146 (Zitat).

3 Kapica, Pis'ma o nauke, 44, 283.

4 Kapica, Pis'ma o nauke, 36, 39 f., 102 ff.

5 Sacharow, Leben, 151 ff.

6 Popovskij, Vavilov, 36 ff.

7 Das unübersetzbare russische Wortspiel lautet »Perecharitonim Oppengejmera!«, in Anspielung darauf, daß neben I.V. Kurtschatow Ju. B. Chariton maßgeblich verantwortlich war für das Atomprojekt. Cukerman/Azarch, Ljudi, 11, 95.

8 Sacharow, Leben, 179.

9 Polikanov, Razryv, 25.

10 Sacharow, Leben, 62, 107, 113; Polikanov, Razryv, 54 f.

11 Sominskij, Ioffe, 119 ff.

12 Šragin, Protivostojanie, 41 f.

13 Parry, New Class, 144 f.; Vucinich, Empire, 337 f.

14 Orlow, Leben, 148 ff., 160 ff.

15 Berg, Suchovej, 264 f.; Popovskij, Nauka, 220 f.; Šragin, Nastroenija, 100-120; Shlapentokh, Intellectuals, 127 f.

16 Parry, New Class, 280 (Zitat); Vucinich, Empire, 348 ff.

17 Berg, Suchovej, 86.

18 Pol. dnevnik, I, 581.

19 Vucinich, Empire, 302 ff.; Anweiler/Ruffmann, Kulturpolitik, 175 ff.

20 Pol. dnevnik I, 61.

21 Kapica, Pis'ma o nauke, 316.

22 Kapiza, Experiment, 367. Im publizierten Text in »Nauka i žizn'« hatten die Zensoren das Manuskript Kapicas so umredigiert, daß es schien, als ob er nur von den Geistes- und Sozialwissenschaften in der kapitalistischen Welt spreche. In einem Protestbrief an den Redakteur kommentierte K. dieses Verfahren sarkastisch dahingehend, daß seine Analyse durch die »redaktura« bestätigt worden sei. Kapica, Pis'ma o nauke, 342 f.

23 Frolov, I.T., O čeloveke i gumanizme. Raboty raznych let, Moskau 1989, 201 ff.; Vucinich, Empire, 20 f., 329 ff.

24 Kapiza, Experiment, 345 f.

25 Pol. dnevnik I, 59.

26 Zabelin, I.M., Čelovek i čelovečestvo, Moskau 1970, 166.

27 Pomeranc, Neopublikovannoe, 129.

28 Amelin, Intelligencija, 126.

29 Kapica, Pis'ma o nauke 237 ff., 312 ff.; Sacharow, Leben, 332 f.

30 Chruščev, Vospominanija, 236 ff.; Sacharow, Leben, 227 ff., 246 ff., 262 ff.

31 Medvedev, Meždunarodnoe sotrudničestvo.

32 Turčin, Inercija stracha.

33 Glazov, Vrata, 236.

34 Chronika 14, 425.

35 MS Bd. 3, AS 159.

36 MS Bd. 23 AS 1156.

37 MS Bd. 4 AS 273; s. vollständig in: Ogonek 1988, 25, 30.

38 Sacharow, Zukunft, 12.

39 Solschenizyn, Alexander, Offener Brief an die sowjetische Führung (September 1973). Lebt nicht mit der Lüge (Februar 1974), Darmstadt – Neuwied 1974.

40 Lewytzkyj, Politische Opposition, 123 f.

41 Lewytzkyj, Politische Opposition, S.127 f.

42 Glazov, Vrata, 252.

43 Aus den Hunderten von Fällen seien hier nur exemplarisch genannt: Amalrik, Unfreiwillige Reise nach Sibirien; Bukowskij, Opposition; Mathon/Marie, Die Affäre Pljuschtsch; Etkind, Unblutige Hinrichtung; Kusnezow, E., Marathon in Mordwinien. Lagerskizzen, Berlin 1983; Orlow, Leben, 258 ff.

44 Sidorov, Razmyšlenija, 121.

45 Löwenthal, Einparteienherrschaft, 19.

46 Pol. dnevnik I, 119 ff.; Chronika 27, 514; Medvedev, Essays, 126 f.; Sacharow, Zukunft, 47 f.; Openkin, Mechanizm, 3-16.

47 Exemplarisch sei hier verwiesen auf Teckenberg, Sowjetische Soziologie, in: Beiträge zur Konfliktforschung 1984, 35-58; Weinberg, E.A., The Development of Sociology in the Soviet Union, London 1974; Goerdt, W.(Hg.), Die Sowjetphilosophie. Wendigkeit und Bestimmtheit. Dokumente, Darmstadt 1967; Graham, L.R., Science and Philosophy in the Soviet Union, New York 1972; Hill, R.J., Soviet Politics, Political Science and Reform, Oxford 1980; Joravsky, D., Russian Psychology. A Critical History, Oxford 1989.

48 Nekritsch, Angst, 184 ff.; Rothberg, Heirs, 268 ff.

49 Medwedjew, Sowjetbürger, 181 f.

50 Bonwetsch, Legitimationsprobleme.

51 Rothberg, Heirs, 89; Medwedjew, Sowjetbürger, 197 ff.

52 Pol. dnevnik I, 83 ff.

53 Zu Sacharov vgl. zusammenfassend seine Memoiren und seine Schriften: Wie ich mir die Zukunft vorstelle, Zürich 1973; ders. Stellungnahme, Zürich 1974; ders., Den Frieden retten! Stuttgart 1983; ders., Trevoga i nadežda, Moskau 1990.

54 Položenie v demokratičeskom dviženii: Trudnosti i perspektivy, in: Forum 1983, 2, 3-46.

55 Jankow, W., Die Wahl liegt in unserer Macht, in: Kontinent 1983, 1, 47-56, S.50.

56 Kapica, Pis'ma o nauke, 367 ff.

57 Kagarlitsky, Reed, 110.

58 Zwei Ausprägungen dieses Credos vgl. exemplarisch Chronika 51, 36; Chronika 53, 176.

59 Pospelovskij, Etika i istorija; Meerson-Aksenov/Shragin, Russian »Samizdat«; Solschenizyn, Intelligenzler.

60 Amalrik, Sowjetunion, 18 f.

61 Alexeeva, Characteristics, 128.

62 Alexeeva, Characteristics, 129.

63 Brown, Scientists, 144.

64 Bei einem Sample von 164 Wissenschaftlern, bei denen die ethnische Zugehörigkeit eindeutig feststellbar war, lag der jüdische Anteil sogar bei 73%. Brown rechnet aufgrund der Familiennamen in der Gesamtgruppe von 565 Personen noch weitere 60 Personen hinzu, deren Namen eine jüdische Herkunft vermuten lassen, so daß er den jüdischen Anteil auf insgesamt 30% schätzt. Brown, Scientists, 138 f.

65 Kochan, Jews, 164; Bland-Spitz, Lage, 57, 59; Zaslavsky/Brym, Emigration, 76.

66 Bland-Spitz, Lage, 64.

67 Chronika 46, 83 f.; Chronika 51, 199 f.; Sacharow, Leben, 416 f., 424 ff.; Popovskij, Nauka, 187 ff.

68 Bland-Spitz, Lage, 373 ff; Zaslavsky/Brym, Emigration 19 ff.

69 Bland-Spitz, Lage, 283 ff.; Sacharow, Leben, 440; Medvedev, Essays, 16, 39, 128 f.; Solženicyn, Naši pljuralisty.

70 Turcin, Inercija 18.

18. Das »gesunde Kollektiv« und die Abtrünnigen

1 Amalrik, Aufzeichnungen, 145 (Zitat); Šragin, Protivostojanie, 90 f.

2 Loeber, D.A., Meyer, K.(Hg.), Hochschule und Student in der Sowjetunion, Bonn 1970, 32 f., 56 ff.; Meyer, K. (Hg.), Die Statuten der wissenschaftlichen Akademien der UdSSR, Berlin 1984, 1 f.

3 Popovskij, Nauka, 49 ff., 233 ff.; Zemcov, Partija, 114.

4 Medvedev, Sotrudničestvo, 518; Voprosy ideol. raboty, 511 ff.

5 Smirnov, G.L., Sovetskij čelovek. Formirovanie socialističeskoj ličnosti, Moskau 1980, 221.

6 Bova, Role, 76-86; Teckenberg, UdSSR, 264 ff.

7 Kalašnikov, V., Sila glasnosti, in: Kommunist 1986, 13, 46-56.

8 Teckenberg, UdSSR, 434 ff.; Sinowjew, Kommunismus, 40 ff., 86 ff.

9 Pol. dnevnik II, 604 ff.; Rutland, Shchekino-Method, 345-365.

10 Woinowitsch, Iwankiada, 129.

11 Pol. dnevnik I, 301; Litvinov, Process, 416.

12 Pol. dnevnik I, 304.

13 Medvedev, Ž, Sotrudničestvo.

14 Sacharow, Leben, 346, 388.

15 Einzelfälle im wissenschaftlichen Milieu vgl.Medvedev, Sotrudničestvo, 513 f.; Melchuk, Trial, 126-37; Chronika, 40, 111 ff.; Etkind, Hinrichtung, 62 ff., 168 f., 175 ff.; Polikanov, Razryv, 224; Koscinskij, Iz vospominanij, 149 ff.; Berg, Suchovej, 309 ff.; Cohen, End, 261 ff.; im Samizdat kursierte 1970 eine Dokumentation der Fälle der verurteilten Signatare unter dem ironischen Titel: »Das gesunde sowjetische Kollektiv verurteilt Abtrünnige«, Chronika, 13, 403.

16 Šragin, Protivostojanie, 152.

17 Melchuk, Trial, 136 f.

18 Etkind, Hinrichtung, 73.

19 Berg, Suchovej, 315.

20 Chronika, 32, 92 f.

21 Voprosy ideol. raboty, 403 ff., 430 ff.

22 Voprosy ideol. raboty, 509 ff., 521 ff.

23 Fortescue, Research Institute, 175 f., 182 f.; Kneen, Scientists, 83 ff.

24 Miller, Role, 31-59.

25 Turčin, Inercija, 18.

26 Chronika, 37, 50; 40, 135; 53, 168.

27 Chronika, 37, 50 f.; 40, 90; 42, 82 f.; Sinowjew, A., Autobiographie, in: Kontinent 9, 1978, 62-76; Orlow, Leben, 286.

28 V CK KPSS i Soveti Ministrov SSSR, O merach k dal'nejšemu soveršenstvovanii attestacii naučnych i naučno-pedagogičeskich kadrov, in: Izvestija v. 12. November 1974, Nr. 264, 2.

29 Pis'mo členov Akademii Nauk SSSR, in: Pravda v. 29. Aug. 1973, Nr. 241, 3.

30 Zajavlenie sovetskich učenych, in: Izvestija v. 26. Oktober 1975, Nr. 252, 3; Chronika, 30, 95.

31 Sacharow, Zukunft, 47 f.; 1972 kursierte im Samizdat eine anonyme Satire über Trapeznikov, »Die jähen Wendungen der Geschichte«, die mit Zitaten aus seinen Werken arbeitete. Chronik, 27, 513 f.

32 Pol. dnevnik II 373 f.

33 Polikanov, Razryv, 190 f.; Popovskij, Nauka, 100 f.; Sacharow, Leben, 430 f., 494.

19. Samisdat

1 Mieckiewicz, Modernization, 257-276.

2 Ashby, Wissenschaftler, 22 f., 72 f.; Mlynar, Nachtfrost, 19 ff.

3 Bukowski, Wind, 75, 145 f.; als Beispiel vgl. Telesin, 1001 anekdot; Šturman, D., Tiktin, S. (Hg.), Sovetskij Sojuz v zerkale političeskogo anekdota, Jerusalem 1986; IP, E.Etkind. Im Auftrag der Forschungsstelle Osteuropa a.d. Universität Bremen sind zwischen 1983 und 1985 im wesentlichen von Frau Raisa Orlova über 40 sowjetische Emigranten zu ihren Erfahrungen mit dem Sam- und Tamisdat befragt worden. Dieses Kapitel stützt sich zu einem erheblichen Teil auf dieses Interview-Projekt (IP). Bei wörtlichen Zitaten oder wesentlichen Aussagen wird der jeweilige Interviewpartner zitiert als IP, Name. Zu ersten Versuch einer systematischen Darstellung des Samizdat vgl. Feldbrugge, Samizdat.

4 Ginsburg, Gratwanderung, 132, 317; Kopelew, Tröste, 32 ff., 55; IP, T. Zaslavskaja, E.Vargaftik, S.Markiš.

5 Bukowski, Wind, 148.

6 Sinjawski, Literatur, 151 (Zitat); vgl. Tökes, Dissent, 276 ff.

7 Bukowski, Wind, 151 f.

8 Alekseeva, Istorija, 243.

9 Eine Kommission zur Freigabe von Büchern, die bis in die späten achtziger Jahren allein in der Moskauer Lenin-Bibliothek in sog. specchran, in »Giftschränken«, unzugänglich gemacht worden waren, nennt eine Zahl von ungefähr zehntausend Titeln, LR Nr. 28 v. 14.7.1989, 6; vgl. auch Džimbinov.

10 Djilas, M., The New Class, London 1957, dts. München 1958; Koestler, A., Darkness at Noon, London 1940, dts.: Sonnenfinsternis, Stuttgart 1948.

11 Etkind, O literature, 76.

12 Kenez, Lenin, 132.

13 Malachovskaja/Voznesenskaja, Zaživo pogrebennye, 15. Zur »offiziellen« Sprache in den sowjetsozialist. Medien vgl. Thom, F., La langue de bois, Paris 1987.

14 Sinjawski, Literatur, 160.

15 Sinjawski, Stimme, 275.

16 IP, S. Markiš; A. u. G. Tamarčenko.

17 IP, Superfin; A. Bek, Die Ernennung, Frankfurt 1972.

18 Zahaykevich, Psychology, 242 (Zitat); IP, R.Orlova.

19 Glazov, Russian Mind, 76.

20 Bukovskij, Wind, 151.

21 Amalrik, Aufzeichnungen, 44.

22 Labedz, Solzhenitsyn, 123.

23 Feldbrugge, Samizdat, 19 ff.

24 IP, L.Alekseeva, G. Salova.

25 Chronika 5, 102-103.

26 IP, L. Alekseeva, K.Ljubarskij.

27 IP, I. Burichin.

28 IP, P. Litvinov.

29 IP, P. Litvinov, M.Filimor-Slonim.

30 IP, I. Golomštok, A.M. Pjatigorskij, R. Orlova.

31 Sacharow, Leben, 312 f.

32 IP, R. Orlova, S. Markiš, M.Filimor-Slonim; L. Čukovskajas autobiograph. Roman erschien als Opustelyj dom, Paris 1965, dts.: Ein leeres Haus, Zürich 1971; Marčenko, A., Moi pokazanija, London 1969, dt.: Martschenko, A., Meine Aussagen, Frankfurt 1969; Iskander, F., Onkel Sandro aus Tschegem, München 1976.

33 IP, T. Litvinova.

34 IP, L. Alekseeva.

35 IP, E. Vargaftik.

36 IP, A. Sinjavskij/M. Rozanova, R. Orlova, E. Vargaftik; Feldbrugge, Samizdat, 17.

37 IP, K. Ljubarskij, G. Salova.

38 IP, I. Burichin.

39 Mack, M., Die Durchbrechung des staatlichen Informationsmonopols. Zehn Jahre unabhängige Öffentlichkeit in Polen, in: Sozialwissenschaftliche Informationen 16, 1987, 3, 181-189.

40 Vesti iz SSSR 1884, 23, 4; vgl. Tökes, Dissent, 197 ff.; Alekseeva, Istorija, 171 ff.

41 IP, A. Sinjavskij/M. Rozanova.

42 Vesti iz SSSR 1985, 4, 13; Musul'manskij samizdat, in: SM 1985, 10, 25 f.

43 Solschenizyn, Eiche, 292; Vail, Opasnyj, 344 (Zitat); Feldbrugge, Samizdat, 14.

44 Garrard, Book Hunger, 74.

45 IP, V. Aksenov; Mandelstam, Vospominanija (dts.: Mandelschtam, Wölfe); Ginsburg, E., Krutoj maršrut, Frankfurt 1967 (dts. nach der erweiterten Fassung: Ginsburg, Gratwanderung).

46 Chronika 6, 118.
47 IP, A. u. G. Tamarčenko.
48 Vgl. exemplar. Chronika 36, 5; 44, 8; 56, 59.
49 Chronika 16, 6; 38, 25; Pljušč, Na karnavale, 237 ff.
50 IP, G. Wladimow.
51 Grossman, V., Vse tečet ..., Frankfurt 1970, dts.: Alles fließt ..., Frankfurt 1972; G.Wladimow, Vernyj Ruslan, Frankfurt 1975, dts.: Wladimow, G., Die Geschichte vom treuen Hund Ruslan, München 1975; Voinovič, V., Žizn'i neobyčajnye priključenija soldata Ivana Čonkina, Paris 1975, dts.: Woinowitsch, W., Die denkwürdigen Abenteuer des Soldaten Iwan Tschonkin, Darmstadt – Neuwied 1975.
52 Chronika 18, 136.
53 Erofeev, Moskva – Petuški, Paris 1973, dts.: Jerofejew, W., Die Reise nach Petuschki, München 1978; Zinov'ev, A., Zijajuščie vysoty, Lausanne 1976; ders., Svetloe buduščee, Lausanne 1978, dts.: Sinowjew, A., Gähnende Höhen, Zürich 1981; Lichte Zukunft, Zürich 1979.
54 IP, G.Vladimov.
55 IP, Ljubimov; Pljušč, Na karnavale, 296; Chronika 8, 188; Feldbrugge, Samizdat, 15 f.
56 Chronika 5, 94; 6, 112 f.
57 Pljušč, Na karnavale, 404; Chronika 14, 432 f.
58 Alekseeva, Istorija, 93.
59 Avtorchanov, A., Technologija vlasti. Process obrazovanija KPSS. Memuarno-istoričeskie očerki, München 1959; Frankfurt 1976²; engl.: Stalin and the Soviet Communist Party. A Study in the Technology of Power, New York 1959.
60 Avtorchanov, Technologija, 1976², 6; IP, G.Fejn-Andreev; IP, M.S.Vozlenskij.
61 Medvedev, R., Pered sudom istorii, New York 1974; dts. gekürzt: Die Wahrheit ist unsere Stärke, Stuttgart 1973; Chronika 6, 117; IP, Ž.Medvedev.
62 S. exemplar. Russkie patrioty, Slovo nacii MS 8/73, AS 590; abgedruckt in: Russkaja Mysl' v. 26.11.1971.
63 Agurskij, M., Opasnost, 205-218; Solov'ev/Klepikova, Praviteli, 134-156; Vasilev, Opasnost!, in: Kontinent 50, 1986, 211-227; zum berühmt-berüchtigten Briefwechsel N.Ejdel'mans und V.Astaf'evs über die angebliche Schuld der Juden am Zarenmord vgl. MS 2/87, AS 5663; allgem. vgl. Pol.dnevnik II, 422 ff.; Yanov, Right, 39 ff.; Dunlop, Faces, 218 ff.
64 Amalrik, A., Kann die Sowjetunion das Jahr 1984 erleben?. Ein Essay, Zürich 1970.
65 Sacharow, Zukunft; vgl.Sacharow, Leben, 308 ff.
66 Medwedjew, Sowjetbürger in Opposition.
67 Orlow, Leben, 219, 225 f., 399 ff.; Pelikán/Wilke, Menschenrechte, 131 ff.
68 Solschenizyn, Offener Brief; ders. u.a., Stimmen aus dem Untergrund.
69 Medwedjew, R., Aufzeichnungen; Medvedev, Solschenizyn.
70 Litvinov, P. u.a., Samosoznanie. Sbornik statej, New York 1976; Kopelew, Im Willen.
71 Vgl. insbes. MS 4/74, AS 1965; MS 43/74, AS 1974; MS 48/74, AS 1876; MS 43/82, AS 1801, AS 2450.

72 Cohen, End, 19 (Zitat); IP, Ž.Medvedev.

73 Periodika der verschiedenen Religionsgemeinschaften, der nicht-russischen Nationalitäten in den Republiken und spezifisch jüdische Zeitschriften werden hier nicht mitgezählt.

74 Veče, 1971-75, H.1-10, Zemlja H.1-2; zu Ossipow vgl., Chejfec, M., Vladimir Osipov – russkij patriot, in: Kontinent 1981, 27, 159-214; 28, 1981, 134-179; Hammer, D.P., Vladimir Osipov and the Veche-Group (1971-1974), in: RR 43, 1984, 4, 355-75.

75 Medwedjew, R.(Hg.), Aufzeichnungen aus dem sowjetischen Untergrund. Texte aus der Moskauer Samisdat-Zeitschrift »Das XX. Jahrhundert«, Hamburg 1977; engl. in anderer Auswahl: Medvedev, R. (Hg.), Samizdat-Register, Bd. 1-2, London 1977-81; Gerschuni, V. u.a., Das unterirdische Feuer. Texte der russischen Gewerkschaftsopposition SMOT. Sammlung aus Artikeln von »Informationsbulletin« und »Poiski«, Berlin 1985; die Geschichte des Kreises um P.Abovin-Egides ist aufgezeichnet in ders. u. Samsonova, T., Istorija samizdatskogo žurnala »Poiski«, Paris 1987 (Mskrpt. in der Forschungstelle Osteuropa Bremen).

76 Alekseeva, L., Socialisty, in: Problemy Vostočnoj Evropy 1984, 9-10, 251-70, 262 ff.; MS 26/82, AS 4994.

77 MS 40/87, AS 6095.

78 Buržuademov, Ja obvinjaju, in: VP 1981, 2, 223-47; Le Samizdat »Pour les libertés economiques«, in: L'Alternative 1982, 15, 4-6.

79 V. Grin, I.Nikiforov, V zaščitu ekonomičeskich svobod, H.10, Okt./Nov. 1980, MS 4/84, AS 5148.

80 Beyrau, Intelligencija, Volk, 191-214.

81 Abovin-Egides/Abramkin, Interv'ju, 219.

82 Als seiner Zeit im Westen viel beachtetes (und fehlgedeutetes) Dokument dieser Richtung vgl. das sog. Leningrader Manifest v. 21.11.1985: MS 24/86, AS 5724, dts. in: OE 37, 1987, 4, A 179 – A 192; analoge Strömungen vgl. exemplar. »Za vlast sovetov«, in: MS 34/84, AS 5332; MS 16/86, AS 5672; das Programm einer »Russischen Sozialdemokratischen Partei«, in: MS 38/85, AS 5416.

83 Chronika 25, 415 f.

84 IP, V. Aksenov.

85 Chronika 52, 118 ff.; 54, 126 f.; 55, 64; 56, 129; 61, 94.

86 Chronika 61, 95.

87 Rabin, Tri žizni, 117 f., 125 ff.

88 MS 33/84, AS 5325, 5326; MS 46/87, AS 6114, 28; Fajn, A.P., Ljudi »sistemy«. (Mirooščuščenie sovetskich chippi), in: SI 1989, 1, 85-93.

89 Dokumente zur Moskauer Friedensbewegung der frühen achtziger Jahre vgl. Osteuropa-Info (Hamburg), 1983, 52, 69-112; Grünberg, St.J.(Hg.), END. Special Report. Moscow Independent Peace Group, London 1982; Beyrau, Anderes Denken, 211 ff.

90 Protokoll einer Versammlung von Literaten und Künstlern in Leningrad v. 6.12.1975. Mskrpt. Forschungsstelle Osteuropa, Bremen.

91 Ženščina v Rossii (=Vol'noe slovo, Lief.38), Frankfurt 1980; dts. mit Ergänzungen aus den Zschften. »Nadežda« und »Marija«: Die Frau und Rußland. Almanach von Frauen für Frauen, München 1980.

92 Goritschewa, Gott, 108.

93 Zitate aus Malachovskaja/Voznesenskaja, Zaživo pogrebennye, 13-19; Goriceva, Ved'my, 9-13.

94 IP, T. Goričeva; Goritschewa, Rettung, 73 ff.

95 MS 7/85, AS 54OO.

96 Goritschewa, Gott, 70 (Zitat); dies., Rettung, 58 ff.

97 IP, T. Goričeva.

98 MS 40/87, AS 6095.

99 MS 40/87, AS 6095; MS 2/88, AS 6132.

100 Chronika 43, 105.

101 Chronika 56, 144.

102 A – Ja, Bd. 1-7, Paris 1979-86, Hg. Igor' Šelkovskij.

103 Chronika 9, 223; 10, 266 f.

104 Chronika 53, 178 f.; 56, 143 f.; 61, 195; einen ersten Überblick über das Schrifttum des Dissens vermitteln Woll/Treml, Soviet Dissident Literature.

20. Die »Chronik der laufenden Ereignisse« und die Menschenrechtsbewegung

1 Weiner, Socialist Legality, 39-51; Čalidze, Prava, 28 ff., 50 ff.

2 Einen Überblick über die politischen Gruppen bis Mitte der siebziger Jahre vgl. bei Feldbrugge, Samizdat, 37 ff.

3 Rothberg, Heirs, 256 f.; Alekseeva, Istorija, 266 ff.; Chronika, 58, 5 ff.

4 Chronika, 17, 41 f.; Sacharow, Leben, 355 ff.

5 Chronika, 10, 260; Chronika, 25, 422.

6 Čalidze, Dviženie, 11 (Zitat); ders., Prava, 35 ff.; Zahaykevich, Psychology, 81 ff.

7 Chronika, 6, 118; vgl. Al'brecht, V., Kak byt' svidetelem, Paris 1983.

8 Chronika, 27, 500 f.

9 Chronika, 10, 265; 14, 452; 16, 27; 17, 82 f., 88 ff; 18, 142; Programma demokratičeskogo dviženija Sovetskogo Sojuza, Amsterdam 1970.

10 Chronika, 17, 88 f.

11 Chronika, 17, 92 f.

12 Chronika, 5, 102.

13 Krasin, Sud, 85; vgl. Jakirs Erinnerungen an seine Kindheit im Lager: Jakir, P., Detstvo v tjur'me. Memuary Petra Jakira, London 1972.

14 Krasin, Sud, 99.

15 Krasin, Sud, 79 ff.; Alekseeva, Istorija, 287 f.; Hopkins, Underground Press, 67 ff.

16 Dzjuba, Internacionalizm.

17 Chronika, 30, 109 (Zitat); zum Fall Dzjuba vgl. auch Chronika, 11, 326; 12, 367; 24, 364; 29, 45; Alekseeva, Istorija, 14 ff.

18 Chronika, 24, 379; Schalamow, Kolyma; ders., Geschichten aus Kolyma.

19 Chronika, 36, 72; zum Fall Maramzin vgl. Chronika, 35, 17 ff.; 36, 71 f.

20 Chronika, 58, 44 ff., 64 ff.

21 Chronika, 60, 107 ff.

22 Cepin, A.I., Pjatakov, A.V., Trudovoe pravo i trudovoj kollektiv, Moskau 1986, 196.

23 Exemplar. vgl. Dovlatov, S., K voprosu o pokajanii, in: RS IB Nr. 8 v. 20. Febr. 1989; Chvatkov, G., »Ispoved'« prepodavatelja-obščestvoveda, in: Kommunist 1989, 7, 70-74; Istoriki i pisateli o literature i istorii, in: VI 1988, 6, bes. die Selbstkritik der Historiker 5 f., 48 ff., 50, 65, 94 etc.

24 Hopkins, Underground Press, 12O, 127.

25 Hopkins, Underground Press, 148.

26 Chronika zaščity prav v SSSR, New York 1973-1981, Lief.1-42.

27 Alekseeva, Istorija, 303; Sacharow, Leben, 463 ff.

28 Alekseeva, Istorija, 292, 304; Orlow, Leben, 204 f., 213 ff.

29 Alekseeva, Istorija, 309 ff.; Chronika, 40, 117 ff.; Orlow, Leben, 228 ff. Noch im Juli 1986 gründete sich eine lettische Helsinki-Gruppe in Liepava/Libau. Vesti iz SSSR 1987,1/2, 1.

30 Sbornik dokumentov obščestvennoj gruppy sodejstvija vypolnenija Chel'sinskich soglašenij, Lief. 1-8, New York 1977-84.

31 Grigorenko, P.G., Mysli sumasšedsego. Izbrannye pis'ma i vystuplenija P.G. Grigorenko, Amsterdam 1973; Grigorenko, Erinnerungen, 356 ff.; 489 ff.

32 Im Überblick vgl. Bloch, Sidney; Reddaway, P., Dissident oder geisteskrank? Mißbrauch der Psychiatrie in der Sowjetunion, München 1977; Bukowskij, Opposition; Bukovsky, V., Gluzman, S., Manual on Psychiatry; dts. in Bloch/Reddaway, Dissident, 361 ff.; Chronika 35, 48; Sacharow, Leben, 344 ff.

33 Informacionnyj bulleten' rabočej komissii po rassledovaniju ispol'zovanii psichiatrii v političeskich celjach, Nr. 1-24, z.T. i.d. Forschungsstelle Osteuropa Bremen. Einzelne Dokumente in Vol'noe slovo, Lief. 41-42, Frankfurt 1981; Alekseeva, Istorija 321 ff.

34 In der SMOT organisierten sich offensichtlich auch Angehörige der – wie es im Russischen heißt – ingenieur-technischen Intelligenz mit einer gewissen Distanz zur eher gehobenen akademischen Intelligenz. Vgl. im Überblick Schlögel, Held, 133 ff.; Schwendtke, A. (Hg.), Arbeiteropposition, Reinbek 1980; einzelne Dokumente in Vol'noe slovo, Lief.34, Frankfurt 1979.

35 Bland-Spitz, Lage, 283 ff.

36 Vgl. exemplar. Chronika, 46, 92 ff.; Chronika, 47, 159; ff.; Abovin-Egides/ Samsonova, Istorija, 27 ff.

37 Alekseeva, Istorija, 341 ff.; Sacharow, Leben, 603 ff.

38 IP, V. Aksenov.

39 RS IB Nr. 6 v. 5. Febr. 1986; MS 86/3-4, AS 5593.

40 Zusammenstellung von E. Rißmann-Eichwede v. 7.10.1988 (Mskrpt. Forschungsstelle Osteuropa, Bremen). Vgl. für den Sommer 1988 MS 45/88 AS 6286.

41 Mjalo u.a., Po stranicam, 17 ff.

42 MS 2/88 AS 6132, Zitat von E. Zelinskaja aus der Zeitschrift »Merkurij«

Tabellen

Tabelle 1: Thematische Schwerpunkte der Buch- und Broschürenproduktion

Inhaltliche Schwerpunkte	Jahr	Titel	Auflage
		in Prozent	
Politik, Soziales, Ökonomie	1928	40,1	33,0
	1938	23,5	41,4
Technik, Transport, Kommunikation	1928	11,6	7,4
	1938	30,2	12,4
Landwirtschaft und Agrotechnik	1928	5,8	3,0
	1933	10,2	7,5
	1938	7,1	2,3
Mathematik, Naturwissenschaften	1928	6,6	5,9
	1938	8,5	9,9
Medizin	1928	5,5	3,4
	1938	4,6	1,9
Belletristik, Literaturwissenschaft	1928	16,1	29,2
	1933	6,5	7,4
	1938	10,4	14,6
Kultur, Bildung	1928	6,5	6,2
	1933	5,0	2,8
	1938	6,3	3,0
Anderes	1928	7,8	11,9
	1938	7,8	12,7

Gesamt in Zahlen	Jahr	Titel in Tsd.	Auflage in Mio.
	1928	34	265
	1933	44	489
	1938	40	692

Quelle: Kul'turnoe stroitel'stvo SSSR, Moskau 1940, 209

Tabelle 2:

a) Auflagen russischer Klassiker

	1897-1916	1917-1938
	in Millionen	
A. M. Gorki	1,0	38,1
A. S. Puschkin	9,1	27,9
L. N. Tolstoi	9,0	18,5
A. I. Tschechow	0,5	14,4
I. S. Turgenjew	–	9,6
N. A. Nekrassow	0,5	7,7
N. W. Gogol	5,1	7,2
M. E. Saltykow-Schtschedrin	0,07	5,6
W. W. Majakowski	0,004	4,7
T. G. Schewtschenko (ukrain.)	0,7	2,9
A. N. Ostrowski	0,1	2,8
A. I. Herzen	0,2	1,2

b) Ausländische Klassiker mit über 1 Mio. Auflage, 1917-1938

V. Hugo	3,4	Mio. Aufl.
G. de Maupassant	3,0	
E. Zola	2,1	
R. Rolland	2,0	
Ch. Dickens	1,9	
H. Barbusse	1,9	
A. France	1,7	
H. de Balzac	1,5	

Quelle: Kul'turnoe stroitel'stvo SSSR, Moskau 1940, 213

Tabelle 3: Sowjetische Schriftsteller mit Auflagen über 1 Million

Name	Jahre	Aufl. (i.Mio.)	Positionen und Auszeichnungen
M. A. Scholochow	1925-38	7,6	Red. d. »Oktjabr«, Präsid.SV 1934, KP 1932, Stal.pr
A. S. Serafimowitsch	1917-38	6,6	Red. d. »Oktjabr«, Präsid.SV 1934, KP 1918, Stal.pr
A. S. Nowikow-Priboi	1917-38	5,8	Präsid. SV 1934, Stal.pr
A. N. Tolstoi	1917-38	5,3	SmV, Präsid.SV 1934, Stal.pr
A. A. Fadejew	1924-38	3,9	RAPP, Präsid.SV, Gen.sek, SV 1946-54, KP 1919, 1939-56 im ZK
N. A. Ostrowski	1932-38	3,8	1919 Komsomol,KP 1924
D. A. Furmanow	1923-38	3,1	WAPP, KP 1919
F. I. Panferow	1924-38	2,7	»Oktjabr«, Präsid. SV 1934, KP 1926 Stal.pr
W. P. Katajew	1922-38	2,0	ROSTA, Präsid.SV 1934, KP 1958, Stal.pr
F. W. Gladkow	1921-38	2,0	»Kusniza«, Präsid. SV, KP 1920, Stal.pr
W.W. Iwanow	1921-38	1,7	»Kosmist«, dann Serap.br, Präsid. SV 1934
L. M. Leonow	1923-38	1,5	»Mitläufer«, Präsid. SV 1934, Stal.pr
N. S. Tichonow	1922-38	1,5	Serap.br, Präs.SV 1919, Stal.pr
P. A. Pawlenko	1928-38	1,3	KP 1920, Stal.pr
K. A. Fedin	1922-38	1,3	Serap.br, KP 1919-21, Präsid.SV 1934,1971-Vors.SV, Stal.pr
Ilf-Petrow	1928-38	1,2	Ilf: ROSTA Petrow: KP 1939
Ja.Kupala(I. Luzewitsch)	1917-38	1,2	Stal.pr
N. E. Wirta	1936-38	1,0	4 Stal.pr

Quelle: Kul'turnoe stroitel'stvo SSSR, Moskau 1940, 213

Erläuterungen:

Präsid.SV	=	im Präsidium des Schriftsteller-Verbandes u.a. Ämter in der Leitung des Verbandes seit...
Stal.pr	=	Stalinpreise
KP	=	Mitglied der Kommunistischen Partei seit ...
SmV	=	Anhänger der »Smena wech«
Gen.sek	=	Generalsekretär
(W)RAPP	=	Unions- oder Russ. Assoziation Prolet. Schriftsteller
ROSTA	=	Russ. Telegraphen-Agentur
Kusniza	=	Prolet. Schriftstellervereinigung »Kusniza«
Kosmist	=	Prolet. Schriftstellervereinigung »Kosmist«
Serap.br.	=	Serapionsbrüder

Tabelle 4: Kulturverbände der Union

Verband	Mitgliederzahl z.Z. d. I.Kongr.	1975	davon in Moskau (1978/79)
Journalisten (gegr. 1959)	23.000 (1959)	60.985	12.090
Architekten (gegr. 1932)	6.745 (1955)	13.418	4.332
Künstler (gegr. 1932)	7.011 (1957)	14.578	3.952
Schriftst. (gegr. 1934)	1.500 (1934)	7.850	ca. 1.800
Filmemacher (gegr. 1957)	3.811 (1965)	5.199	2.400
Komponisten (gegr. 1932)	908 (1948)	1.933	489
zusammen		103.963	

Quellen: Kunze, Journalismus, 98; Nar. obr., 1977, 383; Moskva. Enciklopedija, Moskau 1984, 576-577

Tabelle 5: Thematische Schwerpunkte der Buchproduktion in der UdSSR 1950-1986

Gesamtproduktion

Jahr	Titel (Erst- u. Neuauflage in 1000)	Auflage in Millionen
1950	43,0	820,5
1956	59,5	1.107,5
1965	76,1	1.279,3
1971	85,5	1.581,3
1975	83,4	1.671,8
1983	82,6	1.969,4
1986	83,5	2.234,4

Davon inhaltiche Schwerpunkte:

Schwerpunkte	Jahr	Titel in % zur Höhe der jeweiligen Jahres-Gesamtproduktion	Auflage
Polit-ökonomische Literatur	1950	17,9	26,4
	1956	11,8	18,0
	1965	13,2	14,8
	1975	14,2	15,1
	1986	16,8	12,4
Naturwissenschaften/ Mathematik	1950	7,9	12,5
	1956	6,8	12,1
	1975	11,3	12,0
Naturwissenschaften (ohne Mathematik)	1986	11,4	2,4
Kultur/Erziehung	1950	5,6	3,0
	1956	6,2	3,2
	1975	5,0	3,8
Pädagogik, Bildung, Erziehung	1986	8,7	17,0
Schöne Literatur	1950	10,9	21,8
(inklus. Literatur für Kinder)	1956	10,4	30,6
	1965	9,5	32,2
	1971	9,2	32,5
	1975	9,4	38,9
	1986	12,4	47,9

Quellen: Pečat' SSSR za sorok let, Moskau 1957, 58-61
Pečat' SSSR v 1971 godu, Moskau 1972, 15-17
" " v 1975 godu, Moskau 1976, 25-27
" " v 1983 godu, Moskau 1984, 20, 35-41
" " v 1986 godu, Moskau 1987, 24-26, 28-30

Tabelle 6: Auflagenhöhe von Zeitschriften je Heft in 1.000

Zeitschrift	Gegr.	Ort	Anzahl Hefte/ Jahr	1946	1957	1970	1987
Kommunist	1925	Mo	19	250	700	850	1.700
Ogonjok	1923	Mo		150	1.200	2.100	1.500
Roman-Gaseta	1938	Mo	24	100		2.100	1.600
Nowy Mir	1925	Mo	12	61	140	156	480
Oktjabr	1924	Mo	12	60	130	120	190
Nasch Sowremennik	1963	Mo				173[a]	220
Snamja	1931	Mo	12	60	130	130	280
Swesda	1924	Le	12	25	75	90	173
Druschba narodow	1939	Mo	12	15	55		150
Inostrannaja literatura	1955	Mo	12		70	614[a]	480
Junost	1955	Mo	12		200	1.150	3.100
Newa	1955	Le	12		75	200	290
Moskwa	1956	Mo	12		70	170	430
Molodaja Gwardija	1922	Mo	12		130	250	640

[a]) 1973 Mo = Moskau Le = Leningrad

Quellen: Kul'turno strovitel'stvo SSSR, M-L 1940, 216;
Pečat' SSSR za sorok let, Mo 1957, 119;
B.I. Gorokhoff, Publishing in the USSR, Washington/D.C. 1959, 243
Pečat' SSSR v 1975 godu, Mo 1976, 66
Sowjetunion heute, 33, 1988, 5, 35

Tabelle 7: Die zehn beliebtesten sowjetischen Schriftsteller bei Abonnenten der »Literaturnaja Gaseta« zu Ende der 60er Jahre (in %)

Autoren	Alle Abonn.	ITR	Geistes-wiss.	Naturwiss.	Lehrer	Arbeiter
K. Simonow	14,1	14,6	12,7	16,0	16,8	9,2
M. Bulgakow	13,8	16,4	19,9	21,6	13,8	3,4
A. Solschenizyn	10,4	8,1	15,6	14,5	7,3	5,3
I. Ehrenburg	10,2	12,0	12,1	12,3	7,3	8,2
W. Katajew	8,8	7,6	10,3	12,4	9,0	4,3
Ju.German	7,2	5,4	7,6	7,7	14,7	4,3
D. Aitmatow	6,9	4,8	14,5	8,5	15,5	6,8
K. Paustowski	5,3	3,9	7,2	5,7	3,0	5,3
B. Polewoi	4,9	3,5	3,4	2,6	9,5	4,3
F. Iskander	4,6	4,1	6,1	8,5	6,4	–

ITR = Ingenieur-techn. Arbeitskräfte

Quelle: I. S. Goldenberg, Čitatel'skie strasti 60-ch godov, in: SI 1989, 6, 90

Tabelle 8:

a) Anzahl der Universitäten, darin Studenten (in 1.000)

1914	12	41
1940	29	76
1960	40	249
1970	51	504
1975	63	566
1985	69	590

Quelle: Nar. Obr., 1977, 218; Nar. Obr., 1989, 213

b) Anzahl der (Fach-)Hochschulen (VUZ) und Studenten

	Hochschulen	Studenten (in 1.000)
1914	105	127
1927/28	148	169
1932/33	832	504
1940/41	817	812
1950/51	880	1247
1960/61	739	2396
1970/71	805	4581
1975/76	856	4854
1980/81	883	5235
1988/89	898	4999

Quellen: Nar.choz., 1958, 830; Nar. choz., 1983, 494; Nar. obr., 1989, 193

c) Anzahl der Spezialisten mit Hochschulbildung (in 1.000)

1913	136
1928	233
1941	909
1950	1.443
1960	3.545
1970	6.853
1975	9.477
1980	12.073
1983	13.487
1987	15.531

Quellen: Nar.obr., 1977, 291; Nar. choz., 1983, 398 (1980-1983); Nar. obr., 1989, 13

d) Berufsfelder der Intelligenz (in 1.000, ohne Militär)

Spezialisten mit Hochschulbildung

	1914	1928	1941	1956	1960	1970	1980	1987
insgesamt	140	233	909	2.633	3.545	6.852	12.073	15.531
darunter								
Ingenieure		47	290	721	1.135	2.467	4.914	6.491
Agrarspez.		28	70	180	222	408	618	716
Ökonomen		13	59	141	217	537	1.235	1.481
Juristen		13	21	57	70	106	187	230
Pädagogen/Kulturbereich						2.462	3.803	4.649

Quellen: Nar. choz., 1958, 674; Nar. choz., 1983, 399; Nar. obr., 1989, 13

Tabelle 9: Durchschnittliche Monatseinkommen in der Volkswirtschaft (in »neuen« Rubeln seit 1961)

	1940	1960	1970	1980	1983	1985	1988
Insgesamt	33	81	122	169	182	190	220
In der Industrie	34	92	133	185	199	211	241
– Arbeiter	32	90	131	186	201		
– Angestellte	36	74	112	146	152		
– Ingenieure/ Techniker	70	136	178	212	220		
Transport	35	87	137	200	212	220	260
Bauwesen	36	93	150	202	222	237	289
– Arbeiter	31	89	149	207	231		
– Angestellte	46	90	136	148	158		
– Ingenieure/ Techniker	75	140	200	213	226		
Handel u. Dienstl.	26	58	95	136	142	149	165
Staats- u. Wirtsch. verwaltung	39	86	123	156	160	169	204
Gesundheitswesen	26	59	92	126	131	133	153
Kultur	22	49	84	111	115	117	128
Kunst	39	64	95	135	137	147	155
Bildungswesen	33	72	108	136	138	150	171
Wiss. u. wiss. Dienstleistung	47	111	140	180	194	202	248

Quellen: Nar. choz., 1983, 393-394; Nar. obr., 1989, 24-25

Tabelle 10:

a) Anzahl der wissenschaftlichen Arbeiter (in 1.000)

	gesamt	*akademiki,* Professoren	Doktor nauk (habil.)	Kand.nauk (Dr.)
1914	10			
1940	93			
1950	163	8,9	8,3	45,5
1960	354	9,9	10,9	98,3
1970	927	18,1	23,6	224,5
1980	1.373	27,4	37,7	396,2
1983	1.440	29,4	41,0	435,4
1985	1.491	30,9	44,3	463,5
1988	1.522	33,6	49,7	493,1

Verteilung der wissenschaftlichen Arbeiter (in 1.000)	auf wissensch. Institute	auf Hochschulen
1914	4,2	6,0
1940	26,4	61,4
1950	70,5	86,5

Quellen: Nar. choz., 1958, 843; Nar. obr., 1977, 301; Nar. choz., 1983, 94; Nar. obr., 1989, 256

b) Anzahl des wiss. Personals in den Akademien der UdSSR und der Republiken

	akademiki			Wiss. Mitarbeiter		
	1975	1983	1988	1975	1983	1988
AdW (UdSSR)	678	757	909	41.836	50.711	62.363
Akad. für Landw. (VASChNIL)	211	235		10.339	19.092	
Akad. der Künste	130	156		386	374	
Mediz. Akad.	271	267		5.480	6.691	
Pädag. Akad.	131	124		1.711	1.622	
Akad. f. Kommun. Wirt.	–	–		427	464	
zusammen	1.421	1.539		60.179	78.954	
Akad. d. Republ.	1.237	1.416	1.457	45.361	50.954	56.171
zusammen	2.658	2.955		105.540	129.749	

Quellen: Nar. obr., 1977, 299; Nar. choz., 1983, 93; Kelle/Kugel', Kadry, 97

Abkürzungen

Zeitungen, Zeitschriften, Serien

ASEER	American Slavic and East European Review
BOIS	Berichte des Bundesinstituts für internationale und ostwissenschaftliche Studien
Chronika	Chronika tekuščich sobytij
CMRS	Cahiers du Monde Russe et Soviétique
FAZ	Frankfurter Allgemeine Zeitung
FOG	Forschungen zur Osteuropäischen Geschichte
HZ	Historische Zeitschrift
IP	Interview Projekt an der Forschungsstelle Osteuropa, Bremen
ISSSR	Istorija SSSR
IZ	Istoričeskie Zapiski
JGO	Jahrbücher für Geschichte Osteuropas
KZSS	Kölner Zeitschrift für Soziologie und Sozialpsychologie
LG	Literaturnaja Gazeta
LR	Literaturnaja Rossija
MG	Molodaja Gvardija
ML	Moskovskij Literator
MN	Moskovskie Novosti
MS/AS	Materialy Samizdata/Archiv Samizdata
NM	Nowyj Mir
OE	Osteuropa
PC	Problems of Communism
PP	Past & Present
PV	Politische Vierteljahresschriften
RES	Revue des Etudes Slaves
RH	Russian History
RL	Radio Liberty
RR	Russian Review
RS IB	Radio Svobody. Issledovatel'skij Bjulleten'
SCC	Studies in Comparative Communism
SEER	Slavic and East European Review
SI	Sociologičeskie Issledovanija
SM	Strana i Mir
SR	Slavic Review

SS	Soviet Studies
Vesti	Vesti iz SSSR
VI	Voprosy Istorii
VL	Voprosy Literatury
VP	SSSR. Vnutrennie Protivorečija
VSWG	Vierteljahreshefte für Sozial- und Wirtschaftsgeschichte

Sowjetische Organisationen und Institutionen

AdW	Akademie der Wissenschaften (Akademija nauk)
Glawrepertkom	Glavnyj komitet po kontrolju za zreliščami i repertuarom (Hauptkomitee für Kontrolle von öffentlichen Darbietungen und Programmgestaltung)
FOSP	Federacia ob-edinenij sovetskich pisatelej (Föderation der Vereinigung sowjetischer Schriftsteller)
Glawlit	Glavnoe upravlenie po delam literatury i izdatel'stv (Hauptkomitee für Fragen der Literatur und des Verlagswesens)
GOELRO	Gosudarstvennaja komissija po elektrifikacii Rossii (Staatl. Kommission für die Elektrifizierung Rußlands)
Goskomizdat	Glavnyj komitet izdatel'stva (Hauptkomitee für Verlagswesen)
KEPS	Komissija po izučeniju estestvennych proizvoditel'nych sil Rossii (Komitee zur Erforschung der natürlichen Produktivkräfte)
MChAT	Moskovskij chudožestvennyj akademičeskij teatr (Moskauer Künstler-Theater)
NKPros	Narodnyj komissariat prosveščenija (Volkskommissariat für Bildung)
NTO/NTU	Naučno-techničeskij otdelenie/upravlenie (Wissenschaftlich-Technische Abteilung/Verwaltung beim Obersten Volkswirtschaftsrat)
OGPU	Obedinennoe gosudarstvennoe političeskoe upravlenie pri SNK SSSR (Vereinigte staatliche politische Verwaltung)
PSS	Polnoe sobranie sočinenij (Volle Sammlung der Werke)
RABPROS	Sojuz rabočich prosveščenija i socialističeskoj kul'tury (Verband der Arbeiter für Bildung und sozialistische Kultur)
RANION	Rossijskaja associacija naučnych institutov obščestvennych nauk (Russische Assoziation der wissenschaftlichen Institute für Gesellschaftswissenschaften)
RAPP	Rossijskaja associacija proletarskich pisatelej (Russische Assoziation der proletarischen Schriftsteller)
RKI	Raboče-krest'janskaja inspekcija (Arbeiter- und Bauern-Inspektion)
WAAP	Vsesojuznoe agentstvo avtorskich prav (Allunionsagentur für Autorenrechte)
WAI	Vserossijskaja associacija inženerov (Allrussische Assoziation der Ingenieure)
WAK	Vsesojuznaja attestacionnaja komissija (Allunions-Kommission für Attestierung wissenschaftlicher Grade)

WAPP	Vserossijskaja associacija proletarskich pisatelej (Allrussische Assoziation proletarischer Schriftsteller)
WARNIZO	Vsesojuznaja associacija rabotnikov nauki i techniki (Allunions-Assoziation der Wissenschafts- und Technik-Arbeitenden)
WASChNiL	Vsesojuznaja akademija sel'sko-chozjajstvennych nauk im. Lenina (Lenin-Allunions-Akademie für Agrarwissenschaften)
WIR	Vsesojznyj institut rastenievodstva (Allunionsinstitut für Pflanzenkunde)
WKTCh	Vsesojuznoe kooperativnoe tovariščestvo »Chudožnik« (Allrussische Kooperativ-Gemeinschaft »Künstler«)
WMBIT	Vsesojuznyj mežsekcionnyj bjuro inženerov i technikov (Allunions-Büro der Sektionen für Ingenieure und Techniker)
WOAPP	Vsesojuznoe ob-edinenie associacij proletarskich pisatelej
WSChSON	Vserossijskij social-christianskij sojuz osvoboždenija naroda (Allrussischer Sozial- Christlicher Verband zur Befreiung des Volkes)
WSI	Vsesojuznyj sojuz inženerov (Allunions-Verband der Schriftsteller)
WSSP	Vserossijskij sojuz sovetskich pisatelej (Allrussischer Verband der sowjetischen Schriftsteller)

Literaturverzeichnis

Abovin-Egides, P ./ Abramkin, V., Interv'ju čitaleljam »Poiskov«, in: Poiski 1983, 5/6, 207-237

Abovin-Egides, P., Filosof v kolchoze. Fragmenty iz knigi, in: Kontinent 42, 1984, 199-239

Abovin-Egides, P ./ Samsonova, T., Istorija samizdatskogo žurnala »Poiski«, Mskrpt. Paris 1987

Adams, M.B., Biology in the Soviet Academy of Sciences, 1953-1965, in: Thomas/Kruse-Vaucienne, Science, 161-188

Adams, M.B., Science, Ideology, and Structure: The Koltsov-Institute, in: Lubrano/Solomon (Hg.), Social Context, 173-220

Adams, M.B., Eugenics as Social Medicine in Revolutionary Russia. Prophets, Patrons, and the Dialectics of Discipline-Building, in: Solomon/Hutchinson (Hg.), Health, 200-223

Agurskij, M., Neonacistskaja opasnost' v Sovetskom Sojuze, in: Novyj Žurnal 1975, 118, 205-218

Agurskij, M., Existait-il une infiltration de droite dans le système politique soviétique?, in: CMRS 21, 1980, 3/4, 279-294

Agurskij, M., Ideologija nacionalbol'ševizma, Paris 1980

Agurskij, M., The Soviet Military Industrial Complex (The Leonard Davis Institute of International Relations. Jerusalem Papers of Peace Problems Nr. 31) Jerusalem 1980

Agurskij, M. (Hg.), Čto ždet Sovetskij Sojuz? Sbornik statej po povodu »Pis'ma voždjam« A. Solženicyna, Moskau 1974 (28.7.1974), in: MS 43/82 AS 2450

Albring, W., Gorodomlia. Deutsche Raketenforscher in Rußland, Hamburg 1991

Alekseev, P.V., Revoljucija i naučnaja intelligencija, Moskau 1987

Alexeeva, L., Quantitative and Qualitative Charakteristics of Soviet Dissent, in: Russia 7/8, 1983, 114-135

Alekseeva, L., Istorija inakomyslija v SSSR. Novejšij period, Benson/Verm. 1984 (engl.: Alexeyeva, L., Soviet Dissent, Middletown/Conn. 1985)

Alston, P.L., Education and the State in Tsarist Russia, Stanford 1969

Amalrik, A., Unfreiwillige Reise nach Sibirien, Hamburg 1970

Amalrik, A., Kann die Sowjetunion das Jahr 1984 erleben?, Zürich 1970

Amalrik, A., Aufzeichnungen eines Revolutionärs, Berlin 1983

Amelin, P.P., Intelligencija i socializm, Leningrad 1970

Anciferov, P.A., Tri glavy iz vospominanij s primečanijami S. Elenina i Ju. Ovčinnikova, in: Pamjat' (Paris) 4, 1981, 469-495

Antonov, V., K voprosu o social'nom sostave i čislennosti revoljucionerov 70-ch godov, in: Obščestvennoe dviženie v poreformennoj Rossii, Moskau 1965, 336-343

Anweiler, O./Ruffmann, K.-H. (Hg.), Kulturpolitik der Sowjetunion, Stuttgart 1973

Archiv Samizdata s. Materialy Samizdata

Ardenne, M.v., Mein Leben für Fortschritt und Forschung, München 1984[7]

Artizov, A.N., Kritika M.N. Pokrovskogo i ego školy, in: ISSSR 1991, 1, 102-120

Ashby, E., Als Wissenschaftler in Rußland, Göttingen 1949

Aus der Dekabristenzeit. Erinnerungen hoher Offiziere (Jakuschkin, Obolenski, Wolkonski) von der Militär-Revolution des Jahres 1825, Hamburg 1907

Avdeenko, A., Otlučenie, in: Znamja 1989, 3, 5-73

Avtorchanov, A., Technologija vlasti. Process obrazovanija KPSS. Memuarno-istoričeskie očerki, München 1959, Frankfurt 1976[2] (engl.: Stalin and the Soviet Communist Party. A Study in the Technology of Power, New York 1959)

Avtorchanov, A., Kuznicy masterov vlasti (Školy vysšich političeskich kadrov CK KPSS), in: Novyj Žurnal 1978, 131, 219-241

Babenyševa, S., Cena prozrenija (Valentin Ovečkin – 1904-1968), in: VP 1981, 2, 255-83

Bailes, K.E., Alexei Gastev and the Soviet Controversy over Taylorism 1918-1924, in: SS 29, 1977, 3, 373-394

Bailes, K.E., Technology and Society under Lenin and Stalin. Origins of the Soviet Technical Intelligentsia, 1917-1945, Princeton/N.J. 1978

Bailes, K.E., Soviet Science in the Stalin Period: The Case of V.I. Vernadskii and his Scientific School 1928-1945, in: SR 45, 1986, 1, 20-37

Bailes, K.E., Science and Russian Culture in the Age of Revolutions. V.I. Vernadsky and his Scientific School, 1863-1945, Bloomington/Ind. 1990

Baljazin, V., Vozvraščenie. K 100-letiju so dnja roždenija A.V. Čajanova, in: Oktjabr' 1988, 1, 146-171

Barber, J., The Establishment of Intellectual Orthodoxy in the USSR, 1928-1934, in: PP 1979, 83, 141-164

Barber, J., Soviet Historians in Crisis, 1928-1932, Birmingham 1981

Barenbaum, I.E., Kostyleva, N.A., Knižnyj Peterburg – Leningrad, Leningrad 1986

Barry, D.D. u.a. (Hg.), Soviet Law After Stalin, Bd. 1-2, Leiden 1977-78

Barwich, H. und E., Das rote Atom, München 1967

Bauer, G., Sprache und Sprachlosigkeit im »Dritten Reich«, Köln 1988

Bek, A., Die Ernennung, Frankfurt 1972, 1974[2]

Beljaev, E.A., Pyškova, N.S., Formirovanie i razvitie seti naučnych učreždenij SSSR, Moskau 1979

Belomor. An Account of the Construction of the New Canal between the White Sea and the Baltic Sea, hg. v. M. Gorky/L.L. Averbach/S.G. Firin, New York 1935

Berdjaev, N., Novoe srednevekov'e, Berlin 1924 (dt.: Berdjajew, N., Das neue Mittelalter, Darmstadt 1927)

Berdjaev, N., Samopoznanie. Opyt filosofskoj avtobiografii, Paris 1983[2]

Berg, R., Suchovej. Vospominanija genetika, New York 1983

Berggol'c, O., Iz dnevnikov, in: Zvezda 1990, 5, 180-191

Bering, D., Die Intellektuellen. Geschichte eines Schimpfwortes, Stuttgart 1978

Berlin, I., Russische Denker, Frankfurt 1981

Bernštejn, A., Dva fil'ma i 630 metrov »Kul'ta«, in: Ogonek 1988, 25, 10-11

Besancon, A., The Intellectual Origins of Leninism, London 1981

Beschlüsse des Zentralkomitees der KPdSU zu Fragen der Literatur und Kunst (1946-1948), Berlin 1952
Beyrau, D., Militär und Gesellschaft im vorrevolutionären Rußland, Köln 1984
Beyrau, D., Anderes Denken, Dissens und Opposition 1956-1986, in: Ferenczi, C./Löhr, B. (Hg.), Aufbruch mit Gorbatschow?, Frankfurt 1988, 196-224
Beyrau, D., Intelligencija. Volk und Macht. Zu einer Debatte um die politische Kultur in der Sowjetunion, in: Mänicke-Gyöngyösi, K./Rutlewski, R. (Hg.), Lebensstile und Kulturmuster in sozialistischen Gesellschaften, Köln 1990, 191-214
Beyrau, D., Russische Intelligenzia und Revolution, in: HZ 252, 1991, 559-586
Bialer, S., Stalin's Successors. Leadership, Stability and Change in the Soviet Union, Cambridge 1980
Bilinsky, A., Parasitengesetze in der Sowjetunion, in: Jb. für Ostrecht 1961, 2, 111-146
Bilinsky, A., Novellierung der Parasitengesetze in der UdSSR, in: Jb. für Ostrecht 1965, 2, 201-209
Black, J., Citizens for the Fatherland. Education, Educators and Pedagogical Ideals in Eighteenth Century Russia, Boulder/Col. 1979
Bland-Spitz, D., Die Lage der Juden und jüdischen Opposition in der Sowjetunion 1967-1977, Diessenhofen 1980
Bljachman, L.S., Škaratan, O.I., NTR, rabočij klass i intelligencija, Moskau 1973
Bloch, S./Reddaway, P., Dissident oder geisteskrank? Mißbrauch der Psychiatrie in der Sowjetunion, München 1977
Bonwetsch, B., Legitimationsprobleme der sowjetischen Geschichtswissenschaft, in: PV 17, 1976, 2, 149-185
Bonwetsch, B., Die russische Revolution 1917, Darmstadt 1991
Borcke, A.v., Die Ursprünge des Bolschewismus, München 1977
Bova, R., The Role of Workplace Participation, in: PC 36, 1987, 4, 76-86
Bračev, V.I., »Delo« akademika S.F. Platonova, in: VI 1989, 5, 117-129
Bradley, J., Muzhik and Muscovite. Urbanization in Late Imperial Russia, Berkeley 1985
Brim, S., Universitäten und Studentenbewegung in Rußland im Zeitalter der großen Reformen 1855-1881, Frankfurt 1985
Brodsky, J., Erinnerungen an Leningrad, München 1987
Brooks, J., Vekhi and the Vekhi-Dispute, in: Survey 19, 1973, 21-59
Brooks, J., Readers and Reading at the End of the Tsarist Era, in: Todd, W.M. (Hg.), Literature and Society in Imperial Russia, 1800-1914, Stanford 1978, 97-150
Brooks, J., Studies of the Reader in the 1920s, in: RH 1982, 2/3, 187-202
Brooks, J., The Breakdown in Production and Distribution of Printed Material, 1917-1927, in: Gleason, A. u.a. (Hg.), Bolshevik Culture. Experiment and Order in the Russian Revolution, Bloomington 1985, 151-174
Brooks, J., When Russia Learned to Read. Literacy and Popular Literature 1861-1917, Princeton 1985
Brower, D., The Problem of the Russian Intelligentsia, in: SR 26, 1967, 638-647
Brower, D., Training the Nihilists. Education and Radicalism in Tsarist Russia, Ithaca/Col. 1985
Brown, A., Political Science in the Soviet Union. A new stage of development?, in: SS 36, 1984, 3, 317-344

Brown, A., Political Science in the USSR, in: International Political Science Review 7, 1986, 4, 443-481

Brown, E.J., The Proletarian Episode in Russian Literature, 1928-1932, New York 1953

Brown, M.L., Soviet Dissident Scientists 1966-1978: A Study. US Army Russian Institute, Mskrpt. New York 1979

Brumberg, A. (Hg.), In Quest of Justice. Protest and Dissent in the Soviet Union Today, New York 1970

Brym, R.J., The Jewish Intelligentsia and Russian Marxism, London 1978

Bukowskij, W. (Hg.), Opposition. Eine neue Geisteskrankheit in der Sowjetunion? Eine Dokumentation, München 1971

Bukovsky, V./Gluzman, S., A Manual on Psychiatry for Dissidents, in: Survey 21, 1975, 1/2, 180-199

Bukowski, W., Wind vor dem Eisgang, Frankfurt 1981

Bukovskij, V., Pacifisty protiv mira, Paris 1982

Bulgakov, M., Pis'ma, Moskau 1989

Burbank, J., Intelligentsia and Revolution. Russian Views of Bolshevism, 1917-1922, Oxford 1986

Burlackij, F., Posle Stalina. Zametki o političeskoj ottepeli, in: NM 1988, 10, 153-197

Buržuademov, K., Ja obvinjaju intelligentov-služaščich i potrebitelej v protivostojanii ekonomičeskim svobodam i progressu rodiny, in: VP 1981, 2, 223-247

Busch, R.L., Gladkov's »Cement«: The making of A Soviet Classic, in: SEER 22, 1978, 348-361

Čalidze, V., Prava čeloveka i Sovetskij Sojuz, New York 1974 (engl.: Chalidze, V., To defend these Rights. Human Rights and the Soviet Union, London 1975)

Čalidze, V., Pravozaščitnoe dviženie – problemy i buduščee, in: VP 9, 1984, 5-85

Čalmaev, V., Neizbežnost', in: MG 1968, 9, 259-289

Caronjot, S., Les Unions créatrices en Union Soviétique, in: Annuaire de l'URSS et des pays socialistes européens, 1978, 435-462

Chejfec, M., Vladimir Osipov – russkij patriot, in: Kontinent 27, 1981, 159-214; 28, 1981, 134-179

Choldin, M.T./Friedberg, M. (Hg.), The Red Pencil. Artists, Scholars, and Censors in the USSR, Boston 1989

Choldin, M.T., A Fence Around the Empire. Russian Censorship of Western Ideas under the Tsars, Durham 1985

Chronika tekuščich sobytij, Lief. 1-27 Amsterdam 1968-70; Lief. 28-64 Benson/Verm. 1974-1983

Chruschtschow, N., Reden zur Kulturpolitik 1956-1963, Berlin 1964

Chruščev, N., Vospominanija. Izbrannye Otryvki, Bd. 1-2, New York 1982

Churchward, L.G., The Soviet Intelligentsia. An Essay on the Social Structure and Roles of Soviet Intellectuals During the 1960's, London 1973

Clowes, E.W. u.a. (Hg.), Between Tsar and People. Educated Society and the Quest for Public Identity in Late Imperial Russia, Princeton 1991

Cohen, St.F. (Hg.), An End to Silence. Uncensored Opinion in the Soviet Union. From Roy Medvedev's Underground Magazin »Political Diary«, New York 1982

Conquest, R., The Pasternak Affair. Courage of Genius, New York 1972[2]

Conze, W./Kocka, J. (Hg.), Bildungsbürgertum im 19. Jahrhundert. Tl. 1, Stuttgart 1981
Čudakova, M., O Bulgakove, i ne tol'ko o nem, in: LG, 14.10.1987, 6
Čudakova, M., Žizneopisanie Michaila Bulgakova, in: Moskva 1987, 6, 3-57; 7, 5-52; 8, 9-87
Cukerman, V.A., Azarch, Z.M., Ljudi i vzryvy, in: Zvezda 1990, 9, 147-159; 10, 137-153; 11, 93-129
Čukovskij, K., Iz dnevnika (1924-1925), in: Zvezda 1990, 10, 154-170; 11, 130-150
D'Angelo, S., Der Fall Pasternak – zehn Jahre danach, in: OE 18, 1968, 489-501
Daniels, R.V., Das Gewissen der Revolution. Kommunistische Opposition in der Sowjetunion, Köln 1962
Dement'ev, A., Zametki kritika, in: NM 1958, 11, 228-241
Dewhirst, M./Farrell, R. (Hg.), The Soviet Censorship, Metuchen/N.J. 1973
D'jakov, V.A., O social'nom oblike osvoboditel'nogo dviženija v Rossii v 1825-1861 gg., in: Nečkina, M.V. u.a. (Hg.), Černyševskij i ego epocha. Revoljucionnaja situacija v Rossii v 1859-1861 gg., Moskau 1979, 225-240
Dijlas, M., Die neue Klasse, Wien 1958, 1976[2]
Dmitriev, S.N., Sojuz sojuzov v gody pervoj rossijskoj revoljucii, in: ISSSR 1990, 1, 40-57
Dobrov, G.M., The Strategy for National Science Policy in the USSR, in: International Social Science Journal 8, 1986, H.2 (108), 289-301
Dubinin, N.P., Večnoe dviženie, Moskau 1973, 1989[3]
Dudek, G. (Hg.), Die Dekabristen. Dichtungen und Dokumente, Leipzig 1975
Dudinzew, W., Der Mensch lebt nicht vom Brot allein, Hamburg 1957 (russ.: Dudincev, V., Ne chlebom edinym, Moskau 1968)
Dunlop, J.B. (Hg.), Vserossijskij Social-Christianskij Sojuz Osvoboždenija Naroda. VSChSON. Programma. Sud. V tjur'mach i lagerjach, Paris 1975
Dunlop, J.B., The New Russian Revolutionaries, Belmont/Mass. 1976
Dunlop, J.B., The Faces of Contemporary Russian Nationalism, Princeton/N.J. 1983
Dunlop, J.B. u.a., Russian Nationalism today. Radio Liberty. Research Bulletin. Special Edition, München 1988
Dve vstreči N.S. Chruščeva s predstaviteljami tvorčeskoj intelligencii (dekabr' 1962 goda i mart 1963 goda), in: VP 1982, 6, 180-206
Džimbinov, S., Epitafija specchranu?, in: NM 1990, 5, 243-252
Dzjuba, I., Internacionalizm ili russifikacija?, Amsterdam 1973 (engl.: Dzyuba, I., Internationalism or Russification?, London 1968)
Efirov, S.A., »Belye pjatna«. Voobražaemyj dialog o predelach glasnosti, in: SI 1986, 6, 71-82
Eimermacher, K. (Hg.), Dokumente zur sowjetischen Literaturpolitik 1917-1932, Stuttgart 1972
Eisenstadt, S.N./Roniger, L., Clientilism in Communist Systems: A Comparative Perspective, in: SCC 14, 1981, 2/3, 233-245
Eklof, B., Peasant Sloth Reconsidered: Strategies of Education and Learning in Rural Russia Before the Revolution, in: Journal of Social History 14, 1981, 3, 335-385
Eklof, B., Ways of Seeing: Recent Anglo-American Studies on the Russian Peasant (1861-1914), in: JGO 36, 1988, 1, 57-79

Emmons, T. (Hg.), Time of Troubles. The Diary of Iu.V. Got'e. Moscow July 8, 1917 to July 23, 1922, Princeton/N.J. 1988

Enteen, G.M., The Soviet Scholar-Bureaucrat. M.N. Pokrovskii and the Society of Marxist Historians, London 1978

Enteen, G.M., Writing Party History in the USSR: The Case of E.M. Jaroslavskii, in: Journal of Contemporary History 21, 1986, 321-339

Erman, L.K., Sostav intelligencii v Rossii v konce XIX i načale XX v., in: ISSSR 1963, 1, 161-177

Esakov, V.D., Sovetskaja nauka v gody pervoj pjatiletki, Moskau 1971

Etkind, E./Nekrasov, V., Brezhnev the Writer, in: Survey 23, 1977-78, 4 (105), 94-108

Etkind, E., Unblutige Hinrichtung. Warum ich die Sowjetunion verlassen mußte, München 1978

Etkind, E., O literature lži i o kosvennoj literature, in: Strana i Mir 1984, 4, 62-76

Evans, A., The Decline of Developed Socialism? Some Trends in Recent Soviet Ideology, in: SS 38, 1986, 1, 1-23

Evtušenko, E.A., Avtobiografija, London 1964

Fadeev, A., Za tridcat' let. Izbrannye stat'i, reči i pis'ma o literature i iskusstve, Moskau 1959[2]

Fadeev, A., Predsmertnoe pis'mo Aleksandra Fadeeva, in: LR, Nr. 39 v. 28.9.1990, 14

Fainsod, M., Censorship in the USSR – a documented report, in: PC 5, 1956, 2, 12

Fainsod, M., Smolensk under Soviet Rule, Cambridge/Mass. 1958

Fedyukin, S.A., The Great October Revolution and the Intelligentsia. How the Old Intelligentsia was Drawn into the Building of Socialism, Moskau 1975

Fedjukin, S.A., Bor'ba s buržuaznoj ideologiej v uslovijach perechoda k NEPu, Moskau 1977

Fedjukin, S.A., Partija i intelligencija, Moskau 1983

Fejnberg, E.L. (Hg.), Vospominanija o I.E. Tamme, Moskau 1986

Feldbrugge, F.J.M., Samizdat and Political Dissent in the Soviet Union, Leiden 1975

Feldbrugge, F.J.M., The Soviet Penitentiary System and the Rules of Internal Order of Corrective Labor Institutions in Historical Perspective, in: Review of Socialist Law, 1986, 1, 5-28

Félix, L., La Science au Goulag, Paris 1981

Ferenczi, C., Funktion und Bedeutung der Presse in Rußland vor 1914, in: JGO 30, 1982, 362-398

Ferro, M., October 1917. A Social History of the Russian Revolution, London 1980

Fitzpatrick, S., The Commissariat of Enlightenment. Soviet Organization of Education and the Arts under Lunacharsky, October 1917-1921, Cambridge 1970

Fitzpatrick, S. (Hg.), Cultural Revolution in Russia, 1928-1931, Bloomington/Ind. 1978

Fitzpatrick, S., Stalin and the Making of a new Elite, 1928-1939, in: SR 38, 1979, 3, 377-402

Fitzpatrick, S., Ordzhonikidze's Takeover of VESENKHA. A Case Study in Bureaucratic Politics, in: SS 37, 1985, 2, 153-172

Fleishman, L., Boris Pasternak. The Poet and his Politics, Cambridge/Mass. 1990

Fogelevič, L.G. (Hg.), Osnovnye direktivy i zakonodatel'stvo o pečati. Sistematičeskij sbornik, Moskau 1937

Fortescue, S., Research Institute Party Organizations and the Right of Control, in: SS 35, 1983, 2, 175-195
Frankel, E.R., Novyi Mir. A Case Study in the Politics of Literature, 1952-1958, Cambridge 1981
Friedberg, M., New Editions of Soviet Belles Lettres: A Study in Politics and Palimpsests, in: ASEER 13, 1954, 72-88
Friedberg, M., Russian Classics in Soviet Jackets, New York 1962
Friedberg, M., Literary Output, in: Hayward, M./Crowley, E.L. (Hg.), Soviet Literature in the Sixties. An International Symposium, New York 1964, 151-177
Frieden, N.M., Russian Physicians in the Era of Reform and Revolution 1856-1905, Princeton 1981
Frolov, I.T., O čeloveke i gumanizme. Raboty raznych let, Moskau 1989
Garrard, J.G. (Hg.), The Eighteenth Century in Russia, Oxford 1973
Garrard, J. und C., Soviet Book Hunger, in: PC 34, 1985, 5, 72-81
Garrard, J. und C., Inside the Soviet Writers' Union, London 1990
Gerschenkron, A., The Problem of Economic Development in Russian Intellectual History of the Nineteenth Century, in: Simmons, E.J. (Hg.), Continuity and Change in Russian and Soviet Thought, Cambridge/Mass. 1955, 11-39
Gerschenkron, A., Notes on Doctor Shivago, in: Modern Philology 1961, 8, 194-200
Geyer, D., Lenin in der russischen Sozialdemokratie, Köln 1962
Geyer, D., Zwischen Bildungsbürgertum und Intelligenzija: Staatsdienst und akademische Professionalisierung im vorrevolutionären Rußland, in: Conze/Kocka (Hg.), Bildungsbürgertum, 207-232
Gidoni, A., Solnce idet s zapada. Kniga vospominanij, Toronto 1980
Gimpel'son, E.G., Velikij Oktjabr' i stanovlenie sovetskoj sistemy upravlenija narodnym chozjajstvom, Moskau 1977
Ginsburg, A. (Hg.), Weißbuch in Sachen Sinjawskij-Daniel, Frankfurt 1967
Ginsburg, Je., Gratwanderung, München 1980
Gladkov, A., Vstreči s Pasternakom, Paris 1973
Glazov, Ju., Tesnye vrata. Vozroždenie russkoj intelligencii, London 1973
Glazov, Ju., The Russian Mind Since Stalin's Death, Dordrecht 1985
Gleason, W., Political Ideals and Loyalties of Some Russian Writers of the Early 1760's, in: SR 34, 1975, 560-575
Gleser, A., Kunst gegen Bulldozer. Memoiren eines russischen Sammlers, Frankfurt 1982
Gloeckner, E., Die Intelligenzia in der sowjetischen Gesellschaft, in: OE 34, 1984, 7, 477-499
Gol'denberg, I.S., Anatomija knižnogo deficita, in: SI, 1987, 6, 68-77
Gol'denberg, I.S., Čitatel'skie strasti 60-ch godov, in: SI 1989, 6, 89-91
Golovskoy, V.I., Behind the Soviet Screen. The Motion Picture Industry in the USSR 1972-1982, Ann Arbor/Mich. 1986
Gorbatschow, M.S., »Zurück dürfen wir nicht«. Perestrojka und Glasnost. Eine kommentierte Auswahl der wichtigsten Reden von 1984-1987, hg. v. Temmen, H., o.O. 1987
Gordin, Ja., Delo Brodskogo, in: Neva 1989, 2, 134-166
Goričeva, T., Ved'my v kosmose, in: Marija 1980, 1, 9-13
Goritschewa, T., Die Rettung der Verlorenen. Bekenntnisse, Wuppertal 1982

Goritschewa, T., Von Gott zu reden ist gefährlich. Meine Erfahrungen im Osten und im Westen, Freiburg 1984
Gorky, M./Averbach, L.L./Firin, S.G. (Hg.), Belomor s. Belomor
Gorokhov, B.I., Publishing in the USSR, Bloomington/Ind. 1959
Gorzka, G., A. Bogdanov und der russische Proletkult. Theorie und Praxis einer sozialistischen Klassenrevolution, Frankfurt 1980
Graham, L.R., The Soviet Academy of Sciences and the Communist Party, 1927-1932, Princeton/N.J. 1967
Granin, D., Mimoletnoe javlenie, in: Ogonek 1987, 6, 10-11, 29
Grigorenko, P., Erinnerungen, München 1980
Groh, D., Rußland im Blick Europas. 300 Jahre historische Perspektive, Frankfurt 1988[2]
Grossman, V., Žizn i sud'ba, Lausanne 1980 (dt.: Grossman, W., Leben und Schicksal, München 1984)
Groys, B., Gesamtkunstwerk Stalin. Die gespaltene Kultur in der Sowjetunion, München 1988
Günther, H., Die Verstaatlichung der Literatur. Entstehung und Funktionsweise des sozialistisch-realistischen Kanons in der sowjetischen Literatur der dreißiger Jahre, Stuttgart 1984
Günther, H., Das Tauwetter als Prozeß der Entkanonisierung, in: Beyrau, D./Bock, J. (Hg.), Das Tauwetter und die Folgen, Bremen 1988, 143-153
Günther, H. (Hg.), The Culture of the Stalin Period, London 1990
Guldberg, J., Artists well organized, in: Slavica Othinensia 8, 1986, 3-23 (Slavonic Department, University of Odense)
Gvishiani, D.M. u.a. (Hg.), The Scientific Intelligentsia in the USSR (Structure and Dynamics of Personnel), Moskau 1976
Haimson, L., Das Problem der sozialen Stabilität im städtischen Rußland, 1905-1917, in: Geyer, D. (Hg.), Wirtschaft und Gesellschaft im vorrevolutionären Rußland, Köln 1975, 304-332
Haimson, L. (Hg.), The Politics of Rural Russia, 1905-1914, Bloomington 1979
Haimson, L., Changements démographiques et grèves ouvrières à Saint Petersbourg 1905-1914, in: Annales É.S.C. 40, 1985, 781-803
Hammer, D.P., Vladimir Osipov and the Veche Group (1971-1974), in: RR 43, 1984, 4, 355-375
Hans, N., History of Russian Educational Policy 1701-1917, New York 1964[2]
Harasymiw, B., Nomenklatura: The Soviet Communist Party's Leadership Recruitment System, in: Canadian Journal of Political Science 2, 1969, 4, 493-512
Haumann, H., Beginn der Planwirtschaft. Elektrifizierung, Wirtschaftsplanung und gesellschaftliche Entwicklung Sowjetrußlands 1917-1921, Düsseldorf 1974
Heller, A. u.a., Der sowjetische Weg. Bedürfnisstruktur und entfremdeter Alltag, Hamburg 1983
Heller, M., Stacheldraht der Revolution. Die Welt der Konzentrationslager in der sowjetischen Literatur, Stuttgart 1975
Hiersche, A., Sowjetliteratur und wissenschaftlich-technische Revolution, Berlin 1976
Hildermeier, M., Zur Sozialstruktur der Führungsgruppen und zur terroristischen Kampfmethode der Sozialrevolutionären Partei Rußlands vor 1917, in: JGO 22, 1974, 358-389

Hildermeier, M., Die russische Revolution 1905-1921, Frankfurt 1989
Hofmann, T., Das Bauernthema in der sowjetrussischen Prosa der zwanziger Jahre: Konzeptionen, Konflikte und Figuren, München 1983
Hofmann, W., Die Arbeitsverfassung der Sowjetunion, Berlin 1956
Hollander, G.D., Political Communication and Dissent in the Soviet Union, in: Tökes (Hg.), Dissent, 233-275
Holloway, D., Entering the Nuclear Arms Race. The Soviet Decision to Build the Atomic Bomb, 1939-1945, in: Social Studies of Science 11, 1981, 159-197
Hopkins, M., Russia's Underground Press. The Chronicle of Current Events. Chronika tekuščich sobytij, New York 1983
Hough, J.F., Party Saturation in the Soviet Union, in: Cocks, P. u.a. (Hg.), The Dynamics of Soviet Politics, Cambridge/Mass. 1976, 117-133
Hübner, P., Schwarzhandel mit Büchern in der UdSSR, Teil 1 (BOIS 1984, 27), Köln 1984
Hufschmid, J. (Hg.), Glasnost und Perestrojka, Bd. 1-3, Köln 1987
Hutchinson, J.F., Politics and Public Health in Revolutionary Russia, 1890-1918, Baltimore 1990
Huxley, J., Soviet Genetics and World Science. Lysenko and the Meaning of Heredity, London 1949
Il'ina, N., Literatura i »massovyj tiraž«, in: NM 1969, 1, 210-229
Il'ina, N., Zdravstvuj, plemja mladoe, neznakomoe..., in: Ogonek 1988, 2, 23-26
Ionin, L.G., Konservativnyj sindrom, in: SI 1987, 5, 19-30
Ipatieff, V.N., The Life of a Chemist. Memoirs, Stanford 1946
Istoriki i pisateli o literature i istorii, in: VI 1988, 6, 3-112
Ivanov, V.N. (Hg.), Razvitie social'noj struktury obščestva v SSSR, Moskau 1985
Ivanova, L.V., Formirovanie sovetskoj naučnoj intelligencii 1917-1927, Moskau 1980
Iwinskaja, O., Lara. Meine Zeit mit Pasternak, Hamburg 1978
Iz glubiny. Sbornik statej, Paris 1967
Iz istorii bor'by s lysenkovščinoj, in: Izvestija CK KPSS 1991, 4, 125-141; 6, 157-173
Iz istorii VČK, Moskau 1958
Izdatel'skoe delo v SSSR (1923-1931). Sbornik dokumentov i materialov, Moskau 1978
Janevič, N., Institut mirovoj literatury v 1930e – 1970e gody, in: Pamjat' 2, Paris 1981, 83-162
Jankow, W., Die Wahl liegt in unserer Macht, in: Kontinent 1983, 1, 47-56
Jarošenko, V., Partii interesov, in: NM 1990, 2, 113-141
Jaroslavskij, E., O roli intelligencii, Moskau 1939
Jasny, N., Soviet Economists of the Twenties: Names to be Remembered, Cambridge 1972
Jegolin, A.M., J.W. Stalin und die Sowjetliteratur, Berlin 1952
Jelagin, J., Kunst und Künstler im Sowjetstaat, Frankfurt 1951
Johanson, C., Women's Struggle for Higher Education in Russia, 1855-1900, Montreal 1987
Jones, W.G., Nikolay Novikov. Enlightener of Russia, Cambridge 1984
Joravsky, D., Soviet Marxism and Natural Science, 1917-1932, New York 1961
Joravsky, D., The Lysenko-Affair, Cambridge/Mass. 1970

Joravsky, D., The Stalinist Mentality and the Higher Learning, in: SR 42, 1983, 4, 575-600
Josifu Vissarionoviču Stalinu. Akademija nauk SSSR, Moskau 1949
Judgement on Pasternak. The All-Moscow Meeting of Writers 31 October 1958, in: Survey 60, 1966, 134-160
Kabanov, V.V., Aleksandr Vasil'evič Čajanov, in: VI 1988, 6, 146-166
Kac, B.A./Makarenkov, S.M., Rynok »svobodnogo knigoobmena« v 1986 godu: analiz situacii, in: SI 1987, 2, 53-60
Kadry prosveščenija, Moskau 1936
Kalašnikov, V., Sila glasnosti, in: Kommunist 1986, 13, 46-56
Kaminskaya, D., Final Judgement. My Life as a Soviet Defense Lawyer, London 1983
Kapiza, P.L., Experiment, Theorie, Praxis. Aufsätze und Reden, Berlin 1984
Kapica, P.L., Pis'ma o nauke, 1930-1980, Moskau 1989
Kappeler, A., Zur Charakteristik russischer Terroristen 1878-1887, in: JGO 27, 1979, 520-547
Kara-Murza, S.G., Sovetskaja nauka i bjurokratičeskaja sistema: grani vzaimodejstvija, in: Voprosy filosofii 1989, 4, 57-67
Karabčievskij, Ju., Voskresenie Majakovskogo, München 1985
Karapetjan, R.O., Stanovlenie i razvitie intelligencii kak osobogo social'nogo sloja, Moskau 1974
Kasack, W., Literatur und Literaturpolitik in der UdSSR im Wandel. Das Jahr 1986, in: OE 37, 1987, 2, 93-105
Kasack, W., Jossif Brodskij, in: OE 38, 1988, 3, 180-188
Kassow, S.D., Students, Professors, and the State in Tsarist Russia, Berkeley 1989
Katkov, G./Oberländer, E. (Hg.), Rußlands Aufbruch ins 20. Jahrhundert. Politik – Gesellschaft – Kultur 1894-1917, Olten 1970
Kaverin, V. Pis'mennyj stol, Moskau 1985
Kavtaradze, A.G., Voennye specialisty v službe respubliki sovetov 1917-1922 gg., Moskau 1988
Kelle, V.Ž./Kugel', S.A. (Hg.), Naučnye kadry SSSR: dinamika i struktura, Moskau 1991
Kelly, A., Self-Censorship and the Russian Intelligentsia, 1905-1914, in: SR 46, 1987, 193-213
Kenez, P., Lenin and the Freedom of the Press, in: Gleason, A. u.a. (Hg.), Bolshevik Culture, Bloomington 1985, 131-150
Kenez, P., The Birth of the Propaganda State. Soviet Methods of Mass Mobilization 1917-1929, Cambridge 1985
Kerblay, B., Le milieu étudiant au Saint-Petersbourg en 1909, in: RÉS 58, 1986, 2, 221-228
Kim, M.P. u.a. (Hg.), Sovetskaja kul'tura v rekonstruktivnyj period 1928-1941, Moskau 1988
Kingston-Mann, E./Mixter, T. (Hg.), Peasant Economy, Culture, and Politics of European Russia, 1800-1921, Princeton/N.J. 1991
Kliger, S.H., Kak ugodit' čitatelju, in: SI 1988, 6, 41-50
Klimenko, M., Ehrenburg. An Attempt at a Literary Portrait, New York 1990
Kljuev, N., N. Kljuev v poslednie gody žizni: pis'ma i dokumenty, in: NM 1988, 8, 164-201

Kneen, P., Soviet Scientists and the State. An Examination of the Social and Political Aspects of Science in the USSR, London 1984

Kochan, L. (Hg.), The Jews in Soviet Russia Since 1917, Oxford 1978[3]

Koenen, G., Die großen Gesänge, Frankfurt 1987

Kolakowski, L., Die Hauptströmungen des Marxismus. Entstehung, Entwicklung, Zerfall, Bd. 1-3, München 1981[2]

Konrad, G./Szelényi, I., Die Intelligenz auf dem Wege zur Klassenmacht, Frankfurt 1978

Kopelew, L., Und schuf mir einen Götzen. Lehrjahre eines Kommunisten, München 1981[2]

Kopelew, L., Tröste meine Trauer. Autobiographie 1947-1954, München 1983[2]

Kopelew, L., Im Willen zur Wahrheit. Analysen und Eindrücke, Frankfurt 1984

Korolenko, V.G., Iz dnevnikov 1917 – 1921 gg., in: Pamjat' 2, Moskau 1977/Paris 1979, 374-421

Korsch, B., The Permanent Purge of Soviet Libraries (The Hebrew University of Jerusalem. Research Paper No. 50), Jerusalem 1983

Koscinskij, K. (Pseud. f. Uspenskij, K.V.), Iz vospominanij, in: Pamjat' 5, Moskau 1981/Paris 1982, 42-82

Kozakov, M., Risunki na peske. Fragmenty iz knigi, in: Ogonek 1988, 8, 29-31

Krasin, V., Sud, New York 1983

Kratz, G., Die Geschichte der »Kuznica« (1920 – 1932). Materialien zur Geschichte der sowjetischen Schriftstellerorganisationen, Gießen 1979

Kriki dogmatičeskich duš. Ataki na žurnal »Novyj Mir« I.A. Tvardovskogo, in: Posev 1969, 10, 49-52

Kritičeskie zametki russkogo čeloveka o patriotičeskom žurnale »Veče« (um 1973), in: Novyj Žurnal 1975, 118, Beilage 2, 219-227

Kröber, G./Lange, B. (Hg.), Sowjetmacht und Wissenschaft. Dokumente zur Rolle Lenins bei der Entwicklung der Akademie der Wissenschaften, Berlin 1975

Krug, P.F., Russian Public Physicians and Revolution. The Pirogov-Society, 1917-1920, Ph.D.diss. University of Wisconsin 1979

Kryštanovskaja, I., Inženery, in: SI 1988, 3, 73-82

Kul'turnoe stroitel'stvo SSSR. Statističeskij sbornik, Moskau 1940

Kunze, C., Journalismus in der UdSSR, München 1978

Kuvakin, V.A., Religioznaja filosofija v Rossii. Načalo XX veka, Moskau 1980

Kuvakin, V.A., Social'noe obespečenie ili zaprogrammirovannaja nebespečennost' (1978), in: Poiski 5/6, 1983, 176-188

Labedz, L. (Hg.), Solzhenitsyn. A Documentary Record, Harmondsworth 1974[2]

Die Lage in der biologischen Wissenschaft. Tagung der Lenin-Akademie der landwirtschaftlichen Wissenschaften, 31.7.-7.8.1948. Stenographischer Bericht, Moskau 1949

Lakshin, V.Ja., Solzhenitsyn, Tvardovsky and Novyi Mir, in: Glenny, M. (Hg.), Solzhenizyn, Tvardovsky and Novy Mir, Cambridge/Mass. 1980, 1-89

Lakšin, V.Ja., Otkrytaja dver', Moskau 1989

Lane, D., The Roots of Russian Communism. A Social and Historical Study of Russian Social Democracy 1898-1907, Assen 1969

Lavigne, M., La formation des cadres supérieurs de l'économie en URSS, in: Annuaire de l'URSS 1969, 445-460

Lawrow, P., Historische Briefe, Berlin 1901
Lecourt, D., Proletarian Science? The Case of Lysenko, Norfolk 1977
Lejkina-Svirskaja, V.R., Intelligencija v Rossii vo vtoroj polovine XIX veka, Moskau 1971
Lejkina-Svirskaja, V.R., Russkaja intelligencija v 1900 – 1917 gg., Moskau 1981
Lemke, M., Nikolaevskie žandarmy i literatura 1826 – 1855 gg., Sankt Petersburg 1909²
Lenin, W.I., Werke (nach der russ. 4. Ausg.), Bde. 1-37, Berlin 1960-63
Lenin, V.I., Polnoe sobranie sočinenij, Bde. 1-55, Moskau 1960-65⁵
Leonova, L.S., Istoričeskij opyt KPSS po podgotovke partijnych kadrov v partijnych učebnych zavedenijach, 1917-1975, Moskau 1979
Levaco, R., Censorship, Ideology, and Style in Soviet Cinema, in: SCC 17, 1984/85, 3/4, 173-183
Levin, A.E., Expedient Catastrophe: A Reconsideration of the 1929 Crisis at the Soviet Academy of Science, in: SR 47, 1988, 2, 261-279
Levinson, A.G., Starye knigi, novye čitateli, in: SI 1987, 3, 43-49
Levitin-Krasnov, A.E., Rodnoj prostor. Demokratičeskoe dviženie, Frankfurt 1981
Lewis, R., Science and Industrialisation in the USSR. Industrial Research and Development 1917-1940, Birmingham 1979
Lewytzkyj, B., Politische Opposition in der Sowjetunion 1960-1972. Analyse und Dokumentation, München 1972
Lewytzkyj, B., »Sovetskij narod«. »Das Sowjetvolk«. Nationalitätenpolitik als Instrument des Sowjetimperialismus, Hamburg 1983
Ličnyj sostav RKP v 1920 god, Moskau 1921
Lincoln, W.B., A Re-examination of Some Historical Stereotypes: An Analysis of the Career Patterns and Backgrounds of the Decembrists, in: JGO 24, 1976, 357-368
Lipkin, S., Stalingrad Vasilija Grossmana, Ann Arbor/Mich. 1986
Litvinov, P., Process četyrech. Sbornik materialov po delu Galanskova, Ginzburga, Dobrovol'skogo i Laškovoj, Amsterdam 1971
Ljubimov, Ju.P., V takich uslovijach ja bol'še rabotat' ne budu, in: Strana i mir 1/2, 1984, 127-38
Ljubimov, Ju.P., Interv'ju s Juriem Petrovičem Ljubimovym, in: Kontinent 44, 1985, 411-443
Ljubimov, Ju.P., Beseda s Juriem Ljubimovym, in: Strelec 3, 1986, 10, 34-39
Lobanov, M., Prosveščennoe meščanstvo, in: MG 1968, 4, 294-306
Löhmann, R., Der Stalinmythos. Studien zur Sozialgeschichte des Personenkultes in der Sowjetunion (1929-1935), Münster 1990
Löwe, H.-D., Die Rolle der russischen Intelligenz in der Revolution von 1905, in: FOG 32, 1983, 229-255
Löwenthal, R., Kommunistische Einparteienherrschaft in der Industriegesellschaft, in: Meissner, B./Löwenthal, R. (Hg.), Einparteiensystem und bürokratische Herrschaft in der Sowjetunion, Köln 1979, 9-64
Lorenz, R. (Hg.), Proletarische Kulturrevolution in Sowjetrußland (1917-1921), München 1969
Lubrano, L.L./Solomon, S.G. (Hg.), The Social Context of Soviet Science, Boulder/Col. 1980
Luchterhand, O., UN-Menschenrechtskonventionen. Sowjetrecht – Sowjetwirklichkeit, Baden-Baden 1980

Luks, L., Intelligencija und Revolution. Geschichte eines siegreichen Scheiterns, in: HZ 249, 1989, 265-294
Lunačarskij, A.V., Ob intelligencii, Moskau 1923
Machonina, S.Ja., Russkaja dorevoljucionnaja pečat' (1905-1914), Moskau 1991
Madariaga, I. de, Russia in the Age of Catherine the Great, New Haven 1981
Maier, R., Die Stachanov-Bewegung 1935-1938, Stuttgart 1990
Malachovskaja, N./Voznesenskaja, Ju., Zaživo pogrebennye. Domašnyj konclager, in: Marija 1980, 1, 13-19
Mallac, G. de, Boris Pasternak. His Life and Art, London 1981
Malzew, Ju., Freie russische Literatur, 1955-1980, Frankfurt 1981
Mandelstam, N., Das Jahrhundert der Wölfe. Eine Autobiographie, Frankfurt 1973[2]
Mandelstam, N., Generation ohne Tränen. Erinnerungen, Frankfurt 1974
Maramsin, W., Der Natschalnik, Frankfurt 1982
Marker, G., Publishing, Printing, and the Origins of Intellectual Life in Russia, Princeton/N.J. 1985
Martiny, A., Das Verhältnis von Politik und Geschichtsschreibung in der Historiographie der sowjetischen Nationalitäten seit den sechziger Jahren, in: JGO 27,1979,2,238-272
Maslennikov, V.I., Mindeli, L.E., Naučnye potencialy SSSR i SŠA: Opyt sopostavlenija, in: Vestnik AN SSSR 1989, 10, 52-61
Maslov, N.N., Kratkij kurs istorii VKP (b) – enciklopedija kul'ta ličnosti Stalina, in: VI KPSS 1988, 11, 57-67
Mathon, T./Marie, J.-J. (Hg.), Die Affäre Pljuschtsch. Der Psychoterror in der Sowjetunion, Wien 1976
Matlock, J.F., The »Governing Organs« of the Union of Soviet Writers, in: ASEER 15, 1956, 382-399
Matthews, M., Top Incomes in the USSR. Towards a definition of the Soviet Elite, in: Survey 21, 1975, 3, 1-27
McClelland, J., Proletarianizing the Student Body: The Soviet Experience During the New Economic Policy, in: PP 1978, 80, 122-146
McCutcheon, R.A., The 1936-1937 Purge of Soviet Astronomers, in: SR 50, 1991, 1, 100-117
McFalls, R., Die Problematik der russischen Intelligencija, München 1956
Medvedev, R. (Hg.), Političeskij dnevnik, Bd. 1-2, Amsterdam 1972-1975
Medwedjew, R., Sowjetbürger in Opposition, Hamburg 1973
Medvedev, R.A., K sudu istorii. Genezis i posledstvija stalinizma, New York 1974[2] (engl.: Medvedev, R., Let History Judge. The Origins and Consequences of Stalinism, New York 1989[2])
Medvedev, R., Solschenizyn und die sowjetische Linke, Berlin 1976
Medvedev, R., Political Essays, Nottingham 1976
Medwedjew, R. (Hg.), Aufzeichnungen aus dem sowjetischen Untergrund. Texte aus der Moskauer Zeitschrift »Das XX. Jahrhundert«, Hamburg 1977
Medvedev, Zh.A., The Medvedev Papers. Faithful Meetings between Scientists of the World. Secrecy of Correspondence is Guaranteed, London 1971 (russ.: Medvedev, Ž.A., Meždunarodnoe sotrudničestvo učenych i nacional'nye granicy. Tajna perepisi ochranjaetsja zakonom, London 1972)

Medwedjew, Sch., Zehn Jahre im Leben des Alexander Solschenizyn, Darmstadt 1972²
Medwedjew, Sh.A., Der Fall Lyssenko. Eine Wissenschaft kapituliert, München 1974²
Medvedev, Zh., Ten Years after Ivan Denisovich, Harmondsworth 1975
Medvedev, Zh.A., Soviet Science, Oxford 1979
Meerson-Aksenov, M./Shragin, B. (Hg.), The Political, Social and Religious Thought of Russian »Samizdat«. An Anthology, Belmont/Mass. 1977
Mehnert, K., Über die Russen heute. Was sie lesen, wie sie sind, Stuttgart 1983
Meissner, B., Neuere Daten zur sozialen Struktur der KPdSU, in: OE 29, 1979, 709-730
Meissner, B., Das soziale Gefüge der KPdSU am Ausgang der Breshnew-Ära, in: OE 35, 1985, 528-556
Melchuk, I., The Case of Igor Melchuk. Trial at the Academy, in: Survey 23, 1977-78, 2 (103), 126-137
Melgunow, S.P., Der Rote Terror in Rußland 1918-1923, Berlin 1924
Mereschkowski, D. u.a., Das Reich des Antichrist. Rußland und der Bolschewismus, München 1921
Mertens, L., Die Auswanderung sowjetischer Juden, in: OE 37, 1987, 7, 519-522
Mickiewicz, E., The Modernization of Party Propaganda in the USSR, in: SR 30, 1971, 2, 257-276
Miller, J.R. (Hg.), Politics, Work, and Daily Life in the USSR. A Survey of former Soviet Citizens, Cambridge 1988
Miller, R.F., The Role of the Communist Party in Soviet Research and Development, in: SS 37, 1985, 1, 31-59
Minuvšee. Istoričeskij al'manach, Bd. 1-8, Paris 1986-1989
Mjalo, K.G. u.a. (Hg.), Po stranicam samizdata, Moskau 1990
Mlynar, Z., Nachtfrost. Erfahrungen auf dem Weg vom realen zum menschlichen Sozialismus, Frankfurt 1978
Monas, S., Censorship, Film, and Soviet Society: Some Reflections of a Russia-Watcher, in: SCC 17, 1984-1985, 3/4, 163-172
Mongili, A., Les institutions scientifiques soviétiques à l'heure de la perestrojka, in: CMRS 33, 1992, 2-3, 223-242
Moskoff, W., Soviet Higher Education Policy during World War II, in: SS 38, 1986, 3, 406-415
Müller, O.W., Intelligencija. Untersuchungen zur Geschichte eines politischen Schlagwortes, Frankfurt 1971
Murray, J., The Union of Soviet Writers, Ph.D.diss. Birmingham 1973
Narodnoe chozjajstvo SSSR v 1958 godu. Statističeskij ežegodnik, Moskau 1959
Narodnoe chozjajstvo SSSR v 1974 godu. Statističeskij ežegodnik, Moskau 1975
Narodnoe chozjajstvo SSSR v 1983 godu. Statističeskij ežegodnik, Moskau 1984
Narodnoe obrazovanie, nauka i kul'tura v SSSR. Statističeskij sbornik, Moskau 1971
Narodnoe obrazovanie, nauka i kul'tura v SSSR. Statističeskij sbornik, Moskau 1977
Narodnoe obrazovanie i kul'tura v SSSR. Statističeskij sbornik, Moskau 1989
Neizvestny, E., Art and Freedom, in: SCC 17, 1984, 3/4, 235-239
Nekritsch, A., Entsage der Angst. Erinnerungen eines Historikers, Frankfurt 1983
Nesvetajlov, G.A., Bol'naja nauka v bol'nom obščestve, in: SI 1990, 11, 43-55
Novikov, M.M., Ot Moskvy do N'ju Jorka, New York 1952

Novikov, V.N., V gody rukovodstva N.S. Chruščeva, in: VI 1989, 1, 105-117; 2, 103-117
Novye belye pjatna (I. Zavgorodnjaja), in: Izvestija, 17.8.1988, 6
Novye dokumenty o soveščanii istorikov v CK VKP (b) (1944 g.), in: VI 1991, 1, 188-205
O žurnalach »Zvezda« i »Leningrad«. Iz postanovlenija CK VKP (b) ot 14 avgusta 1946 g. Doklad Z. Ždanova o žurnalach »Zvezda« i »Leningrad«, Royal Oak/Mich. 1978
Ob organizacionno-tvorčeskoj rabote pravlenija sojuza pisatelej SSSR za 1953-1958 gg., Moskau 1959
Oberländer, E., Sowjetpatriotismus und Geschichte. Dokumentation, Köln 1967
Oberländer, G., Die Vechi-Diskussion (1909-1912), Köln 1965
Openkin, L.A., Mechanizm tormoženija v sfere obščestvennych nauk: istoki vozniknovenija, faktory vosproizvodstva, in: ISSSR 1989, 4, 3-16
Organizacija naučnoj dejatel'nosti, Moskau 1968
Orlow, Ju., Ein russisches Leben, München 1991
Orlova, R., Vospominanija o neprošedšem vremeni. Moskva 1961-1981 gg., Ann Arbor/Mich. 1983
Orlova, V., Černye pjatna istorii, in: LG, 12.4.1989, 2
Osipov, V., Tri otnošenija k rodine. Stat'i, očerki, vystuplenija, Frankfurt 1978
Ozerov, G.A. (s. Šaragin, A. [pseud.]), Tupolevskajašaraga, Frankfurt 1971
Ozerov, L., Fedin sredi ras, in: VL 1987, 11, 213-224
Pamjat', Istoričeskij sbornik, Bd. 1, Moskau 1976/New York 1978; Bd. 2-5, Moskau 1977-1981/Paris 1978-1982
Panačin, F.G., Učitel'stvo i revoljucionnoe dviženie v Rossii (XIX – načala XX v.). Istoriko-pedagogičeskie očerki, Moskau 1986
Panin, D., The Notebooks of Sologdin, London 1976
Papmehl, K.A., Freedom of Expression in Eighteenth-Century Russia, Den Haag 1971
Parry, A., The New Class Divided. Science and Technology vs. Communism, New York 1966
Pasternak, B., Doktor Schiwago, Frankfurt 1958
Pasternak, B., Über mich selbst. Versuch einer Autobiographie, Frankfurt 1959
Pasternak, B., Vozdušnye puti, Moskau 1982
Pasternak, B., Izbrannoe, Bde. 1-5, Moskau 1985
Pasternak, E.B., Boris Pasternak. Materialy dlja biografii, Moskau 1989
Paustovskij, K., Iz pisem, in: VL 1985, 9, 182-208
Pelikán, J./Wilke, M. (Hg.), Menschenrechte. Ein Jahrbuch zu Osteuropa, Reinbek 1977
Perčenok, F.F., Akademija nauk na »velikom perelome«, in: Zven'ja. Istoričeskij al'manach, Bd. 1, Moskau 1991, 163-235
Perrie, M., The Social Composition and Structure of the Russian Socialist Revolutionary Party, in: SS 24, 1972, 223-250
Perrie, M., The Russian Peasant Movement of 1905-1907, in: PP 1972, 57, 123-155
Peskov, N., Delo »Kolokola«, in: Pamjat' 1, 1978, 269-284
Pethybridge, R., The Spread of the Russian Revolution. Essays on 1917, London 1972
Petrenko, L.F., Zakonodatel'stvo o trude naučnych rabotnikov, Moskau 1988
Pil'njak, B., Povest' nepogašennoj luny, in: Znamja 1987, 12, 105-128
Pimenov, R., Vospominanija, in: Pamjat' 2, 1979, 160-260; 3, 1980, 7-119

Pintner, W.M./Rowney, K.D. (Hg.), Russian Officialdom: The Bureaucratization of Russian Society from the Seventeenth to the Twentieth Century, London 1980
Pipes, R., The Russian Revolution, 1899-1919, London 1990
Pisateli ob iskusstve i o sebe. Sbornik statej, Nr. 1, Moskau 1924
Pis'ma Anny Michajlovny Pankratovoj, in: VI 1988, 11, 54-79
Pljušč, L., Na karnavale istorii, London 1979
Pogacar, T., The Journal Junost' in Soviet Russian Literature 1955-1965, Ph.D.diss. Kansas 1985
Polikanov, S.M., Razryv. Zapiski atomnogo fizika, Frankfurt 1983
Političeskij dnevnik s. Medvedev, R. (Hg.)
Pollard, A., Consciousness and Crisis: The Self-Image of the Russian Intelligentsia, 1855-1882, Ann Arbor/Mich. 1974
Polonskij, V.P., Na vzgljad redaktora, in: NM 1986, 7, 199-217
Položenie v demokratičeskom dviženii: trudnosti i perspektivy, in: Forum 1983, 2, 3-46
Polz, P., Th. Janković und die Schulreform in Rußland, in: Ischreyt, H. (Hg.), Die Aufklärung in Ost- und Südosteuropa, Köln 1972, 118-174
Pomeranc, G., Neopublikovannoe, Frankfurt 1970
Pomeranc, G., Sny zemli, Paris 1984
Popovsky, M., Three Letters on Soviet Science, in: Survey 23, 1977-78, 2 (103), 141-159
Popovskij, M., Upravljaemaja nauka, London 1978 (engl.: Popowski, M., Manipulated Science: The Crisis of Science and Scientists in the Soviet Union today, New York 1979)
Popovskij, M., Delo akademika Vavilova, Ann Arbor/Mich. 1983 (dts.: Popowski, M.A., N.I. Wawilow und die biologische Diskussion in der UdSSR, Berlin 1977)
Pospelovskij, D., Etika i istorija. Istoriosofskie tendencii v samizdate, in: Grani 81, 1971, 154-179
Pravila vnutrennego rasporjadka ispravitel'no-trudovych učreždenij (Moskau 10.10.1977), in: MS 38/86 AS 5828
Preobraženskij, S., »... Ja ljublju naš rabočij klass«, in: Neva 1971, 3, 167-181; 4, 174-186
Prišvin, M., 1930 god. Dnevnik pisatelja, in: Oktjabr' 1989, 7, 140-181
Proffer, E. (Hg.), Neizdannyj Bulgakov. Teksty i materialy, Ann Arbor/Mich. 1977
Proffer, E., Bulgakov. Life and Work, Ann Arbor/Mich. 1984
Programma demokratičeskogo dviženija Sovetskogo Sojuza, Amsterdam 1970
Rabin, O.Ja., Tri žizni. Kniga vospominanij, Paris 1986
Raeff, M., Origins of the Russian Intelligentsia. The Eighteenth-Century Nobility, New York 1966
Rakovski, M., Towards an East European Marxism, London 1978
Rašin, A.G., Gramotnost' i narodnoe obrazovanie v Rossii v XIX i načale XX v., in: IZ 37, 1951, 28-80
Read, Ch., Religion, Revolution, and the Russian Intelligentsia, 1900-1912, London 1979
Reck, V.T., Boris Pil'niak. A Soviet Writer in Conflict with the State, London 1975
Reiman, M., Die Geburt des Stalinismus. Die UdSSR am Vorabend der »Zweiten Revolution«, Frankfurt 1979

Remington, T.F., Politics and Professionalism in Soviet Journalism, in: SR 44, 1985, 3, 489-503
Rieber, A.J., Merchants and Entrepreneurs in Imperial Russia, Chapel Hill 1982
Rigberg, B., The Efficacy of Tsarist Censorship Operations, 1894-1917, in: JGO 14, 1966, 327-346
Rigby, T.M., Die Gebietssekretäre der RSFSR. Die Brežnev-Generation (1964-1976), BOIS 1977, 28, Köln 1977
Rigby, T.M., Political Elites in the USSR. Central Leaders and Local Cadres from Lenin to Gorbachev, Aldershot/Verm. 1990
Robin, R., Le Réalisme Socialiste: Une ésthétique impossible, Paris 1986
Robin, R., Stalinism and Popular Culture, in: Günther, H. (Hg.), The Culture of the Stalin Period, London 1990, 15-40
Rostov, A., Delo četyrech akademikov, in: Pamjat' 4, 1981, 469-495
Rothberg, A., The Heirs of Stalin. Dissidence and the Soviet Regime 1953-1970, Ithaca 1972
Rowney, D.K., Transition to Technocracy. The Structural Origins of the Soviet Administrative State, Ithaca 1989
Roždestvenskij, S.D., Materialy k istorii samodejatel'nych političeskich ob-edinenij v SSSR posle 1945 goda, in: Pamjat' 5, 1982, 226-283
Ruud, Ch., Fighting Words: Imperial Censorship and the Russian Press, 1804-1906, Toronto 1982
Rutkevič, M.N., Intelligencija v razvitom socialističeskom obščestve, Moskau 1977
Rutland, P., The Shchekino-Method and the Struggle to raise Labor Productivity in Soviet Industry, in: SS 36, 1984, 3, 345-365
Ryavec, K.W., The Soviet Bureaucratic Elite from 1964 to 1979. A Research Note, in: Soviet Union/Union Soviétique 12, 1985, 3, 322-345
Sacharow, A.D., Wie ich mir die Zukunft vorstelle, Zürich 1973
Sacharow, A.D., Stellungnahme, Wien 1974
Sacharow, A., Den Frieden retten! Ausgewählte Aufsätze, Briefe, Aufrufe 1978-1983, Stuttgart 1983
Sacharow, A., Mein Leben, München 1990
Sacharov, A.D., Trevoga i nadežda, Moskau 1990
Sadomskaja, N., Novaja obrjadnost' i integracija v SSSR, in: VP 1, 1981, 64-99
Salygin, S., Wie die Umleitung der sibirischen Flüsse gestoppt wurde, in: Hufschmid, J. (Hg.), Glasnost, Bd. 1, 26-59
Samsonova, T., Was wir unter Moral verstehen ..., in: Kontinent 1984, 4, 39-47
Šaragin, A. (pseud. f. G.A. Ozerov), Tupolevskaja šaraga, Frankfurt 1971
Satina, S., Education of Women in Pre-Revolutionary Russia, New York 1966
Sbytov, V.F. u.a., Social'noe razvitie sovetskoj naučnoj intelligencii, Kiev 1988
Scammel, M., Solzhenitsyn, New York 1984
Schalamow, W., Kolyma. Insel im Archipel, München 1975
Schalamow, W., Geschichten aus Kolyma, Frankfurt 1983
Scharff, R., Wissenschaftsorganisation und Wissenschaftler in der Sowjetunion, BOIS 1978, 51
Scheffler, L., Evgenij Zamjatin. Sein Weltbild und seine literarische Thematik, Köln 1984

Schlögel, K., Der renitente Held. Arbeiterprotest in der Sowjetunion 1953-1983, Hamburg 1984
Schlögel, K., Jenseits des Großen Oktober. Das Laboratorium der Moderne. Petersburg 1909-1921, Berlin 1988
Schlögel, K. (Hg.), Vechi. Wegzeichen. Essays zur Krise der russischen Intelligenz, Frankfurt 1990
Schmitt, H.J., Schramm, G. (Hg.), Sozialistische Realismuskonzeptionen. Dokumente zum 1. Allunionskongreß der Sowjetschriftsteller, Frankfurt 1974
Schneider, E., Sozialer Hintergrund und Karrieren der Mitglieder des Ministerrats der UdSSR. Eine empirische Untersuchung, in: PV 24, 1983, 3, 275-292
Schneider, E./Rahr, A., Biographien der sowjetischen Politbüromitglieder. Sonderveröffentlichung BOIS, Köln 1984
Schramm, G., Der russische Dichter Jewgenij Jewtuschenko. Sein lyrisches Werk 1952-1982, Diss. Erlangen-Nürnberg 1986
Schröder, H.-H., »Neue« Arbeiter und »neue« Bürokraten, in: VSWG 73, 1986, 4, 488-519
Schwarz, B., Musik und Musikleben in der Sowjetunion 1917 bis zur Gegenwart, 3 Bde., Wilhelmshaven 1982
Schwendtke, A. (Hg.), Arbeiteropposition in der Sowjetunion. Die Anfänge autonomer Gewerkschaften. Dokumente und Analysen, Reinbek 1980
Seemann, K.-D., Die sowjetische Literaturpolitik seit Stalins Tod in historischer Sicht, in: JGO 13, 1965, 1, 40-64
Segbers, K., Die Sowjetunion im Zweiten Weltkrieg, München 1987
Semenova, S., Sem'ja idej. K 125 letiju so dnja roždenija V.I. Vernadskogo, in: Znamja 1988, 3, 185-201
Šeregi, F.E., Struktura čitatel'skich predpočtenij, in: SI 1986, 3, 116-126
Seregny, S.J., Russian Teachers and Peasant Revolution. The Politics of Education in 1905, Bloomington/Ind. 1989
Seton, M., Sergei M. Eisenstein, London 1978²
Shlapentokh, V., Intellectual Bearers of Specific Moral Values: There and Here, in: Russia 1984, 9, 3-26
Shlapentokh, V., Public and Private Life of the Soviet People. Changing Values in Post-Stalin Russia, New York 1989
Shlapentokh, V., Soviet Intellectuals and Political Power. The Post-Stalin Era, London 1990
Shteppa, K.F., Russian Historians and the Soviet State, New Brunswick 1962
Sidorov, A.L., Nekotorye razmyšlenija o trude i opyte istorika, in: ISSSR 1964, 3, 118-138
Šimanov, G., Kak ponimat' našu istoriju i k čemu v nej stremit'sja (v svjazi s pis'mom Solženicyna), Moskau 2.6.1974, in: MS 43/82, AS 1801
Simmons, E.J., The Origins of Literary Control, in: Survey 1961, 36, 78-84; 37, 60-67
Simmons, E., The Organization Writer (1934-1946), in: Hayward, M./Labedz, L. (Hg.), Literature and Revolution in Soviet Russia, 1917-1962, New York 1963
Simonov, K., Pamjati A.A. Fadeeva, in: NM 1956, 6, 3-6
Simonov, K., Literaturnye zametki, in: NM 1956, 12, 239-257

Simonov, K., Glazami čeloveka moego pokolenija. Razmyšlenija o V.I. Staline, in: Znamja 1988, 3, 3-66; 4, 49-121; 5, 69-96
Sinjavskij, A., s. Terz, A.
Sinjawski, A., Literatur als Prozeß, in: Kontinent 1974, 1, 129-171
Sinjawski, A./Terz, A., Eine Stimme im Chor, München 1978[2]
Sinjawski, A., Gute Nacht, Frankfurt 1984 (Terc, A., Spokojnoj noči, Paris 1984)
Sinko, E., Roman eines Romans. Moskauer Tagebuch, Köln 1969
Sinowjew, A., Autobiographie, in: Kontinent 9, 1978, 62-76
Sinowjew, A., Kommunismus als Realität, Zürich 1981
Smena Vech. Sbornik statej, Prag 1921
SMOG, in: Grani 1966, 61, 14-17
Soboleva, E.U., Organizacija nauki v poreformennoj Rossii, Leningrad 1983
Sochor, L., Beitrag zur Analyse der konservativen Elemente in der Ideologie des »realen Sozialismus« (Krisen in den Systemen sowjetischen Typs, Studie Nr. 4), Köln 1984
Sokolova, I.F., Manuilskij, M.A., Kak stat' ministrom. Dolžnostnoe prodviženie upravlenčeskich kadrov, in: SI 1988, 1, 16-25
Solomon, S.G., The Soviet Agrarian Debate: A Controversy in Social Science, 1923-1929, Boulder/Col. 1977
Solomon, S.G./Hutchinson, J.F., Health and Society in Revolutionary Russia, Bloomington/Ind. 1990
Solov'ev, V., Klepikova, E., Nynešnie i buduščie praviteli Rossii, in: Vremja i my 1979, 44, 134-156
Solženicyn, A., Archipel Gulag 1918-1956, Bd. 1-3, Paris 1973-1975 (dt.: Solschenizyn, A., Der Archipel Gulag 1918-1956. Versuch einer künstlerischen Bewältigung, Bd. 1-3, Bern 1974-1976)
Solschenizyn, A., Offener Brief an die sowjetische Führung, Darmstadt 1974
Solschenizyn, A., Lebt nicht mit der Lüge, in: ders., Offener Brief an die sowjetische Führung, Darmstadt 1974, 59-64
Solschenizyn, A., Intelligenzler, in: Solschenizyn, A. u.a., Stimmen aus dem Untergrund. Zur geistigen Situation in der UdSSR, Darmstadt 1975, 225-272
Solschenizyn, A., Die Eiche und das Kalb. Skizzen aus dem literarischen Leben, Darmstadt 1975
Solženicyn, A., Naši pljuralisty, in: Vestnik Russkogo Chr. Dv. 139, 1983, 133-160
Sominskij, M., Akademik A.F. Joffe, Jerusalem 1986
Sorokin, P.A., Leaves from a Russian Diary – and Thirty Years After, Boston 1950[2]
Sosin, G., Censorship and Dissent, in: SCC 19, 1986, 2, 147-155
Soviet Dissident Literature s. Woll/Treml (Hg.)
Späth, M., Fach- und Standesvereinigungen russischer Ingenieure 1900-1914, in: FGO 35, 1984
Spechler, D.A., Permitted Dissent in the USSR. Novy Mir and the Soviet Regime, New York 1982
Spieler, S., Autonomie oder Reglementierung. Die russische Universität am Vorabend des Ersten Weltkrieges, Köln 1981
Šragin, B., Protivostojanie ducha, London 1977
Šragin, B., Oppozicionnye nastroenija v naučnych gorodach, in: PV 1, 1981, 100-120

Ssachno, H.v., Der Aufstand der Person. Sowjetliteratur seit Stalins Tod, Berlin 1965
Stal, I., »De profundis« ou la critique de raison révolutionnaire, in: CMRS 24, 1983, 1/2, 59-81
Stalin, J., Fragen des Leninismus, Berlin 1951
Stalin, Molotov i Ždanov o 2-j serii fil'ma »Ivan Groznyj«. Zapis' Sergeja Ejzenstejna i Nikolaja Čerkasova, in: MN v. 7.8.1988, 32, 8-9
Stavrou, T. (Hg.), Russia Under the Last Tsar, Minneapolis 1969
Steininger, A., Literatur und Politik in der Sowjetunion nach Stalins Tod, Wiesbaden 1965
Stephan, H., »Lef« and the Left Front of the Arts, München 1981
Stites, R./Kleberg, L. (Hg.), Utopia in Russian History, Culture, and Thought. A Symposium, in: RH 11, 1984, 2/3, 121-342
Šubkin, V., Bjurokratija. Točka zrenija sociologa, in: Znamja 1987, 4, 162-186
Süß, W., Die Arbeiterklasse als Maschine, Berlin 1985
Swayze, H., Political Control of Literature in the USSR, 1946-1959, Cambridge/Mass. 1962
Teckenberg, W., Gegenwartsgesellschaften: UdSSR, Stuttgart 1983
Teckenberg, W., Organisation und Funktion sowjetischer Soziologie. Erforschung oder Leitung der Gesellschaft, in: Beiträge zur Konfliktforschung 1984, 4, 35-58
Teckenberg, W., Die relative Stabilität von Berufs- und Mobilitätsstrukturen. Die UdSSR als Ständegesellschaft im Vergleich, in: KZSS 41, 1989, 2, 299-326
Tekstologija, hg. v. V.St. Nečaeva, A.G. Dement'ev, Moskau 1967
Telesin, J., 1001 andekdot, Tenathy/N.J. 1986
Terz, A., Der Prozeß beginnt und andere Prosa, Frankfurt 1966
Terz, A., Was ist der Sozialistische Realismus, in: ders., Der Prozeß, 120-155
Thomas, J.R./Kruse-Vaucienne, U.M. (Hg.), Soviet Science and Technology. Domestic and Foreign Perspectives, Washington 1977
Thomas, J.R., Militarization of the Soviet Academy of Sciences, in: Survey 29, 1985, 1(124), 29-58
Thun, N., Adressatenwechsel. Literarische Kommunikation in Sowjetrußland (1917-1939), Berlin 1987
Ticktin, H., Political Economy of the Soviet Intellectual, in: Critique 2, Glasgow o.J., 5-21
Tökes, R. (Hg.), Dissent in the USSR. Politics, Ideology and People, Baltimore 1976[2]
Tökes, R., Human Rights and Political Change in Eastern Europe, in: ders. (Hg.), Opposition in Eastern Europe, Oxford 1979, 4-24
Tolstoj, A., Sobranie sočinenij, Bd. 10, Moskau 1961
Trotzki, L., Literatur und Revolution, Wien 1924
Turchin, V., Scientists among Soviet Dissidents, in: Survey 23, 1977-78, 4 (105), 86-93
Turčin, V., Inercija stracha, New York 1978 (engl.: Turchin, V., The Inertia of Fear and the Scientific Worldview, New York 1981)
Turgenieff, N., Rußland und die Russen, Bd. 1-3, Grimma 1847
Tvardovskij, A.T., Avtobiografija, in: ders., Sobranie sočinenij, Bd. 1, Moskau 1966, 5-18
Tvardovskij, A., Iz rabočich tetradej (1953-1960), in: Znamja 1989, 7, 124-192; 8, 122-181; 9, 143-206

Tvorčeskie sojuzy v SSSR. Organizacionno-pravovye voprosy, Moskau 1970
Uhlenbruch, B., The Annexation of History: Eisenstein and the Ivan Grozny Cult of the 1940s, in: Günther, H. (Hg.), The Culture, 266-287
Ul'janovskaja, V.A., Formirovanie naučnoj intelligencii v SSSR 1917-1937 gg., Moskau 1966
Urban, M., M.A. Suslov's »Na putyakh stroitel'stva kummunizma«, in: Critique 13, 1989, 166-171
V CK KPSS, sovete ministrov SSSR i VCSPS, O soveršenstvovanii oplaty truda naučnych rabotnikov, konstruktorov i technologov v promyšlennosti, in: Pravda v. 16.7.1985, Nr. 197, 1-2
V CK KPSS i sovete ministrov SSSR, O merach k dal'nejšej soveršenstvovanii attestacii naučnych i naučno-pedagogičeskich kadrov, in: Izvestija v. 12.11.1974, Nr. 264, 2
Vajl, B., Osobo opasnyj, London 1980
Vasil'ev, D.D., Vnimanie: opasnost'! Stenogramma vystuplenija D.D. Vasil'eva, in: Kontinent 50, 1986, 211-227
Vechi – Wegzeichen. Essays zur Krise der russischen Intelligenz, hg. v. K. Schlögel, Frankfurt 1990
Venturi, F., Roots of Revolution. A History of the Populist and Socialist Movements in Nineteenth Century Russia, New York 1962
Vernadskij, V.I., Pjat' vol'nych pisem V.I. Vernadskogo synu, in: Minuvšee, 7, 425-450
Vernadskij, V.I., »Ja verju v silu svobodnoj mysli«. Pis'ma V.I. Vernadskogo J.J. Petrunkeviču, in: NM 1989, 12, 204-221
Vladimirov, N., Avtory i tiraži, in: Izvestija v. 15.7.1987, Nr. 196, 3
Voprosy ideologičeskoj raboty KPSS. Sbornik dokumentov (1965-1973 gg.), Moskau 1973[2]
Voznesenskij, I., Imena i sud'by nad jubilejnym spiskom AN, in: Pamjat' 1,1978,353-410
Vserossijskaja perepis' členov RKP 1922 goda. Itogi predvaritel'noj razrabotki po 28 gubernijam i oblastjam, Lief. 1 Moskau 1922
Vucinich, A., Science in Russian Culture. A History to 1860, Stanford/Cal. 1963
Vucinich, A., Empire of Knowledge. The Academy of Sciences of the USSR (1917-1970), Berkeley/Cal. 1984
Wahl, G., Theorie und Praxis sozialistischer Demokratie in der Sowjetunion. Politische Partizipation im Rahmen der lokalen Sowjets, Frankfurt 1984
Waksberg, A., Gnadenlos. Andrej Wyschinski – Mörder im Dienst Stalins, Bergisch-Gladbach 1991
Walicki, A., The Controversy over Capitalism. Studies in the Social Philosophy of the Russian Populists, Oxford 1969
Walker, G., Soviet Book Publishing Policy, Cambridge 1978
Walker, G., Readership in the USSR: Some Evidence from Post-War-Studies, in: Oxford Slavonic Papers 19, 1986, 158-173
Walkin, J., Government Controls over the Press in Russia 1905-1914, in: RR 13, 1954, 203-209
Weißbuch in Sachen Daniel'-Sinjavskij. Hg.v. A. Ginsburg, Frankfurt 1967
Westen, K., Rechtsreformen nach dem Tode Stalins, in: Boettcher, E. u.a. (Hg.), Bilanz der Ära Chruschtschow, Stuttgart 1966, 189-209

Wetter, G.A., Philosophie und Naturwissenschaft in der Sowjetunion, Reinbek 1958
Wetter, G.A., Sowjetideologie heute. Bd. 1: Dialektik und historischer Materialismus, Frankfurt 1962
Wilbert, G., Entstehung und Entwicklung des Programms der »linken« Kunst und der »Linken Front der Künste« (LEF) 1917-1925, Gießen 1976
Wildman, A.K., The End of the Russian Imperial Army, 2 Bde., Princeton/N.J. 1980/1987
Willerton, J.P. jr., Clientilism in the Soviet Union: An Initial Examination, in: SCC 12, 1979, 2/3, 159-183
Wishnevsky, J., Cultural Politics in 1991, in: Reports on the USSR 3, 1991, 51/52, 7-11
Wittram, P., Peter I. Czar und Kaiser, Bde. 1-2, Göttingen 1964
Woinowitsch, W., Die denkwürdigen Abenteuer des Soldaten Iwan Tschonkin, Darmstadt 1975
Woinowitsch, W., Iwankiada, in: Kontinent 7, 1977, 89-195
Woll, J./Treml, W.G. (Hg.), Soviet Dissident Literature. A Critical Guide, Boston/Mass. 1983
Wortman, R., The Crisis of Russian Populism, Cambridge 1967
Yaney, G., The Urge to Mobilize. Agrarian Reform in Russia, 1861-1930, Urbana/Ill. 1982
Yanov, A., The Russian New Right. Right-Wing Ideologies in the Contemporary USSR, Berkeley 1978
Zabelin, I.M., Čelovek i čelovečestvo, Moskau 1970
Zahaykevich, M.Kh., An Interpretative Psychology of Political Activism: A Study of Soviet Human Right Activists, Ph.D.diss. Columbia 1983
Zaleski, E. u.a., Science Policy in the USSR, Paris 1969
Zaslavskaja, T., Čelovečeskij faktor razvitija ekonomiki i social'naja spravedlivost', in: Kommunist 1986, 13, 61-73
Zaslavsky, V., Adult Political Socialization in the USSR: A Study of Attitudes of Soviet Workers to the Invasion of Czechoslovakia, in: Sociology 15, 1981, 3, 407-423
Zaslavsky, V., In geschlossener Gesellschaft. Gleichgewicht und Widerspruch im sowjetischen Alltag, Berlin 1982
Zaslavsky, V./Brym, R.J., Soviet Jewish Emigration and Soviet Nationality Policy, London 1983
Zemcov, I., Partija ili mafija. Razvorovannaja respublika, Paris 1976
Ženščina v Rossii, hg. v. Komitet zaščity Tat'jany Velikanovoj, Frankfurt 1980 (dt.: Die Frau und Rußland. Almanach von Frauen für Frauen, München 1980)
Zhdanov, A. u.a., Problems of Soviet Literature. Reports and Speeches at the First Writers' Congress, New York 1935 (Reprint 1981)
Znamenskij, O.N., Intelligencija nakanune Velikogo Oktjabrja (fevral' – oktjabr' 1917 g.), Leningrad 1988
Zorin, S., Alekseev, N., Vremja ne ždet. Naša strana nachoditsja na povorotnom punkte istorii, Frankfurt 1970
Žukov, I., Smert' geroja, in: Ogonek, 1987, 30, 6-8; 31, 4-6
Zvorykin, A.A. (Hg.), Naučny kollektiv: opyt sociologičeskogo issledovanija, Moskau 1980

Personenregister